Deutschland im Zeitalter der Globalisierung

Deutschland im Zeitalter der Globalisierung

Ein Textbuch für fortgeschrittene Deutschlernende

Gabriele Eichmanns Maier
Carnegie Mellon University

Yale UNIVERSITY PRESS
New Haven and London

Published with assistance from the Mary Cady Tew Memorial Fund.

Yale University Press books may be purchased in quantity for
educational, business, or promotional use. For information, please
e-mail sales.press@yale.edu (U.S. office) or sales@yaleup.co.uk (U.K.
office).

Editors: Tim Shea and Sarah Miller
Publishing Assistant: Ashley E. Lago
Manuscript Editor: Karen Hohner
Production Editor: Ann-Marie Imbornoni
Production Controller: Katie Golden

Cover designed by Mary Valencia
Interior designed by Newgen North America
Set in Adobe Garamond Pro and Syntax type by Newgen
Printed in the United States of America

Library of Congress Control Number: 2015936734
ISBN: 978-0-300-19161-5 (pbk. : alk. paper)

A catalogue record for this book is available from the British Library.

This paper meets the requirements of ANSI/NISO Z39.48-1992
(Permanence of Paper).

10 9 8 7 6 5 4 3 2 1

INHALTSVERZEICHNIS

PREFACE

Deutschland im Zeitalter der Globalisierung is a textbook for advanced learners of German that discusses the impact of globalization on Germany and the German people. It is the first attempt within the realm of German Studies to offer

© Franz Pfluegl I Dreamstime.com

a teaching aid on a phenomenon that has become a buzzword in the second decade of the twenty-first century and that is changing our immediate surroundings, as well as the world, in an unprecedented way. In an age where European countries are seemingly moving closer together through the disappearance of borders, the implementation of one currency,

and the establishment of a European Parliament, it is increasingly essential for students and teachers of German to understand Germany's relationship with globalization. Thus, the goal of this textbook is to go beyond national boundaries in order to depict Germany in a broader cultural context where the impact of world affairs strongly comes into play. A variety of both theoretical and fictional texts, study questions, and class activities as well as numerous vocabulary lists support the teaching of this complex and multifaceted topic and aid students in the exploration of a German nation closely connected to and embedded in a global world.

The textbook consists of seven chapters, each covering one aspect of German globalization in detail. Chapter One sets the stage for all other chapters since it starts out with the attempt to define globalization and investigate its true beginning as well as the many areas currently impacted by global influences. Furthermore, this chapter places particular emphasis on the onslaught of globalization in the context of East Germany after the fall of the Berlin Wall. How did East Germans react to the rapid changes that Westernization and globalization brought in their wake? What exactly were those changes, and did they erase old traditions and customs permanently? And, most important, what is the situation more than twenty years after reunification occurred? Those are all important questions that will be answered at the very beginning of this textbook.

Whereas the focus of Chapter One is on the meaning of globalization in rather historical and definitional terms, Chapters Two through Seven expand the scope of the first chapter by linking Germany to a number of topics that are inextricably intertwined with globalization, including the intermingling of different languages, the hybridization of food, European and world politics, migration, and mobility. Each section starts out with a comprehensive introduction that provides a short overview of the topic at hand, a rationale for the items—texts, songs, or films—included in the section, and a brief description of each item to facilitate the understanding of the overall scope of the chapter before students delve into it. Similarly, students find a list of twenty-five important German words at the beginning of each chapter. Those words are not necessarily part of the readings (though many are), but are intended to help build vocabulary knowledge in specific areas that will be the focus of the textbook.

To ensure that students fully comprehend the sometimes complex reading materials, an additional glossary is provided at the end of each reading. Since it cannot be taken for granted that all texts of a chapter will be covered in class, some words of those glossaries may appear several times in one chapter—or in different chapters, for that matter. This is a conscious decision in order to enable the student's comprehension of complex texts without the frequent use of a dictionary.

In addition to the vocabulary lists, students will find a number of study questions that are meant to function as guidelines throughout the process of reading. Analysis and discussion questions are intended to engage students more thoroughly with the texts and their deeper meaning, whereas the subsequent *Weiterführende Aktivitäten* usually go beyond the text and ask students to research a certain aspect of a topic in more detail. Additional activities can also be found at the very end of each chapter under the heading *Projekte*.

These projects ask students to take multiple works and/or sources into consideration and to voice their own critical thoughts on a more broadly defined aspect of globalization. Last but not least, a list of further materials at the end of each chapter provides students and instructors with additional sources that can be used to research a topic in more depth.

The textbook was designed with a particular sequence of topics and readings in mind. However, this suggested sequence can easily be adapted to accommodate different classes and types of students. Thus, depending on whether the textbook is used in a class on German culture in general or specifically on globalization, entire chapters can be eliminated or reading materials shortened in order to cater to students' needs.

Not all of the movies mentioned in this textbook are accessible online; some need to be checked out from a school or public library, or an online service such as Netflix or Amazon. The same holds true for a few books and articles in *Weiterführende Aktivitäten* and *Projekte*.

Many of the articles presented in this textbook were drawn from online newspapers and magazines; as is often the case with the Internet, the URLs given in the source note at the end of each selection are subject to change. If students who wish to read an article in its original online form encounter a link that yields no result, they can try typing the title of the article or film into their Web browser—often the same material can be found under a new URL.

I would like to thank both the Wimmer Foundation and the Falk Foundation for providing me with ample funds to conduct extensive research both in the United States and in Germany. Furthermore, I would like to express my sincere gratitude toward Professor Susan Polansky, who was instrumental in helping me receive my fellowships. Additional thanks goes to Professors Christian Hallstein, Richard Tucker, and Stephen Brockmann for their crucial suggestions and advice regarding the manuscript. Their input has been highly appreciated.

Most importantly, I am deeply indebted to my wonderful husband, Craig, for supporting this project every step of the way.

INTRODUCTION

Dear Student,

Globalization is a term you encounter everywhere these days. Whenever you open the newspaper, listen to the radio, or watch the news, you can see globalization and its effects being discussed, analyzed, enthusiastically praised, or heavily criticized. Maybe you have already formed your own opinion about this relatively new phenomenon. Maybe you don't know exactly what the term globalization entails, or whether you are in favor of it or rather strongly opposed to it. Yet, no matter how you feel about globalization, it is safe to say that globalization cannot be regarded as a fad or a merely ephemeral occurrence. It is here to stay and already affecting your life in countless ways. Whether you travel or remain at home, globalization will find you and change your world, slowly but surely.

Globalization is a phenomenon that can be felt in every country on this planet. This textbook explores the complexity of globalization in the context of Germany in relation to Europe and the greater world. It offers an overview of the

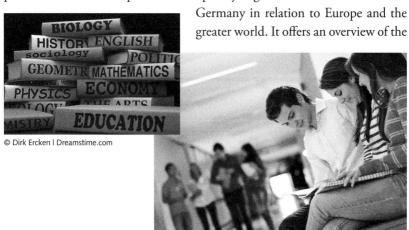

© Dirk Ercken I Dreamstime.com

© Andres Rodriguez I Dreamstime.com

many different facets of life where globalization plays a major role. Through selected texts, songs, and films, you will gain insight into different aspects of globalization in connection with Germany. You will learn, for example, about the internationalization of culture, immigration, the use of *Denglisch*, the European Union, and environmentalism. Some of the readings may appear challenging at first and may require your serious involvement with the texts in order to understand their content fully. However, with the help of study questions and vocabulary lists, you should find yourself in a good position to make sense of even difficult articles and engage with their main arguments.

In the process, you will also significantly improve your German language skills. Extensive vocabulary lists at the end of each text will help you converse about complex topics, and the inclusion of colloquial phrases, case indications for prepositions, and principal parts of verbs (with the exception of such basic verbs as *gehen, stehen,* and *lassen*—to name just a few) will further ensure the advancement of your German to a truly high level.

At times, you might notice a difference in the way certain words are spelled in the reading of newspaper articles or literary excerpts as opposed to the activities that accompany them. This is the result of the German spelling reform that took place a number of years ago but was not implemented by all German speakers alike. Since the textbook follows the official recommendations of the *Duden* (the official German spelling authority), we suggest that you adopt the spelling used in the activities when in doubt.

Last but not least, the newspaper articles, literary excerpts, film clips, and documentaries that this textbook discusses are meant to provide you with stimulating, authentic artifacts of contemporary German culture and thus facilitate your own evaluation of Germany in the age of globalization.

Whether you complete the entire textbook or cover only selected chapters, you will considerably increase your knowledge of contemporary German society and its culture. Moreover, you will not only learn about Germany and its specific situation, but you will also encounter a number of general facts and viewpoints on globalization, global organizations like the United Nations, and international politics that will enable you to assess and analyze critically the implications of the phenomenon on a more transnational scale. At the end, your study will lead you to your own opinions on the impact of globalization on both Germany at the national level and on the world at large.

Kapitel Eins
Was bedeutet Globalisierung?

Einführung in das Thema

Was ist Globalisierung? Das ist eine Frage, die sich nicht so leicht beantworten lässt, denn die Globalisierung hat viele verschiedene Gesichter. Schon allein die Entstehung der Globalisierung wird in unterschiedliche Jahrhunderte datiert. Manche Wissenschaftler sind der Meinung, dass Globalisierung mit der Entdeckung Amerikas durch Kolumbus begonnen habe; andere sehen den Anfang im Zeitalter der Industrialisierung oder wollen Globalisierung mit den neuen Kommunikationsmedien wie Handy oder Internet verbunden wissen. Eines scheint jedoch sicher zu sein: Globalisierung bedeutet ganz allgemein gesprochen die Vernetzung unserer Welt, sei es durch Handel, Forschung, Tourismus, Religion, Medien oder Kommunikationstechnologie. Durch hochentwickelte Verkehrsmittel wie das Flugzeug können wir bequemer und schneller reisen – auch an die entlegensten Orte der Welt; das Internet versorgt uns mit Informationen innerhalb von Sekunden; im Kino sehen wir Filme in fremden Sprachen, essen im Restaurant Gerichte aus aller Herren Länder und umgeben uns mit Produkten, die nicht nur an einem, sondern

© Alain Lacroix | Dreamstime.com

© Europhotos | Dreamstime.com

Frankfurt am Main

an zahlreichen Orten dieser Erde hergestellt wurden. Globalisierung ist also ein Phänomen, dem wir uns nicht mehr verschließen können, das unser Leben durchzieht und uns auf Schritt und Tritt begleitet. Ob wir es wollen oder nicht, unsere Welt wächst immer weiter zusammen und macht ein völliges Abgrenzen von dieser Entwicklung kaum mehr möglich. Globalisierung geht uns alle an, da sie unsere Welt grundlegend verändert und uns neue Herausforderungen beschert.

Dieses Kapitel soll uns in zwei Teilen einen ersten Einblick in diverse Aspekte der Globalisierung vermitteln. Beginnend mit der wichtigen Frage, was Globalisierung nun eigentlich bedeutet, beschäftigt sich Teil Eins mit möglichen Definitionen des Phänomens, seinen historischen Datierungen und seinen Auswirkungen auf vielfältige Lebensbereiche. Die ersten fünf Texte sind daher theoretischer Natur. Sie zeigen unterschiedliche Perspektiven der einzelnen Autoren auf und vergleichen Deutschland mit anderen Ländern in der Welt. Während Manuel Fuchs auf seiner Webseite *Globalisierungsfakten* zunächst einen generellen Überblick über Globalisierung vermittelt, stellt Thomas Friedman in seinem Buch *Die Welt ist flach* eine „neue" Sichtweise der Welt vor: die Welt nicht mehr als Kugel, sondern als flache Scheibe; und Johannes Greving listet in seinem Kapitel „Versuch einer Definition" acht wichtige Bereiche auf, die von Globalisierung besonders stark betroffen sind. Daran anschließend treffen wir auf den Soziologen Ulrich Beck, der sich mit dem sogenannten Globalisierungsschock auseinandersetzt, der in Deutschland durch das „G-Wort" ausgelöst wurde. Beck nennt eine Reihe von Gründen, die erklären, warum die Deutschen der Globalisierung traditionell skeptisch gegenüberstehen. Die kritische Sicht von Beck wird in unserem nächsten Artikel, einer Umfrage des Meinungsforschungsinstituts Forsa, leicht abgemildert. In dieser Umfrage wird die durchaus positive Sichtweise betont, die besonders jüngere Deutsche sowie Deutsche mit höherem Bildungsgrad auf die Globalisierung haben. Mit dieser optimistischen Perspektive schließt der erste, theoretischer Teil.

Teil Zwei des Kapitels setzt sich mit der spezifisch ostdeutschen Situation auseinander und stellt die Veränderungen, die dort durch Globalisierung und Verwestlichung nach der deutschen Wiedervereinigung entstanden sind, heraus. In zwei literarischen Texten von ostdeutschen Autoren – Ingo Schulzes Roman *Simple Storys* sowie Jana Hensels autobiografischer Erzählung

Zonenkinder – werden die Ankunft der D-Mark, der Einfall der westlichen Geschäftsmänner, Arbeitslosigkeit, das Verschwinden von traditionellen Institutionen der DDR und die Veränderungen in der Sprache geschildert und kritisch beleuchtet. Was bringt der Anbruch der neuen Zeit mit sich? Ist der Westen wirklich das Paradies, als das er so lange Zeit vorgestellt wurde? Diese Frage stellt sich auch Yella, die Protagonistin von Regisseur Christian Petzolds Film mit gleichnamigem Titel. Yella lässt das deprimierende ostdeutsche Städtchen Wittenberge zurück, um im Westen ein neues Leben mit einer erfolgreichen beruflichen Karriere zu beginnen. Jedoch entwickeln sich die Dinge im kapitalistischen Westen ganz anders als von Yella geplant, und der Film nimmt eine überraschende Wendung. Die einmal leiser, einmal lauter geäußerte Kritik, die aufgrund der veränderten Lebensumstände im Osten entsteht, macht einer optimistischeren Stimmung im Zeitungsartikel „Wo der Osten den Westen längst abgehängt hat" Platz. Auch hier wird zwar deutlich von negativen Auswirkungen durch Wiedervereinigung auf den Osten gesprochen; es gibt aber durchaus Grund zur Hoffnung. Wie der Autor Stefan von Borstel klar herausstellt, gibt es fünf Bereiche, in denen der Osten bereits große Fortschritte erzielt und teilweise sogar den Westen überholt hat. Borstel zeichnet ein positiveres Bild als es die vorherigen Texte tun und beschwört ein letztendliches Gleichziehen beider deutschen Teile in der Zukunft als sehr wahrscheinliche Tatsache herauf.

Den Abschluss des Kapitels bildet der zweite Teil der Dokumentation *Wettlauf um die Welt* des Nachrichtenmagazins *Der Spiegel*. Hier werden noch einmal ganz allgemein die Veränderungen genannt, welche die Globalisierung für das gesamte Deutschland mit sich bringt. Es geht um Handelsrouten, Containerschiffe, Flughäfen und internationale Produktionsstätten, die für die Wettbewerbsfähigkeit Deutschlands auf dem Weltmarkt von großer Bedeutung sind. Obwohl Deutschland sich der Globalisierung nicht in dem Maße wie andere Länder geöffnet hat, ist Globalisierung besonders in der deutschen Wirtschaft allgegenwärtig und beeinflusst täglich wichtige Entscheidungen und Beschlüsse. Mit diesem Film endet das Einführungskapitel des Textbuches, um sich im Folgenden ganz konkreten Manifestationen von Globalisierung in Deutschland zuzuwenden.

Kapitel Eins beinhaltet Texte, die nicht leicht zu lesen sind, da die Autoren viele komplizierte Vokabeln benutzen, um komplexe Probleme zu diskutieren. Daher werden Ihnen die ersten Texte höchstwahrscheinlich einige Mühe bereiten. Jedoch wird es im Laufe des Kapitels einfacher, da Sie mit immer mehr Konzepten und Ideen der Globalisierung vertraut gemacht werden und sich viele der schwierigen Wörter wiederholen. Lassen Sie sich nicht entmutigen. Lesen Sie langsam und benutzen Sie die Vokabellisten am Ende der Texte. Nehmen Sie darüber hinaus die Verständnisfragen als Hilfen zur Hand. Diese weisen Sie auf interessante Problemstellungen in den Texten hin und richten Ihre Aufmerksamkeit auf zentrale Argumente der Autoren. Kapitel Eins ist besonders wichtig, da es einen ersten Einstieg in die grundlegenden Fragen der Globalisierung liefert und einen Überblick über die Reaktionen auf Globalisierung und Verwestlichung in Ostdeutschland bietet. Dieses Wissen bildet die Grundlage für alle weiteren Kapitel und ist von entscheidender Bedeutung für das Verständnis zahlreicher Entwicklungen in Deutschland, auf die Sie in den folgenden Kapiteln treffen werden.

Fünfundzwanzig wichtige Vokabeln

Abkommen *(n)*, -	agreement, treaty
ansteigen	to increase, to rise
steigt an, stieg an, ist angestiegen	
Austausch *(m)*	exchange
Auswirkung *(f)*, **-en**	impact, ramification
beeinflussen	to influence
beeinflusst, beeinflusste, hat beeinflusst	
Begriff *(m)*, **-e**	term, notion
beschränken	to limit, to restrict
beschränkt, beschränkte, hat beschränkt	
sich entwickeln	to develop, to evolve
entwickelt sich, entwickelte sich, hat sich entwickelt	
gelten	to hold, to be in effect
gilt, galt, hat gegolten	
Gesellschaft *(f)*, **-en**	society
Handel *(m)*	trade
Kommunikation *(f)*	communication
Konzern *(m)*, **-e**	corporation
Politik *(f)*	politics

Produktion *(f)*, **-en**	production
produzieren	to produce
produziert, produzierte, hat produziert	
Standortfaktor *(m)*, **-en**	location factor
Unternehmen *(n)*, **-**	company
verknüpfen	to link
verknüpft, verknüpfte, hat verknüpft	
Vernetzung *(f)*, **-en**	interconnectedness
vorantreiben	to drive forward, to advance
treibt voran, trieb voran, hat vorangetrieben	
Ware *(f)*, **-n**	goods
Währung *(f)*, **-en**	currency
Wirtschaft *(f)*	economy
Wissenschaftler *(m)*, **-**	scholar

TEIL EINS: GLOBALISIERUNGSDEFINITIONEN UND -THEORIEN

Globalisierung – was ist das eigentlich?

Einführung

Der erste Text, den Sie über Globalisierung lesen, stammt von einer Webseite, die sich mit unterschiedlichen Aspekten dieses Phänomens auseinandersetzt.

© Pilarts I Dreamstime.com

Dort wird die ganz generelle Frage gestellt, was mit Globalisierung eigentlich gemeint ist, wie der Begriff definiert werden könnte, und wie sich Globalisierung auf unser Leben auswirkt. Ist Globalisierung wirklich etwas, das uns tagtäglich begegnet, oder sind wir nur mittelbar davon betroffen? Lesen Sie den Artikel sorgfältig und lassen Sie sich nicht durch die manchmal etwas komplizierte Sprache entmutigen.

Globalisierung ist heute in aller Munde – aber nicht jeder meint dasselbe, wenn von Globalisierung gesprochen wird. Eine Begriffsdefinition wird stets unterschiedlich **ausfallen**: Je nachdem ob sie von einem Politiker, einem Wirtschaftsjournalisten, einem Politikwissenschaftler oder gar von „**Otto Normalverbraucher**" formuliert wird. **Im Kern** gleichen sich die verschiedenen Begriffsbestimmungen aber dennoch in einem Punkt: Der Begriff „Globalisierung" bezeichnet die anwachsende **Verflechtung** verschiedenster **Bereiche** über den gesamten Erdball hinweg.

Globalisierung der Wirtschaft

Der internationale Warenhandel ist seit dem Zweiten Weltkrieg nahezu viermal so stark angestiegen wie die Produktion von **Gütern**. In den Industriestaaten produzieren hoch technologisierte Unternehmen Waren, für die auf **Abnehmer**seite der jeweilige **Inland**smarkt nicht **ausreichen** kann oder soll. Im Ergebnis müssen daher ausländische **Märkte** gesucht, gefunden und **erschlossen** werden. Demgegenüber steht eine Reihe von **Entwicklungsländern**, die auch aufgrund fehlender Technologien und **mangelnder** (Infra-)Strukturen und Ressourcen zum Großteil von der Globalisierung ausgeschlossen werden. Teilnehmen an der Globalisierung können Entwicklungsländer höchstens als Abnehmer gewisser Konsumgüter, die in den Industriestaaten hergestellt werden. Über **Einflussnahmen** und Zusammenhänge zwischen dem Finanz- und Bankensektor und der Weltwirtschaft hat **sich** seit 2009 vieles **herauskristallisiert**. Allein, dass es mittels elektronischer Kleingeräte und dem Internet möglich ist, binnen kürzester Zeit Millionenbeträge von einem Erdteil in den anderen zu **verschieben**, macht den Wandel des globalen Handel(n)s deutlich.

Globalisierung der Kommunikation

Insgesamt zeigt sich diese **weltumspannende** Verflechtung am deutlichsten auf dem **Gebiet** der Telekommunikation: Mobiltelefone, die nicht mehr **auf** Kabel im Büro oder den eigenen vier Wänden **angewiesen sind**, Satellitentelefone sowie Internet und das in die Jahre gekommene Fax, geben heute vor allem in den **wohlhabenden** Industriestaaten nahezu jedem die Möglichkeit, problemlos mit Freunden, Familie und Geschäftspartnern in allen Ecken der Welt zu kommunizieren.

Globalisierung der Politik

Aus der angesprochenen weltweiten Verflechtung auf vielen Gebieten des täglichen Lebens haben **sich** im Laufe der Jahre viele neue, auch und besonders internationale Probleme **ergeben**. Diese können von den Einzelstaaten somit nicht **in Eigenregie** gelöst werden, sondern erfordern internationale Verständigung und

Zusammenarbeit. Eckpunkte und **Schnittmengen** einer globalisierten Politik können Umweltfragen sein, etwa das Ozonloch betreffend, oder globale Sicherheitsthemen wie Terror**abwehr** oder die Probleme der Piraterie.

Eigenschaften der Globalisierung

Als Eigenschaft der Globalisierung oder Merkmale von Globalisierung lassen sich die Verflechtung von **Eigenheiten** verschiedener Kulturen, der Austausch von Wissen und Sprache, der Anstieg von wirtschaftlichem Austausch auf einem „Weltmarkt" sowie gemeinsame **Zielsetzungen** von Staaten benennen. Diese Zielsetzungen, oftmals in Abkommen und Verträgen festgehalten, können verschiedene Angelegenheiten umfassen, so etwa den Umgang mit Natur und Umwelt der jeweiligen Staaten. Als Beispiel sei hier etwa das Kyoto-Protokoll genannt – eine direkte Folge der Globalisierung: Das Kyoto-Protokoll ist ein Abkommen, das 1997 in der namensgebenden japanischen Stadt Kyōto als Zusatzprotokoll der Rahmenübereinkommen der Vereinten Nationen über Klimaänderungen festgehalten wurde. Das Anfang 2005 **in Kraft getretene** Abkommen mit dem Ziel des Klimaschutzes legte erstmalig auch völkerrechtlich verbindliche Zielwerte fest, die den Ausstoß von Treibhausgasen der Industrieländer regeln sollten – Treibhaugase werden als Hauptursache der globalen Erwärmung betrachtet.

Eine besondere Eigenschaft der Globalisierung, die sich auch im Alltag bemerkbar macht, stellt das vereinfachte Transitverhalten dar. Reisen ist heutzutage einfacher denn je, ein Ergebnis auch aus der Zusammenarbeit europäischer Länder, die gemeinsam eine Verkehrsinfrastruktur aufbauen und **verwalten**. Das Eisenbahnnetz in Europa ist hierfür ein exemplarisches Beispiel. Als Modell einer „kommunikativen Globalisierung" dient daneben das bereits angesprochene Internet: Dieses Massenmedium besitzt im alltäglichen Leben vieler Länder einen solch starken Einfluss, dass selbst politische

Entscheidungen hiervon betroffen sein können: Die Bevölkerung in Ländern wie Syrien, Ägypten und Libyen konnte **mutmaßlich** erst einen **Volksaufstand** gegen die dortigen Diktatoren erreichen, als Bilder und Informationen über das Internet veröffentlicht und geteilt und somit Aufmerksamkeit erregt wurde.

Die Entwicklung der Globalisierung

Ab welchem Zeitpunkt oder welcher Epoche von Globalisierung gesprochen werden kann, ist bis heute **umstritten**. Es gibt hierzu verschiedene **Ansichten**: Oftmals wird die These vertreten, dass die Globalisierung erst nach dem Zweiten Weltkrieg **entstanden** sei. Andere Quellen vertreten die Meinung, dass die Expansion von Ländern des Europäischen Kontinents in die ganze Welt als Startschuss der Globalisierung im 19. Jahrhundert gilt. Viele Experten sind hingegen der Meinung, dass Globalisierungstendenzen so alt sind wie die Menschheit selbst. Unzweifelhaft steht hingegen fest, dass die Globalisierung nach dem Zweiten Weltkrieg so richtig Fahrt aufnahm: Währungsunionen und Wirtschaftspakte, Militärgemeinschaften und Bildungskooperationen der neueren Zeit begründeten diese Entwicklung. Nach Ende des Zweiten Weltkrieges etwa wurde die UNO im Jahr 1945 von 51 Staaten gegründet, die **Gründung** der Europäischen Gemeinschaft erfolgte im Jahre 1952. Das Internet wurde gegen Ende des 20. Jahrhunderts zum ersten Mal genutzt und ging in seiner heutigen Form aus dem 1969 entstandenen ARPANET hervor. Zu dieser Zeit beschloss man auch die ersten interkontinentalen und transatlantischen bzw. transpazifischen Handelsabkommen. Auf dem Bereich der Bildung entstanden gemeinsame Änderungen unter Mitarbeit verschiedener Länder – so fiel der Startschuss für die europaweit **gültigen** Bachelor und Master Hochschulabschlüsse im Jahr 1998, als mehrere Länder das Bologna-Abkommen unterzeichneten.

Quelle: http://www.globalisierung-fakten.de/globalisierung-informationen/was-ist-globalisierung/

Vokabeln

ausfallen	to turn out
fällt aus, fiel aus, ist ausgefallen	
Otto Normalverbraucher *(m)*, -	average Joe, average consumer
im Kern *(m)*	at its heart
Verflechtung *(f)*, **-en**	interweaving, intertwining
Bereich *(m)*, **-e**	area, field, domain
Güter *(pl)*	goods
Abnehmer *(m)*, -	customer, buyer
Inland *(n)*	domestic
ausreichen	to suffice, to be enough
reicht aus, reichte aus, hat ausgereicht	
einen Markt erschließen	to open up a market
erschließt, erschloss, hat erschlossen	
Entwicklungsland *(n)*, **-länder**	developing country
mangelnd	insufficient, poor
Einflussnahme *(f)*, **-n**	influence
sich herauskristallisieren	to emerge
kristallisiert sich heraus, kristallisierte sich heraus, hat sich herauskristallisiert	
verschieben	to shift, to move
verschiebt, verschob, hat verschoben	
weltumspannend	worldwide
Gebiet *(n)*, **-e**	field, domain
angewiesen sein auf *(Akk)*	to be dependent on sth.
wohlhabend	wealthy, affluent
sich ergeben	to emerge, to come about
ergibt sich, ergab sich, hat sich ergeben	
in Eigenregie	single-handedly
Schnittmenge *(f)*, **-en**	intersection, overlap
Abwehr *(f)*	defense
Eigenheit *(f)*, **-en**	peculiarity, idiosyncrasy
Zielsetzung *(f)*, **-en**	goal, objective
in Kraft treten	to come into effect
tritt, trat, ist getreten	

verwalten   to administer
   verwaltet, verwaltete, hat verwaltet
mutmaßlich   allegedly, presumably
Volksaufstand *(m)*, **-stände**   national uprising
umstritten   controversial, debatable
Ansicht *(f)*, **-en**   point of view, opinion
entstehen   to originate, to emerge
   entsteht, entstand, ist entstanden
Gründung *(f)*, **-en**   founding, establishment
gültig   valid, recognized

Verständnisfragen zum Text

1. Was bedeutet der Satz: „Globalisierung bezeichnet die anwachsende Verflechtung verschiedenster Bereiche über den gesamten Erdball hinweg", der das Phänomen Globalisierung definiert? Können Sie diesen Satz in Ihren eigenen Worten wiedergeben und ein Beispiel für die Richtigkeit dieser Definition anführen?
2. Welche Länder profitieren wirtschaftlich am meisten von der Globalisierung? Warum ist das so?
3. Welche Probleme sind politisch in einer globalisierten Welt entstanden? Nennen Sie zwei.
4. Nennen Sie drei Eigenschaften der Globalisierung im Text und beschreiben Sie diese im Detail.
5. Wann hat Globalisierung begonnen? Gibt es im Text ein konkretes Datum?

Analyse und Diskussion

1. Was denken Sie über die Definition von Globalisierung? Stimmen Sie mit ihr überein? Wenn nicht, dann schreiben Sie Ihre eigene Definition auf. Was verbinden Sie persönlich mit dem Begriff der Globalisierung?
2. Gibt es andere Bereiche, die im Artikel nicht genannt werden, in denen Globalisierung eine Rolle spielt? Wie beeinflusst die Globalisierung beispielsweise Ihr Leben? Diskutieren Sie im Unterricht.
3. Wann hat für Sie die Globalisierung begonnen? Können Sie in der Geschichte bestimmte Zeiten finden, in denen man vielleicht von Globalisierungstendenzen sprechen könnte? Welche könnten das sein?

Weiterführende Aktivitäten

1. In unserem Artikel werden viele historische Begebenheiten, wie z. B. die Gründung der UNO, das Kyoto-Protokoll, der Bologna-Prozess, Währungsunionen nach dem Zweiten Weltkrieg usw. genannt. Nehmen Sie einen dieser Begriffe, über den Sie gerne mehr wissen möchten, und recherchieren Sie diesen im Internet. Schreiben Sie einen kurzen Abschnitt, in dem Sie Ihre Ergebnisse präsentieren.
2. Sehen Sie den Videoclip „Globalisierung einfach erklärt" von *explainity* im Unterricht: http://www.youtube.com/watch?v=aGPABEnTG0g. Wie definiert der Videoclip das Phänomen der Globalisierung? Schreiben Sie zwei Punkte auf, die Sie nicht im Text gelesen haben. Wie unterscheidet sich die Erklärung von *explainity* von unserem Text? Gibt es Wörter oder Konzepte, die Sie nicht verstehen?
3. Recherchieren Sie mit einer deutschen Suchmaschine (z. B. www.google.de). Können Sie Zeitungsartikel finden, die sich mit Globalisierung auseinandersetzen? In welchem Zusammenhang begegnet uns Globalisierung in den deutschen Medien? Bringen Sie einen Artikel in den Unterricht und beschreiben Sie, was Sie gelesen haben.

Während ich schlief

Einführung

Thomas Friedman ist ein amerikanischer Journalist, der u. a. seine Beiträge in der *New York Times* veröffentlicht und ebenfalls Korrespondent für diese Zeitung ist. Friedman ist vor allem durch seine Bücher über Globalisierung berühmt geworden, die alle in die deutsche Sprache übersetzt wurden, wie z. B. *Globalisierung verstehen* (*The Lexus and the Olive Tree*), *Die Welt ist flach* (*The World is Flat*) und *Was zu tun ist. Eine Agenda für das 21. Jahrhundert* (*Hot, Flat, and Crowded*). Friedman ist drei Mal für seine journalistischen Reportagen mit dem Pulitzer Preis ausgezeichnet worden. Der nun folgende Text stammt aus Friedmans Buch *Die Welt ist flach*. Darin erklärt Friedman die Entstehung der Globalisierung aus seiner persönlichen Perspektive und macht deutlich, warum für ihn die heutige Welt nicht mehr als Kugel, sondern, wie vor Kolumbus, als Scheibe gesehen werden sollte.

Die Globalisierung war in ein völlig neues Stadium eingetreten. Legt man die Argumente von *Globalisierung verstehen* und diesem Buch aneinander, so erhält man eine Chronologie der Globalisierung, die sich in drei große Abschnitte teilt. Der erste begann 1492 – als Kolumbus **in See stach**, und den Handel zwischen der Alten und der Neuen Welt **einleitete –** und dauerte ungefähr bis zum Jahre 1800. Diese Phase möchte ich als Globalisierung 1.0 bezeichnen. In ihr **schrumpfte** die Welt von einem riesigen zu einem mittelgroßen **Gebilde**. Während der Globalisierung 1.0 drehte sich alles um Länder und rohe Kraft. Das heißt, in dieser Phase war der entscheidende Katalysator der Veränderung – die Haupt**triebkraft** der wirtschaftlichen Integration – die physische Potenz, **über** die ein Land **verfügte** und die es möglichst **geschickt** einzusetzen verstand – die Muskeln, die Pferdestärken, die Windkraft und später die Dampfkraft. In dieser Ära waren es die Staaten und Regierungen (häufig durch Religion oder imperialistische Bestrebungen oder eine Mischung aus beidem motiviert), die Mauern einrissen, die Welt zu verknüpfen begannen und somit die wirtschaftliche Integration vorantrieben. In der Globalisierung 1.0 ging es vor allem um folgende Fragen: Wo findet mein Land seinen Platz im globalen Wettbewerb, und wo liegen seine Chancen? Wie kann ich als Bewohner meines Landes global handeln und mit anderen kooperieren?

Die zweite Phase, ich nenne sie Globalisierung 2.0, erstreckte sich von 1800 bis etwa zum Jahr 2000 und wurde unterbrochen durch die Weltwirtschaftskrise und die beiden Weltkriege. In dieser Zeit schrumpfte die Welt von einem mittelgroßen zu einem kleinen Gebilde. In der Globalisierung 2.0 waren die multinationalen Unternehmen die Haupttriebkraft, der entscheidende Katalysator der wirtschaftlichen Integration. Diese transnationalen Konzerne agierten global, um neue Märkte zu **erschließen** und Arbeitskräfte zu nutzen. **Angestoßen** wurde diese Entwicklung zunächst durch die wachsenden **Aktiengesellschaften** in den Niederlanden und in England sowie durch die industrielle Revolution. In der ersten Hälfte dieses Zeitabschnitts wurde die ökonomische Integration durch sinkende Transportkosten (dank der Dampfkraft und der Eisenbahn), in der zweiten Hälfte durch sinkende Telekommunikationskosten infolge der Verbreitung von Telegraphen, Telefonen, Personalcomputern, **Glasfaserkabeln** und die Anfänge des Internets **befördert**. In dieser Ära erlebten wir die Geburt und den **Reife**prozess einer wirklich weltumspannenden Ökonomie in dem Sinne, dass der Austausch von Gütern und Informationen zwischen den Kontinenten ein solches **Ausmaß** erreichte, dass sich ein echter Weltmarkt herausbildete und globale Preisunterschiede bei Produkten und Arbeitskräften **wirksam wurden**. Die Hauptantriebskräfte dieser Globalisierungsära waren technologische Durchbrüche im Hardware-Bereich: von Dampfschiffen und Eisenbahnen bis zu Telefonen und Großrechnern. Die wichtigsten Fragen in dieser Zeit lauteten: Wo findet mein Unternehmen seinen Platz im globalen Wettbewerb? Wie kann es seine Chancen am besten nutzen? Wie kann ich als Angehöriger meines Unternehmens auf den globalisierten Märkten agieren und mit anderen kooperieren? ...

[Ich] **vertrete** ... in diesem Buch **die Auffassung**, dass um das Jahr 2000 herum eine neue Ära begonnen hat, die ich als Globalisierung 3.0 bezeichnen möchte. In dieser neuen Phase schrumpft die Welt von einem kleinen zu einem **winzigen** Gebilde, und zugleich wird das Spielfeld **eingeebnet**. Während in der Globalisierung 1.0 global agierende Länder und in der Globalisierung 2.0 global agierende Unternehmen die Antriebskräfte ökonomischer Integration waren, sind es in der Globalisierung 3.0 – und das **verleiht** ihr ihren einzigartigen Charakter – Individuen, die über völlig neue Möglichkeiten verfügen, auf globaler Bühne zu kooperieren und zu konkurrieren. Dieses Phänomen, das Individuen und kleine Gruppen dazu **befähigt**, so mühelos und so **reibungslos** in globalem Rahmen zu agieren, ihnen dies aber auch abverlangt, nenne ich die Plattform der flachen Welt, die ich in diesem Buch noch eingehender beschreiben werde. Fürs erste nur ein kleiner Hinweis: Die Plattform der flachen Welt ist das Ergebnis einer Konvergenz des Personalcomputers (der es jedem Individuum plötzlich ermöglichte, eigene Inhalte **im Handumdrehen** in digitaler Form zu erstellen) mit dem Glasfaserkabel (das all diese Individuen plötzlich in die Lage versetzte, auf immer mehr digitale Inhalte aus allen Teilen der Welt fast kostenlos **zuzugreifen**) und der Ausbreitung der Workflow-Software (die es Individuen überall auf der Welt ermöglichte, gemeinsam an denselben digitalen Inhalten zu arbeiten, egal, wie weit sie voneinander entfernt sind). Niemand hatte diese Konvergenz vorhergesehen. Sie **stellte sich** einfach **ein** – ungefähr um das Jahr 2000. Prompt wurden überall auf der Welt Menschen aufmerksam und erkannten, dass sie nun viel mehr Möglichkeiten als früher besaßen, als Individuen in globalem Rahmen zu agieren, dass sie sich mehr denn je als Individuen begreifen mussten, die mit anderen Individuen aus anderen Teilen des Planeten in Konkurrenz stehen, dass ihnen aber auch mehr Möglichkeiten als jemals zuvor eröffnet wurden, mit diesen Individuen zusammenzuarbeiten. Daher kann und muss sich heute jeder einzelne die Frage stellen: Wo finde ich als Individuum meinen Platz im globalen Wettbewerb, wo liegen meine Chancen, und wie kann ich mit meinen persönlichen Fähigkeiten mit anderen global zusammenarbeiten?

Doch die Globalisierung 3.0 unterscheidet sich von den früheren Phasen nicht nur in dem Ausmaß, in dem sie die Schrumpfung und die Einebnung der Welt weitertreibt und einzelnen Menschen neue Handlungsmöglichkeiten erschließt. Sie hebt sich auch dadurch ab, dass die Globalisierung in den ersten beiden Phasen hauptsächlich von europäischen und amerikanischen Individuen und Unternehmen vorangetrieben wurde. Obwohl China im 18. Jahrhundert die größte Volkswirtschaft der Welt bildete, waren es westliche Länder, Unternehmen und Forschungsreisende, die hinter den Globalisierungsbemühungen standen und das System **maßgeblich** prägten. Doch in Zukunft wird dies immer weniger gelten. Weil sie die Welt einebnet und immer weiter zusammenschrumpfen lässt, wird die Globalisierung 3.0 zunehmend nicht mehr nur von einzelnen, sondern von einer heterogenen, nichtwestlichen und nichtweißen Gruppe von Individuen vorangetrieben werden. Menschen aus allen Ecken der flachen Welt werden neue Handlungsmöglichkeiten zuwachsen. Die Globalisierung 3.0 ermöglicht es ihnen in nie zuvor gekanntem Maße, sich einzuwählen und mitzumachen, und alle **Schattierungen** des menschlichen Regenbogens werden daran teilhaben.

Quelle: Thomas L. Friedman. *Die Welt ist flach*. Frankfurt a. M.: Suhrkamp, 2008. 20–23.

Vokabeln

in See stechen	to set sail
sticht, stach, ist gestochen	
einleiten	to initiate, to usher in
leitet ein, leitete ein, hat eingeleitet	
schrumpfen	to shrink
schrumpft, schrumpfte, ist geschrumpft	
Gebilde *(n)*, -	entity
Triebkraft *(f)*, **-kräfte**	driving force
verfügen über *(Akk)*	to have at one's command, to have
verfügt, verfügte, hat verfügt	available
geschickt	skillfully, ingeniously
erschließen	to open up
erschließt, erschloss, hat erschlossen	
anstoßen	to initiate, to set in motion
stößt an, stieß an, hat angestoßen	
Aktie *(f)*, **-n**	share, stock
Aktiengesellschaft *(f)*, **-en**	joint-stock company
Glasfaserkabel *(n)*, -	fiber optic cable
befördern	to advance
befördert, beförderte, hat befördert	
Reife *(f)*	maturity
Ausmaß *(n)*, **-e**	extent
wirksam werden	to take effect
die Auffassung vertreten	to take the view
vertritt, vertrat, hat vertreten	

winzig	minuscule
einebnen	to flatten, to level
ebnet ein, ebnete ein, hat eingeebnet	
verleihen	to lend, to provide with
verleiht, verlieh, hat verliehen	
jdn. befähigen	to enable s.o., to empower s.o.
befähigt, befähigte, hat befähigt	
reibungslos	smoothly
im Handumdrehen	in the blink of an eye
zugreifen	to catch hold of
greift zu, griff zu, hat zugegriffen	
sich einstellen	to ensue, to appear
stellt sich ein, stellte sich ein, hat sich eingestellt	
maßgeblich	decisively
Schattierung *(f)*, **-en**	shade

Verständnisfragen zum Text

1. Warum beginnt für Friedman die erste Phase der Globalisierung mit Kolumbus? Wie argumentiert Friedman?
2. Wie definiert Friedman diese erste Phase? Was ist das Neue für Friedman, das bis zu diesem Zeitpunkt noch nicht dagewesen ist?
3. Welche Rolle spielen multinationale Unternehmen in der zweiten Phase der Globalisierung?
4. Was sind die Fragen, die sich die Menschen in der zweiten Phase stellen? Wie unterscheiden sich diese von der ersten Phase?
5. Warum beginnt für Friedman die dritte Phase der Globalisierung erst im Jahre 2000? Was ist Friedmans Begründung?
6. Erklären Sie ganz konkret, warum für Friedman die Welt nun flach ist. Was meint er damit? Wofür benutzt Friedman diese Metapher?

Analyse und Diskussion

1. Im Gegensatz zu unserem ersten Artikel, in dem sehr vage über die Entstehung von Globalisierung gesprochen wurde, nennt Friedman sehr spezifische Daten. Können Sie Friedmans Einteilung in verschiedene Phasen

der Globalisierung nachvollziehen? Hat Friedman recht, oder möchten Sie Kritik an seiner Einteilung üben?

2. Friedman spricht von einer flachen Welt, die durch die Globalisierung entstanden ist. Beschreibt Friedman die neue Phase der Globalisierung angemessen, oder ist seine Beschreibung fehlerhaft? Diskutieren Sie.

3. Welche Rolle spielt Kommunikationstechnik in Ihrem Leben? Können Sie sich ein Leben ohne Computer oder Handy vorstellen? Denken Sie, dass wir durch diese Geräte oder Webseiten wie Facebook enger miteinander vernetzt und verbunden sind, oder hat diese Technik den gegenteiligen Effekt?

Weiterführende Aktivitäten

1. Friedman nennt viele historische Entwicklungen in seinem Text. Nehmen Sie eine Entwicklung (z. B. das Dampfschiff, die Eisenbahn, das Telefon, das Glasfaserkabel usw.) und schreiben Sie eine Seite über diese neue Entdeckung. Wann hat sie stattgefunden? Wer war dafür verantwortlich? Welchen Einfluss hatte sie auf die Menschen?

2. Recherchieren Sie, wie viele Menschen in der heutigen Zeit einen Computer besitzen. Stellen Sie Ihre Ergebnisse im Unterricht vor und besprechen Sie anhand Ihrer Daten, inwieweit Friedmans These von einer flachen Welt zutrifft. Wer kann heutzutage „uploaden" und wer nicht?

3. Überlegen Sie sich ein wirtschaftlich ärmeres Land, über das Sie so gut wie keine Informationen haben. Recherchieren Sie im Internet und finden Sie heraus, welche Details dort über dieses Land zu erfahren sind. Gibt es viele Individuen, die ihre Kunst, Musik, Literatur, Kochrezepte usw. auf Webseiten präsentieren? Stellen Sie Ihre Ergebnisse im Unterricht vor und diskutieren Sie noch einmal, ob Friedmans These von einer flachen Welt zutreffend ist.

Versuch einer Definition: Globalisierung als Schicksal?

Einführung

Johannes Greving ist Lehrer an einem Gymnasium im Bundesland Niedersachsen, arbeitet zeitweise an der Universität Oldenburg und hat Bücher zu wissenschaftlichen Themen verfasst. Eines seiner Bücher hat er dem Thema der Globalisierung gewidmet. In dem kurzen Auszug, der nun folgt, beschreibt Greving die vielfältigen Dimensionen des Globalisierungsprozesses, die der Soziologe Ulrich Beck, der auch der Autor unseres nächsten, dritten Textes ist, erarbeitet hat. Die acht von Beck entwickelten Punkte illustrieren die zahlreichen Veränderungen, die Globalisierung mit sich bringt. Leider ist die hier verwendete Sprache recht kompliziert, weil es sich um einen akademischen Text handelt. Konzentrieren Sie sich in erster Linie auf die wichtigsten Aussagen – die Verständnisfragen helfen Ihnen dabei – und versuchen Sie nicht, alle Details zu verstehen.

Der Soziologe Ulrich Beck nennt acht inhaltliche **Merkmale** des Globalisierungsprozesses, mit denen die gegenwärtige Phase der gesellschaftlichen Entwicklung von früheren Epochen deutlich **abgegrenzt** wird:

1. Die extreme **Dichte** und **Verflochtenheit** des heutigen Welthandelssystems:

Die großen Konzerne streuen aufgrund der heutigen technischen Möglichkeiten ihre Produktion, Verwaltung, Logistik usw. über die ganze Welt und suchen die jeweils kostengünstigsten Alternativen. Die direkten Abhängigkeiten der internationalen **Börsen** voneinander und die globale Vernetzung der Finanzmärkte haben ein qualitativ neues und anderes Stadium erreicht, als dies noch um die Mitte des letzten Jahrhunderts der Fall war.

2. Der enorme Aufschwung der Informations- und Kommunikationstechnologien:

Dieser ist noch nicht abgeschlossen, sondern gewinnt an Dynamik eher noch. Reale Entfernungen spielen im Computerzeitalter keine Rolle mehr. Die Tatsache z. B., dass die Fußballweltmeisterschaft 2002 auf der gegenüberliegenden Seite der Weltkugel in Südostasien stattfand, wurde hier allenfalls aufgrund der ungewöhnlichen Spielzeiten sinnlich erfahrbar.

3. Der Wandel von internationaler zu transnationaler Politik:

Bis in das ausgehende 20. Jh. war internationale Politik Außenpolitik von selbstständigen Nationalstaaten. Erst mit der Gründung der UNO 1945 begann sich dies zu ändern. Gleiches galt für die von den Nationalstaaten kontrollierten internationalen Organisationen wie Weltbank und IWF.

Das beginnende 21. Jh. zeigt ein anderes Bild: Mit der **Ausweitung** dieser Strukturen ist eine sukzessive Schwächung der Souveränität und Kontrollmechanismen der Nationalstaaten verbunden. Entwickelt hat sich ein internationaler Pluralismus, in dem sich über die Grenzen der Nationalstaaten hinweg Netzwerke bilden. Damit werden die klassischen Mittel der Außenpolitik um eine ganze Palette weiterer Instrumente erweitert: Neben die offiziellen, diplomatischen Strukturen treten informelle, inoffizielle Beziehungen, die von der offiziellen Politik unabhängig sind.

Ein ebenso dichtes wie **unübersichtliches** Netzwerk vielfältiger Kontakte der so genannten NGOs, angefangen von internationalen Hilfs- und Umweltschutzorganisationen über Organisationen wie die UNO bis hin zu vertraulichen **Absprachen** der transnationalen Weltkonzerne, ist entstanden. Viele Bürger empfinden gerade Letzteres als **bedrohlich**.

Die „global player" können heute wirklich die Macht der Nationalstaaten wirksam **eindämmen** bzw. übertrumpfen, indem sie z. B. die einzelnen Staaten bei Standortfaktoren, **Subventionen, Steuerzahlungen** (genauer: deren Boykott), Lohndumping usw. gegeneinander ausspielen. Die Nationalstaaten verlieren ihre Macht, ohne dass irgendeine andere Gegenmacht gegen die Weltkonzerne entstünde.

4. Die global vorgetragenen Ansprüche auf Demokratie und Einhaltung der Menschenrechte:

Das Ende des Apartheidregimes in Südafrika, das Eingreifen der Nato im Kosovo-Krieg, der militärische Sieg über die Taliban in

Afghanistan – das alles wird von der Weltöffentlichkeit genau beobachtet und kommentiert. Sind es **(Lippen-)Bekenntnisse** für Menschenrechte und Demokratie oder Beispiele für eine doppelte Moral? Das in früherer Zeit „eherne Prinzip" der Nicht**einmischung** in die inneren Angelegenheiten eines anderen Staates ist de facto außer Kraft gesetzt. Die „Organisation für Sicherheit und Zusammenarbeit in Europa" (OSZE) z. B. betrachtet Maßnahmen gegen einen Mitgliedstaat, der Menschenrechte missachtet, explizit nicht mehr als unzulässige Einmischung in die Souveränität dieses Staates.

5. Die kulturelle Globalisierung:

Die allgegenwärtigen Bilderströme des westlichen (insbesondere amerikanischen) Fernsehens können per Satellit heute ohne Zeit**verzug** überall auf der Welt gesendet und empfangen werden. Die amerikanische Filmindustrie dominiert mit immer weniger Filmen bei gleichzeitiger immenser **Aufblähung** der Produktions- und Werbungskosten und ebenso immensen Gewinnen. Der „American way of life" beherrscht die Welt.

6. Die global gegenwärtige Armut auf zwei Ebenen:

Die Industrienationen werden immer reicher, die **Schwellenländer** wie Südkorea, Taiwan oder Mexiko und die meisten Erdöl exportierenden Staaten nehmen an diesem Aufschwung teil, der Rest der Welt – insbesondere Afrika – ist der Verlierer. Der Anteil der 116 „armen" Entwicklungsländer am Welthandel ist geradezu dramatisch von rund 19 % (1950) auf gegenwärtig gut 2 % gesunken! Zu diesen Ländern zählen gerade die besonders bevölkerungsreichen Staaten wie Indien, Pakistan und Bangladesch. Die Schwellenländer werden zunehmend in die Weltwirtschaft integriert. Die große Mehrzahl der armen Drittweltstaaten wird zunehmend an die Peripherie gedrängt. Sie fallen praktisch aus dem System der internationalen Arbeitsteilung heraus.

Aber auch auf nationaler Ebene wird die Schere zwischen Arm und Reich in fast allen Staaten der Welt größer. In den USA z. B.

kommt das Wirtschaftswachstum in der Clinton-Ära zu über 95 %
den wohlhabendsten 10 % der Bevölkerung zu Gute, während für
die Masse der sozial Schwachen das Schicksal der „Working poor"
gilt. Sie haben zwei bis drei Jobs, die so schlecht bezahlt werden,
dass der gesamte Lohn gerade die Existenz sichert. Gut 25 % der
Bevölkerung in den „klassisch liberalistischen" Ländern USA und
Großbritannien leben unterhalb der Armutsgrenze. Das **Bruttoin-
landsprodukt** pro Kopf ist in den Staaten der Europäischen Union in
den letzten 20 Jahren um 50 bis 70 % gestiegen. Trotzdem gibt es
in der EU rund 20 Mio. Arbeitslose, die Zahl der **Sozialhilfeempfän-
ger** (nicht nur) in Deutschland steigt ständig.

7. Die globale Umweltgefährdung:

Weder radioaktive Strahlung noch tödliche **Krankheitserreger** machen an den politischen oder naturräumlichen Grenzen halt, wie
Tschernobyl und **BSE-Seuche** eindringlich gezeigt haben. Das Ozonloch lässt sich nicht durch Grenzkontrollen beherrschen, der weltweite
Anstieg des Meeresspiegels nicht auf bestimmte Küsten begrenzen.
Als Anfang der 1970er Jahre der „Club of Rome" das Buch „Die
Grenzen des Wachstums" herausbrachte, in dem die Begrenztheit
der Ressource „Erde" erstmals problematisiert wurde, hielten viele
das für Spinnerei. Aber dieses Bild hat sich am Beginn des 21. Jh.s
gründlich geändert: Der Umweltschutz ist integrativer Bestandteil der
Parteiprogramme aller Parteien, und er wird zunehmend als globale
Aufgabe gesehen, die letztlich nur weltweit gelöst werden kann.

8. Die Wahrnehmung des ethnisch und kul-
turell Fremden im eigenen Leben:

Migrationsströme in die Staaten der Ersten und Zweiten Welt haben
eine Dichte erreicht, die es beispielsweise den Amerikanern, Franzosen oder Deutschen unmöglich macht, die heimisch gewordenen
Ausländer zu ignorieren. Es entstehen transkulturelle Netzwerke
etwa zwischen den Türken in Deutschland und denen in der Türkei,

es bilden sich neue, unübersichtliche und transnationale Subkulturen mit zum Teil großen **Spannungen** zur „offiziellen" Kultur des Gast-, aber auch des Heimatlandes. In Berlin-Kreuzberg lebende junge Türken sprechen z. B. weder Deutsch noch Türkisch, sondern „Kanak", eine Mischform aus beiden Nationalsprachen und dem Berliner Dialekt. Sie **fallen durch die Maschen** sowohl der offiziellen deutschen wie der türkischen Kultur.

Quelle: Johannes Greving. *Globalisierung.* Berlin: Cornelsen Verlag Scriptor, 2003. 11–22.

Vokabeln

Merkmal *(n)*, -e	feature, characteristic
abgrenzen	to delimit, to demarcate
grenzt ab, grenzte ab, hat abgegrenzt	
Dichte *(f)*, **n**	density
Verflochtenheit *(f)*, -en	interconnectedness, complexity
Börse *(f)*, -n	stock market
Ausweitung *(f)*, -en	expansion, growth
unübersichtlich	confusing, unclear
Absprache *(f)*, -n	agreement
bedrohlich	threatening
eindämmen	to curb, to limit
dämmt ein, dämmte ein, hat eingedämmt	
Subvention *(f)*, -en	subsidy
Steuerzahlung *(f)*, -en	tax payment
Lippenbekenntnis *(n)*, -se	lip service
Einmischung *(f)*, -en	interference, meddling
Verzug *(m)*	delay
Aufblähung *(f)*, -en	inflation, dilution
Schwellenland *(n)*, -länder	emerging nation
Bruttoinlandsprodukt *(n)*, -e	gross domestic product
Sozialhilfeempfänger *(m)*, -	welfare recipient
Krankheitserreger *(m)*, -	germ

BSE (Bovine Spongiforme Enzephalopathie) *(f)*	mad cow disease
Seuche *(f)*, **-n**	epidemic
Spannung *(f)*, **-en**	tension, strain
durch die Maschen fallen	to fall through the cracks

Verständnisfragen zum Text

1. Wie verändern sich die Nationalstaaten im Zuge der Globalisierung? Was bedeutet die Veränderung von internationaler zu transnationaler Politik? Können Sie das erklären?

2. Beschreiben Sie die Bedeutung von Punkt 4, in dem über das „in früherer Zeit ‚eherne Prinzip' der Nichteinmischung in die inneren Angelegenheiten eines anderen Staates" gesprochen wird. Erklären Sie zunächst diese Aussage und diskutieren Sie dann, ob dieses Prinzip immer noch im Zeitalter der Globalisierung gilt.

3. Warum spricht Beck von einer Armut auf zwei Ebenen in Punkt 6? Was meint er damit?

4. Warum kann der Umweltschutz heutzutage nur weltweit gelöst werden? Inwieweit sind wir von globalen Umweltkatastrophen betroffen? Können Sie das an einem Beispiel aus dem Text verdeutlichen?

5. In Punkt 8 spricht Beck von transkulturellen Netzwerken, die sich durch Migration bilden. Beschreiben Sie, wie im Text transkulturelle Netzwerke definiert werden. Verstehen Sie, was damit gemeint ist?

Analyse und Diskussion

1. In Punkt 5 spricht Beck von der Dominanz des „American way of life". Denken Sie, dass diese Aussage korrekt ist? Können Sie dafür Beispiele in Ihrem eigenen Leben finden, die diese Aussage bestätigen oder widerlegen? Diskutieren Sie auch, wie diese Aussage sich im Hinblick auf Thomas Friedman verhält, der von einer flachen Welt spricht. Wird die Welt durch Amerika homogenisiert, oder findet vielmehr eine immer größere Diversifizierung statt?

2. Alle acht Punkte betonen, dass Probleme, die früher auf nationaler Ebene besprochen und gelöst wurden, nun zu globalen Problemen geworden sind. Stimmen Sie damit überein? Können Sie Gegenbeispiele finden, die belegen, dass einzelne Nationalstaaten durch individuelle Entscheidungen

weltweite Veränderungen hervorrufen? Besprechen Sie Ihre Meinung im Unterricht.

Weiterführende Aktivitäten

1. In Punkt 1 über den Welthandel erklärt Ulrich Beck, dass heute die meisten Firmen in unterschiedlichsten Ländern produzieren. Nehmen Sie eine deutsche Firma, die Sie interessant finden (z. B. Adidas, Mercedes, Bayer) und recherchieren Sie, in wie vielen Ländern dieses Unternehmen Niederlassungen hat. Kann diese Firma als globale Firma bezeichnet werden? Präsentieren Sie Ihr Ergebnis im Unterricht.

2. Der Text nennt die Umweltkatastrophe von Tschernobyl in den 1980er-Jahren. Ein aktuelleres Beispiel wäre die Reaktorkatastrophe von Fukushima im Jahre 2011. Hatte diese Katastrophe Auswirkungen auf andere Länder und die Politik anderer Staaten? Suchen Sie noch einmal im Internet und finden Sie heraus, ob die Katastrophe globale Konsequenzen hatte.

3. Recherchieren Sie die Situation der Türken in Berlin-Kreuzberg. Finden Sie weiterhin Informationen über den Autor des Buches *Kanak Sprak*, Feridun Zaimoglu, heraus und lesen Sie einen Ausschnitt aus diesem Buch. Analysieren Sie im Unterricht die verwendete Sprache. Wie stellen sich die jungen Deutsch-Türken dar, und was hat ihre Identitätsfindung mit Globalisierung zu tun?

Der Globalisierungsschock: Eine verspätete Diskussion

Einführung

Ulrich Beck ist einer der bekanntesten deutschen Soziologen der Gegenwart. Er hat zahlreiche Artikel und Bücher verfasst und wurde mit etlichen Preisen ausgezeichnet. In seinen Büchern schreibt Beck oft über die Auswirkungen von Globalisierung auf die Menschen und ihre Gesellschaft, wie wir schon in Johannes Grevings kurzem Ausschnitt gesehen haben. Der vorliegende Text beschäftigt sich nun ganz konkret mit der deutschen Gesellschaft und ihrem Verhältnis zu Globalisierung – einem Verhältnis, das Beck als Globalisierungsschock bezeichnet. Wiederum ist die Sprache recht schwer zu verstehen. Die Verständnisfragen sollen Ihnen dabei helfen, sich auf die wesentlichen Punkte zu konzentrieren. Dies ist der letzte theoretische Text, den wir über Globalisierung lesen werden.

Die Debatte über Globalisierung erreicht, **erschüttert** die Öffentlichkeit hierzulande verspätet. In Großbritannien etwa wird seit mehr als
zehn Jahren über das „g-word" quer durch alle politischen Parteien
und unter Beteiligung von Wirtschafts-, Sozial-, Politikwissenschaft-
lern und Historikern lebhaft und produktiv gestritten. Entsprechend
groß ist der *Globalisierungsschock* in Deutschland.

Einer seiner Ursachen besteht darin, dass in der hier vorherrschenden Meinung Globalisierung einseitig vor allem mit dem **Abbau einheimischer** Arbeitsplätze, ihrer **Verlagerung** in Billiglohnländer in Zusammenhang gebracht wird – und dies in Zeiten, in denen
die Gesellschaft, trotz **anhebenden** Wirtschaftswachstums und rasant steigender Gewinne transnationaler Konzerne, eine an Weimar
erinnernde Massenarbeitslosigkeit **quält**.

Daneben lassen sich für den politischen Globalisierungsschock,
der Mitteleuropa, Frankreich, Österreich, die Schweiz, Italien,
aber insbesondere Deutschland erfasst hat, vier weitere Gründe
ausmachen.

Erstens sehen sich Staaten und Gesellschaften mit einem primär
wirtschaftlich definierten Selbstbewusstsein – „Export-Weltmeister" –
durch eine angeblich von außen kommende Weltmarkt-Globalisie-
rung besonders **betroffen** und gefährdet.

Zweitens gehören Sozialstaaten wie Frankreich und Deutschland,
im Unterschied zu den USA und Großbritannien, zu den Globalisie-
rungsverlierern. Sie sind in die **Zwickmühle** von Sozialpolitik im Zeitalter der wirtschaftlichen Globalisierung **geraten**: Die wirtschaftliche
Entwicklung **entzieht sich** nationalstaatlicher Kontrolle, während
ihre sozialen Folgen – Arbeitslosigkeit, Migration, Armut – sich in
den **Auffang**netzen des nationalen Sozialstaates sammeln.

Drittens erschüttert Globalisierung das Selbstbild eines homogenen, abgeschlossenen, abschließbaren, nationalstaatlichen Raums
mit Namen Bundesrepublik in seinen **Grundfesten**. Demgegenüber
war Great Britain ein Weltreich, und Globalisierung ist eine schöne
Erinnerung daran. Zwar ist auch Deutschland längst ein globaler Ort, an dem **sich** die Kulturen der Welt und ihre Widersprüche

tummeln. Aber diese Realität blieb bislang abgedunkelt im vorherrschenden Selbstbild einer weitgehend homogenen Nation. All dies tritt **im Zuge** der Debatte über Globalisierung ans Licht. Denn Globalisierung meint, wie gesagt, vor allem eins: Denationalisierung – die Erosion, aber auch mögliche Transformation des National- zum Transnationalstaat.

Der Globalisierungsschock als *Denationalisierungsschock* stellt nicht nur die Schlüsselkategorien der Nachkriegs-Identität der Deutschen in Frage, das korporatistische „Modell Deutschland" mit seinem spezifischen Sozialsystem. Diese Erfahrung und **Herausforderung** beißt sich schließlich viertens mit den **Querelen** der Vereinigung von zwei Deutschländern. Erzwang doch das (in manchem dem Ehedrama gleichende) Vereinigungsdrama eine Beschäftigung der Deutschen mit sich selbst und mit der Frage: Was ist nach einem halben Jahrhundert des Getrenntseins an „deutschen" Gemeinsamkeiten übriggeblieben, und welche sind es wert, sich mit ihnen zu identifizieren? In diese Phase der Selbstbespiegelung und der Selbstbefragung **platzt** nun die Nachricht von der Globalisierung: Der Nationalstaat verliert, über die schön geplante **Abtretung** von Kompetenzen im Rahmen des gemeinsam europäischen Marktes hinaus, Souveränität und Substanz, und zwar in allen Dimensionen: finanzielle Ressourcen, politische und wirtschaftliche Gestaltungsmacht, Informations- und Kulturpolitik, alltägliche Identifikation der Bürger. Die Frage, wie „Transnationalstaaten" als Antwort auf Globalisierung entstehen *könnten*, was dies wirtschaftlich, militärisch, politisch und kulturell bedeutet, wird erst in **Ansätzen** diskutiert.

Quelle: Ulrich Beck. *Was ist Globalisierung? Irrtümer des Globalismus – Antworten auf Globalisierung*. Frankfurt a. M.: Suhrkamp, 1997. 33–35.

Vokabeln

erschüttern   to shock
    erschüttert, erschütterte, hat erschüttert
Abbau *(m)*   decrease, downsizing
einheimisch   domestic

Verlagerung *(f)*, **-en**	relocation, shift
anheben	to raise, to lift
hebt an, hub an, hat angehoben	
quälen	to torture
quält, quälte, hat gequält	
betroffen sein	to be affected, to be afflicted
Zwickmühle *(f)*, **-n**	predicament, quandary
in eine Zwickmühle geraten	to get into a catch-22 situation
gerät, geriet, ist geraten	
sich entziehen	to escape from, to evade
entzieht sich, entzog sich, hat sich entzogen	
auffangen	to catch, to collect
fängt auf, fing auf, hat aufgefangen	
Grundfesten *(pl)*	foundations
in den Grundfesten erschüttern	to shake sth. to the very foundations
sich tummeln	to bustle
tummelt sich, tummelte sich, hat sich getummelt	
im Zuge *(Gen)*	over the course of, as part of
Herausforderung *(f)*, **-en**	challenge
Querele *(f)*, **-n**	quarrel
platzen	to burst
platzt, platzte, ist geplatzt	
Abtretung *(f)*, **-en**	surrender, transfer
Ansatz *(m)*, **-sätze**	beginning

Verständnisfragen zum Text

1. Warum gehören Frankreich und Deutschland zu den Globalisierungsver-lierern, die USA und Großbritannien zu den Globalisierungsgewinnern? Was steht im Text über das unterschiedliche soziale System dieser Länder, und was für Auswirkungen hat dies?

2. Welches Selbstbild hat Deutschland von sich? Wie wirkt sich dieses Selbstbild auf die Wahrnehmung der Deutschen im Hinblick auf Globa-lisierung aus?

3. Was meint Beck mit „Denationalisierung" und der „Transformation des National- zum Transnationalstaat"? Wir haben schon bei Greving von ei-

ner Veränderung der internationalen zur transnationalen Politik gehört. Können Sie die Idee des Transnationalstaates erklären?

4. Welche Rolle spielt die deutsche Wiedervereinigung in der Globalisierungsdiskussion in Deutschland? Was hat Beck zu diesem Thema zu sagen?

Analyse und Diskussion

1. Beschreiben Sie die sozialen Systeme der USA und Deutschlands. Welche Unterschiede kennen Sie? Wie genau wirken sich diese Unterschiede auf die Wahrnehmung der Globalisierung aus? Diskutieren Sie dieses Problem im Unterricht.

2. Bis jetzt haben wir schon ein paar Mal das Wort „transnational" gehört – gerade bei Ulrich Beck in der Kombination mit dem Staat: Transnationalstaat. Wie könnte ein solcher Transnationalstaat aussehen? Welche Eigenschaften hätte er? Überlegen Sie, wie transnationale Organisationen aussehen (UNO, NATO, OSZE) und ob Sie Verbindungen von diesen zu einem möglichen Transnationalstaat ziehen können.

Weiterführende Aktivitäten

1. Beck spricht in seinem Text von einer an Weimar erinnernden Massenarbeitslosigkeit. Was meint er damit? Können Sie Weimar historisch einordnen und erklären, was damals in Deutschland (und vielleicht auch in anderen Ländern) passierte, so dass eine Massenarbeitslosigkeit ausgelöst wurde? Recherchieren Sie im Internet.

2. Wie viele Deutsche sind im Moment arbeitslos? Falls die Arbeitslosigkeit einen hohen Prozentsatz aufweist, so versuchen Sie, Informationen über die vermeintlichen Gründe für eine erhöhte Arbeitslosigkeit in Deutschland zu finden. Gibt es Artikel im Internet, in denen die Globalisierung dafür verantwortlich gemacht wird?

Die Deutschen und die Globalisierung

Einführung

Nachdem wir nun von Globalisierungsschock und den Vorbehalten der Deutschen der Globalisierung gegenüber gehört haben, lesen Sie zum Abschluss

des ersten Kapitelteiles eine Umfrage von 2013, in der unterschiedliche Bevölkerungsgruppen der Deutschen nach ihrer Meinung zu Globalisierung befragt
wurden. Das Ergebnis ist interessant und nicht ganz identisch mit demjenigen, das uns Beck präsentiert.

Das **Meinungsforschung**sinstitut Forsa hat die Deutschen nach ihrer **Einschätzung** gefragt, ob die Globalisierung für ihre persönliche
Perspektive eher **vor-** oder eher **nachteilig** sei. Außerdem wollte
Forsa wissen, was die Deutschen über die Auswirkungen der Globalisierung auf die Wirtschaft denken: Profitiert sie oder muss sie eher
mit nachteiligen Effekten rechnen?

39 % der Befragten sind der Meinung, dass die Globalisierung
für sie persönlich vorteilhaft ist, während 33 % vom Gegenteil überzeugt sind. Signifikant ist, dass mit zunehmendem Alter die **Einstellung** zur Globalisierung negativer wird. Während 53 % der unter
30-Jährigen die Globalisierung als **Bereicherung** empfinden, sind es
bei den über 60-Jährigen nur noch 29 %. Ein enger Zusammenhang
besteht auch zum **Bildungsgrad**.

Je höher der Schulabschluss, desto positiver die Haltung. So sehen 46 % der Abiturienten die Globalisierung als Vorteil an, während es bei Hauptschülern nur noch 28 % sind.

Mehr als die Hälfte – rund 62 % – der Befragten sind der Meinung, dass die Globalisierung sich positiv auf die deutsche Wirtschaft
auswirkt. Auch hier gilt: je höher der Bildungsgrad, desto positiver die
Einstellung. Während 72 % der Abiturienten die Globalisierung als
vorteilhaft ansehen, sind es bei den Hauptschülern nur noch 49 %.

Quelle: http://www.prozesstechnik-online.de/home/-/article/31534493/
37888838/Die-Deutschen-und-die-Globalisierung/art_co_INSTANCE_0000/
maximized/

Vokabeln

Meinungsforschung *(f)*, -en	opinion poll, opnion research
Einschätzung *(f)*, -en	assessment, evaluation
vorteilig	advantageous

nachteilig	disadvantageous
Einstellung *(f)*, **-en**	attitude
Bereicherung *(f)*, **-en**	enrichment, asset
Bildungsgrad *(m)*, **-e**	education level

Verständnisfragen zum Text

1. Stehen die Deutschen der Globalisierung positiv oder negativ gegenüber? Oder ist es kompliziert, eine generelle Aussage darüber zu machen?
2. Welche Faktoren beeinflussen die Einstellung der Deutschen?

Analyse und Diskussion

1. Nennen Sie Gründe dafür, warum die Deutschen mit zunehmendem Alter der Globalisierung skeptisch gegenüberstehen. Können Sie das verstehen?
2. Wie das Alter wirkt sich auch die Bildung auf die Bewertung der Globalisierung aus. Warum sind Menschen mit höherer Bildung positiver der Globalisierung gegenüber eingestellt? Gibt es dafür eine Erklärung?
3. Können Sie sich andere Faktoren denken, die die Einstellung zur Globalisierung beeinflussen könnten? Welche könnten das sein? Und warum?

Weiterführende Aktivitäten

1. Wie verhält es sich mit Ihrem Land? Recherchieren Sie, ob Ihre Landsleute die Globalisierung begrüßen oder Vorbehalte haben. Gibt es Gemeinsamkeiten mit Deutschland, oder ist die Situation in Ihrem Land eine grundlegend andere?
2. Hat sich Ihre Haltung der Globalisierung gegenüber durch die gelesenen Texte verändert oder ist sie gleich geblieben? Falls sie sich verändert hat, können Sie die Gründe dafür nennen?

TEIL ZWEI: GLOBALISIERUNG UND OSTDEUTSCHLAND

Neues Geld

Einführung

Ingo Schulze ist ein ostdeutscher Schriftsteller, der 1962 in Dresden geboren wurde. Er studierte klassische Philologie und arbeitete sowohl als Dramaturg als auch bei einer Zeitungsredaktion.

© Andersastphoto | Dreamstime.com

Graffiti an der Berliner Mauer: East Side Gallery

Schulze hat etliche Bücher geschrieben, u. a. *33 Augenblicke des Glücks*, *Handy* und *Simple Storys*, aus dem wir das zweite Kapitel mit dem Titel „Neues Geld" lesen. *Simple Storys* erzählt von den Veränderungen, die sich nach dem Fall der Mauer in Ostdeutschland einstellten, als der Kapitalismus den Sozialismus ersetzte und der Osten nach und nach verwestlicht wurde. Sie müssen sehr genau lesen, da Schulze viele Veränderungen nur subtil erwähnt. Auch ist die Geschichte ein bisschen länger – aber dafür sprachlich nicht so kompliziert wie die theoretischen Artikel.

Conni Schubert erzählt eine alte Geschichte: Ein Mann kommt in die Stadt, macht Geschäfte, nimmt sich ein Mädchen und verschwindet. **Blauäugigkeit** *und* **Voraussicht**.

Harry Nelson kam im Mai 90, eine Woche nach meinem neunzehnten Geburtstag, aus Frankfurt nach Altenburg. Er suchte nach Häusern, vor allem aber nach Bauland an den **Zufahrtsstraßen** zur Stadt. Es ging um Tankstellen. Harry war mittelgroß, **brünett** und Nichtraucher. Er wohnte im einzigen Hotel, dem „Wenzel", in der ersten Etage. Überall, wo er auftauchte, selbst beim Frühstück oder Abendbrot, sah man ihn mit seinem ledernen Aktenkoffer, der zwei Zahlenschlösser hatte.

Ich arbeitete seit September 89 als Kellnerin im „Wenzel". Etwas Besseres gab es im Kreis nicht. Ich hätte nach Leipzig fahren müssen oder nach Gera oder Karl-Marx-Stadt. Meine Chefin, Erika Pannert, ich kannte sie aus meiner **Lehrzeit**, sagte mal, dass sie früher genauso gewesen sei wie ich, genauso schlank und hübsch. Natürlich weiß ich, dass mein Mund ein bisschen zu klein ist. Und wenn ich schnell laufe, zittern mir bei jedem Schritt leicht die **Wangen**.

Ich mochte Harry, vor allem die Art, wie er hereinkam, uns **zunickte**, sich setzte, die Beine übereinanderschlug und dabei seine Hose am Knie ein Stück nach oben zog, wie er Wein probierte und die Serviette auseinanderfaltete. Ich mochte sein Parfüm und dass er abends schon unrasiert aussah, dass er unsere Geldscheine verwechselte und dass er wusste, wie wir heißen, ohne auf das Namensschild starren zu müssen, das jede von uns trug. Doch am meisten liebte ich seinen **Adamsapfel**. Ich sah Harry zu, wenn er trank. Das passierte ganz automatisch, gegen meinen Willen. Auf dem Heimweg versuchte ich, mich möglichst genau an ihn zu erinnern.

Der „Wenzel" war ausgebucht, und wer übers Wochenende nach Hause fuhr, zahlte lieber weiter, als dass er sein Zimmer räumte. Für Harry stand abends ein Sechsertisch bereit, weil er immer Gäste hatte. Erika flüsterte mir ihre Namen zu, und bei manchen **wedelte** sie mit der Hand, als hätte sie sich verbrannt. „Die haben nie vergessen, was ihnen gehört", sagte sie.

Harry stellte nur Fragen. Waren die Leute erst einmal beim Erzählen, wurde es spät. Ich fand nichts dabei, lange zu arbeiten. Außerdem glaube ich noch heute, dass es einfacher ist zu **kellnern**, als morgens mit dem Aktenkoffer aus dem Haus zu müssen, um Verträge abzuschließen.

Außer Harry blieben nur wenige übers Wochenende. Ich erinnere mich an den dicken Czisla aus Köln, der mehrere Stände mit Kassetten und Schallplatten von Markt zu Markt ziehen ließ und seine Verkäufer in den „Wenzel" bestellte, junge Kerle aus der Gegend, die Ahnung von Musik hatten. Sie tranken und aßen oft hier, weil Czisla sie warten ließ, bis die Abrechnung stimmte. Erika kümmerte sich um Peter Schmuck von der Commerzbank, einen dürren jungen Mann mit großen Händen und einem lautlosen Lachen, der so lange sitzen blieb, bis sie Zeit hatte und ihm zuhörte. Es war auch noch einer von der Allianz da, den wir Mister Wella nannten, und einer, der bei uns Schuhshine hieß. Die Woche über sprachen sie kaum miteinander. Nur sonntags, wenn man aus dem Frühstücksraum die Menschenschlange **schräg** gegenüber vor dem Bahnhof sehen konnte, die auf die „Bildzeitung" wartete – die Leute kauften oft gleich mehrere Exemplare –, **witzelten** sie darüber und rückten um einen Tisch zusammen.

Mitte Juni erschienen in der „Volkszeitung" und im „Wochenblatt" Fotos, die Harry und den neuen **Bürgermeister** beim Handschlag zeigten. Noch 1990 sollte eine Tankstelle gebaut werden, ich glaube, von BP.

Plötzlich hieß es, Herr Nelson reise ab. Dann hörte ich, er habe eine Wohnung und ziehe aus. Dann, Harry Nelson fahre für eine Woche weg, komme jedoch zurück. Ich wollte ihm ein Päckchen für unterwegs machen, fürchtete aber, die anderen könnten es merken oder er empfände es als **aufdringlich**.

Ich nahm eine Woche Urlaub und schlief mich aus. Zu Hause sprachen meine Eltern viel von dem neuen Geld, das es ab nächsten Montag geben sollte. Mein Vater, der nach seinem missglückten Assisitrip in die DSU eingetreten war, meinte, dass ich es goldrichtig mache: Den Japanern reichten schließlich auch fünf Tage Urlaub: Jetzt müsse man **sich ins Zeug legen**. Selbst meine Mutter sagte, dass sich nun **die Spreu vom Weizen trenne**, wir seien schon mittendrin. In der Badewanne überkam mich einmal die Vorstellung, ich küsste Harrys Adamsapfel.

Am Montag, dem 2. Juli, begann meine **Schicht** mittags. Niemand saß im Restaurant. Mindestens drei, vier Wochen würde es dauern, meinte Erika, bis auch unsere Leute bereit wären, für ein Schnitzel Westgeld auszugeben.

Gegen eins kam ein dunkelhäutiges Paar, Pakistanis, wie Erika sie nannte, die mit Teppichen handelten. Beim Kassieren fühlte ich mich wie zu Beginn der Lehrzeit, als wir untereinander servieren geübt und mit Spielgeld bezahlt hatten.

Harry erschien am Abend. Als er mit seinem Aktenkoffer das Restaurant betrat, sagte er: „Hal-loh!" und setzte sich ans Fenster, dahin, wo immer für ihn reserviert gewesen war. Endlich sah ich wieder seine kleinen Ohren, die breiten Fingernägel, den Adamsapfel. Harry trug ein kurzärmeliges Hemd, Leinenhosen und Sandalen ohne Socken. Erika sagte, dass Harry **gekündigt** habe, aber hierbleibe. „Einer wie der", flüsterte sie, „braucht immer was Neues, immer weiter, weiter, weiter."

Nachdem die Pakistani sämtliche Teppiche aus einem VW-Bus in ihre Zimmer im zweiten Stock getragen hatten, bestellten sie Suppe. Harry blätterte, während er aß, die Zeitungen der letzten Woche durch, und ich brachte ihm einen **Schoppen** Wein nach dem anderen.

Czisla, der ausgezogen war und nur noch ein paar Sachen abholte, setzte sich später zu ihm. „Na, auf dein Spezielles", sagte er. „Auf dass der Laden läuft", sagte Harry. Und Czisla erwiderte: „Auf uns!" Das habe ich behalten, obwohl es völlig **belanglos** war. Da die Hausbar montags nicht öffnete, brachen sie gegen zehn auf. Ich sah die beiden am Fenster vorbeigehen, Richtung Zentrum. Czisla hatte einen Arm um Harrys Schulter gelegt, gestikulierte mit dem anderen und blickte zu Boden. Ich blieb allein mit den Pakistani. Die Frau sprach leise zu dem Mann, der etwas in seinen Taschenrechner tippte und ihn dann zu ihr herumdrehte. Ich sagte, dass ich kassieren müsse. Sie bezahlten und verzogen sich.

Ich deckte den hinteren Teil des Saales für das Frühstück ein. Nachdem das erledigt war, setzte ich mich an den Tisch neben der Tür und faltete Servietten. Die Küchenleute machten Schluss. Bis auf das Radio an der Rezeption war es still.

Als ich kurz nach halb zwölf den Gitterrost am Eingang scheppern hörte, wusste ich, dass Harry zurückkommt. Ich brauchte nicht mal aufzuschauen. Er blieb hinter meinem Stuhl stehen und beugte sich langsam über meine Schulter. Ich drehte den Kopf und streifte dabei seine Wange. „Connie", sagte er, und im selben Moment spürte ich seine Hände. Er berührte das Namensschild und tastete gleich nach meiner Brust.

„Nicht", sagte ich. Harry presste mich an die **Lehne**. Er küsste meinen Hals, meine Wange und, als ich den Kopf zurücklegte, meinen Mund. Dann streckte er die Arme aus und griff nach meinen Knien. Ich drehte mich unter ihm schnell zur Seite und stand auf.

Er war um einiges größer als ich, tiefrotes Gesicht, das Haar **verstrubbelt**. Sein Blick ging hinab zu meinen weißen, halbhohen Stoffschuhen. Ich sah den **Haarwirbel** auf seinem Kopf. Harry hatte jetzt etwas **Verwegenes**, etwas, was ich bisher an ihm nicht bemerkt hatte.

„Komm", sagte er, „drehn wir eine Runde."

Ich hatte Angst, etwas falsch zu machen. Ich holte meine Strickjacke, verschloss das Restaurant und gab den Schlüssel an der Rezeption ab. Draußen schlang Harry den Arm um meine Hüfte. Ich wollte gern außer Sichtweite sein, doch alle paar Schritte blieben wir stehen und küssten uns. Wir haben also einander gefunden, einfach so, ohne große Worte, dachte ich.

An der Kreuzung, hinter der die Straße anstieg und es rechts zum Waggonbau ging, zog er mich auf das kleine Rasenstück. „Harry", sagte ich und hoffte, das würde genügen. Seine Hände rutschten von meiner Hüfte zum Po, gingen tiefer zu den Beinen und kamen unter meinem Rock zurück. „Harry", sagte ich. Ich küsste seine Stirn, er fuhr mit beiden Händen in meinen Schlüpfer und streifte ihn nach unten. Harry hielt mich fest, eine Hand drängte sich zwischen meine Beine, und dann spürte ich seine Finger, erst einen und dann mehrere.

Harry schien glücklich. Er lachte. „Warum nicht", sagte er. „Warum denn nicht?" Ich sah seine Haare, seinen Nacken. Er sprach weiter. Ich konnte nicht alles verstehen, weil er so viel lachte. Weder er noch seine Hand hörten auf mich. Dann folgte ein Schmerz, der von der Schulter den Rücken hinab lief. „Die Arme hoch", rief jemand, „Arme hoch!" Für einen Moment wusste ich nicht, wo ich war und was sich auf mich geschoben hatte. Meine Bluse wurde hochgezerrt. Und immer wieder, jede Silbe betonend: „Die Ar-me hoch!"

Harry klang nicht mehr glücklich. Er stemmte sich kurz auf meine **Handgelenke**, dann sah ich nichts mehr. Ich hörte ihn nur noch und spürte, wie er leckte und biss. Ich versuchte, gleichmäßig zu atmen. Darauf konzentrierte ich mich. Egal, was passierte – wichtig war, dass ich atmete. Daran kann ich mich erinnern.

Harry war auf mir liegengeblieben. Zuerst bekam ich einen Arm aus der Bluse. Ich versuchte, mich zu drehen und ihn wegzuschieben. Der Himmel war schwarz und die Laterne eine große **Pusteblume**. Harry rollte auf den Rücken, den Mund offen. Sein Hemd war hochgerutscht. Der weiße Bauch war ein Dreieck, der **Nabel** als Spitze. Das Glied hing seitlich herab, direkt auf dem **Saum** der Unterhose.

„Harry", sagte ich. „Du kannst hier nicht liegenbleiben." Er schluckte. Ich wollte reden. Die ganze Zeit, während ich nach meinem Schlüpfer suchte, redete ich. Ich verhielt mich genauso, wie im Film Leute nach einem Unfall dargestellt werden. Ich versuchte, meine Strickjacke unter ihm vorzuziehen, schaffte es nicht und lief los.

Ich dachte, wie oft in letzter Zeit auf dem Heimweg, dass ich ja nur schlafen muss, um ihn morgen wiederzusehen, meinen zukünftigen Mann, den Vater meiner vielen Kinder, der mit niemandem vergleichbar war, der mir die Welt zeigen und alles verstehen, der mich beschützen – und **rächen** würde.

Was danach kam, weiß ich nur aus Briefen und Telefonaten. Meine **Stelle** wurde nicht mehr besetzt, und im Herbst schloss der „Wenzel". Erika wurde von einem Italiener eingestellt, der sein Glück mit einer Pizzeria in der Fabrikstraße versuchte. Im April 91 musste er schließen. Erika fand andere Gaststätten. Doch kaum war eröffnet, kaum waren einige Monate vergangen, **machten** sie wieder **dicht**. Viermal passierte ihr das. Schließlich **stand** sie **in dem Ruf**, ein Unglücksengel zu sein. Aber auch nicht lange, denn man sah ja, wie es insgesamt lief. Zu dieser Zeit hatte Harry Nelson mit seinem

Aktenkoffer die Stadt schon wieder verlassen. Es heißt, ihm würden noch einige Häuser gehören, aber gesehen hat ihn niemand mehr.

Ich habe erst in Lübeck, dann zwei Jahre später, auf einem englischen Kreuzfahrtschiff Arbeit gefunden. Meine Eltern erzählen das gern. Ich rufe sie oft an oder schicke Ansichtskarten.

Obwohl ich so naiv und blauäugig gewesen wäre, sagen sie, hätte ich bereits sehr früh – als sich die anderen noch Illusionen hingaben –, bereits da hätte ich gewusst, wie alles hier kommen würde. Und damit haben sie ja auch irgendwie recht.

Quelle: Ingo Schulze. *Simple Storys*. Berlin: Berlin Verlag, 1999. 24–29.

Vokabeln

Blauäugigkeit *(f)*	naïveté
Voraussicht *(f)*	foresight
Zufahrtsstraße *(f)*, **-n**	access road
brünett	brunette
Lehrzeit *(f)*	apprenticeship
Wange *(f)*, **-n**	cheek
zunicken	to nod to s.o.
nickt zu, nickte zu, hat zugenickt	
Adamsapfel *(m)*, **-äpfel**	Adam's apple
wedeln	to wave
wedelt, wedelte, hat gewedelt	
kellnern	to wait tables
kellnert, kellnerte, hat gekellnert	
schräg	diagonal
witzeln	to joke
witzelt, witzelte, hat gewitzelt	
Bürgermeister *(m)*, **-**	mayor
aufdringlich	intrusive
sich ins Zeug legen	to put one's shoulder to the wheel
die Spreu vom Weizen trennen	to separate the wheat from the chaff
trennt, trennte, hat getrennt	
Schicht *(f)*, **-en**	shift

kündigen   to give notice
    kündigt, kündigte, hat gekündigt
Schoppen *(m)*, -   glass
belanglos   insignificant
Lehne *(f)*, **-n**   backrest
verstrubbelt   disheveled
Haarwirbel *(m)*, -   cowlick
verwegen   venturous, reckless
Handgelenk *(n)*, **-e**   wrist
Pusteblume *(f)*, **-n**   dandelion
Nabel *(m)*, -   navel
Saum *(m)*, **Säume**   hem
jdn. rächen   to avenge s.o.
    rächt, rächte, hat gerächt
Stelle *(f)*, **-n**   job
dicht machen   to close down
in dem Ruf stehen   to have a reputation

Verständnisfragen zum Text

1. Charakterisieren Sie Harry Nelson. Wer ist er, woher kommt er und was macht er in Ostdeutschland? Kommentieren Sie auch den Namen Harry Nelson – was impliziert sein Name?

2. Welche Informationen bekommen wir über Conni Schubert? Beschreiben Sie Conni in einigen Sätzen.

3. Das Hotel „Wenzel" ist ausgebucht, und es scheint, als ob sich dort viele Geschäftsleute aufhalten. Welche Geschäfte tätigen diese Leute in Altenburg? Beschreiben Sie einige dieser Leute und äußern Sie Ihre Vermutungen darüber, was sie in Altenburg machen.

4. Warum trägt das Kapitel die Überschrift „Neues Geld"? Was passierte am 1. Juli 1990 in Ostdeutschland, und welche Konsequenzen hatte das für die ehemalige DDR laut unseres Textes?

5. Was passiert mit Conni am Ende des Kapitels? Welche Rolle spielt Harry Nelson dabei? Wie sieht Conni Harry, und wie ist die Beziehung der beiden zueinander?

6. Warum verlässt Conni Ostdeutschland?

Analyse und Diskussion

1. Conni wird von Harry Nelson vergewaltigt. Was möchte der Autor damit
   sagen? Können Sie diese Szene interpretieren und mit der Verwestlichung
   der DDR in Verbindung bringen? Was denken Sie persönlich über diese
   Szene? Finden Sie die Szene passend?
2. Recherchieren Sie die Zeit zwischen dem Fall der Mauer (9. November
   1989) und der Wiedervereinigung (3. Oktober 1990). Welche Veränderungen passierten in Ostdeutschland? Können Sie diese Veränderungen
   mit unserem Kapitel in Zusammenhang bringen?

Weiterführende Aktivitäten

1. Das Kapitel „Neues Geld" basiert auf einer Kurzgeschichte von Er-
   nest Hemingway „Up in Michigan". Lesen Sie die Geschichte: http://
   en.wikisource.org/wiki/Three_Stories_and_Ten_Poems/Up_in_Michigan,
   und vergleichen Sie diese mit derjenigen von Ingo Schulze. Können Sie
   Parallelen feststellen? Wo unterscheiden sich die Geschichten?
2. Kennen Sie andere Bücher oder Filme, in denen die Auswirkungen der
   Verwestlichung bzw. Globalisierung dargestellt werden? Ein Beispiel wäre
   der Film *Good Bye, Lenin!* von Wolfgang Becker. Vergleichen Sie diese mit
   unserem Kapitel. Können Sie Unterschiede erkennen?

Das schöne warme Wir-Gefühl

Einführung

So wie Ingo Schulze schreibt auch Jana Hensel in ihrem autobiografischen
Werk *Zonenkinder* von den Auswirkungen der Maueröffnung und der Verwestlichung auf ihre alte Heimat. Jana Hensel wurde 1976 in Leipzig geboren
und erlebte das Ende der DDR, als sie dreizehn Jahre alt war. Obwohl sie
viele Dinge im Westen positiv findet, übt sie doch auch Kritik an der neuen
Zeit. Vor allem trauert sie ihrer Kindheit nach, die nun verloren scheint, da
sich ihre Heimat grundlegend verändert hat: Konsumprodukte der ehemaligen DDR werden nicht mehr hergestellt, viele bekannte Institutionen sind
verschwunden, und sogar die Sprache ist nun anders und hat sich an den Westen angepasst. Das „schöne warme Wir-Gefühl", das Jana einstmals verspürte,
scheint für ihre Generation verloren.

Die Kaufhalle hieß jetzt Supermarkt, Jugendherbergen wurden zu Schullandheimen, Nickis zu T-Shirts und Lehrlinge **Azubis**. In der Straßenbahn musste man nicht mehr den Schnipsel **entlochen**, sondern den Fahrschein **entwerten**. Aus Pop-Gymnastik wurde Aerobic, und auf der frisch gestrichenen Poliklinik stand eines Morgens plötzlich „Ärztehaus". Die Speckitonne verschwand und wurde durch den grünen Punkt ersetzt. Mondos hießen jetzt Kondome, aber das ging uns noch nichts an.

Statt ins Pionierhaus ging ich jetzt ins Freizeitzentrum, unsere Pionierleiter waren unsere Vertrauenslehrer, und aus Arbeitsgemeinschaften wurden Interessengemeinschaften. In den Läden gab es alles aus der **Reklame** zu kaufen. Auf den Straßen saßen überall **Hütchenspieler**. Und Mitschüler, die vor der Wende **in den Westen gemacht hatten**, wie das damals hieß, tauchten plötzlich auf dem Schulhof auf, als seien sie nie weg gewesen, redeten so komisch betont und sahen aus wie aus der Medi&Zini.

Zu den Fidschis durfte ich nicht länger Fidschis sagen, sondern musste sie Ausländer oder **Asylbewerber** nennen, was irgendwie sonderbar klang, waren sie doch immer da und zwischendurch nie weg gewesen. Für die Kubaner und Mosambikaner hatte es kein Wort gegeben. Keins vorher und keins hinterher. Sie waren sowieso auf einmal alle verschwunden. Nicht anders als die **Knastis**, die die Flaschen und Gläser in den SERO-Annahmestellen entgegengenommen, nach Farbe und Größe sortiert und darauf aufgepasst hatten, dass wir abends nicht heimlich durch das Loch im Zaun in die großen Zeitschriftencontainer stiegen, um Westzeitschriften ihrer volkswirtschaftlich sinnvollen Zweitverwertung zu entreißen. ...

Wenn mir heute Freunde aus Heidelberg oder Krefeld sagen, sie hätten lange gebraucht, sich daran zu gewöhnen, dass Raider nicht mehr Raider, sondern irgendwann Twix hieß, und wie sehr sie es lieben, in den Ferien für ein paar Tage nach Hause zu fahren, weil man es da zwar nicht lange aushalte, aber alles noch so schön wie früher und an seinem Platz sei, dann beneide ich sie ein bisschen. Ich stelle mir in solchen Momenten heimlich vor, noch einmal durch die Straßen unserer Kindheit gehen zu können, die alten Schulwege entlangzulaufen, vergangene Bilder, Laden**inschriften** und Gerüche wieder zu finden. ...

Wir werden es nie schaffen, Teil einer Jugendbewegung zu sein, dachte ich einige Jahre später, als ich mit italienischen, spanischen, französischen, deutschen und österreichischen Freunden eng zusammengequetscht in einem Marseiller Wohnheimzimmer saß. Die Wende war bereits mehr als sechs Jahre her. Die Italiener hatten für alle gekocht, Stühle gab es nicht, man aß auf den Knien und saß auf dem Bett, dem Fußboden, in der Schranktür oder stand, nur den Kopf ins Zimmer gestreckt, an der offenen Tür. Als einige Flaschen Wein geleert waren und die Aschenbecher langsam **überquollen**, begannen alle laut, euphorisiert und wild durcheinander zu reden. Alte Namen und Kindheitshelden flogen wie Bälle durch den Raum: welche **Schlümpfe** man am liebsten hatte, welches Schlumpfkind mit wem verwandt war und wie sie auf Italienisch, Deutsch oder Spanisch hießen. Lieblingsfilme wurden ausgetauscht; Lieblingsbücher **beschworen** und erhitzt die Frage debattiert, ob man den Herrn der Ringe, Pippi Langstrumpf, Donald Duck oder Dagobert lieber mochte, Lucky Luke oder Asterix und Obelix verschlungen hatte.

Ich musste an Alfons Zitterbacke denken, erinnerte mich an den braven Schüler Ottokar und hätte gern den anderen vom Zauberer der Smaragdenstadt erzählt. Ich sah Timor und seinen Trupp, Ede und Unku, den Antennenaugust und Frank und Irene vor mir, mir fielen Lütt Matten und die weiße Muschel, der kleine Trompeter und der Bootsmann auf der Scholle wieder ein. Einmal versuchte ich es, hob kurz an, um von meinen unbekannten Helden zu berichten, und schaute in interessierte Gesichter ohne Euphorie. Mit einem Schlag **hatte** ich **es satt**, anders zu sein als all die anderen. Ich wollte meine Geschichten genauso einfach erzählen wie die Italiener, Franzosen oder Österreicher, ohne Erklärungen zu suchen und meine Erinnerungen in Worte übersetzen zu müssen, in denen ich sie nicht erlebt hatte und die sie mit jedem Versuch ein Stück mehr **zerschlugen**. Ich verstummte, und um ihre Party und ihr schönes warmes

Wir-Gefühl nicht länger zu stören, hielt ich den Mund. Ich über-
legte, was ich stattdessen mit meiner Kindheit anfangen könnte, in
welches Regal ich sie stellen oder in welchen Ordner ich sie heften
könnte. Wie ein Sommerkleid war sie anscheinend aus der Mode
geraten und **taugte** nicht einmal mehr für ein Partygespräch. Ich
nahm noch einen Schluck aus dem Weinglas und beschloss, mich
langsam auf den Weg zu machen.

Quelle: Jana Hensel. *Zonenkinder*. Reinbek: Rowohlt, 2007. 21–26.

Vokabeln

Azubi (Auszubildende) *(m)*, **-s**	trainee, apprentice
entlochen	to punch a hole
entlocht, entlochte, hat entlocht	
entwerten	to punch (ticket)
entwertet, entwertete, hat entwertet	
Reklame *(f)*, **-n**	advertisement, commercial
Hütchenspieler *(m)*, **-**	thimblerigger, a person who runs a shell game
in den Westen machen	to flee to the West
Asylbewerber *(m)*, **-**	asylum seeker
Knasti *(m)*, **-s**	prisoner
Inschrift *(f)*, **-en**	inscription, writing
überquellen	to overflow
quilt über, quoll über, ist übergequollen	
Schlumpf *(m)*, **Schlümpfe**	smurf
beschwören	to conjure, evoke
beschwört, beschwor, hat beschworen	
etw. satt haben	to be sick of sth.
zerschlagen	to shatter, to destroy
zerschlägt, zerschlug, hat zerschlagen	
taugen	to be suitable for, to be good for
taugt, taugte, hat getaugt	

Verständnisfragen zum Text

1. Welche Dinge haben sich nach dem Mauerfall verändert? Listen Sie drei Dinge auf.
2. Steht Hensel den Veränderungen positiv oder negativ gegenüber?
3. Warum ist es für Hensel schwierig, sich mit einer europäischen Jugendkultur zu identifizieren? Was fehlt ihr dazu?
4. Erklären Sie Hensels Ausspruch vom „schönen warmen Wir-Gefühl". Was meint sie damit?

Analyse und Diskussion

1. Schreiben Sie drei Wörter aus dem Text auf, die mit der DDR oder BRD in Verbindung stehen und die Sie nicht verstehen. Recherchieren Sie diese im Internet. Beispiele wären SERO oder Medi&Zini.
2. Führen Sie die gleiche Aktivität für die spezifischen Kindheitserinnerungen durch, die Hensel am Ende des Abschnitts auflistet. Kennen Sie Alfons Zitterbacke oder den Antennenaugust? Wenn nicht, finden Sie heraus, worum es sich bei diesen Figuren handelt. Wählen Sie zwei Figuren aus und berichten Sie im Unterricht von Ihren Ergebnissen.
3. Warum hat sich auch die Sprache nach der Wende verändert und sich dem Westen angepasst? Welche Funktion hat Sprache, und warum hat sie so viel Bedeutung? Können Sie das erklären?

Weiterführende Aktivitäten

1. Machen Sie eine Liste mit fünf Dingen, die Ihre Kindheit geprägt haben und an die Sie sich gerne erinnern. Was haben Sie als Kind gelesen, im Fernsehen gesehen, mit welchem Spielzeug haben Sie gespielt? Vergleichen Sie Ihre Erfahrungen mit denjenigen Ihrer Klassenkameraden. Gibt es Parallelen? Entsteht bei Ihnen ein „schönes warmes Wir-Gefühl"?
2. Durch die Verwestlichung des Ostens haben sich viele Leute ihrer Kultur beraubt gefühlt und wollten gerne wieder ihre alten Produkte zurückhaben. Daher gibt es heute zahlreiche Webseiten, die DDR-Produkte zum Kaufen anbieten. Sehen Sie sich eine solche Webseite an, z. B. http://www.kost-the-ost.de/, und beschreiben Sie das Angebot. Was denken Sie über die Webseite? Ist dies eine gute Entwicklung, um alte Erinnerungen wieder zurückzuholen?

Yella

Einführung

Yella ist ein Film von Christian Petzold, der 2007 in die deutschen Kinos kam. Im Film geht es um die junge Frau Yella (gespielt von Nina Hoss, die

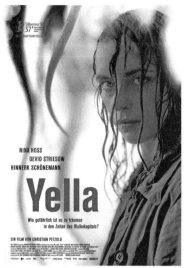

Sie vielleicht schon aus anderen Filmen wie *Nackt*, *Elementarteilchen* oder *Barbara* kennen), die aus einer ostdeutschen Kleinstadt in den Westen flieht. Dort wird Yella die Assistentin des, wie sich herausstellt, zwielichtigen Geschäftsmannes Philipp, der seine Kunden betrügt und schließlich, mit Yellas Hilfe, einen Unternehmer in den Selbstmord treibt. Petzold stellt hier auf kritische Weise die Machenschaften des Kapitalismus heraus sowie die Desillusionierung der Ostdeutschen, die sich mehr vom Westen versprechen, als dieser ihnen bieten kann.

Christian Schulz, © Schramm Film

Verständnisfragen zum Film

1. Wo wohnt Yella am Anfang des Filmes? Wie ist ihre persönliche Situation? Können Sie diese kurz beschreiben?
2. Warum will sie ihrer Stadt entkommen? Welche Faktoren bedrücken Yella, und warum ist das für den Film wichtig?
3. Was passiert mit Yellas Arbeitsstelle in Hannover? Kann sie den versprochenen Job dort beginnen?
4. Wen lernt Yella im Hotel kennen? Können Sie die Person charakterisieren?
5. Welche Geschäfte tätigt Philipp, und wie hilft Yella ihm dabei?
6. Welche Konsequenzen hat Yellas Geschäftspraxis, und was veranlasst sie, ihre Verbindung mit Philipp zu beenden?
7. Was passiert am Ende des Filmes? Handelt es sich hier um Realität oder um einen Traum?

Analyse und Diskussion

1. Warum muss Yella zunächst sterben, bevor sie ihren Traum als erfolgreiche Geschäftsfrau leben kann?
2. Wie ist das Verhältnis zwischen Realität und Fiktion bzw. Traum im Film? Erklären Sie, warum Yella während des Filmes Geräusche hört. Was haben diese Geräusche für eine Bedeutung?
3. Welche Funktion hat Yellas geschiedener Mann Ben am Anfang, am Ende und in der Mitte des Filmes? Spielt er eine wichtige Rolle für die Handlung oder ist er eher eine Randfigur? Diskutieren Sie.
4. Warum ist dieser Film als Globalisierungsfilm bezeichnet worden? Gibt es bestimmte Merkmale oder Hinweise dafür im Film?
5. Was denken Sie über Yella? Ist sie ein Opfer der Globalisierung – entweder in der Realität oder in ihrem Traum? Warum oder warum nicht?

Weiterführende Aktivitäten

1. Suchen Sie im Internet nach einer Filmkritik über *Yella*. Sie können z. B. auf die Webseite von *Yella* gehen: http://yella-der-film.piffl-medien .de/, und dort einige der Pressestimmen lesen. Oder recherchieren Sie in den großen deutschen Tageszeitungen wie *Frankfurter Allgemeine Zeitung, Süddeutsche Zeitung, Die Welt* oder *tageszeitung* und finden Sie heraus, was die deutschen Kritiker von dem Film halten. Stimmen Sie mit der Besprechung des Filmes überein? Schreiben Sie Ihre Meinung auf und bringen Sie diese zum Unterricht.
2. Wie ist die Situation der Ostdeutschen heutzutage? Finden Sie heraus, ob es Differenzen zwischen West und Ost weit über 20 Jahre nach der Wende gibt. Ist *Yella* heute immer noch ein aktueller Film?
3. Recherchieren Sie, was eine Private Equity Firma macht. Welche Geschäfte tätigt sie? Warum arbeitet Philipp Ihrer Meinung nach bei einer solchen Firma?

Wo der Osten den Westen längst abgehängt hat

Einführung

Unsere kurze Reise durch den Osten Deutschlands endet mit einem Artikel aus der Zeitung *Die Welt*. In diesem etwas längeren Artikel schildert der

Journalist Stefan von Borstel die Entwicklungen, die nach 22 Jahren in der ehemaligen DDR zu verzeichnen sind. Obwohl es noch viele Probleme in Ostdeutschland gibt, stellt der Text fünf Bereiche heraus, die sich in den letzten Jahren sehr positiv entwickelt haben.

*Im Osten ist nicht alles schlecht. 22 Jahre nach der Deutschen Einheit haben die neuen Bundesländer mächtig **zugelegt** und liegen teilweise gar vorn. Die „Welt" stellt die fünf Erfolgsgeschichten vor.*

Auch 22 Jahre nach der Einheit hängt der Osten hinter dem Westen weit zurück bei Wachstum, Arbeitsplätzen, **Löhnen** und Kaufkraft. Das war die Botschaft des „Jahresberichts der Bundesregierung zum Stand der Deutschen Einheit 2012" in der vergangenen Woche.

Aber im Osten ist nicht alles schlecht. Der Bericht selbst warnt vor „Durchschnittsbetrachtungen zwischen Ost und West". So ist die Arbeitslosenquote im Osten insgesamt zwar immer noch doppelt so hoch wie im Westen, doch einzelne Bundesländer wie Thüringen liegen nur noch knapp hinter Nordrhein-Westfalen.

Schlichte Ost-West-Vergleiche übersehen die „regionale Heterogenität im Osten", warnt Marcel Thum, Chef der Dresdner **Niederlassung** des Ifo-Instituts. Und abgesehen davon gibt es sogar Bereiche, in denen der Osten vorne liegt – und der Westen hinterherhinkt. Die „Welt" stellt fünf Erfolgsgeschichten aus dem Osten vor.

Frauen an der Arbeitsfront

Einen eindeutigen Vorsprung hat Ostdeutschland, wenn es um die Frauen**erwerbstätigkeit** geht. Die ostdeutschen Frauen arbeiten mehr und länger als die westdeutschen.

Im Osten liegt die Frauenerwerbstätigkeit bei 70,8 Prozent, verglichen mit 69,2 Prozent im Westen. Und während im Osten zwei Drittel der Frauen Vollzeit arbeiten, ist es im Westen gerade einmal die Hälfte. Die ostdeutschen Arbeitnehmerinnen kommen so auf 33,5 Stunden die Woche, die westdeutschen nur auf 29,3 Stunden.

„Während in Westdeutschland Erwerbsbiografien mit längeren familienbedingten Pausen und anschließender Berufsrückkehr
häufig in Teilzeit dominieren, sind Frauen in Ostdeutschland nach
kurzer Familienpause wieder Vollzeit erwerbstätig", erklärt der
Einheitsbericht.

Allerdings haben es Frauen im Osten auch leichter, Job und Familie **unter einen Hut** zu **bringen**. Sie finden leichter eine Kinderbetreuung. In Ostdeutschland wird fast jedes zweite Kind in einer
Kindertagesstätte oder durch eine Tagespflegeperson betreut, in
Westdeutschland nur jedes fünfte Kind.

Der Westen nimmt sich nun den Osten zum Vorbild und **for-
ciert** den Krippenausbau. Angesichts des demografischen **Wandels**
lässt sich die künftige Arbeitskräftelücke nur schließen, wenn mehr
Frauen arbeiten.

Westen vorn bei Forschung und Entwicklung

Bei Forschung und Entwicklung, der **Triebfeder** für Wachstum, liegt der
Osten auf den ersten Blick weit zurück. Die großen Konzernzentralen
mit ihren Forschungseinrichtungen liegen alle im Westen, deshalb sind
die finanziellen **Aufwendungen** und auch die Zahl der Beschäftigten
im Forschungsbereich im Osten viel geringer als im Westen.

Für die Wirtschaft ist im Osten allerdings der Staat eingesprun-
gen. Seit der Wiedervereinigung ist ein dichtes Netz von For-
schungs- und Bildungseinrichtungen entstanden. Der Osten zählt
30 Universitäten, 55 Fachhochschulen und fast 200 außeruniversi-
täre Forschungseinrichtungen.

Die TU Dresden schaffte in diesem Jahr den Sprung in den illus-
tren Kreis der „Elite-Universitäten", die vom Bund speziell gefördert
werden. Die kleinteilige ostdeutsche Wirtschaft machte aus der Not
eine **Tugend** und arbeitet in „Clustern", Netzwerken und Verbün-
den eng mit Universitäten und Forschungseinrichtungen zusammen.

2,4 Prozent des Bruttoinlandsprodukts fließen im Osten jetzt in
die Forschung. Das ist zwar weniger als in Westdeutschland mit 2,9

Prozent, aber doch deutlich über dem europäischen Durchschnitt von 2,1 Prozent.

Ostdeutsche Industrie besser als ihr Ruf

Besser als ihr Ruf ist auch die ostdeutsche Industrie. Zwar liegt die Produktivität unter Westniveau – aber die Löhne eben auch. So ist die ostdeutsche Industrie **wettbewerbsfähig**er als die westdeutsche, ihre Lohnstückkosten sind elf Prozent niedriger als im Westen.

„Die Industrie hat ihre Hausaufgaben gemacht", sagt Brigitte Loose vom Institut für Wirtschaftsforschung Halle (IWH). Die Exportquote liegt heute bei 34 Prozent – und damit auf dem Niveau von Westdeutschland im Jahr 1998.

Tatsächlich dürfte die Quote sogar noch höher sein. Denn viele Produkte gehen als **Vorleistungsgüter** nach Westdeutschland und werden dort für den Export montiert.

In der letzten Krise hat sich die stärkere **Binnenmarkt**orientierung der ostdeutschen Wirtschaft sogar als Vorteil erwiesen. Während im Westen Produktion und Export einbrachen, **kam** der Osten vergleichsweise **glimpflich davon**.

Solide Finanzlage der Kommunen im Osten

Während in Westdeutschland etliche Kommunen praktisch **pleite** sind und zahlreiche Bundesländer vor der **Schulden**bremse **zittern**, können die ostdeutschen Länder und Kommunen vergleichsweise solide Finanzen vorweisen.

Das liegt natürlich auch an den milliardenschweren Überweisungen aus dem Westen: Im Solidarpakt II von 2005 bis 2019 erhalten die ostdeutschen Länder mehr als 100 Milliarden Euro, der Bund steckt noch einmal 51 Milliarden in den Aufbau Ost.

Aber die Ostdeutschen haben mit dem Geld auch gut gewirtschaftet: Länder und Kommunen konnten in den Jahren 2006 bis 2009 Haushalts**überschüsse** erzielen, nur im Krisenjahr 2010 gab es ein leichtes Defizit.

„Grundvoraussetzung für die erfolgreiche Konsolidierung war eine maßvolle Ausgabenpolitik", stellt der Einheitsbericht fest. Die Ausgaben wuchsen lediglich um 0,2 Prozent im Jahr.

Jeder Einwohner in Ostdeutschland ist „nur" mit 6316 Euro **verschuldet**, in den westdeutschen Vergleichsländern Niedersachsen, Rheinland-Pfalz, Saarland und Schleswig-Holstein sind es 8511 Euro je Einwohner.

Die Schulden im Westen wurden über Jahrzehnte angehäuft. „Vielleicht", sagt Ifo-Experte Thum, „hatten die Ostdeutschen auch einfach nicht die Zeit, sich so stark zu verschulden."

Bundeswehr dominiert den Osten

Als größtes **Manko** der ostdeutschen Wirtschaft gilt das Fehlen der großen Konzernzentralen. Von den 30 großen Dax-Konzernen hat kein einziger seinen Sitz in Ostdeutschland.

Es gibt allerdings ein „Großunternehmen", das vom Osten aus geleitet wird: die Bundeswehr. Von den fünf Standorten der militärischen Führungskommandos liegen drei im Osten: Im Oktober 2012 hat das Kommando **Heer** seine Arbeit in Strausberg aufgenommen, zugleich mit dem Kommando Luftwaffe in Berlin-Gatow und dem Marinekommando in Rostock.

Weitere wichtige Kommandos der Bundeswehr im Osten sind das Einsatzführungskommando in Potsdam und das neue Logistikkommando in Erfurt.

Hinzu kommt das Planungsamt der Bundeswehr in Berlin-Köpenick, das die Zukunft der **Streitkräfte** mitbestimmt, wie der Einheitsbericht der Regierung vermerkt.

Auch bei der Umstrukturierung der Bundeswehr zu einer Berufsarmee, die mit vielen Standortschließungen verbunden ist, ist der Osten Deutschlands glimpflich weggekommen: „Nur ein kleiner Teil der zu schließenden Liegenschaften liegt in den Neuen Bundesländern", heißt es im Einheitsbericht.

Quelle: http://www.welt.de/politik/deutschland/article109594599/Wo-der-Osten -den-Westen-laengst-abgehaengt-hat.html

Vokabeln

zulegen	to gain
legt zu, legte zu, hat zugelegt	
Lohn *(m)*, **Löhne**	wage, pay
schlicht	simple
Niederlassung *(f)*, **-en**	branch
Erwerbstätigkeit *(f)*, **-en**	gainful employment
unter einen Hut bringen	to reconcile
forcieren	to accelerate, to push
forciert, forcierte, hat forciert	
Wandel *(m)*, **-**	change, transition
Triebfeder *(f)*, **-n**	driving force
Aufwendung *(f)*, **-en**	expenditure
Tugend *(f)*, **-en**	virtue
wettbewerbsfähig	competitive
Vorleistungsgüter *(pl)*	intermediate goods, component parts
Binnenmarkt *(m)*, **-märkte**	domestic market
glimpflich davonkommen	to get off cheaply
pleite	broke, bankrupt
Schuld *(f)*, **-en**	debt
zittern	to shake, to tremble
zittert, zitterte, hat gezittert	
Überschuss *(m)*, **-schüsse**	surplus, excess
verschuldet sein	to be in debt
Manko *(n)*, **-s**	flaw, deficiency
Heer *(n)*, **-e**	army
Streitkräfte *(pl)*	troops, armed forces

Verständnisfragen zum Text

1. Zu welchem Ergebnis kommt der „Jahresbericht der Bundesregierung zum Stand der Deutschen Einheit 2012" und wovor warnt er? Was bedeutet in diesem Zusammenhang „regionale Heterogenität im Osten"?

2. Erklären Sie, warum mehr ostdeutsche als westdeutsche Frauen Vollzeit arbeiten. Welche Gründe werden im Text genannt?

3. Obwohl die großen Konzernzentralen mit ihren Forschungseinrichtungen allesamt im Westen liegen, ist der Osten in der Forschung trotzdem erfolgreich. Woran liegt das?
4. Warum sind geringere Löhne im Osten ein Vorteil für die ostdeutsche Industrie?
5. Was wird im Bericht über westdeutsche und ostdeutsche Schulden ausgesagt? Was bedeutet das für die finanzielle Lage von West- und Ostdeutschland?
6. Erklären Sie, wie der Osten von der Bundeswehr profitiert.

Analyse und Diskussion

1. Was denken Sie über die Punkte, die in dem Artikel aufgelistet werden? Stellt der Autor den Osten in einem positiven Licht dar?
2. Traditionell haben Frauen trotz ihrer Kinder in der DDR gearbeitet und sind daher in diesem Bereich fortschrittlicher als westdeutsche Frauen. Können Sie weitere Informationen zu diesem Thema sammeln? Welche Hilfen hatten Frauen in der DDR damals? Aus welchen Gründen war es Ihrer Meinung nach normaler für ostdeutsche Frauen, berufstätig zu bleiben?

Weiterführende Aktivitäten

1. Welche Bereiche im Osten, die im Artikel nicht genannt werden, sind weiterhin problematisch? Recherchieren Sie und präsentieren Sie Ihr Ergebnis im Unterricht.
2. Vergleichen Sie die beschriebenen Punkte des Artikels mit denjenigen Ihres eigenen Landes. Wie sieht es mit der Berufstätigkeit der Frauen aus? Wie mit den Schulden der Bevölkerung? Wie schneidet Ihr Land im Vergleich zu Ostdeutschland ab?

Deutschland im Umbruch – die erzwungene Revolution

Einführung

Zum Abschluss unseres ersten Kapitels sehen wir den zweiten Teil der Dokumentation *Wettlauf um die Welt*, die sich nicht explizit mit Ost- und West-

© Roza | Dreamstime.com

deutschland befasst, sondern Deutschland als eine Einheit im globalen Zeitalter porträtiert. Der zweite Teil mit dem Titel „Deutschland im Umbruch – die erzwungene Revolution" untersucht, wie global Deutschland heutzutage im Vergleich zu anderen Ländern der Welt wirklich ist und ob es sich auf dem Weltmarkt behaupten kann. Weiterhin zeigt die Dokumentation die Vor- und Nachteile der Globalisierung auf und beschäftigt sich mit der Frage, wie flexibel sich Deutschland an neue Situationen anpassen kann. Gehen Sie zu den folgenden Webseiten und sehen Sie sich dort den Film in fünf aufeinanderfolgenden Abschnitten an. Vielleicht müssen Sie einige Abschnitte zweimal sehen, um zu verstehen, worum es genau geht:

Teil 1: http://www.youtube.com/watch?v=_Fw4mRroWUI
Teil 2: http://www.youtube.com/watch?v=6yAPGwT0Yis
Teil 3: http://www.youtube.com/watch?v=zXHlDDeCn9M
Teil 4: http://www.youtube.com/watch?v=7p8JbzhYVX4
Teil 5: http://www.youtube.com/watch?v=M8DAQcnzolY

Verständnisfragen zur Dokumentation

1. Listen Sie einige Vorteile auf, die in Deutschland durch Globalisierung entstanden sind.
2. Wie musste sich Deutschland verändern, um auf dem Weltmarkt konkurrenzfähig zu sein?
3. In welchen Bereichen ist Deutschland stark, in welchen Bereichen eher schwach oder kaum auf dem Weltmarkt vertreten?
4. Wie global ist Deutschland im Vergleich zu anderen Ländern?
5. Beschreiben Sie den Sportartikelhersteller Adidas näher. Wie hat sich die Firma verändert, und welche Rolle spielt Adidas heute auf dem Weltmarkt?
6. Was sind die Charakteristika von Globalisierung, die im Film genannt werden?
7. Welche Nachteile entstehen durch Globalisierung?

8. Welche Elemente im Film waren nicht klar? Was haben Sie nicht verstanden? Schreiben Sie drei Fragen auf und versuchen Sie, diese im Unterricht zu klären.

Analyse und Diskussion

1. Wie gefällt Ihnen der Film? Stellt er die Globalisierung in einer akkuraten Art und Weise dar? Welche Kritikpunkte gibt es?
2. Welche theoretischen Texte, die wir bisher gelesen haben, lassen sich mit dem Film in Verbindung bringen? Ist es möglich, Greving, Friedman oder Beck in dem Film wiederzufinden?
3. Machen Sie gemeinsam in einer Gruppe eine Liste mit sowohl positiven als auch negativen Aspekten von Globalisierung. Der Ton des Filmes ist sehr optimistisch hinsichtlich des Einflusses, den Globalisierung auf Deutschland hat. Gibt es negative Aspekte der Globalisierung im Hinblick auf Deutschland, die der Film vielleicht nicht nennt?
4. Analysieren Sie in einer Gruppe die Bilder, den Sound, den Kamerawinkel des Filmes. Wie vermittelt der Film seine Botschaft? Welche Themen kommen immer wieder vor, und was ist ihre Funktion?

Weiterführende Aktivitäten

1. Vergleichen Sie Deutschlands Umgang mit Globalisierung mit demjenigen der USA. Können Sie Unterschiede zwischen beiden Ländern mit dem Wissen feststellen, das Sie durch andere Klassen, die Nachrichten, Dokumentarfilme usw. erworben haben?
2. Warum benutzt der Film ein Containerschiff als Symbol der Globalisierung? Was bedeutet der Container im Zeitalter der Globalisierung? Lesen Sie dazu einen weiteren kurzen Auszug aus Johannes Grevings Buch *Globalisierung* – und zwar das Kapitel „Abschied von der Containertheorie" (20–22). Können Sie Grevings Theorie mit dem Film in Verbindung bringen?

Projekte

1. Wählen Sie einen Essay oder ein Kapitel aus einem der untenstehenden Texte in der Kategorie „Weiterführende Materialien" aus und schreiben Sie eine kurze Zusammenfassung. Präsentieren Sie die Aussagen Ihres ausge-

wählten Textes im Unterricht und stellen Sie diese in einen größeren Zusammenhang zu den Materialien, die Sie bis jetzt im Unterricht bearbeitet haben. Wird im Text eine neue Perspektive auf Globalisierung aufgezeigt? Wie steht der Autor der Globalisierung gegenüber? Erklären Sie.

2. Machen Sie eine Umfrage in Ihrer Familie oder Ihrem Freundeskreis. Sammeln Sie Definitionen und Meinungen zu dem Thema Globalisierung und präsentieren Sie Ihre Ergebnisse im Unterricht. Wie ist der allgemeine Tenor hinsichtlich von Globalisierung? Ist er eher positiv oder negativ, und inwieweit haben sich Ihre Familie und Freunde mit dem Thema der Globalisierung ernsthaft beschäftigt? Spielt Globalisierung eine Rolle in ihren Leben?

3. Verfolgen Sie die deutsche Politik eine Woche lang und berichten Sie, was Sie im Zusammenhang mit Globalisierung erfahren haben. Wählen Sie drei Artikel oder Nachrichtenclips aus und stellen Sie diese kurz im Unterricht vor. Welche Themen greifen die Artikel auf? Haben Sie neue Erkenntnisse über Globalisierung erhalten? Hier sind einige hilfreiche Webseiten:

- www.tagesschau.de
- www.sueddeutsche.de
- www.spiegel.de
- www.faz.net

Weiterführende Materialien

In diesem Teil finden Sie diverse Texte von Autoren, die weitere Globalisierungstheorien beschreiben. Einige dieser Texte sind allerdings nicht übersetzt und daher nur auf Englisch verfügbar:

Appadurai, Arjun. „Disjuncture and Difference in the Global Cultural Economy". *Modernity at Large*. Minneapolis: University of Minnesota Press, 1996. 27–48.

Bauman, Zygmunt. *Globalization. The Human Consequences*. New York: Columbia University Press, 1998.

Osterhammel, Jürgen, und Niels P. Petersson. *Geschichte der Globalisierung*. München: C. H. Beck, 2007.

Robertson, Roland. „Glokalisierung: Homogenität und Heterogenität in Raum und Zeit". *Perspektiven der Weltgesellschaft*. Hg. Ulrich Beck. Frankfurt a. M.: Suhrkamp, 1998.

Safranski, Rüdiger. *Wieviel Globalisierung verträgt der Mensch?* Frankfurt a.
    M.: Fischer, 2006.

Scholte, Jan Aart. „What Is ‚Global' about Globalization?" *The Global Trans-
    formations Reader.* Hgg. David Held und Anthony McGrew. Malden, MA:
    Polity Press, 2003. 84–91.

Smith, Anthony D. „Towards a Global Culture?" *The Global Transformations
    Reader.* Hgg. David Held und Anthony McGrew. Malden, MA: Polity
    Press, 2003. 278–87.

Tomlinson, John. „Globalization and Cultural Identity". *The Global Transfor-
    mations Reader.* Hgg. David Held und Anthony McGrew. Malden, MA:
    Polity Press, 2003. 269–77.

Kapitel Zwei
Die Internationalisierung unserer Kultur

Einführung in das Thema

Nachdem uns Kapitel Eins Geschichte, Theorien und Wirkungsbereiche der Globalisierung vermittelt hat, geht es in Kapitel Zwei um ein Thema, mit dem Sie sich wahrscheinlich besser identifizieren können: dem der Kultur. Obwohl wir die verschiedenen Einflüsse anderer Länder heute oft kaum mehr wahrnehmen, weil sie für uns alltäglich geworden sind, ist es doch eine Tatsache, dass unsere Kultur immer internationalisierter wird. Das ist eine erfreuliche Entwicklung, denn in der Vergangenheit wurde befürchtet, dass das genaue Gegenteil, nämlich eine Homogenisierung der Kulturen, eintreten würde: Das hätte bedeutet, dass vor allem die dominante amerikanische Lebensweise in die unterschiedlichsten Länder dieser Welt exportiert worden wäre und dort die landestypischen Kulturen verdrängt und ersetzt hätte. Somit wäre

© Luis Santos | Dreamstime.com

© Petesaloutos | Dreamstime.com

unsere Welt vereinheitlicht und wiese nicht mehr die Vielfalt auf, welche sie so interessant macht.

Diese negative Version hat sich nicht bewahrheitet. Auch heutzutage gibt es auf der Welt eine Fülle von Sitten und Gebräuchen, die charakteristisch für die einzelnen Nationen sind. Anstatt einer Homogenisierung ist vielmehr ein Phänomen eingetreten, das von vielen Wissenschaftlern mit dem Begriff der Hybridisierung belegt wird: Unsere Kultur wird offen für neue Einflüsse; sie bildet keine geschlossene Einheit mehr, sondern vermischt sich langsam mit anderem Kulturgut.

Dieses Phänomen können wir in unserer unmittelbaren Umgebung problemlos überprüfen: Durch Fernsehen, Zeitschriften, das Internet und Filme werden wir tagtäglich mit anderen Lebensweisen, Modeerscheinungen, Gerichten, Schönheitsidealen vertraut gemacht, die uns bereichern und auf unser ästhetisches Empfinden einwirken. So essen die Deutschen immer öfter Fusion Cuisine, sehen Bollywood Filme, schlafen in japanischen Plattformbetten, kaufen mit afrikanischen Körben ihr Gemüse auf dem Wochenmarkt oder tragen hawaiianische Wickelröcke zu Birkenstocksandalen. Unsere Geschmäcker sowie kulturellen Gepflogenheiten verändern sich zusehends und integrieren fremde Elemente in Altbekanntes. Inwieweit wir auch wirklich die anderen Kulturen zu verstehen und zu respektieren lernen, steht auf einem anderen Blatt; Tatsache ist jedoch, dass es für viele Deutsche mittlerweile zu ihrem Alltag gehört, sich abends in einem mexikanischen Biergarten zu treffen oder in der U-Bahn japanische Manga zu lesen. Vor allem die deutschen Großstädte werden immer kosmopolitischer, bieten internationale Konzerte, Festivals, Ausstellungen und Restaurants und erweitern so den Horizont der deutschen Bevölkerung.

Im vorliegenden Kapitel geht es um drei große Themenkomplexe, mit denen sich die ausgewählten Texte auseinandersetzen: Populärkultur, Sprache und Esskultur. Den Anfang macht die Populärkultur, die wiederum unterschiedliche Aspekte behandelt: Zunächst werden wir mit dem Eurovision Song Contest vertraut gemacht, der jedes Jahr in einer anderen Stadt im Großraum Europa stattfindet. Dort treffen Sänger aus maximal 56 Staaten aufeinander, die jeweils ein Lied vortragen und versuchen, den Wettbewerb für ihr Land zu entscheiden. Der Eurovision Song Contest ist somit ein länderübergreifendes Phänomen, das sich großer Popularität erfreut und auf zahlreichen Fernsehkanälen dieser Welt übertragen wird. Daran anschließend erfahren wir von der weltweiten Verbreitung amerikanischer Fernsehserien, die nicht mehr aus dem Fernsehprogramm der Deutschen wegzudenken sind. Der Autor Dave Keating versucht zu verstehen, warum es gerade die Amerikaner sind, die ihre Sendungen in zahlreiche Länder dieser Welt exportieren können, während im Gegenzug ein Import von ausländischem Fernsehen in die USA kaum stattfindet. Ein ebenfalls globales Phänomen, wie wir im nächsten Artikel erfahren, ist der Nationalsport der Deutschen: der Fußball. Nicht primär auf Deutschland bezogen, so erklärt der Autor Branko Milanovic, warum die Gewinner internationaler Meisterschaften oftmals unter den gleichen Mannschaften zu finden sind. Dies hänge damit zusammen, dass Fußball mittlerweile der globalisierteste Sport der Welt sei und sich die einzelnen Teams nicht mehr aus den eigenen Landsleuten zusammensetzten, sondern Spieler unterschiedlichster Herkunft einkauften, die gleichzeitig auch die besten internationalen Fußballspieler seien. Über die Frage, ob dies eine gute Entwicklung darstellt, und welche Rolle Deutschland dabei spielt, gibt der Artikel unmissverständlich Auskunft. Unser erster Abschnitt schließt mit einem Interview über Schönheitschirurgie – oder präziser: Schönheitstourismus. So kämen jährlich viele hunderte Gäste nach Deutschland, um sich in Praxen und Kliniken operieren zu lassen. Durch die Globalisierung hätten sich traditionelle Schönheitsideale verändert und sich nicht selten westlichen Standards angepasst. Damit endet unser erster Teil.

Teil Zwei des Kapitels legt seinen Schwerpunkt auf die Veränderungen von Sprache. Den Anfang macht das Lied „Denglisch" der Band Wise Guys, das sich auf humorvolle Weise mit der Obsession der Deutschen auseinandersetzt, die deutsche Sprache durch englische Wörter anzureichern. Ebenfalls der englisch-deutschen Sprachkombination widmet sich der Zeitungsartikel „Denglisch in der Werbung". Denglisch werde zwar von vielen Firmen verwendet, um einem Produkt ein besonderes Image zu verleihen, jedoch mit dem Nachteil, dass Denglisch von den meisten Deutschen nur unzureichend verstanden werde. Der nächste Artikel „Weltsprache Deutsch" konzentriert sich auf den Export des Deutschen in zahllose Sprachen dieser Welt und stellt die Frage, warum bestimmte deutsche Wörter von anderen Ländern übernommen wurden. Was sagen Wörter wie „Besserwisser" oder „Schnitzel" über die Wahrnehmung der deutschen Kultur im Ausland aus? Den Abschluss von Teil Zwei bildet das besorgniserregende Aussterben von unzähligen kleineren Sprachen im Zuge der Globalisierung. So seien über die Hälfte aller Sprachen vom Verschwinden bedroht, weswegen die UNESCO den Internationalen Tag der Muttersprache ins Leben gerufen habe, um diesem Verschwinden entgegenzuwirken.

Teil Drei widmet sich dem Thema „Essen". Zunächst stehen die Vorlieben der Deutschen u. a. für die japanische Küche im Vordergrund, die man laut des Ethnologen Marin Trenk in Deutschland zumeist noch in ihrer authentischen Form vorfinde. Andere Küchen hätten sich weitaus mehr dem Geschmack der Deutschen angepasst und wären somit eingedeutscht worden; was andererseits ebenfalls mit den Exporten der deutschen Küche ins Ausland passiert sei. Insgesamt lasse sich eine interessante Mischung aus einheimischen und exotischen Gerichten erkennen, welche die deutsche Küche bereichere; eine Homogenisierung durch amerikanische Fast-Food-Kultur lasse sich nicht erkennen. Um Vielfalt, nicht um Homogenisierung, geht es auch der italienischen Bewegung Slow Food. Vor über zwanzig Jahren von dem Soziologen Carlo Petrini gegründet, ist das Symbol von Slow Food die Schnecke, die zur Langsamkeit und einer Rückbesinnung auf qualitativ hochwertiges Essen anhält. Es geht um einheimisch angebaute Produkte, um das Genießen von Gerichten und das Zusammensitzen mit Freunden und Familie. So möchte Slow Food ein Gegengewicht zu Fast Food und unserer hektischen Lebensweise bilden und den negativen Auswirkungen der Globalisierung auf unsere Gesundheit entgegenwirken. Das Kapitel endet mit der Kurzgeschichte „Geschäftstarnungen" des gebürtigen Russen Wladimir Kaminer, der in Berlin die unterschiedlichsten Restaurants genauer unter die Lupe nimmt. Was verbirgt sich hinter der Fassade eines türkischen Lokals? Wird es wirklich von Türken betrieben oder gar von Personen einer ganz anderen Nationalität? Kaminer setzt sich mit unserer Forderung nach Authentizität auseinander und beschreibt, wie diese Forderung zu den kuriosesten Tarnungsmanövern führt, um die Deutschen in dem Glauben zu wiegen, dass hier wahre Einheimische nach Originalrezepten ihre Gerichte zubereiten. Mit der provokanten Frage nach der Authentizität deutscher Kneipen und Lokale schließt Teil Drei und damit auch das zweite Kapitel.

Fünfundzwanzig wichtige Vokabeln

abzielen auf *(Akk)*   to be geared toward, to aim at
    zielt ab, zielte ab, hat abgezielt

sich aneignen	to acquire, to appropriate sth.
eignet sich an, eignete sich an, hat sich angeeignet	
Auftritt *(m)*, **-e**	performance, gig
sich durchsetzen	to prevail, to come out on top
setzt sich durch, setzte sich durch, hat sich durchgesetzt	
Einschaltquote *(f)*, **-n**	rating
Einstellung *(f)*, **-en**	attitude
Ereignis *(n)*, **-se**	event
erhalten	to preserve
erhält, erhielt, hat erhalten	
Exportschlager *(m)*, **-**	export hit
Gastronomie *(f)*, **-n**	gastronomy
Gefallen finden an *(Dat)*	to take a liking to, to take pleasure in
gefragt sein	to be in demand
Homogenisierung *(f)*, **-en**	homogenization
Jubiläum *(n)*, **-äen**	jubilee, anniversary
Liga *(f)*, **Ligen**	league
Medien *(pl)*	media
Mehrsprachigkeit *(f)*, **-en**	multilingualism
Multikulturalität *(f)*, **-en**	multiculturalism
Rundfunk *(m)*	broadcasting
Sitte *(f)*, **-n**	custom, tradition
synchronisiert	dubbed
übertragen	to broadcast; to transfer
überträgt, übertrug, hat übertragen	
Veranstaltung *(f)*, **-en**	event
Vielfalt *(f)*, **-en**	diversity, variety
Züchtung *(f)*, **-en**	cultivation

TEIL EINS: POPULÄRKULTUR

Der 58. Eurovision Song Contest fand am 18. Mai 2013 in Malmö statt

Einführung

Den Anfang unseres Kapitels macht ein sehr interessantes Ereignis, das jedes Jahr im Frühling in Europa stattfindet: der Eurovision Song Contest. Ha-

ben Sie schon einmal von dem Eurovision Song Contest gehört? In diesem Wettbewerb treten europäische Länder sowie Länder des Mittleren Ostens oder Nordafrikas gegeneinander an und präsentieren ein Lied, mit dem sie zu gewinnen hoffen. Im Jahre 2013 waren es 36 Länder, die sich in

© Kutt Niinepuu | Dreamstime.com

Malmö, Schweden getroffen haben, um friedlich mit Musik einen Kampf der Nationen auf der Bühne auszutragen.

Am 18. Mai 2013 saßen in ganz Europa wieder Millionen von Zuschauern vor den Fernsehern: Seit 1956 findet alljährlich in einem Land der Europäischen Rundfunkunion der europaweite Gesangswettbewerb Eurovision Song Contest statt. Vor drei Jahren hatte die 18-jährige Lena Meyer-Landrut den Sieg für Deutschland geholt. In diesem Jahr kam der deutsche Beitrag für Malmö von der Bonner Gruppe Cascada.

Für viele der Sängerinnen und Sänger, die am Eurovision Song Contest teilnehmen, ist dieser vielbeachtete internationale Gesangswettbewerb ein wichtiger Moment der Karriere. So wurde beispielsweise 2010 die bis dahin völlig unbekannte Lena durch ihren Gewinner-Song „Satellite" **schlagartig** berühmt, ebenso wie im Jahr 1982 die damals 17-jährige Nicole, die mit ihrem Lied „Ein bisschen Frieden" für Deutschland gewann. Einen internationalen **Durchbruch** hatte vor allem die schwedische Gruppe ABBA 1974 durch ihren Auftritt beim Eurovision Song Contest mit dem Titel „Waterloo".

Dabei war der Eurovision Song Contest **ursprünglich** vor allem ein Wettbewerb für die Komponisten und Texter der Songs. Lange Zeit mussten die Lieder in der jeweiligen Landessprache gesungen werden, seit über zehn Jahren dürfen sie aber in jeder beliebigen Sprache verfasst sein. Dadurch sind die meisten Songs heute auf Englisch, so auch der Song „Glorious" der Gruppe Cascada, die 2013 im schwedischen Malmö für Deutschland **angetreten** ist.

Den Eurovision Song Contest gibt es schon seit 57 Jahren

Gegründet wurde der Eurovision Song Contest im Jahr 1956 im Rahmen der Eurovision, eines länderübergreifenden Zusammenschlusses von aktuell 74 Rundfunkanstalten. Bis 1991 hieß der Wettbewerb „Grand Prix Eurovision de la Chanson", weshalb in Deutschland heute noch immer viele vom „Grand Prix" sprechen. Da zu den 56 Staaten der Europäischen Rundfunkunion auch Länder Nordafrikas und Vorderasiens gehören, finden sich beim Eurovision Song Contest durchaus auch Beiträge aus Ländern wie Israel oder Aserbaidschan, wo 2012 der Wettbewerb ausgetragen wurde.

Umstritten war schon immer die Methode zur **Ermittlung** der Gewinner. Seit 2009 entscheiden in jedem teilnehmenden Land zu 50 Prozent eine fünfköpfige Jury und zu 50 Prozent die Zuschauer durch eine landesweite Telefon**abstimmung**. Dabei zeigt sich immer wieder, dass auch Sympathiefragen eine Rolle spielen: So scheinen sich häufiger Nachbarländer gegenseitig zu bevorzugen und Länder, die ein schwieriges Verhältnis zueinander haben, geben einander gar keine Punkte. Dennoch führt das gemeinsame Erleben des Eurovision Song Contests eher zu einer Stärkung des europäischen Wir-Gefühls als zu einer **Zerreißprobe**.

„Glorious" beim Eurovision Song Contest 2013

Der Eurovision Song Contest findet immer im Land des Vorjahressiegers statt. 2012 holte die schwedische Sängerin Loreen mit ihrem

Song „Euphoria" die Veranstaltung nach Malmö. Für Deutschland startete 2013 die Bonner Gruppe Cascada, die bereits in mehreren Ländern unter den Top Ten der Hitlisten zu finden war. Sie hat schon einige CDs veröffentlicht und viele Fans.

Kritik gab es zunächst an dem Song „Glorious", mit dem Cascada in Malmö angetreten ist: Für viele klang er wie eine Kopie des schwedischen Siegersongs „Euphoria" von 2012, doch die Plagiats**vorwürfe** wurden widerlegt. Und so hieß es am 18. Mai 2013: Daumen drücken für Deutschland! Gewonnen hat schließlich die Sängerin Emmelie de Forest aus Dänemark mit „Only Teardrops". Cascada ist auf Platz 21 gelandet.

Quelle: http://www.alumniportal-deutschland.org/deutschland/kultur/artikel/eurovision-song-contest.html

Vokabeln

schlagartig	immediately, overnight
Durchbruch *(m)*, **-brüche**	breakthrough
ursprünglich	originally
antreten	to compete
tritt an, trat an, ist angetreten	
Ermittlung *(f)*, **-en**	determination, establishing
Abstimmung *(f)*, **-en**	poll, voting
Zerreißprobe *(f)*, **-n**	real test
Vorwurf *(m)*, **-würfe**	accusation

Verständnisfragen zum Text

1. Warum und wann wurde der Eurovision Song Contest gegründet?
2. Wer nimmt daran teil?
3. Wo findet der Eurovision Song Contest statt?
4. Wie werden die Gewinner ermittelt?
5. Hat Deutschland den Wettbewerb schon einmal gewonnen?
6. Welche anderen Nationen, die im Text aufgelistet werden, sind Sieger geworden?

Analyse und Diskussion

1. Was denken Sie über die Idee des Eurovision Song Contests? Trägt er zur Völkerverständigung bei, wie im Artikel behauptet wird? Sammeln Sie Argumente für und gegen den Eurovision Song Contest und diskutieren Sie Ihre Meinung im Unterricht.

2. Welche Art von Musik gewinnt bei dem Eurovision Song Contest? Hören Sie sich die Sieger der letzten fünf Jahre an:

   2013: Dänemark: „Only Teardrops":
   http://www.youtube.com/watch?v=k59E7T0H-Us

   2012: Schweden: „Euphoria":
   http://www.youtube.com/watch?v=KV9nwAHv8-M

   2011: Aserbaidschan: „Running Scared":
   http://www.youtube.com/watch?v=iq2yLykdjvA

   2010: Deutschland: „Satellite":
   http://www.youtube.com/watch?v=IRgp-7Q4alU

   2009: Norwegen: „Fairytale":
   http://www.youtube.com/watch?v=uiH4BFTELME

   Beschreiben Sie die Lieder. Gleichen sie einander oder sind sie ganz unterschiedlich? Wie gefallen Ihnen die Lieder? Bilden Sie ein Komitee und stimmen Sie ab – welches Lied finden Sie von den fünf letzten Gewinnern am besten? Und warum?

Weiterführende Aktivitäten

1. Finden Sie weitere Details über den Eurovision Song Contest heraus. Gehen Sie zu der offiziellen Webseite: http://www.eurovision.de/, und beschreiben Sie, wie die Seite aufgebaut ist. Welche Informationen erhalten Sie dort? Welche finden Sie interessant, welche eher langweilig? Nehmen Sie sich eine Rubrik oder einen Artikel vor und schreiben Sie einen kurzen Aufsatz. Präsentieren Sie Ihre Ergebnisse dann im Unterricht.

2. Wie wichtig ist es für die eigene Karriere, am Eurovision Song Contest teilzunehmen? Wie Sie z. B. von *American Idol* wissen, gibt es einige Stars, die durch die Show sehr berühmt geworden sind: Kelly Clarkson, Carrie Underwood, Adam Lambert oder Jennifer Hudson. Trifft dies auch auf den Eurovision Song Contest zu? Recherchieren Sie die deutsche Teilnehmerin

Lena Meyer-Landrut, die 2010 die Gewinnerin des Wettbewerbs war. Wo ist Lena heute? Produziert sie noch hitverdächtige Lieder? Ein guter Ausgangspunkt ist Lenas eigene Webseite: http://www.lena-meyer-landrut.de. Sammeln Sie Informationen, hören Sie einige Lieder des deutschen Stars und diskutieren Sie Ihre Meinung im Unterricht.

Fernsehserien: Was hat Amerika, das wir nicht haben?

Einführung

Der folgende Artikel wurde von dem Amerikaner Dave Keating verfasst, der vier Jahre in Großbritannien wohnte und nun als Journalist in Brüssel, Belgien lebt. Keating beschreibt in seinem Text die Dominanz von amerikanischen Sendungen im europäischen Fernsehen. Er versucht zu erklären, warum es so viele ausgezeichnete amerikanische Serien gibt, die allesamt nach Europa importiert werden, jedoch im Gegenzug so gut wie keine europäischen Sendungen, welche die Amerikaner begeistert sehen. Was könnte Deutschland (und andere europäische Länder) machen, um weltweit eine stärkere Marktpräsenz zu erhalten?

Es gibt nur wenige Orte, an denen Amerikaner ihrem Heimatland **entfliehen** können. Man kann sich natürlich einem **abgeschottet** lebenden Stammesvolk im tiefsten Amazonas anschließen oder einen Berg in Tibet besteigen. Aber wenn man sich in der Zivilisation aufhält und den Fernseher einschaltet, ist die Wahrscheinlichkeit hoch, dass man nicht lange nach einem amerikanischen Programm suchen muss. Sie sind überall.

Ich **beneide** meine europäischen Freunde oft da**rum**, dass sie ihre eigene Kultur haben, die es nur in ihrem Heimatland gibt. Wenn ein Brite nach Frankreich geht, kann er den Franzosen alles über seine Lieblingsserie *Hollyoaks* erzählen. Ein Belgier kann in Italien **Lobeshymnen auf** *Flikken* **singen**. Aber wenn ich jemandem in Europa von einer amerikanischen Show erzählen will, die mir gefällt – dann kennen alle sie bereits. Sie sehen sie jede Woche entweder synchronisiert oder untertitelt, und sie lieben sie.

Lost, CSI, Heroes – wir kennen sie alle

Es ist das traurige Schicksal jener, die aus einem Land kommen, das seine Kultur in alle Welt exportiert. Man hat das Gefühl, keine eigene lokale Kultur zu haben. Meine Kultur gehört der ganzen Welt. Wenn aber ein Europäer in die Staaten geht, könnte er glatt vergessen, dass sein Heimatland überhaupt existiert. Schon mal versucht, im amerikanischen Fernsehen ein deutsches oder französisches Programm zu finden? Man braucht es gar nicht erst zu versuchen. Sogar **auf** eine britische oder irische Serie zu **stoßen** ist unwahrscheinlich. **Ich wage zu behaupten**, dass weniger als 2 % der in den Vereinigten Staaten gesendeten Programme aus dem Ausland kommen. Nachdem ich vier Jahre lang in Großbritannien gelebt habe, würde ich den Anteil der amerikanischen Programme im britischen Fernsehen auf 50 % schätzen.

Aber warum wird das Fernsehen (vor allem in Europa) derart von amerikanischen Fernsehserien dominiert? Das gilt natürlich nicht nur für das Fernsehen, sondern für Populärkultur im Allgemeinen: Filme, Musik, Spiele, Konsumgüter – alles kommt aus Amerika. Sind Amerikaner vielleicht einfach viel kreativer als andere Menschen? Wir kommen der Antwort vermutlich näher, wenn wir die Tatsache bedenken, dass die Vereinigten Staaten ein großer und gut **erschlossener** Markt sind. Hier **bildete sich** auch der erste Markt **heraus**, in dem eine einheitliche Sprache gesprochen wurde. Als sich neue Technologien wie Fernsehen, Film und Audio entwickelten (die meisten davon entstanden nebenbei bemerkt in Europa) fanden sie in den USA sowohl finanzkräftiges Kapital als auch eine sprachlich homogene große Bevölkerung vor: die ideale Kombination. Dank der vielen amerikanischen Zuschauer können Fernsehproduzenten auf eine kräftige **Rendite** hoffen. Da **lohnt es sich**, eine Menge Geld in eine Serie zu stecken. Mehr Geld bedeutet höhere Qualität, und höhere Qualität bedeutet höhere Einschaltquoten. Höhere Einschaltquoten bringen mehr Geld, und ... nun ja, man ahnt, wie es weitergeht.

Dürfen wir jetzt, wo Europa zu einem gemeinsamen Markt zusammen gewachsen ist, der noch größer ist als die Vereinigten Staaten, darauf hoffen, in Europa mehr europäische Produktionen zu sehen? Wohl kaum. Aufgrund der relativ kleinen Sprachgebiete und der geringen Aussicht auf einen internationalen Export wollen Produzenten schlichtweg keine großen Summen in lokale Produktionen stecken, die kein garantiertes Publikum haben. Selbst in Großbritannien können Produzenten kaum auf den Export einer britischen Serie in die Vereinigten Staaten hoffen. Nur dann aber würden sich hohe Investitionen in eine Produktion rentieren. So werden wohl die besten Programme weiterhin aus den USA kommen, wo Produktionen nicht nur durch Einnahmen auf dem heimischen Markt, sondern auch durch die weltweite Vermarktung finanziert werden.

Europäischer Exportschlager: Reality-Shows

Ein beliebtes europäisches Fernsehformat hat sich jedoch in den letzten zehn Jahren auch in Amerika durchgesetzt: die Reality Show. Natürlich sehen sich die Amerikaner keine ausländischen Reality Shows an, aber sie schauen amerikanische Shows, die nach europäischem Vorbild konzipiert sind. Solche preiswerten Produktionen werden in Europa schon seit Jahren gemacht, und nachdem auch die Budgets amerikanischer Fernsehsender in letzter Zeit geschrumpft sind, hat man sich dort ebenfalls diesem wenig kostenintensiven Format zugewendet. Da wären beispielsweise *American Idol* (basierend auf dem britischen *Pop Idol*), *Survivor* (nach *Expedition Robinso*n in Schweden) und *Big Brother* (nach der gleichnamigen niederländischen Produktion). Diese Beispiele beziehen sich alle auf das preiswerte Game Show- und Realityformat. Fiktionale

Serien nach europäischem Modell **sind** eher **dünn gesät** – und allesamt aus Großbritannien importiert. Die Liste der Programme, die ein Erfolg waren, ist kurz: *The Office*, *Dear John*, *Three's Company*, *All in the Family*, *Queer as Folk*. Für all diese Serien wurde jedoch eine amerikanische Neuversion produziert, die sich drastisch von der **Vorlage** unterschied. Nur eines dieser Programme wird im Moment gesendet.

Wie kann Europa Amerikas kultureller Dominanz ein Ende setzen? Das könnte man sich beispielsweise von der europäischen Musikindustrie abgucken. Musikproduzenten lassen Künstler zunehmend Songs, die nur für den europäischen Markt bestimmt sind, gleich auf Englisch aufnehmen und vermeiden landessprachliche Versionen. Ein Beispiel dafür ist Sarah Connor, die jenseits des europäischen **Festlandes** völlig unbekannt ist und trotzdem auf Englisch singt, um auch von ausländischen europäischen Radiosendern gespielt zu werden. Eine französische Radiostation würde ein deutsches Lied nicht spielen, wohl aber ein englisches. Vielleicht könnten sich europäische Fernsehproduzenten einer ähnlichen Strategie bedienen. Wenn man ein Programm über die Berliner Polizei produziert und ein europäisches Publikum damit ansprechen will, hat man vermutlich bessere Chancen, wenn die deutschen Schauspieler Englisch sprechen. Es mag **demütigend** sein, eine heimische Fernsehproduktion in einer Fremdsprache einzuspielen, aber Sprachbarrieren sind nun einmal die größte **Hürde** für europäische Fernsehproduzenten, die ein teures Programm produzieren wollen. Wenn man sich in Europa über die zunehmende Amerikanisierung des Fernsehprogramms ärgert, könnten auf Englisch gedrehte, auf ein gesamteuropäisches Publikum abzielende Programme in Zukunft die Lösung sein.

Quelle: http://www.cafebabel.de/article/33399/europa-tv-fernsehen-serien-amerikanische-dominanz.html

Vokabeln

entfliehen *(Dat)*   to escape from
    entflieht, entfloh, ist entflohen
abgeschottet   isolated
beneiden um   to envy
    beneidet, beneidete, hat beneidet
Lobeshymnen singen auf *(Akk)*   to sing praises of
stoßen auf *(Akk)*   to come across
    stößt, stieß, ist gestoßen
ich wage zu behaupten   I dare say
erschlossen   developed
sich herausbilden   to evolve
    bildet sich heraus, bildete sich heraus, hat sich herausgebildet
Rendite *(f)*, **-n**   yield, return
es lohnt sich   it is worth it
dünn gesät sein   to be few and far between
Vorlage *(f)*, **-n**   template, model
Festland *(n)*   mainland
demütigend   humiliating
Hürde *(f)*, **-n**   hurdle, obstacle

Verständnisfragen zum Text

1. Worum beneidet der Autor seine europäischen Freunde? Was stört ihn an der amerikanischen Kultur?
2. Wie ist das Verhältnis von ausländischen Fernsehsendungen in den USA zu amerikanischen Shows in Europa?
3. Welche Erklärung gibt der Autor für die Dominanz der amerikanischen Serien? Was meint er damit, dass die USA ein „großer erschlossener Markt" sind?
4. Was sagt der Autor über die Qualität der amerikanischen Serien? Sind diese besser als diejenigen aus Europa?
5. Hilft der Zusammenschluss der europäischen Länder zur EU der Produktion von besseren Serien, da es nun einen großen europäischen Markt gibt?
6. Welche Shows werden von den USA importiert und warum?

Analyse und Diskussion

1. Was denken Sie über den Vorschlag des Autors, dass die Europäer in der Zukunft ihre Sendungen auf Englisch produzieren sollen? Ist das eine gute Idee? Sollte es nicht nur eine gemeinsame Währung, sondern auch eine einheitliche Sprache in Europa geben? Auch beim Eurovision Song Contest haben wir schon gelesen, dass nun alle Länder auf Englisch singen können und nicht mehr ihre Landessprache wählen müssen. Diskutieren Sie die Vor- und Nachteile im Unterricht.

2. Wie sieht Ihr persönlicher Fernsehkonsum aus? Sehen Sie Nachrichten, Serien, Reality Shows aus anderen Ländern? Haben Sie einen ausländischen Fernsehkanal, den Sie regelmäßig nutzen? Oder sind Sie mit den Programmen Ihres Landes voll und ganz zufrieden? Diskutieren Sie, ob es wichtig ist, ausländische Fernsehkanäle zu empfangen und Shows aus anderen Ländern zu sehen. Warum oder warum nicht?

Weiterführende Aktivitäten

1. Kennen Sie deutsche Fernsehsender? Wenn nicht, dann kann Ihnen die folgende Liste helfen:
   * ARD: http://www.ard.de/
   * ZDF: http://www.zdf.de/
   * SAT 1: http://www.sat1.de/
   * RTL: http://www.rtl.de/cms/index.html
   * PRO 7: http://www.prosieben.de/
   * VOX: http://www.vox.de/cms/index.html
   Sehen Sie sich die verschiedenen Webseiten an und wählen Sie zwei Sender aus, die Sie interessant finden. Lesen Sie sich nun das wöchentliche Fernsehprogramm beider Sender durch und markieren Sie alle Shows, die aus den USA kommen. Wie viele sind es? Welche Art von Sendungen scheinen die Deutschen aus Ihrer Sicht am besten zu finden? Gibt es Unterschiede zwischen den zwei Sendern?

2. Machen Sie nun den umgekehrten Test: Welche typisch deutschen Serien gibt es auf Ihren zwei Sendern? Haben Sie schon einmal von diesen gehört? Worum geht es bei diesen Serien? Nehmen Sie sich eine Serie, die Sie interessiert, und beschreiben Sie diese näher. Gibt es zu dieser Serie eine

Webseite? Können Sie vielleicht sogar einen Videoclip sehen? Schreiben Sie
einen kurzen Aufsatz und präsentieren Sie Ihre Ergebnisse im Unterricht.

Die Welt im Spiel: Globalisierung im Fußball

Einführung

Branko Milanovic, Professor an der Schule für Politik der Universität von
Maryland, beschäftigt sich in unserem nächsten Artikel mit dem Zusammenhang von Globalisierung und Fußball. Milanovic weist auf den problemlosen
Wechsel der Spieler von dem Fußballverein eines Landes zu dem Fußball-
verein eines anderen Landes hin, der in keinem anderen Beruf in dem Maße
gegeben ist. Die Möglichkeit der Spieler, in jedem beliebigen Land Euro-
pas spielen zu können, erleichtert es den finanzstarken Vereinen, die besten
Spieler aus aller Welt für ihre Mannschaften einzukaufen, wodurch kleinere
Vereine im Wettbewerb mehr und mehr an den Rand gedrängt werden. Auch
Deutschland, das zu den starken Fußballnationen gehört, muss als einer der
Hauptakteure auf diesem Gebiet angesehen werden, was Milanovic durchaus
bedenklich findet.

Vielen unter der **Milliarde** Zuschauern, die die Eröffnungsfeier
der Fußball-Weltmeisterschaft in Rustenburg in Südafrika sahen,
ist möglicherweise das Wort „Globalisierung" eingefallen. Für die
Werbebranche bis hin zum Publikum verkörpert Fußball wie kein
anderer Sport die Globalisierung. Und für die Spieler verkörpert
Fußball wie kein anderer Beruf die Globalisierung.

Der Markt für Profifußballspieler ist **mit Abstand** der am meisten globalisierte Arbeitsmarkt. Ein nigerianischer oder brasilianischer
Fußballspieler kann in Europa oder Japan leichter einen Job bekommen als ein Fach**chirurg** oder Ingenieur. Der „Professional Football
Players Observatory" gab für die letzte Fußballsaison bekannt, dass
von den ungefähr 2.600 Berufsspielern in den fünf europäischen
Spitzen-Ligen England, Spanien, Italien, Deutschland und Frankreich fast 800 nicht in dem Land geboren sind, in dem sie spielen.

Der größte **Schub** zur freien Wahl des Arbeitsortes im Fußball kam 1995 nach der sogenannten Bosman-Entscheidung. Der belgische Spieler Jean-Marc Bosman **klagte** am **Europäischen Gerichtshof gegen** die Regel, die die Anzahl von ausländischen Spielern auf zwei oder drei pro Klub beschränkte. Die Regeln waren, so argumentierte Bosman, eine **ungeheuerliche** Verletzung des innerhalb der Europäischen Union geltenden Arbeitsrechts zu **Freizügigkeit** und Nichtdiskriminierung; und er gewann.

Die Entscheidung hob Begrenzungen für EU-Spieler auf, und bald wurden die anderen Begrenzungen für afrikanische, osteuropäische oder lateinamerikanische Spieler formell aufgegeben. So wurde die globale Freizügigkeit auf dem kleinen Markt für Top-Profifußballspieler fast vollständig möglich. Heute haben viele der besten Klubs überhaupt keine Spieler aus ihren „eigenen" Ländern. Vor ein paar Wochen hatte die Inter Mailand-Truppe in ihrer Startelf keine Italiener und belegte in Europas „Superliga", der Champions League, den ersten Platz.

Globale Freizügigkeit der Arbeit

Kann man sich vorstellen, dass sich die gleiche globale Freizügigkeit in der Wahl des Arbeitsplatzes auf andere Berufe überträgt? Wenn Ärzte mit der gleichen Leichtigkeit wie der Inter Mailänder **Stürmer** Samuel Eto'o von Kamerun nach Spanien oder Italien gehen könnten; oder Ingenieure genauso wie der Topspieler Didier Drogba vom Londoner FC Chelsea von der Elfenbeinküste nach Frankreich und dann England?

Die Fußballwelt könnte Hinweise dazu geben, wie diese neue Welt der Freizügigkeit über nationale Grenzen hinweg aussehen könnte. Die Globalisierung des populärsten Spiels der Welt ist für zwei Entwicklungen verantwortlich:

Die erste kann nicht so einfach gemessen werden, aber die meisten Beobachter **sind sich einig**, dass sich die Qualität des Spiels verbessert hat: Die Spieler haben ein größeres physisches **Durchhaltevermögen** mit besserer Ballkontrolle und besserer Technik.

Aber die globale Freizügigkeit der Arbeit geht auch mit einem kapitalistischen System Hand in Hand, in dem die reichsten Klubs die besten Spieler ohne **Deckelung** des Gehaltes oder andere Begrenzungen kaufen können. Qualität wird dadurch mehr als jemals zuvor konzentriert. Eine Handvoll der reichsten Fußballklubs kauft die besten Spieler und sammelt die meisten Trophäen, erhöht so ihre Beliebtheit und es entwickelt sich eine internationale Fangemeinde, sie verkaufen mehr **Trikots**, Fanartikel und haben höhere Werbe**einnahmen**, was wieder ihre Kassen weiter füllt. Damit können sie noch bessere Spieler kaufen.

Die **Schere** zwischen den Spitzenklubs und dem Rest hat sich in den Schlüssel-Ligen Europas vergrößert. Während der letzten 15 Jahre wurden alle englischen Fußballmeisterschaften von den sogenannten „Großen Vier" gewonnen: Manchester United, Chelsea, Arsenal und Liverpool.

Die Konzentration ist in Italien noch größer: Während der letzten 20 Jahre hat nur einmal ein Klub die italienische Serie A gewonnen, der nicht zu den Top Vier gehört. Es ist auch keine Überraschung, dass die vier ersten italienischen Klubs und ebenso wie die vier ersten englischen Klubs auf der Liste der 20 reichsten Klubs der Welt sind. In Spanien teilten sich Real Madrid und Barcelona 17 aus den letzten 20 Meisterschaften. In Deutschland wurden 13 von den letzten 16 Meisterschaften von zwei Klubs gewonnen.

Die Sieger der europäischen Champions League rekrutieren sich **durchweg** von einem beständig kleiner werdenden Kreis der reichsten Spitzenklubs. Die Champions League wird jährlich gespielt, und im Laufe einer fünfjährigen Periode könnten theoretisch 40 verschiedene Teams in den Viertelfinalen sein. Mitte der 1970er-Jahre waren es ungefähr 30. Seitdem hat jede aufeinanderfolgende fünfjährige Periode eine kleinere Zahl von Teams gesehen, mit nur 21 in der Periode, die 2010 endete. Es könnte die Zeit kommen, in der Jahr für Jahr – ein bisschen langweilig – immer dieselben acht Teams in den Viertelfinalen zu finden sind.

Quelle: http://www.epochtimes.de/globalisierung-im-fussball-595642.html

Vokabeln

Milliarde *(f)*, **-n**	billion
mit Abstand	by far
Chirurg *(m)*, **-en**	surgeon
Schub *(m)*, **Schübe**	push, thrust
klagen gegen	to file a suit against
klagt, klagte, hat geklagt	
Europäische Gerichtshof *(m)*	European Court of Justice
ungeheuerlich	outrageous
Freizügigkeit *(f)*, **-en**	free movement, freedom
Stürmer *(m)*, **-**	striker (soccer)
sich einig sein	to agree, to be of the same opinion
Durchhaltevermögen *(n)*, **-**	staying power, endurance
Deckelung *(f)*, **-en**	cap
Trikot *(n)*, **-s**	jersey
Einnahme *(f)*, **-n**	income, revenue
Schere *(f)*, **-n**	pair of scissors; *here:* gap
durchweg	consistently, across the board

Verständnisfragen zum Text

1. Warum spiegelt der internationale Fußball so treffend die Globalisierung wider?
2. Erklären Sie die sogenannte Bosman-Entscheidung. Was ist unter dieser Entscheidung zu verstehen, und was hatte sie für Konsequenzen?
3. Was wird im Text über die Inter Mailand Fußballmannschaft ausgesagt, und warum ist das überraschend?
4. Welche Vorteile werden im Text genannt, die durch den unproblematischen Länderwechsel eines Fußballspielers entstehen?
5. Welche Nachteile werden im Text aufgelistet?

Analyse und Diskussion

1. Was ist Ihre persönliche Meinung zu der genannten Problematik? Denken Sie, dass es bessere Regelungen geben sollte, welche die Fußballspieler in ihrer Vereinswahl beschränken? Ist es ein gutes Zeichen von Globalisierung, dass die Mannschaften international werden – oder ist dies eine

negative Auswirkung, die in erster Linie auf Kapitalismus und Kaufkraft beruht? Bilden Sie zwei Gruppen – eine pro- und eine contra-Gruppe – und diskutieren Sie das Problem im Unterricht.

2. Wie sieht die Situation in Ihrem eigenen Land aus? Gibt es dort ein ähnliches Problem? Welcher Sport ist Ihrer Meinung nach der populärste, und wie sind die Teams dieses Sportes organisiert? Gibt es auch dort immer die gleichen Gewinner oder variieren die Sieger öfter? Ist es ebenso eine Frage des Geldes, wer gewinnt?

Weiterführende Aktivitäten

1. Der Autor spricht von der Leichtigkeit der Fußballspieler, in anderen Ländern zu arbeiten. Wie sieht das mit anderen Berufen aus? Der Text weist darauf hin, dass es für andere Berufsstände schwierig – oder vielleicht sogar unmöglich – ist, in anderen Ländern Arbeit zu finden. Nehmen Sie beispielsweise die EU und recherchieren Sie, wie der Arbeitswechsel in ein anderes Land funktioniert. Ist es für einen deutschen Arzt möglich, in einem anderen Land der EU zu praktizieren? Die folgenden Webseiten können Ihnen dabei helfen:
   • http://ec.europa.eu/social/main.jsp?catId=25&langId=de
   • http://www.eu-info.de/arbeiten-europa/
2. Wie funktioniert der deutsche Fußball? Was wissen Sie über die Spielregeln, die Fußball-Ligen, die Gewinner? Recherchieren Sie im Internet, z. B.:
   • http://www.tus-holzen.de/fussball/regeln.html
   • http://www.bundesliga.de/de/
   Es gibt viele Webseiten zu diesem Thema, da Fußball äußerst beliebt in Deutschland ist. Schreiben Sie einen Aufsatz über Fußball und tragen Sie dann Ihre Ergebnisse im Unterricht zusammen. Entsteht so ein verständliches Bild von dem Sport und wie er in Deutschland professionell gespielt wird?

Schönheitschirurg über Medizintourismus: „Immer das, was man nicht hat"

Einführung

Unser letzter Text zum Thema Populärkultur handelt von dem Schönheitschirurgen Afschin Fatemi, der in einem reichen Vorort von Düsseldorf eine renommierte Praxis führt. Dort operiert er nicht nur Deutsche, sondern auch Personen, die aus vielen anderen Ländern anreisen – in erster Linie Frauen. Dr. Fatemi spricht über den heutigen Trend, sich nicht mehr wohl im eigenen Körper zu fühlen sowie über unsere Schönheitsideale, die sich durch die Globalisierung langsam verändern.

Der Arzt Afschin Fatemi über millionenschweren Medizintourismus nach Deutschland, globalisierte Schönheitsideale – sowie **Bäuche**, **Tränensäcke** *und Brüste.*

Dr. med. Afschin Fatemi empfängt in seiner „S-Thetic Clinic" in einem repräsentativen Altbau im Düsseldorfer Nobelvorort Kaiserswerth. Direkt am Rhein und trotzdem in Flughafennähe, werden hier jährlich bis zu 10.000 Behandlungen durchgeführt, die nur einem dienen: verändertem Aussehen.

TAZ: Herr Dr. Fatemi, wie laufen die Geschäfte?

FATEMI: Ich kann **mich** nicht **beschweren**. Ich kann meine Familie mit mehr als Brot und Butter ernähren. Ich kann mir das Benzin noch leisten.

TAZ: Was wollen Ihre PatientInnen von Ihnen?

FATEMI: Es gibt Patienten, die sich an ihrem Bauch stören, den sie trotz Sport nicht loswerden. Andere haben Tränensäcke und werden deshalb ständig gefragt, ob sie müde oder **abgespannt** sind. Die klassische Brust-Operation ist auch dabei. Es geht immer darum, dass man sich in seinem Körper nicht wohlfühlt.

TAZ: Wie viele Männer, wie viele Frauen behandeln Sie?

FATEMI: Auf einen Mann kommen ungefähr fünf Frauen.

TAZ: Woher kommen Ihre PatientInnen?

FATEMI: Viele kommen aus europäischen Nachbarländern, aber auch aus Russland, dem Mittleren Osten und den USA. Gerade US-amerikanische Patienten wollen nicht mehr diesen überoperierten Look haben. Eine gute Schönheitsoperation aber können Sie als Laie nicht erkennen.

TAZ: Mit diesem Medizintourismus bedienen Sie einen Markt: PatientInnen aus dem Ausland zahlen jedes Jahr rund 850 Millionen Euro für Schönheitsoperationen in Deutschland. Gibt es in verschiedenen Kulturkreisen unterschiedliche Vorstellungen von Schönheit?

FATEMI: Es gibt fundamentale Unterschiede. In Korea habe ich gesehen, wie einer Patientin Haare in den **Scham**bereich transplantiert wurden. Aus der westlichen Welt werden eher **Enthaarungen** nachgefragt. Es wird immer das gewünscht, was man nicht hat. Bei brasilianischen Frauen galten kleine Brüste lange als Schönheitsideal. Aber das ändert sich gerade durch die Globalisierung.

TAZ: Die Globalisierung verändert Schönheitsideale?

FATEMI: Selbstverständlich. Die Leute gucken amerikanische Filme – deshalb sind in Brasilien wieder größere Brüste in. In Ostasien ist oft ein europäisiertes Gesicht gefragt. Den Augen soll die asiatische Komponente genommen werden, die Nase soll **spitzer** sein. Da müssen wir als Ärzte natürlich nachfragen, ob diese quasirassischen Veränderungen wirklich gewünscht werden.

TAZ: Gibt es Operationen, die Sie nicht durchführen?

FATEMI: Westliche Patientinnen bitten etwa um Rippenentfernungen, um eine schärfere **Taille** zu bekommen. In China werden oft längere Beine gewünscht. Solche wahnsinnig invasiven **Eingriffe** machen wir nicht – da müssen Sie **Knochen** brechen, nur um ein paar Zentimeter Länge zu gewinnen.

TAZ: Ist nicht jede Schönheitsoperation risikoreich?

FATEMI: Risiken kann man nie ganz ausschließen. Selbst bei einer **Bauchdeckenstraffung** kann es zu Infektionen und **Wundheilung**sstörungen kommen. Umso wichtiger ist, dass wir die Patienten aufklären, ihre persönliche Reife erfragen. Eine Operation ist kein Friseurbesuch. ...

TAZ: Was kostet eine Operation bei Ihnen?

FATEMI: Eine Brustvergrößerung kostet zwischen sechs- und siebentausend Euro, ein Facelift um zehntausend. Bei einer **Fettabsaugung** sind Sie mit zwei- bis sechstausend Euro dabei.

Quelle: http://www.taz.de/!95992/

Vokabeln

Bauch *(m)*, **Bäuche**	belly
Tränensäcke *(pl)*	bags under one's eyes
sich beschweren	to complain
beschwert sich, beschwerte sich, hat sich beschwert	
abgespannt sein	to be weary, jaded
Scham *(f)*	pubic area
Enthaarung *(f)*, **-en**	depilation
spitz	pointy
Taille *(f)*, **-n**	waistline
Eingriff *(m)*, **-e**	procedure
Knochen *(m)*, **-**	bone
Bauchdeckenstraffung *(f)*, **-en**	tummy tuck
Wundheilung *(f)*, **-en**	wound healing
Fettabsaugung *(f)*, **-en**	liposuction

Verständnisfragen zum Text

1. Was für ein Arzt ist Dr. Fatemi? Welche Operationen führt er durch?
2. Woher kommen die Leute, die Dr. Fatemi behandelt? Und warum?
3. Was sagt Dr. Fatemi zu Globalisierung und Schönheit? Verändert die Globalisierung unsere Ideale?
4. Warum lassen sich die Leute operieren, obwohl eine Operation auch immer ein gewisses Risiko mit sich bringt? Was sind die Gründe, die Dr. Fatemi nennt?

Analyse und Diskussion

1. Wie stehen Sie persönlich dem Thema der Schönheitsoperationen gegenüber? Ist es eine gute Entwicklung, dass wir unsere Körper solange verändern können, bis wir uns wohlfühlen? Denken Sie, dass eine Schönheitsoperation das eigene Selbstbewusstsein stärkt? Was ist anders, wenn man sich schön fühlt?
2. Dr. Fatemi spricht von den veränderten Schönheitsidealen, die durch die Globalisierung entstanden sind. Trifft das auch auf Ihr Land zu? Gibt es Vorlieben, die es früher nicht gab und die durch Medien und Internet in

Ihr Land gekommen sind? Oder wissen Sie vielleicht von Schönheitsidealen aus anderen Ländern, die sich verändert haben? Wenn Sie ein Beispiel brauchen, dann sehen Sie sich den Artikel aus der Zeitung *Die Welt*
„Wie sich Asiatinnen für einen hellen Teint quälen": http://www.welt.de/
lifestyle/article108689136/Wie-sich-Asiatinnen-fuer-einen-hellen-Teint
-quaelen.html, an und diskutieren Sie diesen Artikel im Unterricht.

Weiterführende Aktivitäten

1. Heutzutage möchte jeder einen schlanken Körper haben, um gut auszu-
   sehen. Der Fernsehsender Arte hat diesem Thema eine eigene Webseite
   gewidmet, die *Schlachtfelder der Schönheit* heißt: http://www.arte.tv/de/
   schlachtfelder-der-schoenheit/3412116.html. Gehen Sie auf diese Webseite und recherchieren Sie, welche Informationen die Webseite bietet.
   Sehen Sie sich einen Videoclip an, lesen Sie die Einführungen. Was sagen
   die Leute über ihre Körper? Sind sie zufrieden? Gibt es Stimmen, die den
   Zwang der Gesellschaft, dünn zu sein, kritisieren?
2. Im deutschen Fernsehen gibt es einige Shows, die dem Thema Schönheit
   gewidmet sind. Eine davon heißt *Schönheitsalarm* und hat eine eigene
   Webseite: http://www.sat1.de/tv/schoenheits-alarm. Worum geht es in
   dieser Sendung? Was ist das Problem der Menschen, die auf der Webseite
   vorgestellt werden? Gibt es Parallelen zu Dr. Fatemis Interview? Existiert
   eine vergleichbare Sendung in Ihrem Land? Wenn ja, wie unterscheiden
   sich die Sendungen?

TEIL ZWEI: GLOBALISIERUNG UND DIE SPRACHEN DIESER WELT

Denglisch

Einführung

Die Wise Guys bilden den Auftakt für unsere nächste Sektion, die sich mit dem Thema Sprache und Globalisierung beschäftigt. Die Wise Guys sind eine deutsche Band, die seit den 1990er-Jahren besteht und ihre Texte in er-

ster Linie auf Deutsch verfasst. Das Lied „Denglisch", das wir gleich lesen und hören werden, befindet sich auf dem 2006 erschienenen Album *Radio* und kennzeichnet einen Höhepunkt der Beliebtheit der Wise Guys. „Denglisch" ist ein ironisches Lied, das sich über die Tendenz der Deutschen lustig macht, zu

© Aneb I Dreamstime.com

viele englische Begriffe in ihre Sprache zu integrieren. Lesen Sie zunächst den Liedtext, bevor Sie sich dann den Auftritt der Wise Guys unter folgendem Link ansehen: http://www.youtube.com/watch?v=xlQI0mfJbCc.

Liedtext

Oh Herr, bitte gib mir meine Sprache zurück,
ich **sehne mich nach** Frieden und 'nem kleinen Stückchen Glück.
Lass uns noch ein Wort verstehen in dieser schweren Zeit,
öffne unsre Herzen, mach die **Hirne** weit.

Ich bin zum Bahnhof gerannt und war a little bit too late:
Auf meiner neuen Swatch war's schon kurz vor after eight.
Ich suchte die Toilette, doch ich fand nur ein „McClean",
ich brauchte noch Connection und ein Ticket nach Berlin.

Draußen saßen Kids und hatten Fun mit einem Joint.
Ich suchte eine **Auskunft**, doch es gab nur'n Service Point.
Mein Zug war leider abgefahr'n – das Traveln konnt' ich **knicken**.
Da wollt' ich Hähnchen essen, doch man gab mir nur McChicken.

Oh Herr, bitte gib mir meine Sprache zurück,
ich sehne mich nach Frieden und 'nem kleinen Stückchen Glück.
Lass uns noch ein Wort verstehen in dieser schweren Zeit,
öffne unsre Herzen, mach die Hirne weit.

Du versuchst, mich upzudaten, doch mein Feedback turnt dich ab.
Du sagst, dass ich ein Wellness-Weekend dringend nötig hab.
Du sagst, ich käm mit Good Vibrations wieder in den Flow.
Du sagst, ich brauche Energy. Und ich denk: „Das sagst du so."

Statt Nachrichten bekomme ich den Infotainment-Flash.
Ich sehne mich nach Bargeld, doch man gibt mir nicht mal Cash
Ich fühl' mich beim Communicating unsicher wie nie –
da nützt mir auch kein Bodyguard. Ich brauch' Security!

Oh Lord, bitte gib mir meine Language zurück,
ich sehne mich nach Peace und 'nem kleinen Stückchen Glück.
Lass uns noch ein Wort verstehen in dieser schweren Zeit,
öffne unsre Herzen, mach die Hirne weit.

Ich will, dass beim Coffee Shop „Kaffeehaus" oben draufsteht,
oder dass beim Auto-Crash die „Lufttasche" aufgeht,
und schön wär's, wenn wir Bodybuilder „Muskel-**Mäster**" nennen
und wenn nur noch „Nordisch Geher" durch die Landschaft rennen.

Oh Lord, please help, denn meine Language macht mir Stress,
ich sehne mich nach Peace und a bit of Happiness.
Hilf uns, dass wir understand in dieser schweren Zeit,
open unsre Hearts und make die Hirne weit.

Oh Lord, please gib mir meine Language back,
ich krieg hier bald die crisis, man, **it has doch keinen Zweck**.
Let us noch a word verstehen, **it goes me on the Geist**,
und gib, dass „Microsoft" bald wieder „Kleinweich" heißt.

Ja, dass es „Kleinweich" heißt ...

Quelle: http://wiseguys.de/songtexte/details/denglisch/

Vokabeln

sich sehnen nach	to long for
sehnt sich, sehnte sich, hat sich gesehnt	
Hirn *(n)*, **-e**	brain
Auskunft *(f)*, **-künfte**	information, help desk
Das kannst du knicken *(ugs.)*	Forget about it!
mästen	to fatten sth.
mästet, mästete, hat gemästet	
es hat doch keinen Zweck	it is no use
jdm. auf den Geist gehen	to annoy s.o.

Verständnisfragen zum Liedtext

1. Worum geht es in dem Lied „Denglisch" von den Wise Guys? Beschreiben Sie kurz, was die Wise Guys kritisieren.
2. Nehmen Sie acht englische Wörter, die Sie in „Denglisch" finden, und geben Sie ein deutsches Äquivalent. Ist es möglich, für alle acht englischen Wörter deutsche Begriffe zu finden?

Analyse und Diskussion

1. Das Genre des Liedes ist ein Gospel. Warum haben die Wise Guys Ihrer Meinung nach Gospel-Musik für ihren Text gewählt?
2. Warum benutzt der Refrain des Liedes, je weiter das Lied fortschreitet, immer mehr englische Wörter? Haben Sie dafür eine Erklärung?

3. Was denken Sie über die Aussage des Liedes? Finden Sie es lustig oder tragisch oder zu kritisch? Wie ist Ihre persönliche Meinung zu dem Phänomen „Denglisch"?

Weiterführende Aktivitäten

1. Recherchieren Sie, ob es noch andere deutsche Lieder gibt, die sich mit dem Thema „Denglisch" beschäftigen. Oder kennen Sie vielleicht deutsche Lieder, die viele „denglische" Wörter benutzen, ohne dass jedoch „Denglisch" das Thema des Liedes ist?
2. Denken Sie, dass es ein vergleichbares Phänomen von „Denglisch" auch in anderen Sprachen gibt? Wie sieht es mit Frankreich, Spanien oder den USA aus? Kennen Sie ausländische Wörter, die Begriffe z. B. im Englischen ersetzen?

Denglisch in der Werbung: Komm rein und finde wieder raus

Einführung

„Denglisch in der Werbung" greift noch einmal das Phänomen „Denglisch" auf und untersucht, inwieweit die Deutschen englische Slogans in der Werbung verstehen können. Regen englische Phrasen zum Kaufen an oder erreichen sie ihr Ziel nicht, weil die Deutschen die englische Bedeutung falsch übersetzen? Obwohl der Artikel von Jochen Leffers 2004 erschienen und somit einige Jahre alt ist, besteht das „Problem Denglisch" auch heutzutage noch, wie Sie weiter unten sehen werden. Generell kann gesagt werden, dass „Denglisch" ein Phänomen ist, bei dem sich die Geister scheiden und die Meinungen stark auseinandergehen.

> *Bei „Nothing between us" oder „Come in and find out"* **versteht** *der Durchschnittsdeutsche* **nur Railway Station***, also wenig bis nichts. Bei* **Messungen** *des Hautwiderstands fand eine Dortmunder Diplomandin heraus, dass Werbung auf Englisch einfach nicht ankommt. Ihr Professor weiß das schon lange.*

Anglizismen in der Werbung sind deutschen Konsumenten nicht nur oft unverständlich, sondern **lassen** sie auch **kalt**. Das hat die Dortmunder Statistikerin Isabel Kick in ihrer Diplomarbeit herausgefunden. Ihren Ergebnissen zufolge sollten Marketingprofis häufiger auf ihre gute alte Muttersprache zurückgreifen, statt das Publikum mit englischen Slogans zu **piesacken**. ...

Ein paar englische **Brocken** reichen nicht

Dagegen **perlten** die englischen Werbetexte an den Teilnehmern meist **ab**. Getestet wurden „Fly high, pay low", „Nothing between us", „Designed to make a difference", „Come in and find out" und „Have a break, have a kitkat".

An erster Stelle vermutet Isabel Kick **schlichte** Verständnisprobleme: „Eine aktuelle Studie der Beratungsfirma Endmark zeigt, dass weniger als die Hälfte der Deutschen englische Werbesprüche richtig übersetzen können", so die Diplomandin. Wenn sie schon nicht korrekt verstanden wird, sollte englischsprachige Werbung wenigstens Aufmerksamkeit erregen, so ihre Arbeitshypothese. Doch die emotionale Bindung gelingt offenbar kaum. ...

„Überleben Sie die Fahrt in unserem Auto"

Die Kölner Endmark AG hatte 2003 in einer repräsentativen Studie untersucht, ob englische „Claims" überhaupt verstanden werden. Das Ergebnis **verblüffte** selbst **eingefleischte** Sprachpuristen: So scheiterten 85 Prozent der Befragten am kurzen Slogan „Be inspired" (Siemens mobile), sogar 92 Prozent an „One Group. Multi Utilities" (RWE). **Annähernd** korrekt übersetzen konnte die Hälfte „Every time a good time" (McDonald's) und „There's no better way to fly" (Lufthansa).

Verheerend fiel der Test bei anderen Sprüchen aus. So übersetzten viele Teilnehmer den Slogan „Come in and find out" (Douglas) mit „Komm rein und finde wieder heraus" und „Drive alive" (Mitsubishi) mit „Fahre lebend" – das hatten die Unternehmen nun

wirklich nicht gemeint. Auch kurios: Viele Zuschauer übersetzten
das Sat.1-Motto „Powered by emotion" mit „Kraft durch Freude".

Die Dortmunder Diplomarbeit ist jetzt **Wasser auf die Mühlen** der
deutschen Sprachschützer – kein Wunder, sie entstand am **Lehrstuhl**
von Walter Krämer, der sich in seinem **Einsatz** für das **Reinheitsge-
bot** der deutschen Sprache nur ungern **übertrumpfen** lässt. Krämer
ist Professor für Wirtschafts- und Sozialstatistik an der Universität Dortmund und seit Jahren Vorsitzender des Vereins Deutsche
Sprache.

Diplom bei Walter Krämer, König der Sprachwächter

Im Internet führt der Club eine schier endlose Anglizismen-Liste,
nennt die Homepage konsequent „Leitseite" und **versteigerte** die
deutsche Sprache im letzten Jahr symbolisch bei Ebay; beim Höchst-
gebot von zehn Millionen Euro wurde das Angebot aus dem Netz
genommen. Auch einen „Sprach**panscher**"-Preis lobt der Verein regelmäßig aus – und hat für dieses Jahr Bundesbildungsministerin
Edelgard Bulmahn **ins Visier genommen**, die ihren Wettbewerb für
Elite-Universitäten „Brain up!" nannte. Dass sich ganz schnell am
Kopf stößt, wer sein Hirn zu schnell hebt, zeigte die Pressemitteilung
einer Universität, die sich für Spitzenklasse hält: „Köln beteiligt sich
am Brain ub".

   „Ein alberner Anglizismus und eine ärgerliche Flucht aus der
deutschen Sprache", **zürnt** der Vizevorsitzende Gerd Schrammen,
„Engländer und Amerikaner lachen sich kaputt über den deutschen
Drang zum Englischen." Wenn Bulmahn den Sprachpanscher-Preis
gewinnt, hat sie allerdings keine Trophäe zu erwarten: „Früher haben wir mal eine Art Pansch**besteck** vergeben, diesmal gibt's nur
Spott", so der pensionierte Philologe in der „Jungen Karriere".

   Immerhin entdeckt der Verein in der Werbung inzwischen einen Trend weg vom hässlichen „Denglisch", zum Beispiel bei
McDonald's: Auf „Every time a good time" ließen die **Klops**brater

„Ich liebe es" folgen. C&A wirbt statt mit „Fashion for Living" jetzt mit dem Motto „Preise gut, alles gut". Und Sat.1 wirbt für sein Programm künftig nicht mehr mit „Powered by emotion", sondern mit „Sat.1 zeigt's allen".

Quelle: Spiegel Online: http://www.spiegel.de/unispiegel/wunderbar/denglisch-in -der-werbung-komm-rein-und-finde-wieder-raus-a-310548.html

Vokabeln

nur Bahnhof verstehen	it's all Greek to me
Messung *(f)*, **-en**	reading, measuring
kalt lassen	to have no effect
piesacken	to badger
piesackt, piesackte, hat gepiesackt	
Brocken *(m)*, **-**	nugget
abperlen	to roll off sth.
perlt ab, perlte ab, ist abgeperlt	
schlicht	plain
verblüffen	to astound, to surprise
verblüfft, verblüffte, hat verblüfft	
eingefleischt	die-hard
annähernd	approximately
verheerend	devastating
Wasser auf die Mühlen	grist for the mill
Lehrstuhl *(m)*, **-stühle**	(academic) chair
Einsatz *(m)*, **-sätze**	dedication, commitment
Reinheitsgebot *(n)*, **-e**	purity requirements
übertrumpfen	to outplay
übertrumpft, übertrumpfte, hat übertrumpft	
versteigern	to auction off
versteigert, versteigerte, hat versteigert	
panschen	to blend, mix
panscht, panschte, hat gepanscht	
ins Visier nehmen	to take aim at sth.

zürnen   to be angry
   zürnt, zürnte, hat gezürnt
Besteck *(n)*, **-e**   cutlery, silverware
Spott *(m)*   derision, ridicule
Klops *(m)*, **-e**   meatball

Verständnisfragen zum Text

1. Wie ist die Reaktion der deutschen Konsumenten auf englische Werbeslo-gans? Was hat die Statistikerin Isabel Kick herausgefunden?
2. Welches Problem haben die Deutschen mit englischen Werbesprüchen? Warum funktionieren sie nicht richtig?
3. Nehmen Sie einen englischen Werbeslogan aus dem Text und erklären Sie, wo die Verständnisschwierigkeiten für die Deutschen liegen oder liegen könnten.
4. Welcher neue Trend lässt sich in Deutschland feststellen? Welche Richtung hat die Werbeindustrie in den letzten Jahren eingeschlagen?

Analyse und Diskussion

1. Warum benutzen viele Firmen gerne englische Werbesprüche? Was für ein Image wird durch die englische Sprache vermittelt? Gehen Sie in Gruppen zusammen und machen Sie eine Liste. Was assoziieren die Deutschen Ihrer Meinung nach im Allgemeinen mit dem Englischen?
2. Erklären Sie den Preis des „Sprachpanschers" des Jahres. Was genau ist das? Welche Erklärungen werden im Text gegeben? Recherchieren Sie dann im Internet, wer im Moment Sprachpanscher des Jahres ist und warum. Stim-men Sie mit der Idee des Preises überein, oder finden Sie diese lächerlich oder albern?

Weiterführende Aktivitäten

1. Der Text nennt den Verein Deutsche Sprache. Gehen Sie zu der Webseite des Vereins und beschreiben Sie diese: http://www.vds-ev.de/. Welche ver-schiedenen Rubriken gibt es? Wie beschreibt der Verein seine Aufgaben? Wer kann Mitglied im Verein werden, und warum möchte eine Person Mitglied werden? Diskutieren Sie auch im Unterricht, was Sie persönlich

vom Verein Deutsche Sprache halten. Ist dies Ihrer Meinung nach eine wichtige Institution?

2. Lesen Sie den Artikel „Einkaufs-Frust dank ‚Denglisch‘-Wahn!" aus der *Bild Zeitung* von 2013: http://www.bild.de/ratgeber/2013/denglisch/denglisch-im-alltag-verwirrung-unter-aelteren-produkte-sprache-werbung-29580132.bild.html. Wie unterscheidet er sich von dem obigen Artikel? Wie viel hat sich in der deutschen Werbung geändert? Gibt es grundlegende Verbesserungen, was den Gebrauch von Denglisch angeht?

3. Sehen Sie sich den Videoclip „Deutsch versus Denglisch" auf YouTube an: http://www.youtube.com/watch?v=_zZLw290wtI. Er ist recht schnell und manchmal schwer zu verstehen. Gehen Sie in Gruppen zusammen und versuchen Sie, die folgenden Fragen zu beantworten:

- Wie beginnt der Videoclip? Und warum? In welchem Kontrast steht der Beginn zu dem weiteren Video? Erklären Sie.
- Wer ist Tobias Mindner? Was sind seine Ansichten im Hinblick auf die deutsche Sprache? Wovor hat Mindner Angst?
- Wer ist Jay Rutherford und wie steht er der Entwicklung der deutschen Sprache gegenüber?
- Warum sieht Mindner in den Anglizismen im Gegensatz zu Rutherford keine Bereicherung? Wie ist seine Begründung?
- Erklären Sie, was unter einer Patenschaft für ein Wort zu verstehen ist.

Bringen Sie dann den Videoclip mit den bereits gelesenen Materialien dieses Kapitels in Verbindung. Welche zusätzlichen Informationen haben Sie erhalten? Hat sich Ihre Meinung zu „Denglisch" geändert?

Weltsprache Deutsch

Einführung

Der Artikel „Weltsprache Deutsch", der in der Rubrik „Zwiebelfisch" des Nachrichtenmagazins *Der Spiegel* veröffentlicht wurde, gibt uns einen Einblick in die Welt der deutschen Lehnwörter und erklärt, was es mit diesen auf sich hat. Lehnwörter sind Begriffe, die aus einer fremden Sprachen übernommen und im Laufe der Zeit in die eigene Sprache integriert wurden. Lesen Sie nun, welche Wörter andere Nationen von den Deutschen „entlehnt" haben, und ob die Deutschen auf diesen Umstand stolz sein können.

Deutschland exportiert nicht nur Autos, Bier und Kuckucksuhren,
sondern auch Teile seiner Sprache. Im Bulgarischen kennt man das
Wort „schteker", im Russischen den **„schlagbaum"**, *in der Ukraine*
„feijerwerk" und in Chile die „bierstube". Deutsche Wörter sind
über die ganze Welt **verstreut**

Nicht selten kommt es im Ausland zu denkwürdigen Begegnungen mit der deutschen Sprache. Damit sind hier nicht die **ei-
genwilligen** Kreationen gemeint, wie man sie auf Speisekarten in
Urlaubsländern findet, so wie „Huhn **besoffen** mit Getränke" oder
„**Tintenfisch** kochte mit Allen" oder „Bewegte Eier mit Schurken".
Gemeint sind deutsche Wörter, die von fremden Kulturen importiert, **abgekupfert**, geborgt oder, vornehmer ausgedrückt: entlehnt
worden sind – weshalb sie auch Lehnwörter genannt werden. Davon gibt es mehr, als man denkt.

Die Gesellschaft für deutsche Sprache (GfdS) hat im letzten
Jahr damit begonnen, deutsche Wörter in anderen Sprachen zu
erfassen. In einer Pressemitteilung wandte sie sich an die Öffentlichkeit und rief dazu auf, deutsche Wörter, die in fremden Sprachen gebraucht werden, einzuschicken. Das Echo war **überwälti-
gend**: In den folgenden Wochen und Monaten gingen insgesamt
rund 7500 Vorschläge von 450 Teilnehmern aus aller Welt bei der
GfdS ein. Einige schickten ein einzelnes Wort, das sie irgendwo
aufgeschnappt hatten, andere sandten umfangreiche Listen ein,
die sie über Jahre zusammengestellt und mit Beispielen gefüllt
hatten.

In der „Zwiebelfisch"-Kolumne „Deutsch als **Amtssprache** der
USA" ging es bereits um deutsche Wörter, die ins Englische aufgenommen worden waren. Wenn man beim Betreten eines klimaan-
lagengekühlten Geschäfts in den USA plötzlich **niesen** muss, kann
es passieren, dass einem ein freundliches „gesundheit!" zugerufen
wird. Und während in den letzten Jahren immer mehr Deutsche
Halloween feiern, findet in immer mehr amerikanischen Städten
ein „oktoberfest" statt. Englisch ist vermutlich die Sprache mit den
meisten deutschen Wörtern. Aber sie ist bei weitem nicht die ein-

zige. Deutsche Wörter findet man fast überall, vom Nordkap bis zum Kap der guten Hoffnung, vom Roten Platz bis zur Copacabana.

Die Dänen benutzen den Ausdruck „salonfaehig", im Indonesischen gibt es das Wort „blumkol", und im Koreanischen „autobahn". Aus Somalia wurden die Wörter „shule" und „kaputi" gemeldet. In Russland kennt man deutschstämmige Wörter wie „butterbrot", **„durschlag"** und „kompott". Nicht zu vergessen den **„riesenschnauzer"** – Hundenamen rangieren auf der Liste der deutschen Exportwörter ganz oben. Mit den Hundenamen haben wir auch gleich die dazugehörigen Kommandos exportiert: „Platz!", „Sitz!", „Pass auf!", „Hopp!", „Such!" und **„Pfui!"** gibt es im Englischen und im Russischen.

Ebenfalls weit verbreitet sind kulinarische Begriffe aus dem Deutschen. Die Russen und die Serben kennen das Wort „krumbeer", **gewissermaßen** eine Weiterzüchtung der in Südhessen, Rheinland-Pfalz und Baden-Württemberg beheimateten Grundbirne, einer regionalen Bezeichnung für die Kartoffel. Sowohl in Italien als auch in Chile gibt es „strudel". Die Briten züchten „kohlrabi", die Türken braten „snitzil", und unsere beliebten Bratwürste sind als „bratwurst", „wurstel" oder „wirstle" gleich von mehreren Sprachen übernommen worden. Ebenso „kuchen", „pumpernickel", „wiener" und „zwieback". Am erfolgreichsten sind allerdings Metalle und Mineralien: „Nickel" und „Quarz" kommen nach Auskunft der **Duden**redaktion in mindestens zehn verschiedenen Sprachen vor, „Gneis" und „Zink" noch in neun. Was nicht heißt, dass sie häufiger gebraucht würden als die „essbaren" Begriffe.

Viele der deutschen Exportwörter lassen interessante **Rückschlüsse** auf die Wahrnehmung der deutschen Kultur durch andere Völker zu. Man importiert ja für gewöhnlich nur etwas, das man selbst nicht hat, und man importiert es von dem, der als Erster damit auf dem Markt war oder der am meisten davon zu bieten hat. So sind wir natürlich stolz darauf, dass das deutsche Wort „kindergarden" ein Welterfolg geworden ist. Nicht minder freuen wir uns über die wundervollen Wörter „wirtschaftswunder" und „wunderkind". Auch auf den Exportschlager „autobahn" sind wir stolz, wobei wir die Entstehungszeit dieses Wortes **gnädig ausblenden**. Dass man in Griechenland das Wort „volkswagen" stellvertretend für alle Klein-transporter verwendet, erscheint uns wie eine **Auszeichnung**.

Und wie **schwillt uns** erst der **Kamm** angesichts der Tatsache, dass ausgerechnet die Japaner und Koreaner, berühmt für ihren Fleiß, ein Wort namens „arubaito" haben, das unverkennbar auf das deutsche Wort Arbeit zurückgeht! Haben wir nicht immer gewusst, dass die Arbeit in Deutschland **erfunden** wurde? Ja, wir Deutschen **sind Spitze**, das steht außer Frage. Wir haben der Welt „sauerkraut", „gemuetlichkeit" und „fahrvergnuegen" geschenkt, von uns haben die anderen den „walzer", das „lied" und den „rucksack". Und wir waren die Ersten, die sich über das Waldster-ben Gedanken machten, sodass man selbst in Frankreich von „le waldsterben" sprach.

Leider ist das nur die eine Seite der Medaille. Auf der anderen Seite findet man etliche Begriffe, die einen doch **stutzig machen**. Was sagt es über uns Deutsche aus, wenn sich die Finnen von uns das Wort **„besserwisser"** ausleihen, die Schweden dazu noch den **„streber"**, und die Kanadier den **„klugscheisser"**? Was haben wir davon zu halten, dass man im Tschechischen das Wort **„sitzflaijsch"** und im Polnischen den Begriff **„hochsztapler"** findet? Und warum mussten so viele Sprachen von uns ausgerechnet das Wort „kaputt" übernehmen? Die **Ernüchterung folgt auf dem Fuße**: Das Wort „arubaito" steht im Japanischen nicht etwa für reguläre Arbeit, son-dern bezeichnet Teilzeitarbeit und Aushilfstätigkeit. Da erscheint die fernöstliche Reputation des Deutschen doch gleich in einem ande-ren Licht.

Trösten wir uns mit einem *schnaps*, den kennt man nämlich fast überall auf der Welt.

Quelle: Spiegel Online: http://www.spiegel.de/kultur/zwiebelfisch/zwiebelfisch -weltsprache-deutsch-a-356502.html

Vokabeln

Schlagbaum *(m)*, **-bäume**	barrier, tollgate
verstreuen	to scatter
verstreut, verstreute, hat verstreut	
eigenwillig	idiosyncratic, willful
besoffen	drunk
Tintenfisch *(m)*, **-e**	squid
abkupfern	to copy
kupfert ab, kupferte ab, hat abgekupfert	
erfassen	to collect, to record
erfasst, erfasste, hat erfasst	
überwältigend	overwhelming
aufschnappen	to overhear, to pick up
schnappt auf, schnappte auf, hat aufgeschnappt	
Amtssprache *(f)*, **-n**	official language
niesen	to sneeze
niest, nieste, hat geniest	
Durchschlag *(m)*, **-schläge**	carbon copy
Riesenschnauzer *(m)*, **-**	giant schnauzer
Pfui!	Yuck! Yikes!
gewissermaßen	virtually, in a sense
Duden *(m)*	dictionary
Rückschluss *(m)*, **-schlüsse**	inference
gnädig	gracious, merciful
ausblenden	to block sth. out
blendet aus, blendete aus, hat ausgeblendet	
Auszeichnung *(f)*, **-en**	distinction, honor
Da schwillt uns der Kamm	We feel extremely proud
erfinden	to invent
erfindet, erfand, hat erfunden	
Spitze sein	to be tops
stutzig machen	to perplex, to puzzle
Besserwisser *(m)*, **-**	smartass
Streber *(m)*, **-**	careerist, eager beaver
Klugscheisser *(m)*, **-**	smartass

Sitzfleisch *(n)*   perseverance, stamina
Hochstapler *(m)*, -   impostor, con man
Ernüchterung *(f)*, -en   disillusionment
auf dem Fuße folgen   to follow on the heels of
    folgt, folgte, ist gefolgt

Verständnisfragen zum Text

1. Was hat die Gesellschaft für deutsche Sprache (GfdS) gemacht? Was war ihr Plan? Und hat sie ihr Ziel erreicht?
2. In welchen Sprachen gibt es deutsche Wörter? Nennen Sie Beispiele aus drei unterschiedlichen Ländern.
3. Aus welchen Bereichen gibt es besonders viele deutsche Wörter? Warum ist das so?
4. Können die Deutschen stolz auf die Verbreitung ihrer Sprache sein? Welche Meinung wird im Text vertreten?
5. Verstehen Sie alle deutschen Lehnwörter, die im Artikel aufgeführt werden? Wenn nicht, dann schreiben Sie diese Wörter auf und fragen Sie im Unterricht.

Analyse und Diskussion

1. Gibt es auch in Ihrer Sprache deutsche Wörter? Machen Sie eine Liste. Können Sie zehn Wörter finden, die nicht in unserem Artikel vorkommen?
2. Wussten Sie, dass deutsche Wörter so weit verbreitet sind? Wie erklären Sie sich das? Wann wurden diese Wörter in die fremde Sprache integriert? Schreiben Sie mögliche Gründe dafür auf, warum deutsche Wörter in vielen Sprachen enthalten sind. Recherchieren Sie dann im Internet und versuchen Sie, weitere Informationen zu diesem Thema zu finden.

Weiterführende Aktivitäten

1. Gehen Sie zur Webseite der Gesellschaft für deutsche Sprache: http://www .gfds.de/, und recherchieren Sie, welche Themen dort behandelt werden. Welche Aufgaben hat sich die Gesellschaft gestellt? Besprechen Sie die Webseite im Unterricht. Welche Unterschiede gibt es zu dem Verein Deutsche Sprache? Denken Sie, dass solche Webseiten notwendig sind? Warum oder warum nicht?

2. In unserem Artikel und auf der Webseite der Gesellschaft für deutsche
Sprache wird der *Duden* genannt. Haben Sie schon einmal von dem *Duden*
gehört? Was genau ist der *Duden*? Auch hier gibt es wiederum eine Webseite: http://www.duden.de/. Beschreiben Sie die Funktion des *Dudens* und
lesen Sie dazu speziell die Rubrik: „Über Duden". Gibt es auch in Ihrem
Land eine Instanz, die über die Sprache wacht und genau festlegt, wie die
Rechtschreibung sowie die Bedeutung eines Wortes ist? Finden Sie eine
solche Instanz wichtig?

Hälfte aller Sprachen vom Verschwinden bedroht

Einführung

Die Globalisierung bringt nicht nur das Vermischen von Sprachen mit sich,
sondern führt in vielen Fällen auch zu deren Aussterben. In „Hälfte aller
Sprachen vom Verschwinden bedroht" aus dem Nachrichtenmagazin *Focus*
werden einige Gründe genannt, die dieses Aussterben zu erklären versuchen.
Um auf die Bedeutung der Muttersprache aufmerksam zu machen, gibt es
seit 2000 einen speziellen Tag im Jahr – den Internationalen Tag der Muttersprache – der von der UNESCO ins Leben gerufen wurde. Durch diesen
Tag sollen der Stolz auf sowie das Bewusstsein für die Signifikanz der eigenen
Muttersprache geweckt werden.

*Alle zwei Wochen geht eine Sprache verloren. Knapp die Hälfte
der 6000 existierenden Sprachen wird es bald nicht mehr geben.
Schuld daran ist unter anderem das Internet – aber nicht nur.*

Fast 3000 der zurzeit weltweit gesprochenen Sprachen drohen zu
verschwinden. Das teilte die Deutsche Unesco-Kommission **anlässlich** des Internationalen Tages der Muttersprache am kommenden
Dienstag mit.

Dass Sprachen gefährdet sind, hat vielfältige Gründe. Krieg, **Vertreibung** und Stigmatisierung gehören ebenso dazu wie Migration
und Vermischung der Sprachen. Auch neue Informationsmedien
begünstigen den weltweiten Einfluss einzelner Sprachen, insbeson-

dere des Englischen. Ein wichtiger Faktor zur Stärkung gefährdeter Sprachen ist eine positive Einstellung zur eigenen Muttersprache.

Förderung von Muttersprachen

Seit dem Jahr 2000 ist der Internationale Tag der Muttersprache ein Welttag zur Förderung sprachlicher und kultureller Vielfalt und Mehrsprachigkeit. Die Unesco hat einen Atlas der bedrohten Sprachen **erstellt**, der gegenwärtig 2474 Sprachen nach Name, **Bedrohung**sgrad und Region auflistet. Darunter befinden sich auch 230 Sprachen, die seit 1950 verschwunden sind. Der Atlas wird wöchentlich **aktualisiert**.

In diesem Jahr liegt der Fokus des Internationalen Tages der Muttersprache auf muttersprachlichem Unterricht. Länder sollen **ermutigt** werden, Bildungsangebote und Schulunterricht in den jeweiligen Muttersprachen zu unterstützen. In Deutschland gibt es vielfältige Aktionen zum Tag der Muttersprache wie etwa in Saarbrücken die grenzüberschreitende Veranstaltung „Muddaschpròòch!".

Quelle: http://www.focus.de/wissen/mensch/sprache/globalisierung-die-haelfte -aller-sprachen-ist-vom-verschwinden-bedroht_aid_714379.html

Vokabeln

anlässlich *(Gen)*	on the occasion of
Vertreibung *(f)*, **-en**	displacement
begünstigen	to promote, to facilitate
begünstigt, begünstigte, hat begünstigt	
erstellen	to compile, to create
erstellt, erstellte, hat erstellt	
Bedrohung *(f)*, **-en**	threat
aktualisieren	to update
aktualisiert, aktualisierte, hat aktualisiert	
ermutigen	to encourage
ermutigt, ermutigte, hat ermutigt	

Verständnisfragen zum Text

1. Warum sind Sprachen vom Aussterben bedroht? Welche Gründe werden im Artikel genannt?
2. Was hat die UNESCO ins Leben gerufen? Und warum? Welche Details finden sich im Text?

Analyse und Diskussion

1. Im Text wird das Internet als eine Ursache für das Aussterben von Sprachen genannt. Können Sie sich vorstellen, warum das so ist? Warum zerstört das Internet kleinere Sprachen? Diskutieren Sie diese Frage im Unterricht.
2. Diskutieren Sie weiterhin, welche Bedeutung eine Sprache für die Menschen hat. Wie wichtig ist für Sie Ihre Muttersprache? Könnten Sie sich vorstellen, auf einmal in einer anderen Sprache kommunizieren zu müssen? Was stirbt noch aus, wenn die Muttersprache verschwindet?

Weiterführende Aktivitäten

1. Wussten Sie, dass es den Internationalen Tag der Muttersprache gibt? Gehen Sie auf die Webseite der UNESCO und recherchieren Sie, welche Aktivitäten an diesem Tag stattfinden: http://www.unesco.de/welttag_mutter sprache.html. Finden Sie heraus, welche Aktivitäten speziell in Ihrem Land durchgeführt werden. Wenn die Webseite nicht genügend Informationen über Ihr Land bietet, dann recherchieren Sie den Tag auf Webseiten Ihres Landes. Denken Sie, dass dieser Tag das Aussterben der Sprachen aufhalten wird?
2. Recherchieren Sie eine Sprache, die bereits nicht mehr aktiv gesprochen wird oder vom Aussterben bedroht ist. Sie können dazu gerne den UNESCO Atlas der bedrohten Sprachen benutzen: http://www.unesco .org/culture/languages-atlas/en/atlasmap.html. Welche Informationen können Sie über diese Sprache erhalten? Wo wird oder wurde diese Sprache gesprochen? Warum ist sie vom Aussterben bedroht oder bereits ausgestorben? Gibt es Bemühungen, die Sprache wieder zu beleben? Gibt es Texte, die in dieser Sprache geschrieben sind? Präsentieren Sie Ihre Ergebnisse im Unterricht.

TEIL DREI: ESSKULTUR GLOBAL

Esskultur-Forscher

Einführung

Der erste Text unserer letzten Sektion über zeitgenössisches, deutsches Essverhalten ist ein Interview des *Spiegel*-Reporters Rainer Schäfer mit dem Eth-

nologen Marin Trenk über
das Thema „globales Essen“.
Trenk, der an der Universität
Frankfurt Professor ist, führt
als Forschungsschwerpunkt
Untersuchungen durch, die
ihm zeigen, inwieweit die
Globalisierung unseren Geschmack und unsere Gerichte
verändert hat und noch weiter

© Tacettin Ulas I Dreamstime.com

verändert. Wird unsere Welt
immer homogener – essen wir bald nur noch Fast Food? Oder haben unsere traditionellen Gerichte auch in der Zukunft eine reale Chance? Inwieweit
vermischen sich die verschiedenen Küchen und bilden neue interessante
Fusionen? Das sind Fragen, die Trenk in diesem Interview zu beantworten
versucht.

Mampfen wir bald nur noch Fast Food? Marin Trenk erforscht
weltweit Esskulturen. Im Interview erklärt der Ethnologe, wie die
Schweinshaxe in Thailand ankommt – und warum die Japaner die
Gewinner der kulinarischen Globalisierung sind.

SPIEGEL ONLINE: Herr Trenk, als kulinarischer Ethnologe untersuchen Sie, wie sich Esskulturen entwickeln. Zerstört die Globalisierung unsere lokale Küche?

TRENK: Die Debatte über die kulinarische Globalisierung ist mit
dem Berliner Mauerfall 1989 entbrannt. Seitdem befürchten

viele, dass Fast-Food-Ketten sich global durchsetzen und die regionalen Küchen **an den Rand drängen**. Andere **bezweifeln** dies. Beide liegen falsch.

SPIEGEL ONLINE: Wie das?

TRENK: Fast Food hat sich äußerst erfolgreich etabliert, aber die Regionalküchen nicht wie erwartet unter Druck gesetzt. Und die Globalisierung ist ja kein neues Phänomen, Kolumbus löste 1492 die erste von drei kulinarischen Globalisierungswellen aus, den zweiten **Schub** sehe ich in den kolonialen Begegnungen. Wir leben in der letzten Welle, die sehr intensiv und beschleunigt verläuft. Aber die Veränderung, die Kolumbus auslöste, war kulinarisch die größte **Zäsur** in der Weltgeschichte.

SPIEGEL ONLINE: Was hat Kolumbus bewegt?

TRENK: Die **Anbau**früchte der neuen Welt veränderten die regionalen Küchen der alten Welt vollständig: Was wäre Südostasien ohne Chili? Italien ohne Tomate, Ungarn ohne Paprika? Nach 1492 sah keine Küche der Welt mehr so aus wie davor. Nach Kolumbus haben sich etwa Kartoffel, Chili, Tomate oder Mais sehr erfolgreich durchgesetzt. **Bemerkenswert** ist aber, dass keine kompletten Gerichte gereist sind, sondern nur Rohprodukte. Kartoffelsalat kannten die Indianer nicht.

SPIEGEL ONLINE: Hat sich das in der zweiten Phase geändert?

TRENK: Da wird es interessant: Spanische Siedlerkolonien wie Mexiko oder Peru verwandelten sich in kulinarische Laboratorien, hier blühten Crossover und Fusion, was es in der ersten Phase nicht gab. Die Holländer scheinen ihre Küche beinahe durch die indonesische Rijstafel ersetzt zu haben. Viele Briten fanden Gefallen an der indischen Küche, ab dem frühen 18. Jahrhundert **tauchten** Currys in englischen Kochbüchern **auf**. Aber stark **nivelliert**: Die **Gewürz**menge reduziert, Schärfe **entfiel**, es wurde mit Mehl **angedickt**, später sogar mit englischen Chips serviert. Ein Affront.

SPIEGEL ONLINE: **Lässt sich** in der Gegenwart ein globales Muster **ausmachen**?

TRENK: Die asiatischen Esskulturen haben sich stark ausgebreitet, wenngleich sie gerade in Deutschland stark deformiert wurden. Die meisten asiatischen Küchen haben eine Selbstbanalisierung durchlaufen, um sich behaupten zu können. Die chinesische, indische und thailändische Küche in Deutschland sind sich darin insofern ähnlich, als dass sie nur sehr wenige Gerichte ihrer Herkunft anbieten. Wo auch Gäste aus den Heimatländern verkehren, gibt es häufig zwei Speisekarten, da sind kulinarische Parallelwelten entstanden. Die japanische Küche hat es viel besser geschafft, sich auf einem hohen Niveau zu exportieren, als die der asiatischen Nachbarn.

SPIEGEL ONLINE: Immer mehr deutsche Spitzenköche lassen sich von der japanischen Küche inspirieren.

TRENK: Nicht nur Spitzenköche. Ich habe über 250 Studenten befragt, die bevorzugten Geschmacksrichtungen unter ihnen sind Italienisch und Japanisch. Das mag daran liegen, dass die japanische Küche einen klaren, frischen Minimalismus pflegt, der einen außerordentlichen **Reiz** hat.

SPIEGEL ONLINE: Darum gibt es Sushi auch im Supermarkt.

TRENK: Das sind die absurderen Seiten der Globalisierung. Auch in Thailand lassen sich deutsche Gerichte finden, teilweise in einer abenteuerlichen Interpretation. Schweinshaxe ist enorm beliebt. Gelegentlich wird sie in kleine Scheiben geschnitten, in einen sehr scharfen sauren **Sud eingelegt** und mit Koriander serviert, als Variante des landestypischen Gerichts Tom Yam. Frankfurter Würstchen werden mit Seafood als sehr scharfer Salat **verspeist**. Auch Laugenbrezeln, in einer süßlichen Variante, sind sehr populär. Generell fällt auf, dass im Ausland einige wenige bayerische Gerichte als deutsche Küche gelten.

SPIEGEL ONLINE: Und was sagt uns die Schweinshaxe in Thailand?

TRENK: Sie ist ein gutes Beispiel dafür, wie man sich Fremdes aneignet und in die eigene kulinarische Grammatik einfügt. Die Thailänder sind da sehr kreativ, Essen hat bei ihnen einen ganz hohen **Stellenwert**. Verglichen damit herrscht bei uns in

Deutschland eine weit verbreitete **Geringschätzung** des Kulinarischen. Andere europäische Länder identifizieren sich viel stärker mit der eigenen Küche.

S PIEGEL O NLINE: Aber unsere Wochen- und Bauernmärkte sind gut besucht.

T RENK: Die großen globalen Strömungen führen dazu, dass lokale Gegenbewegungen entstehen. In Deutschland werden **Pastinaken**, blaue Kartoffeln oder Topinambur nachgefragt; eine Besinnung auf regionale Produkte. Aber das ist nur eine kulinarische **Nische**.

Quelle: Spiegel Online: http://www.spiegel.de/kultur/gesellschaft/ethnologe-marin -trenk-ueber-globale-trends-in-der-esskultur-a-860728.html

Vokabeln

mampfen   to munch
    mampft, mampfte, hat gemampft

Schweinshaxe *(f)*, **-n**   roasted pork shank

an den Rand drängen   to marginalize
    drängt, drängte, hat gedrängt

bezweifeln   to doubt, to question
    bezweifelt, bezweifelte, hat bezweifelt

Schub *(m)*, **Schübe**   push; *here*: phase

Zäsur *(f)*, **-en**   break, caesura

Anbau *(m)*   cultivation

bemerkenswert   remarkable, notable

auftauchen   to emerge, to appear
    taucht auf, tauchte auf, ist aufgetaucht

nivellieren   to level
    nivelliert, nivellierte, hat nivelliert

Gewürz *(n)*, **-e**   spice

entfallen   to be dropped, to not apply
    entfällt, entfiel, ist entfallen

andicken	to thicken
dickt an, dickte an, hat angedickt	
etw. lässt sich ausmachen	sth. can be detected
Reiz *(m)*, **-e**	allure, attraction
Sud *(m)*, **-e**	stock
einlegen	to pickle
legt ein, legte ein, hat eingelegt	
verspeisen	to eat, to consume
verspeist, verspeiste, hat verspeist	
Stellenwert *(m)*, **-e**	importance, weight
Geringschätzung *(f)*, **-en**	contempt, disdain
Pastinake *(f)*, **-n**	parsnip
Nische *(f)*, **-n**	niche

Verständnisfragen zum Text

1. Hat Fast Food unsere lokalen Küchen verdrängt? Welche Aussage macht Trenk über Fast Food versus lokale Küche?
2. Trenk spricht von drei kulinarischen Globalisierungswellen. Wann haben diese stattgefunden?
3. Welche Informationen gibt uns Trenk über die erste Globalisierungswelle der Esskultur?
4. Wie unterscheidet sich die zweite von der ersten Globalisierungswelle?
5. Wie sieht unsere Esskultur in der heutigen Zeit aus? Durch welche Küchen ist sie geprägt?
6. Warum ist die japanische Küche in Deutschland so beliebt?
7. Trenk spricht von den absurden Seiten der Globalisierung. Was meint er damit?
8. Wie wird die deutsche Küche in anderen Ländern dem dortigen Geschmack angepasst? Geben Sie ein Beispiel.

Analyse und Diskussion

1. Wie sehen Ihre Essgewohnheiten aus? Essen Sie viel Fast Food oder halten Sie sich eher an die traditionelle Küche Ihres Landes? Welchen Stellenwert haben die Gerichte aus anderen Ländern für Sie? Gibt es eine Küche, die

Sie bevorzugen oder die in Ihrem Freundeskreis sehr beliebt ist? Wenn ja, warum ist das so?

2. Machen Sie eine Liste mit Restaurants, die sich in Ihrer Stadt befinden. Ist Ihre Stadt sehr globalisiert? Welche Küchen gibt es? Welche Art von Essen kann man dort bekommen? Haben sich die unterschiedlichen Küchen an Ihr Land angepasst oder denken Sie, dass es sich um authentische Gerichte handelt? Stellen Sie Ihre Ergebnisse im Unterricht vor.

Weiterführende Aktivitäten

1. Am Ende des Interviews spricht Trenk von lokalen Gegenbewegungen, die durch Globalisierung entstehen. Dabei bezieht er sich auf die Wochenmärkte, auf denen man frisches, einheimisches Obst und Gemüse kaufen kann. Machen Sie einen Test: Recherchieren Sie, wo es in Ihrer Stadt einen solchen Markt gibt, und vergleichen Sie das Angebot dort mit demjenigen aus Ihrem Supermarkt. Gibt es auf dem Markt Produkte, die man in einem normalen Supermarkt nicht erhalten kann? Was sind dies für Produkte? Unterhalten Sie sich mit den Marktverkäufern und finden Sie heraus, ob die Aussagen von Trenk auch auf Ihr Land zutreffen. Findet eine Wiederbelebung von traditionellem Gemüse wie Pastinaken statt? Schreiben Sie dann einen kurzen Aufsatz über Ihre Ergebnisse.

2. Wie wir gelesen haben, spricht Trenk von den absurden Entwicklungen der Globalisierung, womit er u. a. Sushi aus dem Supermarkt meint. Können Sie Beispiele aus Ihrem eigenen Land nennen, die Trenk als „Absurdität" bezeichnen würde? Gibt es interessante Fusionen verschiedener Küchen? Oder vielleicht haben Sie ja von einer Abänderung von Gerichten Ihres eigenen Landes im Ausland gehört, die als absurd bezeichnet werden könnten? Diskutieren Sie im Unterricht.

Slow statt Fast Food – eine Erfolgsgeschichte

Einführung

Nachdem wir uns mit der Globalisierung von Esskultur in Deutschland und dem Export deutscher Gerichte in andere Länder beschäftigt haben, befasst sich der nun folgende Artikel mit einer internationalen Bewegung, von der Sie vielleicht schon einmal gehört haben: Slow Food. Vor über zwanzig Jahren in Italien gegründet, hat sich die Organisation zum Ziel gesetzt, der sich immer weiter verbreitenden Fast-Food-Bewegung entgegenzuwirken und auf lokales und genussvolles Essen zu setzen. Es geht also nicht um den schnellen Verzehr einer Mahlzeit mit qualitativ minderwertigen Zutaten, sondern um das bewusste Wertschätzen von Produkten, die mit großer Sorgfalt angebaut und verarbeitet wurden.

Das Ziel war die **Rückbesinnung** *auf gastronomische Traditionen: Vor 20 Jahren gründete der italienische Soziologe Carlo Petrini die Initiative Slow Food. Im Zeitalter von Klimaschock, Globalisierung und Ernährungskrise ist daraus eine internationale Bewegung mit politischer Dimension geworden.*

Auch die **Schnecke** kommt voran, langsam, aber **stetig**. Was jeder Freizeitgärtner weiß (und fürchtet), Carlo Petrini aus dem Piemont hat daraus das Symbol einer einzigartigen Erfolgsgeschichte gemacht. Mit der Schnecke als **Wappentier hob** der Eisenbahnersohn und studierte Soziologe vor zwei Jahrzehnten in Paris die internationale Slow-Food-Bewegung **aus der Taufe** – Rückbesinnung auf gastronomische Traditionen, „gute, saubere, faire Lebensmittel", dies hatte **sich** der **links angehauchte** frühere **Messdiener auf die Fahnen geschrieben**. Slow Food hat seitdem Karriere gemacht, weltweit Bündnisse mit Bauern und Fischern geschlossen. „Lokales" Produzieren ist so längst **salonfähig**.

Jetzt kann Slow Food feiern, mit dem Terra-Madre-Day am 10. Dezember. Die Philosophie der Schnecke ist ebenso **schlicht** wie überzeugend: Gutes und bewusstes Essen mit lokalen und saisonalen Produkten im Kochtopf – das sind **Grundpfeiler** in Petrinis „Neuer Gastronomie" in ihrem **mitunter** spielerisch aussehenden, aber ernst gemeinten Kampf gegen Fast Food und die Nahrungsmittelkonzerne. Im Zeitalter von Klimaschock, Globalisierung und Ernährungskrise kann das „Small-is-Beautiful"-Denken Anhänger im Sturm gewinnen: Der erste weltweite Terra-Madre-Day (Tag der Mutter Erde) wird zum 20. Geburtstag von Slow Food als „Kollektiv-Event" in 150 Ländern gefeiert: Fans der Schnecke, Bauern, Köche, Wissenschaftler und Neugierige machen mit oder sind eingeladen – zu Picknicks, Menüs, Konzerten, Filmen, Hofführungen und Debatten.

Denn die Weinbergschnecke, das Logo der Langsamkeit, hat längst alle Kontinente erreicht, mit 100.000 Mitgliedern in 1300 Vereinen und mehr als 2000 lokalen „Lebensmittelbündnissen", die **nachhaltig** gesunde Nahrungsmittel fördern. „Eine globale Revolution kann allein aus lokalen Wurzeln erwachsen, und unsere Bündnisse können mit ihren Initiativen die Oppositionsbewegung gegen die **Verirrungen** der Agrar- und Lebensmittelindustrie stärken."

Das propagiert Carlo Petrini aus Bra im Piemont, der mit Protestaktionen gegen ein Fastfood-Lokal an der Spanischen Treppe in Rom 1986 begann. Inzwischen ist der 60-Jährige der internationale Chef eines „weltweiten Netzwerks für den Wandel". Er lehnt die Globalisierung nicht ab, sondern will sie für seine Sache nutzen.

Petrini hat oft genug gehört, sein Verein sei elitär, etwas für jene genuss**verwöhnten** Besserverdienenden, die sich Teures **brutzeln** können. „Alle haben ein Recht auf Qualität, es geht nicht darum, die Märkte der Reichen zu bedienen, wir müssen biologisch produzieren, Qualität für alle, auch und vor allem für die Ärmsten", hämmert er seinen Bauern, Fischern, Aktivisten und Anhängern ein. Ist es also elitär, weniger und dafür besser zu essen, Natur zu schützen, durch kurze Wege („Null Kilometer") lokal produzierter Nahrung Energie zu sparen, Arten zu erhalten und Bauern ein faires Einkommen zu sichern?

In einem „Terra Madre"-Buch zum Jubiläum gibt Petrini alle seine **Losungen** aus, die verhindern helfen sollen, „dass wir von der Nahrung gefressen werden": Demokratie von unten für eine Revolution vom Land her, keine Verschwendung von Nahrung, schlichter Genuss ohne Exzesse im Zeitalter des Konsums. Alle, nicht nur die Landwirte müssten ihr Leben wieder aktiv gestalten – da spricht auch die 68er-Generation.

Doch zunächst einmal wird jetzt gefeiert, gekocht, gekostet und sensibilisiert für biologische Vielfalt, umweltverträgliche Nahrung, nachhaltigen Handel und faire Preise. Allein in Deutschland laden Dutzende Slow-Food-Events ein, und vieles davon klingt schon sehr lecker: Da gibt es Huhn, „das noch nach Huhn schmeckt", Brot und andere Spezialitäten aus dem Holzofen, eine Bio-Schafskäserei öffnet ihre **Pforten**, dazu Kochkurse, Konzerte oder ein Gang durch Weinberge.

Der Kampf gegen genetisch veränderte Organismen **mündet** in Ulm etwa **in** ein Menü aus Linsen, Reis und Gemüse. Denn das Credo heißt nicht nur, dass lokale Bauern und Verbraucher **an einem Strang ziehen**, der „langsame Esser" soll auch weniger Fleisch kaufen. Wie sagt der Slow-Food-Chef: „Die Nahrung wird der Schlüssel sein, um unser Leben wieder in die Hand zu bekommen". Das erfordert politische Lobbyarbeit und Aufklärung nach außen, um die bedrohte Vielfalt auf dem Teller zu sichern. Und alles unter dem Motto: „Up with Slow, Down with Fast" – „Für langsam, gegen schnell".

Quelle: http://www.welt.de/lifestyle/article5487056/Slow-statt-Fast-Food-eine -Erfolgsgeschichte.html

Vokabeln

Rückbesinnung *(f)*, **-en**	recollection; *here:* return
Schnecke *(f)*, **-n**	snail
stetig	steadily, consistently
Wappentier *(n)*, **-e**	heraldic animal
aus der Taufe heben	to launch sth.
hebt, hob, hat gehoben	
sich auf die Fahnen schreiben	to take up the cause of sth.
links angehaucht sein	with a leftist leaning
Messdiener *(m)*, **-**	altar boy
salonfähig	socially acceptable
schlicht	modest, simple

Grundpfeiler *(m)*, -   cornerstone
mitunter   now and then
nachhaltig   sustainable
Verirrung *(f)*, **-en**   aberration
verwöhnen   to spoil
    verwöhnt, verwöhnte, hat verwöhnt
brutzeln   to fry, to sizzle
    brutzelt, brutzelte, hat gebrutzelt
Losung *(f)*, **-en**   password; *here:* philosophy
Pforte *(f)*, **-n**   gate
münden in *(Akk)*   to lead to sth.
    mündet, mündete, ist/hat gemündet
an einem Strang ziehen   to act in concert, to cooperate
    zieht, zog, hat gezogen

Verständnisfragen zum Text

1. Wer ist der Begründer von Slow Food, und was erfahren wir über diese Person in unserem Text?
2. Warum ist das Symbol für Slow Food eine Schnecke?
3. Wofür steht Slow Food? Was möchte die Bewegung erreichen?
4. Was ist der Terra-Madre-Day?
5. Ist Slow Food eine lokale Bewegung?
6. Was sagt der Begründer zu dem Vorwurf, dass Slow Food eine elitäre Bewegung sei?

Analyse und Diskussion

1. Was denken Sie persönlich über die Slow-Food-Bewegung? Halten Sie die Bewegung für eine gute Idee? Gibt es Kritikpunkte? Diskutieren Sie die Initiative im Unterricht.
2. Müssen wir uns heutzutage über unser Essen Sorgen machen? Jeden Tag lesen wir in der Zeitung, dass Lebensmittel Chemikalien beinhalten, die giftig für den menschlichen Körper sind. Achten Sie darauf, was Sie essen? Kaufen Sie oder Ihre Familie biologische Nahrungsmittel? Wie wichtig ist eine gesunde Ernährung für Sie?

Weiterführende Aktivitäten

1. Gehen Sie zu der Slow-Food-Webseite in Deutschland: http://www.slow
   food.de/, und recherchieren Sie die Organisation ausführlicher. Welche
   neuen Details enthält die Webseite, von denen Sie noch nicht gehört haben? Welche Aktivitäten führt Slow Food durch? Würden Sie gerne Mitglied der Organisation werden? Stellen Sie Slow Food im Unterricht vor.

2. Sammeln Sie mehr Informationen über Terra-Madre. Gehen Sie wiederum
   zu der entsprechenden Webseite: http://www.terramadre.info/en/, und beschreiben Sie diese. Wie unterscheidet sich Terra-Madre von Slow Food?
   Wie hängen diese Organisationen zusammen? Recherchieren Sie auch den
   Terra-Madre-Day und erklären Sie detailliert, wofür dieser Tag steht und
   was an diesem Tag passiert. Ein guter Ausgangspunkt ist folgende Webseite: http://www.slowfood.com/terramadreday/welcome_de.lasso.

Geschäftstarnungen

Einführung

Der gebürtige Russe Wladimir Kaminer kam nach der Wende aus der damaligen Sowjetunion nach Deutschland und blieb. Mittlerweile ist er ein
angesehener Schriftsteller, der zahlreiche Bücher in der deutschen Sprache
verfasst hat. In seinen Büchern spricht Kaminer über seine Erfahrungen mit
den für ihn oft seltsamen Gepflogenheiten der Deutschen. Das kurze Kapitel
„Geschäftstarnungen" stammt aus seinem ersten Buch *Russendisko* und berichtet von Kaminers Einsichten in die globalisierte Restaurantkultur in Berlin.

Einmal **verschlug** mich das Schicksal **nach** Wilmersdorf. Ich wollte
meinem Freund Ilia Kitup, dem Dichter aus Moskau, die typischen
Ecken Berlins zeigen.

Es war schon Mitternacht, wir hatten Hunger und landeten in
einem türkischen **Imbiss**. Die beiden Verkäufer hatten **augenschein-
lich** nichts zu tun und tranken in Ruhe ihren Tee. Die Musik aus
dem Lautsprecher kam meinem Freund bekannt vor. Er erkannte die
Stimme einer berühmten bulgarischen Sängerin und sang ein paar
Strophen mit.

„Hören die Türken immer nachts bulgarische Musik?" Ich wandte mich mit dieser Frage an Kitup, der in Moskau Anthropologie studierte und sich in Fragen **volkstümlicher** Sitten gut auskennt. Er kam mit den beiden Imbißverkäufern ins Gespräch.

„Das sind keine Türken, das sind Bulgaren, die nur so tun, als wären sie Türken", erklärte mir Kitup, der auch ein wenig bulgarisches Blut in seinen Adern hat. „Das ist wahrscheinlich ihre Geschäfts**tarnung.**" „Aber wieso tun sie das?", fragte ich. „Berlin ist zu vielfältig. Man muss die Lage nicht unnötig verkomplizieren. Der Konsument ist daran gewöhnt, dass er in einem türkischen Imbiss von Türken bedient wird, auch wenn sie in Wirklichkeit Bulgaren sind", erklärten uns die Verkäufer.

Gleich am nächsten Tag ging ich in ein bulgarisches Restaurant, das ich vor kurzem entdeckt hatte. Ich bildete mir ein, die Bulgaren dort wären in Wirklichkeit Türken. Doch dieses Mal waren die Bulgaren echt. Dafür **entpuppten sich** die Italiener aus dem italienischen Restaurant nebenan als Griechen. Nachdem sie den Laden übernommen hatten, waren sie zur **Volkshochschule** gegangen, um dort Italienisch zu lernen, erzählten sie mir. Der Gast erwartet in einem italienischen Restaurant, dass mit ihm wenigstens ein bisschen Italienisch gesprochen wird. Wenig später ging ich zu einem „Griechen", mein Gefühl hatte mich nicht **betrogen**. Die Angestellten erwiesen sich als Araber.

Berlin ist eine geheimnisvolle Stadt. Nichts ist hier so, wie es zunächst scheint. In der Sushi-Bar auf der Oranienburger Straße stand ein Mädchen aus Burjatien hinter dem **Tresen**. Von ihr erfuhr ich, dass die meisten Sushi-Bars in Berlin in jüdischen Händen sind und nicht aus Japan, sondern aus Amerika kommen. Was nicht ungewöhnlich für die Gastronomie-**Branche** wäre. So wie man ja auch die billigsten Karotten**konserven** von Aldi als hand**geschnitzte** Gascogne-Möhrchen anbietet: Nichts ist hier echt, jeder ist er selbst und gleichzeitig ein anderer.

Ich ließ aber **nicht locker** und untersuchte die Lage weiter. Von Tag zu Tag erfuhr ich mehr. Die Chinesen aus dem Imbiss gegenüber von meinem Haus sind Vietnamesen. Der Inder aus der Rykestraße ist in Wirklichkeit ein überzeugter Tunesier aus Karthago. Und der Chef der afroamerikanischen Kneipe mit lauter Voodoo-Zeug an den Wänden – ein Belgier. Selbst das letzte **Bollwerk** der Authentizität, die Zigarettenverkäufer aus Vietnam, sind nicht viel mehr als ein durch Fernsehserien und Polizeieinsätze entstandenes Klischee. Trotzdem wird es von den Beteiligten bedient, obwohl jeder Polizist weiß, dass die so genannten Vietnamesen mehrheitlich aus der Inneren Mongolei kommen.

Ich war von den Ergebnissen meiner Untersuchungen sehr überrascht und lief eifrig weiter durch die Stadt, auf der Suche nach der letzten unverfälschten Wahrheit. Vor allem beschäftigte mich die Frage, wer die so genannten Deutschen sind, die diese typisch einheimischen Läden mit **Eisbein** und Sauerkraut betreiben. Die kleinen gemütlichen Kneipen, die oft „Bei Olly" oder „Bei Scholly" oder ähnlich heißen, und wo das Bier immer nur die Hälfte kostet. Doch dort stieß ich auf eine Mauer des Schweigens. Mein Gefühl sagt mir, dass ich etwas Großem **auf der Spur bin**. Allein komme ich jedoch nicht weiter. Wenn jemand wirklich weiß, was sich hinter den schönen Fassaden einer „Deutschen" Kneipe verbirgt, der melde sich. Ich bin für jeden Tipp dankbar.

Quelle: Wladimir Kaminer. *Russendisko*. München: Goldmann Manhattan, 2002. 97–99.

Vokabeln

verschlagen nach	to end up in
verschlägt, verschlug, hat verschlagen	
Imbiss *(m)*, **-e**	diner
augenscheinlich	seemingly, apparently
Strophe *(f)*, **-n**	stanza
volkstümlich	popular, traditional
Tarnung *(f)*, **-en**	disguise, concealment
sich entpuppen	to turn out to be
entpuppt sich, entpuppte sich, hat sich entpuppt	
Volkshochschule *(f)*, **-n**	adult education center

betrügen	to betray, to cheat
betrügt, betrog, hat betrogen	
Tresen *(m)*, -	counter
Branche *(f)*, **-n**	sector, line of work
Konserve *(f)*, **-n**	can
schnitzen	to carve
schnitzt, schnitzte, hat geschnitzt	
nicht locker lassen	to not let up
Bollwerk *(n)*, **-e**	bulwark, stronghold
Eisbein *(n)*, **-e**	salted pork shank
auf der Spur sein	to be onto sth.

Verständnisfragen zum Text

1. Warum befindet sich der Erzähler in Wilmersdorf? Was möchte er dort seinem Freund zeigen, und warum ist das fast ein bisschen ironisch?
2. Was entdecken der Erzähler und sein Freund? Befinden sie sich wirklich in einem türkischen Imbiss?
3. Welche weiteren Entdeckungen macht der Erzähler in den folgenden Tagen?
4. Warum belegen die Griechen an der Volkshochschule einen Italienischkurs?
5. Auf was stößt der Erzähler in deutschen Kneipen? Werden diese von Deutschen betrieben?

Analyse und Diskussion

1. Wie Kaminer in seinem Text erklärt, ist Authentizität sehr wichtig für die Deutschen: Ein italienisches Restaurant sollte von Italienern geführt werden. Können Sie diese Einstellung verstehen? Ist das auch in Ihrem Land der Fall? Erklären Sie die Gründe dafür und diskutieren Sie, ob Sie dieser Forderung zustimmen.
2. Unser Text endet unbefriedigend. Wie interpretieren Sie den Schluss? Was hat es mit den deutschen Kneipen auf sich? Ist das Ende ironisch gemeint?

Weiterführende Aktivitäten

1. Kommen wir noch einmal zum Thema Authentizität zurück: Wie authentisch ist die Küche der ethnischen Restaurants, zu denen Sie gerne gehen?

Gibt es dort wirklich das gleiche Essen wie in dem eigentlichen Land selbst? Recherchieren Sie Ihre Lieblingsgerichte im Internet: Wie authentisch sind Spaghetti mit Fleischklößen für die italienische oder ein Burrito für die mexikanische Küche? Wie angepasst ist die fremde Küche an die Küche Ihres Landes? Schreiben Sie einen kurzen Aufsatz.

Projekte

1. Nehmen Sie ein deutsches Unternehmen (z. B. Mercedes) oder ein amerikanisches (z. B. McDonald's), das in Deutschland präsent ist, und untersuchen Sie, wie sich die Werbung dieses Unternehmens über die letzten Jahre verändert hat. Finden Sie „denglische" Phrasen? Gibt es Unterschiede zwischen der deutschen und amerikanischen Werbung desselben Konzerns? Halten Sie eine 10-minütige PowerPoint Präsentation, in der Sie kurz sowohl auf die Geschichte des Unternehmens als auch auf dessen Produkte eingehen. Ihr Fokus sollte jedoch auf der Sprache der Werbung liegen.

2. Unsere Welt ist keine homogene Welt, denn der Einfluss der Globalisierung ist überall zu spüren. Der Autor Christian Kracht schreibt in der Kurzgeschichte „Ein Jahr vor der Übergabe" seines Erzählbandes *Der gelbe Bleistift* von dem Markenbewusstsein der Hongkong Chinesen, welche sich über westliche Firmennamen definieren. Lesen Sie die recht kurze Reisebeschreibung (Köln: Kiepenheuer und Witsch, 2000. 89–95) und diskutieren Sie die Merkmale der Globalisierung. Wie steht der Autor selbst dem Markenbewusstsein der Chinesen gegenüber? Wie interpretieren Sie persönlich den Text?

3. Gehen Sie zu der Webseite: http://www.abendblatt.de/ratgeber/wissen/article108077830/Kleine-Geschichte-der-Esskultur.html, und recherchieren Sie die Geschichte der deutschen Esskultur. Wie haben sich die deutschen Essgewohnheiten und -vorlieben mit der Zeit gewandelt? Welche Gerichte bevorzugen die Deutschen heute? Gibt es einen großen Unterschied zu früher? Ziehen Sie auch andere Quellen, z. B. einen Artikel über Gesellschaft und Esskultur: http://www.rp-online.de/gesundheit/ernaehrung/sozialstruktur-und-esskultur-in-deutschland-1.3078511, oder eine aktuelle Studie über das deutsche Essverhalten: http://www.presseportal.de/pm/105547/2402121/das-isst-deutschland-bookatable-und-tns-emnid-analysieren-die-esskultur-in-deutschland-studie-das, hinzu. Präsentieren Sie dann Ihre Ergebnisse im Unterricht und vergleichen

Sie in einer anschließenden Diskussion das deutsche mit dem Essverhalten Ihres Landes.

Weiterführende Materialien

Theoretische Texte über Globalisierung und Kultur

Han, Byung-Chul. *Hyperkulturalität. Kultur und Globalisierung*. Berlin: Merve Verlag, 2005.

Le Monde Diplomatique. „Die Popkultur erobert die Welt". *Atlas der Globalisierung. Das 20. Jahrhundert*. Paris: Le Monde Diplomatique, 2010. 94–95.

Scherrer, Christoph und Caren Kunze. „Was ist stärker globalisiert: Kultur oder Wirtschaft?" *Globalisierung*. Göttingen: Vandenhoeck & Ruprecht, 2011. 9–21.

Globalisierte deutsche Kultur

Webseite „Deutsche Kultur international": http://www.deutsche-kultur-inter national.de/en.html

Denglisch

Goldstein, Ferris. *Sag's doch Denglisch! The Book for the Better Understanding. Basic Vocabulary*. Frankfurt a. M.: Subito-Verlag, 2006.

Graf, Heinz-Jörg. „Das ‚Denglisch' Problem. Wie deutsche Unternehmer ihre Muttersprache vernachlässigen". *Deutschlandfunk* 29. Juli 2007. http:// www.dradio.de/dlf/sendungen/hiwi/651152/

Weihnachtsgedicht auf Denglisch: http://www.weihnachtswuensche.com/ weihnachtsgedichte-im-englisch-deutsch-mix/

Esskultur

Webseite *Fast Food* der Bundeszentrale für politische Bildung: http://www .bpb.de/nachschlagen/zahlen-und-fakten/globalisierung/52774/fast-food

Webseite *Ein Topf Heimat. (Überlebens) Rezepte aus Globalistan*: http://eintop fheimat.com/

Kapitel Drei
Globalisierung und die
deutsche Wirtschaft

Einführung in das Thema

Wie wir in Kapitel Zwei gesehen haben, wird die deutsche Kultur (sowie die Kulturen in vielen anderen Ländern) sehr intensiv durch die Globalisierung beeinflusst. Allerdings ist Kultur bei Weitem nicht einer der ersten Bereiche, der vielen Menschen bei dem Stichwort „Globalisierung" einfällt: Es ist vielmehr die Wirtschaft, die in Form von großen multinationalen Konzernen immer öfter in das Weltgeschehen eingreift und politische Entscheidungen bedeutend mitbestimmt. Waren es früher die Politiker, die Gesetze gegen Umweltverschmutzung, toxische Nahrungsmittel, artfremde Tierhaltung oder unmenschliche Arbeitsbedingungen erließen, so sind es heute nicht selten mächtige Unternehmen, die den Staat unter Druck setzen und Vorschriften zu ihren Gunsten verändern. Oft bezahlen sie nicht einmal den vorgeschriebenen Steuersatz und boykottieren so ein Sozialsystem, das sie selber aber gerne in Anspruch nehmen. In diesem Zusammenhang wird häufig der Begriff des „Neoliberalismus" genannt, der die nur ungenügend regulierten Wirtschafts-

© Bdriver I Dreamstime.com

Frankfurter Börse

aktivitäten der großen Konzerne bezeichnet. Diese Konzerne, so die Kritiker, sorgten sich in erster Linie um ihren eigenen Profit und sähen Mensch, Umwelt und Staat nur als Mittel zum Erreichen ihrer Ziele an. Diese Haltung hat in den letzten Jahren verstärkt Proteste ausgelöst, vor allem in den USA nach der weltweiten Finanzkrise und dem

Zusammenbruch von Lehman Brothers, die riskante, hochspekulative Geschäfte tätigten. Bestimmt haben Sie bereits von der Bewegung „Occupy Wall Street" gehört, die sich für eine strengere Kontrolle der Banken und eine straffere Regulierung von Spekulationsgeschäften einsetzt.

Auf der anderen Seite hat die Globalisierung der Wirtschaft viele positive Veränderungen mit sich gebracht. Unsere Produkte kommen nun aus

© Radub85 | Dreamstime.com

der ganzen Welt, sodass wir beispielsweise Obst und Gemüse in allen erdenklichen Variationen zu jeder Jahreszeit kaufen können. Weiterhin ermöglicht uns die Tatsache, dass viele deutsche Firmen im Ausland ihre Ware herstellen lassen, billigeres Einkaufen. Dies trifft vor allem auf Güter aus China zu. Ob dies

immer moralisch vertretbar ist, soll in den folgenden Texten diskutiert und überdacht werden. Klar festzustellen ist, dass sich die Vielfalt unserer Produkte enorm erweitert hat und wir viele Dinge, von denen wir vor etlichen Jahren noch nie gehört hatten, nun in jedem Kaufhaus finden können.

Auch dieses Kapitel ist wiederum in zwei Teile geteilt. In Teil Eins geht es um die Frage, wie die Welt die deutsche Wirtschaft beeinflusst, während Teil Zwei die Auswirkungen der deutschen Wirtschaft auf andere Länder beleuchtet. Den Anfang macht ein Text, der sich ganz allgemein mit den Folgen der Globalisierung auf die deutsche Wirtschaft beschäftigt und viele der bereits weiter oben genannten Punkte ausführlicher erklärt. So bekommen wir einen ersten Überblick über die Beziehung von „lokal" und „global" und werden auf die Praxis des Outsourcings aufmerksam gemacht. Outsourcing, ein englischer Begriff, der auch in der deutschen Sprache sehr häufig benutzt wird, bezeichnet die Verlagerung von Arbeitsplätzen in Länder, deren Bevölkerung bereit ist, für wenig Lohn und unter schlechten Bedingungen Ware zu produzieren. Outsourcing führt nicht selten zu einem Arbeitsplatzabbau, zu der Entlassung von vielen hundert Mitarbeitern einer Firma, die sich im westlichen Ursprungsland befindet. Dieses Thema greift das Theaterstück *McKinsey kommt* von Rolf Hochhuth auf. Der hier ausgewählte kurze Auszug beschreibt das Gespräch zwischen dem Präsidenten eines Tabakkonzerns und seinem

Stellvertreter Jack Brown. Während der Präsident eine große Anzahl von Mitarbeitern entlassen möchte, damit die Aktionäre zufrieden sind und der Konzern einen größeren Profit erzielen kann, ist Jack Brown mit dem Vorschlag
des Präsidenten ganz und gar nicht einverstanden, da er diesen moralisch
nicht vertretbar findet. Nicht vertretbar findet auch der TÜV, die deutsche
Kontrollstelle für Sicherheit, viele Produkte, die Deutschland aus der Volks-
republik China importiert. Aufgrund der billigen Preise lasse oft die Qualität
zu wünschen übrig, sodass die Ware regelrecht gefährlich für den Verbraucher
sei. So könne Kinderspielzeug eine Bleivergiftung oder defekte Elektrogeräte
einen Stromschlag auslösen – folglich sei bei chinesischen Produkten äußerste
Vorsicht geboten. Auch der darauffolgende Text beschreibt Importe aus einem
außereuropäischen Land – dieses Mal jedoch nicht aus Asien, sondern aus den
USA. Es ist das iPhone von Apple, das sich bei den Deutschen einer ungeahn-
ten Beliebtheit erfreut und zu einem wahren Verkaufsschlager geworden ist.
Vor allem durch die ausgeklügelte Werbekampagne von Apple haben Konkurrenten nur eine geringe Chance, sich gegen den Marktführer durchzusetzen
– obwohl es durchaus vergleichbare Produkte gibt, die dem iPhone das Wasser
reichen können. Den Abschluss des ersten Teiles bildet der *Zeit*-Artikel „Fluglärm: Krach um die Globalisierung", in dem es um die Frage geht, ob eine
Steigerung der wirtschaftlichen Aktivitäten in Deutschland möglich ist, ohne
dass es für den Bürger zu unerträglichen Belastungen kommt. Dies wird am
Beispiel des Flughafens Frankfurt am Main illustriert, der am liebsten Tag und
Nacht seine Flugzeuge starten und landen lassen würde, ungeachtet des hohen
Lärmpegels, den diese verursachen. Dagegen gibt es lautstarken Protest; Bürger schließen sich in landesweiten Initiativen zusammen und demonstrieren
gegen das immer größere Wirtschaftswachstum, das sich nicht mehr mit einer
zufriedenstellenden Lebensqualität vereinbaren lässt.

Im zweiten Kapitelteil verkehrt sich nun die Sichtweise und es werden
die Auswirkungen der deutschen Wirtschaft auf andere Länder der Welt dargestellt. Zunächst geht es um deutsche Qualität, die es vor allem den BRIC
Staaten (Brasilien, Russland, Indien und China) angetan hat und die deutsche Produkte für teures Geld erwerben. Insbesondere der Status-Symbol-
Charakter, den deutsche Produkte aufgrund ihres hohen Preises aufweisen,
steht im Vordergrund sowie deutsche Zuverlässigkeit und sorgfältige Verar-
beitung. Allein der deutsche Name verspricht eine hochwertige Herstellung.

Etwas anders liegt der Fall in „Trader Joe's: Edel-Aldi für Bio Amerikaner". In diesem Artikel wird die Supermarktkette Trader Joe's, eine Tochtergesellschaft des Giganten Aldi, beschrieben, die sich durch ihre erschwinglichen Lebensmittel in die Herzen der Amerikaner geschlichen hat. Die Tatsache, dass es sich bei Trader Joe's um ein deutsches Unternehmen handelt, ist hier jedoch nebensächlich; viel wichtiger sind eine lockere Geschäftsatmosphäre, biologische Ware und die guten Preise der weitgehend hauseigenen Produkte, die einen alternativen, sparsamen Lebensstil symbolisieren. An deutsche Produkte als Status-Symbole wird bei Trader Joe's nicht gedacht.

Doch leider gibt es nicht nur Positives zu berichten. Da findet sich das Kircheninstitut, das die problematischen Arbeitsbedingungen, unter denen Adidas im Ausland seine Sportartikel produzieren lässt, scharf kritisiert. Zwar habe sich schon vieles verbessert, doch gäbe es immer noch eine zu geringe Bezahlung, zu viele Überstunden und schlechte Bedingungen am Arbeitsplatz. Kritik gibt es weiterhin an der deutschen Entwicklungshilfe, die in einem nicht unbedeutenden Maße auf Profit und Handelsförderung ausgerichtet sei. Oft erhielten die vielversprechenden Schwellenländer finanzielle Unterstützung, da Deutschland in ihnen einen zukünftigen Handelspartner sehe, während den ärmsten Ländern dieser Welt nur wenig Förderung zukomme. Obwohl die Unterstützung von potentiellen Wirtschaftspartnern nicht generell als schlecht anzusehen sei, sollten wirtschaftliche Interessen nicht die Hauptmotivation sein, um einem anderen Land Geld zu geben. Zu guter Letzt präsentiert der Film *Die wundersame Welt der Waschkraft* von Hans-Christian Schmid in einem etwas anderen Format die Praxis des Outsourcings – in diesem Fall lässt die Wäscherei Fliegel die Bettlaken, Handtücher und Tischdecken Berliner Nobelhotels in Polen reinigen, um einen geringen Stundenlohn zahlen zu können. Denn in der recht desolaten polnischen Grenzregion, in der Arbeit Mangelware ist, finden sich problemlos Menschen, die bereit sind, für weniger Geld und unter härteren Bedingungen als ihre deutschen Kollegen zu arbeiten. Allerdings stellt der Film nicht nur die negativen Seiten des deutschen Arbeitgebers heraus, sondern geht auch auf das Schicksal einiger weniger Waschfrauen ein, die dankbar sind, wenigstens einen Job zu haben, der es ihnen ermöglicht, sich ein bescheidenes Auskommen zu sichern. Mit dieser zweischneidigen Sichtweise endet der Film und überlasst es dem Zuschauer, sich eine Meinung über Fliegel zu bilden.

Fünfundzwanzig wichtige Vokabeln

abfertigen   to process
  fertigt ab, fertigte ab, hat abgefertigt
Absatzmarkt *(m)*, **-märkte**   sales market
Aktionär *(m)*, **-e**   shareholder
Auftrag *(m)*, **-träge**   order, commission
Ausbeutung *(f)*, **-en**   exploitation
auslagern   to outsource
  lagert aus, lagerte aus, hat ausgelagert
sich auswirken   to have an impact on sth.
  wirkt sich aus, wirkte sich aus, hat sich ausgewirkt
Bilanz ziehen   to take stock
  zieht, zog, hat gezogen
Börse *(f)*, **-n**   stock market
Einzelhandel *(m)*   retail industry
erschwinglich   affordable
erwerben   to attain, to acquire
  erwirbt, erwarb, hat erworben
Fracht *(f)*   freight
Güter *(pl)*   goods
Handel *(m)*   commerce
Kredit *(m)*, **-e**   loan
Lohn *(m)*, **Löhne**   pay, wage
Marke *(f)*, **-n**   brand
Umsatz *(m)*, **-sätze**   turnover
Qualitätssiegel *(n)*, **-**   quality label
steigern   to increase, to augment
  steigert, steigerte, hat gesteigert
subventionieren   to subsidize
  subventioniert, subventionierte, hat subventioniert
verdienen   to earn
  verdient, verdiente, hat verdient
verladen   to load
  verlädt, verlud, hat verladen
Ware *(f)*, **-n**   goods

TEIL EINS: WIE DIE WELT DIE DEUTSCHE WIRTSCHAFT BEEINFLUSST

Auswirkungen der Globalisierung auf die deutsche Wirtschaft

Einführung

Unser erster Text zu dem Thema „Globalisierung und Wirtschaft" gewährt einen Einblick in die ökonomischen Praktiken Deutschlands, die durch die

© Pressureua | Dreamstime.com

Globalisierung entstanden sind. Heutzutage erreichen die Deutschen täglich Waren aus der ganzen Welt zu Preisen, die erschwinglich für fast alle Bürger sind. Dies ist einerseits eine sehr positive Entwicklung; andererseits bringen niedrige Preise oft den Verlust von Arbeitsplätzen mit sich: Da die großen Unternehmen so billig wie möglich produzieren wollen, stellen sie ihre Ware in einem sogenannten Billiglohnland her, in welchem die Produktionskosten viel geringer als in Deutschland sind. Auf die Frage, ob sich diese Entwicklung in der Zukunft verstärkt fortsetzen wird, gibt unser Text eine erste Antwort.

Die Globalisierung wirkt sich auch auf die deutsche Wirtschaft aus. Der Konsument wiederum fördert diese Prozesse durch den Kauf von Waren. So stellen hierzulande unzählige Produkte das direkte Resultat der Globalisierung dar. Günstige Sportschuhe aus China, billige Lederjacken aus der Türkei und erschwingliche Kiwis aus Neuseeland bilden nur die Spitze dieses Eisbergs. Diese und unzählige weitere Produkte **gliedern sich** durch ihre günstige Preisstruktur optimal in die beliebte Billig-Mentalität der deutschen Konsumenten **ein**. Es ist per se fraglich, ob dies nun einen Vorteil oder einen Nachteil der Globalisierung darstellt. Faktisch betrachtet sind die aus globalen Verflechtungen auf dem deutschen Markt platzierten Produkte vor allem eines: billig.

Stellt man diesem Prozess die durchschnittliche Arbeitszeit entgegen, die ein Konsument **aufwenden** muss, um die entsprechenden Produkte zu erwerben, so werden die Auswirkungen der Globalisierung auf die deutsche Wirtschaft sehr deutlich. 1960 musste ein Durchschnittsbürger noch über 350 Stunden arbeiten, um ein Fernsehgerät von seinem in dieser Zeit verdienten Lohn zu erwerben. 2005 wiederum waren nur noch etwas über 30 Stunden hierfür **erforderlich**. Vor dem Hintergrund des technologischen Fortschritts und der Verbesserung der Endgeräte in den dazwischenliegenden 45 Jahren erscheint diese Entwicklung geradezu **perfide**.

Outsourcing in Billiglohnländer

Fakt ist: die Globalisierung beginnt beim durchschnittlichen Bürger und endet auch bei diesem. Das Interessante sind jedoch die methodischen Verflechtungen der involvierten Systeme. Es ist schon lange kein Geheimnis mehr, dass Unternehmen die Produktion von Gütern und sogar die Herstellung von Lebensmitteln in Billiglohnländer auslagern. Die Ökonomie kennt diese Entwicklung schon lange unter dem Begriff des Outsourcings. Das Prinzip dahinter klingt einfach, hat aber **weitreichende** Folgen: die Arbeiter, aber auch die **Lohnnebenkosten** und die **Fixkosten** der Herstellung sind in vielen Regionen der Welt um ein Vielfaches günstiger, als in Deutschland. Das **verfügbare** „Humankapital" erscheint in einigen Regionen sogar grenzenlos, was es internationalen (Handels-)Konzernen ermöglicht, **Margen** zu **erwirtschaften**, die deutlich über jenen liegen, die hierzulande realisierbar sind. Selbst inklusive Transport- und Importkosten liegen via Outsourcing bei auf den deutschen Markt gebrachten Produkten weit unter dem **Preisniveau**, das für eine Herstellung in Deutschland erforderlich wäre. Hinzu kommt der Fakt, dass viele Produkte und Waren nur in anderen Teilen der Welt herstellbar sind. Für den Konsumenten scheint dies auf den ersten Blick absolut **vielversprechend**.

Problematisch an dieser Entwicklung ist jedoch, dass Arbeitsplätze in Deutschland **abgebaut** und je nach Bedarf in andere Länder
ausgelagert werden oder sogar gar nicht erst in Deutschland **entstehen**. Hierdurch wiederum entstehen multinationale Firmen, die von
Deutschland aus kontrolliert werden, deren Steuern und Gewinne
aber im Ausland **anfallen**. Viele Konzerne sichern durch die inlän-
dische Verwaltung in der Bundesrepublik das Qualitätsniveau und
generieren durch diverse Steuersparmodelle sogar hierzulande Ver-
luste, obwohl eigentlich horrende Gewinne erwirtschaftet werden.
Hierdurch wiederum erhalten sie Subventionen durch die Bundesrepublik oder die EU und profitieren durch geschicktes Wirtschaften
gleich mehrfach und vor allem international von ihren Outsourcing-
Konstrukten. Im Schatten dieser Entwicklung steht der eigentliche
Gewinner: der Durchschnittsbürger. Während ein Teil dieser Kohorte
von den billigen Preisen profitiert und sich regelrecht über günstige
Angebote freut, verlieren andere ihre Arbeitsplätze oder finden gar
keine **Anstellung**. Dies wiederum belastet das deutsche Sozialsystem
nachhaltig. Makroökonomisch betrachtet stellt sich daher die Frage,
ob – unter **Abwägung** aller Kosten und Folgekosten – diese Form
der Globalisierung wirklich einen Gewinn für Deutschland darstellt.

Das Kredo „Made in Germany" steht jedoch grundsätzlich nicht
für Quantität, sondern für Qualität. Vor diesem Hintergrund ist
es sehr gut **nachvollziehbar**, dass viele Unternehmen, die auf das
Outsourcing gesetzt haben, ihre Produktionsstätten zurück nach
Deutschland verlagern. Nicht selten waren die Qualitäts**einbußen**
nicht mit den Ansprüchen vereinbar, die der Verbraucher an die Produkte „aus Deutschland" gestellt hat. So verwundert es nicht, dass
sich Deutschland als **Standort** für Forschung und Entwicklung, aber
auch für produktive Unternehmen als einer der Qualitätsstandorte
weltweit **bewährt**. Dieser Umstand wiederum hat auch dazu beigetragen, dass Deutschland gestärkt aus der Wirtschaftskrise her-
ausgeht und nicht nur im gesamteuropäischen Vergleich als höchst
innovativer Qualitätsstandort **hervorsticht**.

Quelle: http://www.globalisierung-fakten.de/globalisierung-informationen/
auswirkungen-wirtschaft-deutschland/

Vokabeln

sich eingliedern	to integrate, to fit into sth.
gliedert sich ein, gliederte sich ein, hat sich eingegliedert	
aufwenden	to spend, to apply
wendet auf, wandte/wendete auf, hat aufgewandt/aufgewendet	
erforderlich	necessary
perfide	perfidious
weitreichend	far-reaching
Lohnnebenkosten *(pl)*	payroll taxes
Fixkosten *(pl)*	overhead costs
verfügbar	available
Marge *(f)*, **-n**	profit margin
erwirtschaften	to generate, to obtain
erwirtschaftet, erwirtschaftete, hat erwirtschaftet	
Preisniveau *(n)*, **-s**	price level
vielversprechend	promising, encouraging
abbauen	to reduce, to cut
baut ab, baute ab, hat abgebaut	
entstehen	to emerge, to develop
entsteht, entstand, ist entstanden	
anfallen	to accrue, to accumulate
fällt an, fiel an, ist angefallen	
Anstellung *(f)*, **-en**	employment
Abwägung *(f)*, **-en**	assessment
nachvollziehbar	understandable
Einbuße *(f)*, **-n**	loss, detriment
sich bewähren	to stand the test
bewährt sich, bewährte sich, hat sich bewährt	
Standort *(m)*, **-e**	location
hervorstechen	to stand out
sticht hervor, stach hervor, hat hervorgestochen	

Verständnisfragen zum Text

1. Welchen großen Vorteil bringt die Globalisierung den deutschen Konsumenten?

2. Auf welche Weise hat sich die Arbeitszeit reduziert, die früher nötig war, um ein Fernsehgerät kaufen zu können?
3. Was bedeutet das Wort „Outsourcing"?
4. Was sind die Vorteile, die den deutschen Firmen durch die Verlagerung von Arbeitsplätzen in andere Länder entstehen?
5. Welche Vorteile hat Outsourcing für die Deutschen?
6. Welche Nachteile entstehen?
7. Welcher Trend ist in der letzten Zeit bei deutschen Firmen zu beobachten und warum?

Analyse und Diskussion

1. Wie wichtig ist es für Sie, billige Produkte zu erwerben? Sollte alles erschwinglich sein, oder ist es wichtig, auch an die Menschen, die die Produkte herstellen, zu denken? Würden Sie z. B. eine teurere Tafel Schokolade kaufen, wenn Sie wüssten, dass die Arbeiter einen fairen Lohn erhalten haben? Oder sollte der Verbraucher sich keine Gedanken über die Produktion der Ware machen müssen? Diskutieren Sie.
2. Was denken Sie persönlich über Outsourcing? Kennen Sie Personen, die davon betroffen sind? Denken Sie, dass die Vor- oder die Nachteile überwiegen? Sammeln Sie Argumente für beide Seiten und diskutieren Sie im Unterricht.

Weiterführende Aktivitäten

1. Informieren Sie sich eingehender über Outsourcing. Lesen Sie den Artikel „Outsourcing: ein Trend für schwierige Zeiten" auf der Webseite des Goethe Instituts: http://www.goethe.de/ges/soz/dos/arb/alw/de4225588.htm, und vergleichen Sie die Informationen mit denjenigen unseres aktuellen Artikels. Gibt es Unterschiede? Parallelen?
2. In unserer Dokumentation im Kapitel „Was ist Globalisierung" haben wir einen Einblick in die Outsourcing Aktivitäten des Sportartikelherstellers Adidas erhalten. Nehmen Sie eine weitere deutsche Firma und recherchieren Sie, ob und inwieweit diese Firma Arbeitsplätze ins Ausland verlagert hat. (Hier finden Sie eine Liste der größten Firmen in Deutschland: http://de.wikipedia.org/wiki/Liste_der_gr%C3%B6%C3%9Ften_Unternehmen_in_Deutschland.) Können Sie auf der Firmenwebseite oder in

Tageszeitungen Artikel finden, die Ihnen Details vermitteln? Stellen Sie eine kurze Präsentation zusammen, die Sie im Unterricht präsentieren. Gibt es Kritikpunkte an den Firmenpraktiken?

„Global Player" beim „Medientraining"

Einführung

„‚Global Player' beim ‚Medientraining'" ist ein kurzer Auszug aus dem Theaterstück *McKinsey kommt* von Rolf Hochhuth. In diesem satirischen Stück geht es um das Thema der Rationalisierung und Effizienz-Optimierung – um ein Thema also, das bereits in unserem ersten Artikel diskutiert wurde und nicht selten mit dem Entlassen von zahllosen Arbeitnehmern einhergeht. Denn auf dem globalen Markt könne sich nur behaupten, so der Präsident eines großen Tabakkonzerns in unserem Theaterstück, wer hart durchgreife und nicht lange zögere, wenn es um das Wohlergehen des eigenen Konzerns gehe; auch wenn durch die unternommenen Entlassungsmaßnahmen viele Menschen ins Unglück gestürzt werden.

London – mit einem grandiosen Blick bei hellster Sonne auf Westminster mit Big Ben im soundsovielten Stock eines berühmt-schönen Geschäftshauses: Das Arbeitszimmer des Präsidenten eines der nur noch vier oder fünf Tabakkonzerne dieser Welt, denen alle übrigen längst ebenso gehören wie alle Raucher auf Erden …

Die persönliche Referentin des Präsidenten, die den Doktortitel hat im Gegensatz zu ihm, der kein Akademiker ist, sondern aus sehr **bescheidenen** *Verhältnissen* **sich** *allein* **kraft** *seines Machtinstinkts und seiner Brutalität zur Konzernspitze* **hochleiterte**, *ist sogar auch noch* **Gräfin**. *Denn* **es schmeichelt** *dem Präsidenten, eine Aristokratin und Leute mit Doktortiteln herumkommandieren zu dürfen: So wie Goebbels, kleinbürgerlicher Herkunft, sich in frühen Jahren seine Aktentasche von einem Prinzen Hessen hinterhertragen ließ.*

Den Präsidenten **ehrt** *immerhin, dass er hier im Büro von* **namhaften**, *zeitgenössischen Malern und* **Bildhauern** *Englands, von Ba-*

*con, Hockney und Moore, Bildern und Plastiken um sich hat. Er hat sie sich von seiner Lifestyle-Beraterin empfehlen lassen, außerdem sind sie eine gewinnversprechende Investition. Eine altersdünne **Afghanbrücke**, darunter der fünf Zentimeter dicke Florspannteppich, der jeden Schritt schluckt.*

*Dem Präsidenten gegenüber sein **Stellvertreter**. Ein **korpulenter**, jovialer **Riese**, der nicht dick aussieht, sondern mächtig; einst ein vielgefragter Homme à femmes. Er ist Arzt, hat aber seit seiner Studienzeit nie mit Patienten, sondern nur mit Forschung zu tun gehabt. Wie für die meisten europäischen Manager der Zeit nach Hitler waren die USA sein **Übungsgelände**. Zweimal hat immerhin dieser Brite – wer sonst hätte das getan? – seine steile Karriere **jäh** abgebrochen aus eher menschlichen **Beweggründen**, die ihn ehren. Jack Brown ist in seltenem Maß unabhängig und anständig genug, dies zu nutzen.*

PRÄSIDENT, *an seinem Schreibtisch, während Brown abseits steht und aus dem Fenster guckt:* Das weiß ich auch! Aber so wenig unsre **Bude** die **Flurbereinigung** durch McKinsey in die Welt gesetzt hat, so wenig können wir's uns leisten, nicht mitzuspielen. Unser Sozialplan **federt** immerhin **anständig ab**, die wir **rausschmeißen**!

BROWN: Was mit Geld abzumachen ist, war nie's Problem. Doch wer so in der Gewinnzone liegt, darf Mitarbeiter nicht wegschmeißen.

PRÄSIDENT, *überhört das **ungerührt**:* Du und ich, wir werden dafür bezahlt, den Laden so **auf Trab** zu **halten**, dass er noch Marktanteile erobert – nicht zuletzt um 87.000 Mitarbeitern den Job zu sichern. Wenn du heute nicht mal die nur 9 Prozent verabschieden willst, könnten's nächstes Jahr 12 Prozent sein! Willst du nicht helfen zu rationalisieren, lass ich McKinsey kommen! **Die Kirche bleibt im Dorf**! Aber der **Sachzwang** auch!

BROWN: Wir unterliegen keinem Sachzwang. Bleibe dabei, wo von der Bilanz her kein Grund vorliegt, darf man niemanden „verabschieden", wie du rausschmeißen **schönredest**. Wozu dein **vorauseilender Gehorsam** gegenüber den Shareholders?

PRÄSIDENT: Und Synergien? Globaler Wettbewerb? Sind dir das Fremdworte? Es gibt keine Alternative. Kündigen wir an, nur 8000 rauszusetzen, jubiliert die Börse. Müssen mindestens 15 Prozent Schnitt machen!

BROWN: Bin nicht nur für die Börse da!

PRÄSIDENT: Loyalität bist du auch der Firma schuldig, die uns beide Millionen verdienen lässt.

BROWN: Unsre Leute – die sind für mich der Konzern, nicht die Aktionäre.

PRÄSIDENT: Hast recht, aber kein Recht, deinen sozialen Impetus auf Kosten des Konzerns durchzusetzen.

BROWN, *LACHT:* **Wehret den Anfängen**. Ohne mich!

GRÄFIN, *lautlos eingetreten, sagt deutlich, aber leise vor Respekt auf ihre Uhr guckend*: Herr Präsident, Ihr Flieger!

PRÄSIDENT, ***gereizt***, *aber nicht unfreundlich, schickt sie weg:* Der wartet. Jack, lauf mir nicht weg, jetzt, wo ich gezwungen bin, die Dreckarbeit zu machen. Und die wir zwei zusammen bestimmt humaner durchziehen als voriges Jahr die zwei Chemie-Riesen in der Schweiz: Kannst du mir verraten, warum dort wegen der Fusionen sich ausgerechnet aus den Chefetagen drei umgebracht haben? – nur 5000 entlassen –

BROWN: Weil Hochgestellte schon gar keinen neuen Job mehr kriegen! Und woher willst du wissen, ob da nicht auch mehrere der anderen 5000 sich im Wald erhängt oder in der Garage vergast haben? Toll, dass über die drei prominenten Selbstmörder keine Zeitung ein Wort verloren hat!

PRÄSIDENT: Selbstmorde haben den Imitationseffekt. Wir haben uns bisher McKinsey nicht ins Haus geholt, weil ich mit dir 9 Prozent loswerden kann, aber allein mache ich's nicht. Gehst du, hol ich McKinsey.

BROWN, *der schon **geraume Zeit** am Tisch Platz genommen hatte, steht **schroff** auf, sagt ironisch:* Auch 9 Prozent sind zu viel, wenn unnötig! Ich steige aus.

PRÄSIDENT, *ironisch:* Jack, wie lange kenne ich dich, **spiel dich
doch nicht auf** als der große Philanthrop: Du lässt mich sitzen,
weil du **dich selbständig machen** willst und immerhin 40 Millionen mitnimmst! Und damit kannst du allerdings deinen eigenen
Laden aufmachen.

*Streckt ihm ostentativ die Hand hin, Brown hat die Tür schon
geöffnet, geht nach Handschlag ab.*

PRÄSIDENT, *auch aufgestanden, als wolle er ihn zur Tür bringen,
während Brown diese schon öffnet, tritt Gräfin wieder ein:* Ist
das wirklich dein Ernst, dass wir uns nicht mehr in der Firma
sehen, sondern nur mittwochs beim Golf? Überschlaf's
noch mal.

Quelle: Rolf Hochhuth. *McKinsey kommt. Molières Tartuffe. Zwei Theaterstücke.*
München: Deutscher Taschenbuch Verlag, 2003. 35–39.

Vokabeln

bescheiden	modest, humble
kraft *(Gen)*	by virtue of
sich hochleitern	to climb the career ladder
leitert sich hoch, leiterte sich hoch, hat sich hochgeleitert	
Gräfin *(f),* **-nen**	countess
es schmeichelt jdm.	it pleases, flatters s.o.
schmeichelt, schmeichelte, hat geschmeichelt	
es ehrt jdn.	it honors s.o.
ehrt, ehrte, hat geehrt	
namhaft	famous, renowned
Bildhauer *(m),* -	sculptor
Afghanbrücke *(f),* **-n**	Oriental rug
Stellvertreter *(m),* -	deputy, representative
korpulent	stout, burly
Riese *(m),* **-n**	giant
Übungsgelände *(n),* -	training ground
jäh	suddenly, abruptly
Beweggrund *(m),* **-gründe**	motive, reason

Bude *(f)*, **-n** *(ugs.)* den, hut; *here:* firm, company
Flurbereinigung *(f)*, **-en** reallocation of land *(fig)*
abfedern to cushion
    federt ab, federte ab, hat abgefedert
anständig decent, proper
rausschmeißen to fire s.o., to sack s.o.
    schmeißt raus, schmiss raus, hat rausgeschmissen
ungerührt unmoved, unaffected
auf Trab halten to keep s.o. on their toes
    hält, hielt, hat gehalten
die Kirche bleibt im Dorf to keep a sense of proportion
Sachzwang *(m)*, **-zwänge** inherent necessity
etw. schönreden to sugarcoat sth.
    redet schön, redete schön, hat schöngeredet
vorauseilend rushing ahead
Gehorsam *(m)* obedience
den Anfängen wehren to nip sth. in the bud
    wehrt, wehrte, hat gewehrt
gereizt irritated, annoyed
geraume Zeit for some time
schroff harsh, gruff
sich aufspielen to act up, to put on airs
    spielt sich auf, spielte sich auf, hat sich aufgespielt
sich selbstständig machen to start one's own business

Verständnisfragen zum Text

1. Welche Informationen erhalten wir über den Präsidenten des Konzerns? Wie wird er beschrieben? Nennen Sie einige Details.
2. Beschreiben Sie nun den Stellvertreter Jack Brown.
3. Um was für eine Art Konzern handelt es sich? Wo befindet er sich, und wie wird die Umgebung beschrieben?
4. Worüber unterhalten sich der Präsident und Brown?
5. Wie ist die Haltung des Präsidenten?
6. Warum ist Brown mit dem Präsidenten nicht einer Meinung? Was sind Browns Einwände?

7. Wer ist McKinsey und was für eine Bedeutung hat McKinsey in unserem Text?
8. Gelangen der Präsident und Brown am Ende zu einer Einigung?

Analyse und Diskussion

1. Diskutieren Sie die unterschiedlichen Positionen des Präsidenten und seines Stellvertreters Brown. Wem stimmen Sie zu? Oder können Sie sich mit beiden Personen identifizieren? Listen Sie die Argumente beider Personen auf und versuchen Sie im Unterricht noch weitere Argumente für beide Seiten zu finden.
2. Was ist Ihrer Meinung nach die Aussage dieses Theaterstückes? Auf welcher Seite steht der Autor? Gibt es Hinweise im Text, die auf die Intention des Autors schließen lassen? Welche Sprache verwendet er? Welche Stilmittel?
3. Warum trägt das Theaterstück den Titel *McKinsey kommt*? Was wissen Sie über McKinsey? Wenn Sie noch nie von McKinsey gehört haben, gehen Sie zu der deutschen Webseite: http://www.mckinsey.de/, und informieren Sie sich. Welche Bedeutung hat McKinsey für unser Stück – immerhin wird der Name etliche Male von den Protagonisten erwähnt. Könnte er ein Schlüssel zu dem Verständnis des Stückes sein?

Weiterführende Aktivitäten

1. Das Thema der massenhaften Entlassung, das in unserem Text besprochen wird, ist kein neues Phänomen, sondern fast täglich in den Nachrichten zu finden. Recherchieren Sie in den deutschen Medien und finden Sie heraus, in welchen Firmen es in der letzten Zeit Entlassungen gegeben hat. Was waren die Gründe für diese Entlassungen? Wie viele Personen wurden entlassen? Waren diese Entlassungen wirklich notwendig, oder können Sie Kritikpunkte an den ergriffenen Maßnahmen finden?
2. Sammeln Sie Informationen über den Autor von *McKinsey kommt*, Rolf Hochhuth. Welche anderen literarischen Werke hat er verfasst? Seit wann schreibt Hochhuth? Welche Themen behandelt er? Welche Reaktionen gibt es auf seine Werke? Tragen Sie Ihre Ergebnisse im Unterricht zusammen. Folgende Webseite kann Ihnen bei dieser Aufgabe helfen: http://www.rolf-hochhuth.de/.

TÜV schlägt Alarm: Jedes zweite mangelhafte Produkt aus China

Einführung

Wie Deutschland ist auch China eines der größten Exportländer der Welt. Jedoch im Gegensatz zu Deutschland, das in erster Linie berühmt für seine teuren Qualitätsprodukte ist, exportiert China eine Ware, die der Konsument zu billigen Preisen erwerben kann. Das ist auf der einen Seite ein großer Vorteil, da sich der Verbraucher durch den günstigen Preis mehr leisten kann; auf der anderen Seite weisen viele der chinesischen Produkte Mängel auf, die zur Gefahr für den Verbraucher werden können. Der nun folgende Artikel berichtet von den Sicherheitsproblemen, die die deutsche Prüfstelle TÜV 2010 bei chinesischen Waren festgestellt und kritisiert hat.

*Wenn der **TÜV** Süd ein fehlerhaftes Produkt **anprangert**, kommt es jedes zweite Mal aus China. Die größte Gefahr **lauert** bei Kinderspielzeug.*

Jedes zweite fehlerhafte Produkt, das in Deutschland bei Qualitätsprüfungen **beanstandet** wird, kommt aus China. Darauf hat am Wochenende Joachim Birnthaler, Geschäftsführer der **zuständigen** Abteilung beim TÜV Süd hingewiesen.

Die Mängel bei importierten Spielwaren, Elektrogeräten und Werkzeugen hätten 2006 stark zugenommen, sagte er der *Süddeutschen Zeitung*. „Ein hoher Anteil der gefährlichen Produkte stammt aus Nicht-EU-Ländern, besonders aus China." Damit habe sich der Trend der vergangenen Jahre fortgesetzt.

Weitere 21 Prozent der beanstandeten Produkte stammten demnach aus dem europäischen Raum. Bei 17 Prozent war die Herkunft nicht eindeutig zu klären; aber auch hier vermuten die Experten in den meisten Fällen China als **Ursprung**sland. Der TÜV Süd ist eine der größten deutschen Prüfstellen für Waren. Produkte, die die Qualitätskriterien erfüllen, erhalten ein **Prüfsiegel**.

„Hauptrisiko ist das **Ersticken**"

Ganz oben auf der Mängelliste der Prüfer standen 2006 erstmals Spielzeuge für Kinder, noch vor elektrischen Geräten, die noch in den Jahren davor am häufigsten beanstandet wurden. „Das Hauptrisiko beim Spielen mit unsicheren Spielwaren ist das Ersticken", **ergänzte** der TÜV-Experte.

Ursache dafür seien meist kleine Bauteile, die von Kleinkindern leicht **verschluckt** werden können. **Gesundheitsschädliche** Spielwaren aus China waren in den vergangenen Wochen in Deutschland **in die Kritik geraten**. Für negative **Schlagzeilen** sorgten beispielsweise Spielzeugautos mit **Blei**farbe.

Birnthaler wies darauf hin, dass es sich bei den meisten Beanstandungen nicht nur um **Bagatell**fälle gehandelt habe. Dies gelte für alle Produktgruppen. Von 25 Prozent aller Gegenstände sei ein Verletzungsrisiko ausgegangen.

Gefahr eines Stromschlages

Bei 24 Prozent der **aus dem Verkehr gezogenen** Waren habe die Gefahr eines **Stromschlages** bestanden, weil **Schutzvorrichtungen** nicht vorhanden oder fehlerhaft waren. Bei 18 Prozent sei ein erhöhtes Brandrisiko festgestellt worden.

„In manchen Fällen musste zehn Mal nachgebessert werden, bis die Fehler **beseitigt** waren", ergänzte er. Besonders problematisch ist nach seinen Angaben, dass viele Billighersteller auch nach der Ersteinführung eines Produkts noch **Veränderungen** im Produktionsprozess **vornehmen**.

Dabei werden bestimmte Materialien durch andere, billigere ersetzt oder es werden sogar ganze Bauteile weggelassen. Die Folge seien enorme Qualitäts**schwankungen**. Diese Risiken seien nur durch ständige Kontrollen **beherrschbar**.

Die Qualitätsprobleme werden **nach Einschätzung** des TÜV Süd in den nächsten Jahren noch zunehmen. Grund dafür seien die weiter steigenden Importquoten von Billigprodukten.

Inzwischen stammen zwei Drittel der in Deutschland verkauften
Artikel, außer Lebensmitteln, aus Asien. Größter Lieferant ist hier
mit Abstand China, gefolgt von Indien, Vietnam und Bangladesch.

Quelle: http://www.sueddeutsche.de/wirtschaft/tuev-schlaegt-alarm-jedes-zweite
-mangelhafte-produkt-aus-china-1.881705

Vokabeln

TÜV (Technischer Überwachungsverein) *(m)*	Association for Technical Inspection
anprangern	to denounce, to decry
prangert an, prangerte an, hat angeprangert	
lauern	to lurk, to lie in waiting
lauert, lauerte, hat gelauert	
beanstanden	to complain about, to object to
beanstandet, beanstandete, hat beanstandet	
zuständig	responsible, proper, authorized
Ursprung *(m)*, **-sprünge**	origin
Prüfsiegel *(n)*, **-**	seal of approval
ersticken	to suffocate, to choke
erstickt, erstickte, ist erstickt	
ergänzen	to add
ergänzt, ergänzte, hat ergänzt	
verschlucken	to swallow
verschluckt, verschluckte, hat verschluckt	
gesundheitsschädlich	harmful to health
in die Kritik geraten	to come under fire
gerät, geriet, ist geraten	
Schlagzeile *(f)*, **-n**	headline
Blei *(n)*	lead
Bagatelle *(f)*, **-n**	trifle
aus dem Verkehr ziehen	to withdraw from circulation
zieht, zog, hat gezogen	
Stromschlag *(m)*, **-schläge**	electric shock

Schutzvorrichtung *(f)*, **-en**	safeguard
beseitigen	to remove, to eliminate
beseitigt, beseitigte, hat beseitigt	
Veränderungen vornehmen	to undergo modifications
nimmt vor, nahm vor, hat vorgenommen	
Schwankung *(f)*, **-en**	variation, fluctuation
beherrschbar	manageable
nach Einschätzung von	according to

Verständnisfragen zum Text

1. Woher kommen fehlerhafte Produkte? Welche Länder und Regionen werden im Artikel genannt?
2. Welches Risiko geht von Spielwaren aus? Warum können sie gefährlich für Kinder sein?
3. Welche Gefahr besteht bei Elektrogeräten?
4. Was kritisiert der TÜV Süd bei den Billigherstellern? Warum gibt es enorme Qualitätsschwankungen bei den Produkten?
5. Wie sieht die Prognose aus? Werden die Probleme in der Zukunft abnehmen?

Analyse und Diskussion

1. Warum kommen die meisten fehlerhaften Produkte aus China? Was könnten die Ursachen dafür sein? Diskutieren Sie im Unterricht und sammeln Sie Argumente. Was wissen Sie über China im Allgemeinen? Haben Sie interessante Artikel in Zeitungen gelesen oder Dokumentationen gesehen? Wie präsent ist China für Sie in Ihrem täglichen Leben?
2. Da wir nun gehört haben, dass viele unserer Produkte in China hergestellt werden, sehen Sie einmal in Ihrer Wohnung nach, ob Sie Gegenstände aus China in Ihrem Haushalt finden. Was sind dies für Gegenstände? Waren sie besonders billig? Gibt es Äquivalente, die in Ihrem Land hergestellt werden? Warum ist China Ihrer Meinung nach so dominant?

Weiterführende Aktivitäten

1. Finden Sie offizielle Informationen über den Import chinesischer Produkte in Ihr Land. Ist China genauso präsent in Ihrem Land wie in Deutschland? Sehen Sie in großen Tageszeitungen nach und finden Sie Artikel, die über

Chinas Einfluss auf Ihr Land informieren. Gibt es auch in Ihrem Land das Problem der fehlerhaften Produktion? Vergleichen Sie Ihr Land mit Deutschland.

2. Erstellen Sie eine Collage über China. Nachdem wir nun einige Details über die enormen Exporte aus China erfahren haben, ist deutlich geworden, wie wichtig China für den Weltmarkt ist. China ist in aller Munde, aber wie viel wissen wir wirklich über dieses große Land? Gehen Sie in Gruppen zusammen und überlegen Sie, welche Informationen wichtig sind, um China heutzutage zu verstehen. Eine interessante Webseite ist hierbei die des Auswärtigen Amtes, die China aus der Sicht von Deutschland beschreibt: http://www.auswaertiges-amt.de/DE/Aussenpolitik/Laen der/Laenderinfos/01-Nodes_Uebersichtsseiten/China_node.html. Stellen Sie Ihre Collage im Unterricht vor und erläutern Sie die Auswahl Ihrer Informationen.

Fünf Jahre iPhone in Deutschland

Einführung

Ein Produkt, das den deutschen Markt enorm beeinflusst hat, ist das iPhone des Herstellers Apple. Im November 2007 kam es in den deutschen Handel und wurde ein ungeahnter Erfolg. Warum ist das iPhone so beliebt? Was sind die Gründe dafür, dass ein Hersteller sein Produkt in Deutschland so gewinnbringend vermarkten konnte und kann? Dieser Artikel aus dem Jahre 2012 versucht, Aufschluss über das Phänomen des iPhones zu geben.

Heute vor fünf Jahren startete der Verkauf des iPhone hierzulande. Mit dem Smartphone **stellte** *Apple die Handy-Welt* **auf den Kopf**. *Inzwischen ist die sechste Generation auf dem Markt – doch das iPhone hat starke Konkurrenz.*

„Wir haben das Mobiltelefon neu erfunden." Mit diesem Satz kündigte Apple-Chef Steve Jobs am 9. Januar 2007 das iPhone an. Das klang ganz schön arrogant – doch Jobs hatte Recht, das iPhone war etwas Neues. Vor allem in der Kombination seiner Möglichkeiten:

Mobiltelefon, großes Display, Multimedia-Player, Internetzugang und dazu ein flaches Hand**schmeichlergehäuse**. Es dauerte elf Monate, bis das Wunder**gerät** auch in Deutschland zu haben war: Am 9. November 2007 kam es hierzulande in den Handel.

Apple **traf** mit dem Telefon **einen Nerv**: Mehr als 255 Millionen Geräte aller Generationen wurden bis heute verkauft. Dass es ein Erfolg werden würde, bezweifelten die Experten nicht. Doch dass das iPhone eine ganze Branche auf den Kopf stellen würde, hat kaum jemand **vorhergesehen**. Mittlerweile sind Smartphones weit verbreitet. Es ist der **Verdienst** des iPhones, dass es heute selbstverständlich ist, mit einem Handy zu surfen, Apps **herunterzuladen** und es über einen Touchscreen zu bedienen.

iPhone statt Riegel

Fast alle Handy-Besitzer benutzten 2007 noch **klobige Riegel**, meist vom damaligen Marktführer Nokia. Mit denen konnte man zwar auch im Internet surfen – aber weitaus mühsamer als mit dem iPhone. Noch dazu brachte das Apple-Handy ein paar schicke Innovationen mit: Es besaß nur eine **Taste** und wurde ansonsten per Fingerzeig **gesteuert**, zum Beispiel, um Fotos zu verkleinern oder zu vergrößern. Oder dass es merkt, ob es von seinem Besitzer **hochkant** oder **quer** gehalten wird, um dann automatisch das Bild auf dem Display **auszurichten**. Und nicht zuletzt war das iPhone intuitiv bedienbar.

Dementsprechend war der Hype **gewaltig**, als das Gerät am 29. Juni 2007 in den USA und am 9. November in Deutschland auf den Markt kam. Das „Time"-Magazin wählte das Gerät zur **Erfindung** des Jahres. Streng genommen hat Apple das Mobiltelefon aber nicht neu erfunden: Edle Handys mit Touchscreen gab es auch vorher schon. Der gewaltige Erfolg **hing** auch **mit** Apples genialen Marketing**feldzügen zusammen**. Der Konzern – allen voran der inzwischen verstorbene Chef Steve Jobs – schafften es, den Apple-Fans klarzumachen, dass sie dieses Gerät unbedingt brauchen. ...

Kritik an teuren Geräten und **Tarifen**

Die größte **Kritik erntete** Apple aber wegen der Preispolitik und der strengen Vertragsbedingungen: Wer das iPhone 2007 haben wollte, musste allein für das Gerät 399 Euro hinlegen. Außerdem war es nur über einen einzigen Provider zu bekommen, in Deutschland die Telekom. Das Unternehmen **kassierte** hohe Tarife und verlangte eine zweijährige Vertragsbindung. Das hat sich inzwischen zwar geändert, die neueren iPhones bekommt man nun auch ohne Vertragsbindung oder bei anderen Providern. Deutlich teurer als die Konkurrenz ist das Smartphone aber immer noch.

Und Konkurrenz hat Apple inzwischen tatsächlich bekommen. Nach der Schockstarre, in die die Hersteller bei der Präsentation des ersten iPhones **verfielen**, sortierte sich der Markt neu. Andere Produzenten bauen inzwischen ebenfalls sehr gute Smartphones, die den Apple-Geräten in punkto Bedienbarkeit und Eleganz nur wenig **nachstehen** – wenn überhaupt. Ende 2008 brachte Google das offene **Betriebssystem** Android heraus, das sich seitdem rasant verbreitet. In Deutschland hat Android einen Marktanteil von fast 70 Prozent, das iPhone liegt bei 17 Prozent. Handy-Hersteller wie HTC, vorher allenfalls Insidern bekannt, legen von Experten **gelobte** Touchscreen-Handys mit Android vor. Besonders Samsung hat mit dem Google-Betriebssystem gewaltig zugelegt – zum Beispiel beim Samsung Galaxy S III, laut FOCUS-Online-**Wertung** derzeit das beste Smartphone. Der **einstige** Branchenprimus Nokia rangiert heute nur noch **unter ferner liefen** – und versucht jetzt einen neuen **Anlauf** mit seinen Lumia-Modellen samt Windows Phone 8.

Quelle: http://www.focus.de/digital/handy/iphone/tid-24604/apples-handy
-revolution-fuenf-jahre-iphone_aid_698775.html

Vokabeln

auf den Kopf stellen   to turn sth. on its head

schmeicheln   to flatter, to caress
    schmeichelt, schmeichelte, hat geschmeichelt

Gehäuse *(n),* -   casing

Gerät *(n)*, **-e**	device, gadget
einen Nerv treffen	to have the finger on the pulse
vorhersehen	to anticipate, to foresee
sieht vorher, sah vorher, hat vorhergesehen	
Verdienst *(m)*, **-e**	merit
herunterladen	to download
lädt herunter, lud herunter, hat heruntergeladen	
klobig	clunky, blockish
Riegel *(m)*, **-**	bar
Taste *(f)*, **-n**	key
steuern	to navigate
steuert, steuerte, hat gesteuert	
hochkant	upright, vertical
quer	horizontal
ausrichten	to adjust, to align
richtet aus, richtete aus, hat ausgerichtet	
gewaltig	enormous, massive
Erfindung *(f)*, **-en**	invention
zusammenhängen mit	to correlate, to be connected with
hängt zusammen, hing zusammen, hat zusammengehangen	
Feldzug *(m)*, **-züge**	campaign
Tarif *(m)*, **-e**	rate, charge
Kritik ernten	to attract criticism
erntet, erntete, hat geerntet	
kassieren	to collect, to take the money
kassiert, kassierte, hat kassiert	
verfallen	to fall into
verfällt, verfiel, ist verfallen	
etw. *(Dat)* **in nichts nachstehen**	to be in no way inferior to sth.
steht nach, stand nach, hat nachgestanden	
Betriebssystem *(n)*, **-e**	operating system
gelobt	lauded, praised
Wertung *(f)*, **-en**	rating, evaluation
einstig	former
unter ferner liefen rangieren	to rate a poor second
rangiert, rangierte, hat rangiert	
Anlauf *(m)*, **-läufe**	attempt

Verständnisfragen zum Text

1. Was passierte am 9. Januar 2007?
2. Wann konnte man das iPhone in Deutschland kaufen?
3. Was war das Neue am iPhone?
4. Wie war die Reaktion auf das iPhone? War es ein Erfolg?
5. Warum war der Erfolg des iPhones so groß, wenn es, wie im Text beschrieben wird, schon früher gute Handys gab?
6. Welche Kritik gab und gibt es am iPhone?

Analyse und Diskussion

1. Besitzen Sie ein iPhone? Wenn ja, wie wichtig ist für Sie dieses „Telefon"? Was mögen Sie besonders an diesem Gerät? Können Sie sich ein Leben ohne Ihr iPhone vorstellen? Beschreiben Sie Ihre Erfahrungen im Unterricht: Hat das iPhone Ihr Leben verändert?
2. Diskutieren Sie nun generell über die Bedeutung von Handys in unserer heutigen Zeit. Wie oft benutzen Sie Ihr Handy? Haben Sie noch einen Telefonanschluss zu Hause oder erledigen Sie alles mit Ihrem Mobiltelefon? Hat das Handy – und speziell das Smartphone – das Leben einfacher gemacht, oder gibt es auch Nachteile? Kennen Sie Personen, die bewusst kein Handy benutzen – oder sind Sie vielleicht sogar selber eine solche Person? Ist es möglich, heute ohne ein ordentliches Mobiltelefon zu überleben?

Weiterführende Aktivitäten

1. Gehen Sie zu der deutschen Apple-Homepage und analysieren Sie, wie Apple das iPhone in Deutschland vermarktet: http://www.apple.com/de/iphone/. Warum ist es wichtig, ein iPhone zu besitzen? Mit welchen Strategien arbeitet die Webseite? Gibt es Musik, Videos, innovative Fotos? Wie wird das iPhone beschrieben? Denken Sie, dass die Werbestrategie von Apple funktioniert? Würden Sie aufgrund der Werbung das iPhone kaufen?
2. Welche Alternativen gibt es zu dem iPhone? Gibt es andere Unternehmen, die ein vergleichbares Telefon produzieren? Wie sieht es mit BlackBerry oder Samsung aus? Gehen Sie zu den jeweiligen Webseiten und sehen Sie

sich die Produkte anderer Unternehmen an. Was sind Vorteile, was die Nachteile der anderen Hersteller? Schreiben Sie einen kurzen Aufsatz.

Fluglärm: Krach um die Globalisierung

Einführung

Nicht nur neue, aufregende Produkte bringt die Globalisierung mit sich, sondern es gibt durchaus Negatives zu verzeichnen, wie wir im Fall der Gefahren durch chinesische Produkte für den deutschen Verbraucher gesehen haben. Auch der letzte Artikel unseres ersten Kapitelteiles setzt sich kritisch mit den gesundheitlichen Folgen von Globalisierung auseinander. Es geht konkret um den Frankfurter Flughafen, der am liebsten Tag und Nacht, ohne Unterlass, seine Flugzeuge in die Welt hinaus schicken würde, ungeachtet der großen Lärmbelastung für die Anwohner. Dem jedoch treten Bürgerverbände und wütende Privatpersonen entgegen: Sie fordern ein Nachtflugverbot und eine Reduzierung des Lärmpegels. Gesundheit solle nicht hinter wirtschaftlicher Aktivität zurückstehen, denn die eigene Lebensqualität sei wichtiger als eine florierende Wirtschaft.

Der Welthandel donnert im Tiefflug über Tausende Deutsche. Ihr Protest ist mächtiger denn je. Gefährden sie damit den Wohlstand?

Für Igor Zikic ist Globalisierung, wenn nachts die **Gabelstapler** fahren. Er arbeitet als Flugzeugabfertiger im Gebäude 420 auf dem Frankfurter Flughafen. 20.000 Tonnen Fracht werden hier im Lufthansa Cargo Center in manchen Wochen verladen. Zikic, 36 Jahre, kräftig, gelbe Warnweste, spürt den Puls der Wirtschaft. „Wenn das iPhone neu rauskommt, **stapeln** sich die Telefone am Vorabend in der Halle."

An diesem Abend soll ein MD-11-Frachter nach Atlanta starten. Auf dem Rollfeld kontrolliert Zikic, ob die Holzkisten und **Pappkartons** ordentlich **verschnürt** sind. Auf den Frachtpapieren steht, was er verlädt: Khakihosen aus Bangalore sind für American Eagle Outfitters in Pennsylvania bestimmt. Brennbare Farben von der Ferro

GmbH aus Frankfurt gehen nach Pittsburgh. Kurz vor dem Abflug kontrolliert Zikic noch die Verladung von frost**empfindlichen Impf**-**stoffen** sowie zehn **Schäferhunden**, die an **Züchter** in den Südstaaten gesandt werden.

So sollte das nach dem Willen der Unternehmer ohne Pause gehen, sieben Tage die Woche, 24 Stunden am Tag. Aber weil es Menschen wie Dirk Treber gibt, wird es auf dem Flughafen nachts still.

Keinen Kilometer entfernt vom Cargo Center, kämpft sich Treber durch die Abflughalle B im Terminal 1. Dort demonstrieren an diesem Montagabend wieder Tausende gegen die neue **Landebahn** Nordwest. Treber, 60 Jahre, Mantel, Hut, **getönte** Brille, ist ohne Transparent und **Trillerpfeife** gekommen. Er muss keinen Lärm machen, die Leute erkennen ihn auch so, schütteln ihm die Hand, **tätscheln** seine Schulter.

Treber kennt das schon. Er kämpft seit 33 Jahren gegen die Ausbaupläne des Flughafens. Und doch – etwas hat sich verändert.

„Die Klientel ist heute eine andere als damals", so drückt es Treber aus. Früher kämpfte er an der Seite von Idealisten. Sie waren für den Schutz des Waldes, sie waren gegen Nachrüstung, gegen Atomkraft und für den Frieden. „Jetzt geht es den Leuten vor allem um den Lärm vor ihrer Haustür."

Im Oktober wurde in Frankfurt die neue Landebahn eröffnet, die Flugzeuge fliegen nun andere Routen. Seitdem leiden unter ihrem Lärm Zehntausende Bürger, die vorher kaum **betroffen** waren. Über die Kleinstadt Flörsheim donnern die Jets bei Ostwind jetzt alle drei Minuten. Der Frankfurter Stadtteil Sachsenhausen liegt direkt in der **Einflugschneise**. Mainz, Offenbach, Raunheim, Mühlheim – auf den Schildern der Demonstranten stehen Ortsnamen aus dem ganzen Rhein-Main-Gebiet.

Die **Anwohner** berichten von Schlafstörungen, erhöhtem Blutdruck und Klassenlehrern, die wegen des Lärms Diktate abbrechen müssten. Unter den Demonstranten sind Pfarrer, Ärzte, Anwälte, Studenten, Familien mit Kindern. Eine Frau trägt **Pelz**, eine andere hat **Rastalocken**.

Was sie eint, ist Wut. Wut auf den „Lärmterror" und die „Lügen". Auf eine Landesregierung, die ein striktes Nachtflugverbot versprochen hatte und später doch Ausnahmen zuließ. Inzwischen fordern die Demonstranten sogar die Schließung der neuen Landebahn. Lärmend ziehen sie durch die Abfertigungshallen und rufen: „Die Bahn muss weg!" Immer wieder.

Der Streit um den Fluglärm wird 2012 zu einem gesellschaftlichen Großkonflikt. Ausgetragen wird er in den drei deutschen Städten mit den meisten Flugpassagieren. In Frankfurt finden Montagsdemos statt, in Berlin protestieren Anwohner gegen die **angekündigten** Flugrouten des neuen Großflughafens, in München versuchen sie, den Bau einer dritten Start- und Landebahn zu verhindern. Am 4. Februar wollen Bürger zeitgleich auf mehreren deutschen Flughäfen demonstrieren. Klagen von Anwohnern beschäftigen mittlerweile die höchsten Gerichte.

Im Kern geht es um Grundsatzfragen: Wie viel Mobilität ist noch möglich in diesem Land? Was **wiegt** schwerer, die Interessen der Wirtschaft oder die der Anwohner? Was ist uns das Wachstum wert, und wie viel darf es die Gemeinschaft kosten?

In Frankfurt, Berlin und München treffen zwei **Glaubenssätze** aufeinander. Der eine **entspringt** den **Zwängen** einer globalisierten Welt, der andere dem Bedürfnis nach einer menschen**verträglichen** Wirtschaft. Das Thema ist so alt wie die Wohlstandsgesellschaft selbst. Doch im Frühjahr 2012 **spitzt** es **sich** besonders **zu**, was im Wesentlichen zwei Gründe hat.

Erstens fordert die Globalisierung vielen Menschen größere Opfer ab – oder zumindest wird das so empfunden. Mehr als die Hälfte der Deutschen fühlt sich inzwischen durch Straßenverkehrslärm gestört, beim Fluglärm ist es jeder Dritte. Das sind Folgen des Wachstums, der Vernetzung und der internationalen Arbeitsteilung. Deutschlands Wirtschaft war noch nie so eng verflochten mit Märkten auf der ganzen Welt. Die Hälfte des Bruttoinlandsprodukts erwirtschafteten deutsche Unternehmen im vergangenen Jahr mit Exporten. Vor zehn Jahren war es ein Drittel.

Zweitens spitzt sich der Konflikt zu, weil auf der Gegenseite neue Aktivisten stehen. Sie sind lauter, mächtiger und ihrerseits vernetzter als früher. Allein in Frankfurt kämpfen mehr als 60 Bürgerinitiativen gegen den Lärm. Die Aktivisten stellen Flugverläufe und Lärmmessungen live ins Internet, sie vereinbaren Treffen über Facebook. Die Berliner twittern. Entschlossener als bisher fordern die Bürger ihre Rechte ein. In München liegen 22 Klagen gegen den Bau der Start- und Landebahn vor.

Quelle: http://www.zeit.de/2012/05/Fluglaerm

Vokabeln

Gabelstapler *(m)*, -	forklift
stapeln	to pile up, to accumulate
stapelt, stapelte, hat gestapelt	
Pappkarton *(m)*, -s	cardboard box
verschnüren	to tie up
verschnürt, verschnürte, hat verschnürt	
empfindlich	sensitive, delicate
Impfstoff *(m)*, -e	vaccine
Schäferhund *(m)*, -e	German shepherd
Züchter *(m)*, -	breeder
Landebahn *(f)*, -en	runway
getönt	tinted
Trillerpfeife *(f)*, -n	whistle
tätscheln	to pat
tätschelt, tätschelte, hat getätschelt	
betroffen	affected, afflicted
Einflugschneise *(f)*, -n	air corridor, approach path
Anwohner *(m)*, -	resident
Pelz *(m)*, -e	fur
Rastalocke *(f)*, -n	dreadlocks

ankündigen   to announce
     kündigt an, kündigte an, hat angekündigt
wiegen   to weigh
     wiegt, wog, hat gewogen
Glaubenssatz *(m)*, **-sätze**   belief system, philosophy
entspringen   to originate, to arise
     entspringt, entsprang, ist entsprungen
Zwang *(m)*, **Zwänge**   constraint, force
verträglich   compatible, agreeable
sich zuspitzen   to intensify, to escalate
     spitzt sich zu, spitzte sich zu, hat sich zugespitzt

Verständnisfragen zum Text

1. Wer ist Igor Zikic, und was sind seine Aufgaben auf dem Flughafen?
2. Warum ist Dirk Treber auf dem Frankfurter Flughafen? Was ist seine Mission an diesem Abend?
3. Wie hat sich, laut Treber, die Klientel der Demonstranten verändert?
4. Welche Auswirkung hatte die Eröffnung der neuen Landebahn in Frankfurt auf die Bürger? Worüber klagen sie?
5. Sind die Demonstrationen nur auf Frankfurt beschränkt oder wird auch noch in anderen Städten demonstriert?
6. Welche zwei unterschiedlichen Glaubenssätze treffen aufeinander? Können Sie diese beschreiben?
7. Wie organisieren sich die Demonstranten? Sind sie erfolgreich?

Analyse und Diskussion

1. Der Artikel wirft ein interessantes Problem auf: Wie viel Globalisierung verträgt der Mensch? Was ist wichtiger: das wirtschaftliche Vorwärtskommen eines Landes oder die Gesundheit der Bürger? Bilden Sie zwei Gruppen; jede Gruppe vertritt eine Seite. Sammeln Sie Argumente für Ihre Seite und debattieren Sie dann im Unterricht: Was spricht für eine schrankenlose wirtschaftliche Tätigkeit, was für klare Begrenzungen?
2. Wie erfolgreich sind Demonstrationen? Würden Sie demonstrieren, wenn Sie mit einer Sache unzufrieden wären oder glauben Sie, dass Demons-

trationen nicht zum Erfolg führen? Haben Sie schon einmal an einem öffentlichen Protest teilgenommen? Wenn ja, worum ging es dort? Was für Alternativen gibt es zum Demonstrieren? Gibt es bessere Möglichkeiten, der eigenen Stimme Gehör zu verschaffen? Diskutieren Sie Ihre Meinung im Unterricht.

Weiterführende Aktivitäten

1. Wie sieht die gegenwärtige Situation auf dem Frankfurter Flughafen aus? Gehen Sie zu der Webseite der Bürgerinitiative: http://www.flughafen -bi.de/, die sich gegen Fluglärm engagiert. Was haben die Bürger bis jetzt erreicht? Gibt es Fortschritte zu verzeichnen? Sehen Sie auch in anderen Städten, die im Artikel genannt werden, nach, wie dort die Situation ist. Ist die Wirtschaft gezwungen, den Forderungen der Bürger nachzugeben oder ist die Wirtschaft zu stark, sodass sie sich gegen alle Proteste durchsetzen kann?

2. Gibt es ein vergleichbares Problem in Ihrem Land? Haben Sie in Ihrem Land von Demonstrationen gehört, bei denen sich die Menschen über Lärm, Verkehr, Verschmutzung beschweren? Was fordern die Menschen? Haben die Menschen mit ihren Demonstrationen Erfolg oder werden sie einfach überhört? Stellen Sie einen Fall, den Sie recherchiert haben, im Unterricht vor.

TEIL ZWEI: WIE DIE DEUTSCHE WIRTSCHAFT DIE WELT BEEINFLUSST

Markenimage – Deutsch ist geil

Einführung

Teil Zwei unseres Wirtschaftskapitels beginnt mit einem Loblied auf deutsche Produkte. Laut der Zeitung *Handelsblatt* sind deutsche Produkte – und insbesondere das Siegel „Made in Germany" – im Ausland so beliebt wie nie zuvor. Vor allem in aufstrebenden Nationen wie in den BRIC-Ländern wird immer öfter auf deutsche Güter zurückgegriffen, da sie aufgrund ihrer hohen Preise als Statussymbole gelten. Als Folge dieser Popularität benutzen auch nicht-deutsche Firmen verstärkt deutsche Namen, um ihrer Ware einen Anstrich von deutscher Qualität zu verleihen und sie so besser verkaufen zu können.

© Bertold Werkmann | Dreamstime.com

*Deutsche Produkte genießen einen hervorragenden Ruf – gerade in schweren Zeiten wie diesen. Waren aus Deutschland sind **begehrt**. Handelsblatt Online zeigt die beliebtesten und bekanntesten Marken der Republik.*

Wer in China reich ist, der sitzt nicht hinterm Lenkrad, sondern er lässt sich fahren. Der Platz auf der Rückbank heißt aber nicht, dass der Chinese die Kontrolle über **Fensterheber**, Klimaanlage oder Entertainment abgibt. Die deutschen Premium-Autobauer BMW, Mercedes und Audi wissen das und bieten entsprechende Kontrollpanels im **Wagenheck** ihrer Luxus-Karossen an.

Das kommt an. Im Wachstumsmarkt China melden deutsche Autobauer regelmäßig neue Absatzrekorde. Nach Angaben des Verbandes der Automobilindustrie (VDA) werden in China in diesem Jahr erstmals mehr Neuwagen deutscher Konzernmarken

zugelassen als in Deutschland selbst. Der Marktanteil deutscher Modelle liegt bei 20 Prozent.

Die Begehrlichkeit, die die deutschen Marken auslösen, ist nicht nur in China, sondern auch in anderen **Schwellenländern** wie Brasilien, Russland und Indien (BRIC) groß. „Deutsche Marken **haben** in diesen Ländern **einen** sehr **hohen Stellenwert**", sagt Uli Mayer-Johanssen, Chefin der renommierten Markenagentur Meta-Design, die seit einiger Zeit unter anderem für ihren Kunden Volkswagen eine **Filiale** in Peking **unterhält**.

„Die Orientierung an deutschen Werten ist **prägend** für die Kaufentscheidungen", sagt die Agenturchefin. In Märkten, in denen viele junge Menschen leben, die endlich konsumieren wollen, spielt das Prestigedenken der jungen Kunden eine zentrale Rolle. Deutsche Marken gelten bei ihnen als teuer und **eignen sich** deshalb als Statussymbol.

In einer Studie der Kölner Unternehmensberatung Globeone heißt es, die Konsumenten der BRIC-Staaten würden am liebsten zu deutschen Produkten greifen – deutlich lieber als zu japanischen, amerikanischen, französischen oder italienischen Labels. Dabei legen russische Konsumenten den größten Wert auf „Made in Germany".

Die Herkunft der Marken, im Marketingjargon Country-of-Origin-Effekt genannt, hat eine große **Durchschlagskraft**. Dabei wird die Marke deshalb wertvoller, weil sie aus einem bestimmten Land stammt, das bei den jungen Käufern wiederum bestimmte Assoziationen hervorruft: Mit deutschen Marken wird Qualitätsbewusstsein assoziiert, Modebewusstsein mit italienischen und Innovationskraft mit US-Produkten. „Der Weltmarkt wird immer mehr zum Wettbewerbsfeld der Herkünfte", sagte vor kurzem Alexander Deichsel, Mitbegründer des Instituts für Markentechnik in Genf, in einem Interview mit dem Fachblatt „W&V".

In einer verrückten Welt wird die Qualität von Produkten wichtiger

Warum ist der Hype um die Marken aus Deutschland so groß? „Made in Germany war nie so wertvoll wie heute", sagt Frank

Dopheide, Chairman der Agentur Scholz & Friends Düsseldorf. „In einer Welt, die gerade **kopfsteht**, bevorzugen viele Konsumenten wieder klassische deutsche **Tugenden**." Dazu zählen: hohe Qualität, hohe **Zuverlässigkeit** und Langlebigkeit der Produkte.

„Es scheint heute viel zu viele **vermeintliche** Innovationen zu geben, die **sich** allzu schnell als Flop **erweisen**", kritisiert der Markenexperte. Dopheide hat sich das begehrte Prädikat im Namen seiner Markenberatung, die er vor einem Jahr gegründet hat, selbst verliehen. Sie heißt nicht ohne Grund „Deutsche Markenarbeit".

Doch nicht alle deutschen Unternehmen nutzen diesen Wettbewerbsvorteil. Porsche beispielsweise kennen nur 58 Prozent der Befragten in der Globeone-Studie, der Autobauer wirbt nicht mit seiner Herkunft aus deutschen Landen. Konkurrenten wie BMW, Mercedes-Benz, VW und Audi haben dagegen Bekanntheitswerte jenseits der 80-Prozent-Marke – auch dank deutscher Slogans in der Werbung. „Porsche könnte diesen Differenzierungsvorteil viel besser nutzen", meint beispielsweise Niklas Schaffmeister, Berater bei Globeone.

Es gibt aber Marken, die der BRIC-Käuferschaft zwar bestens bekannt sind, obwohl sie nicht die deutsche Karte spielen: Adidas etwa gilt als die meistgekaufte deutsche Marke in den BRIC-Staaten – ohne ihren Ursprung besonders herauszustellen. Auch Konkurrent Puma, Nummer drei der gebräuchlichsten deutschen Marken in den Schwellenländern, ist für die Kunden geografisch nur schwer zu **verorten**.

Russland: Es muss nur deutsch klingen

Was deutsch klingt, lässt sich in Russland gut verkaufen – egal, ob das Produkt wirklich deutsch ist.

Ein **Paradebeispiel** dafür ist Bork. Die Produkte dieser Marke für Haushaltsgeräte werden in China produziert und von der russischen Handelskette „Technopark" im Osten **vertrieben**. Um die Kaffeemaschinen, Staubsauger und Wasserkocher **getrost** als deutsche Wertarbeit **anpreisen** zu können, hat das Unternehmen in Berlin eine **GmbH** eingerichtet.

Auch der britische Konzern Dylon International hat das erkannt. Er entwickelte für den Wachstumsmarkt Russland das Waschmittel „Frau Schmidt". Die Engländer werben indes nicht direkt mit deutscher Qualität, aber der bloße Name genügt, um dies zu assoziieren. Ähnlich werben auch Moskauer Restaurants wie „Schwarzwald", „Sehr gut" oder „Hände hoch!" um **Kundschaft** – was deutsch klingt, zieht in Russland, selbst wenn die Namen in deutschen Ohren absurd klingen mögen.

Das Siegel „Made in Germany" steht zwischen Kaliningrad und Wladiwostok für unzerstörbare **Wertarbeit** – und weder **Rückrufaktionen** noch individuelle Negativerfahrungen **kratzen am sagenhaften Image**, das deutscher Ware in Russland vorauseilt.

Kein Wunder also, dass der schwäbische Autobauer Maybach für den russischen Markt mehr Autos herstellt als für Deutschland. Auch Industriefirmen kaufen bevorzugt deutsche Anlagen ein – und bei Hausbauern **stehen Gipsplatten** von Knauf und Heizungen von Buderus oder Viessmann weit **höher im Kurs** als die russischen Erzeugnisse.

Quelle: http://www.handelsblatt.com/unternehmen/it-medien/made-in-germany-markenimage-deutsch-ist-geil/5746232.html

Vokabeln

begehrt	coveted, desired
Fensterheber *(m),* -	window control
Wagenheck *(n),* -s	backseat of the car
ein Auto zulassen	to license a vehicle
lässt zu, ließ zu, hat zugelassen	
Schwellenland *(n),* -länder	emerging nation
einen hohen Stellenwert haben	to play an important role
Filiale *(f),* -n	branch
unterhalten	to operate, to maintain
unterhält, unterhielt, hat unterhalten	
prägend	defining, formative

sich eignen	to be suitable
eignet sich, eignete sich, hat sich geeignet	
Durchschlagskraft *(f)*	vigorous effect
kopfstehen	to stand on one's head, to be upside down
steht kopf, stand kopf, hat kopfgestanden	
Tugend *(f)*, **-en**	virtue
Zuverlässigkeit *(f)*	reliability, steadiness
vermeintlich	alleged, putative
sich erweisen	to prove
erweist sich, erwies sich, hat sich erwiesen	
verorten	to locate
verortet, verortete, hat verortet	
Paradebeispiel *(n)*, **-e**	paragon
vertreiben	to sell, to market
vertreibt, vertrieb, hat vertrieben	
getrost	confidently
anpreisen	to advertise
preist an, pries an, hat angepriesen	
GmbH (Gesellschaft mit beschränkter Haftung) *(f)*	limited liability corporation (ltd.)
Kundschaft *(f)*, **-en**	clientele, customers
Wertarbeit *(f)*, **-en**	workmanship
Rückrufaktion *(f)*, **-en**	product recall
am Image kratzen	to tarnish one's image
kratzt, kratzte, hat gekratzt	
sagenhaft	legendary, marvelous
hoch im Kurs stehen	to be in great demand
Gipsplatte *(f)*, **-n**	sheet of drywall

Verständnisfragen zum Text

1. In welchen Ländern sind deutsche Produkte besonders beliebt?
2. Warum kaufen gerade Schwellenländer deutsche Produkte so gerne?
3. Was sind „klassische deutsche Tugenden"?
4. Wie vermarkten deutsche Firmen ihre Produkte bevorzugt im Ausland? Welchen Aspekt betonen sie besonders?

5. Welche Taktiken benutzen britische oder russische Firmen, um ihre Produkte zu vermarkten?
6. Was schätzen die Russen an deutschen Produkten?

Analyse und Diskussion

1. Machen Sie einen Test in Ihrem Alltag: Kommen Sie mit deutschen Produkten in Berührung? Sehen Sie Werbung für deutsche Produkte im Fernsehen, z. B. für Autos? Tragen Sie vielleicht deutsche Turnschuhe von Adidas? Kaufen Sie in einem deutschen Supermarkt ein, z. B. bei Aldi? Arbeiten Freunde von Ihnen vielleicht bei einer der großen deutschen Firmen wie Siemens oder Bayer, die viele Niederlassungen im Ausland haben? Erstellen Sie eine Liste und diskutieren Sie Ihre Ergebnisse im Unterricht.
2. Sprechen Sie im Unterricht über das Thema „Statussymbole". Wie wichtig sind für Sie Markenprodukte? Definieren Sie sich über die Kleidung, die Sie tragen, das Auto, das Sie fahren, die Restaurants, in denen Sie essen? Sind Sie bereit, mehr Geld für ein bestimmtes Produkt auszugeben, von dem Sie wissen, dass es eine gute Qualität hat, aber auch ein gewisses Ansehen genießt? Sammeln Sie Argumente für und gegen Statussymbole und führen Sie eine Diskussion im Unterricht.

Weiterführende Aktivitäten

1. Mit Sicherheit haben Sie schon einmal den Ausdruck „Made in Germany" gehört, das heute immer noch eine hohe Anerkennung genießt. Recherchieren Sie die Geschichte dieser Bezeichnung. Wie entstand dieser Begriff? Wie wurde er früher verwendet? Was für eine Bedeutung hat er heute? Der folgende Artikel aus dem Magazin *Der Spiegel* kann Ihnen den Einstieg erleichtern: http://www.spiegel.de/wissenschaft/mensch/made-in-germany -wie-deutsche-produkte-die-welt-eroberten-a-549197.html.
2. Versuchen Sie herauszufinden, in welchen weiteren Ländern deutsche Produkte sehr beliebt sind. Was kaufen die Japaner, Amerikaner oder Franzosen gerne von den Deutschen? Oder gibt es eine Nation, die die Produkte der Deutschen ablehnt? Wie global verkauft Deutschland seine Produkte? Recherchieren Sie in der Gruppe und stellen Sie Ihre Ergebnisse im Unterricht vor.

Trader Joe's: Edel-Aldi für Bio-Amerikaner

Einführung

Ein weiteres deutsches „Produkt", das sich im Ausland, und zwar dieses Mal in Amerika, großer Beliebtheit erfreut, ist der Supermarkt Trader Joe's, der dem Konzern Aldi angehört. Anders als in China und Russland, wo es um das Qualitätssiegel „Made in Germany" geht, ist es in den USA nicht die Marke, sondern Ware und Preis, die Trader Joe's sehr erfolgreich machen. So beeinflusst ein deutsches Unternehmen die Einkaufsvorlieben der Amerikaner, ohne dass die meisten jedoch ahnen, aus welchem Land ihr geliebter Supermarkt stammt.

*Die USA haben eine neue Kultmarke: Trader Joe's, ein Discounter mit Bio-Image. Den **krisengeplagten** Amerikanern kommt das Warenangebot gerade recht – dort bekommen sie Qualität, aber günstig. Hinter dem Konzern steckt das deutsche Aldi-Imperium.*

Amerikaner lieben es, **anzustehen**. Bücher, Filme, iPhones: Je länger die **Warteschlange**, desto größer der Hype. Insgesamt verbringt ein Durchschnittsamerikaner, wie Wissenschaftler **errechnet** haben, bis zu drei Jahre seines Lebens mit Warten.

Den **Nachweis erbrachten** kürzlich ein paar hundert New Yorker. In einem Supermarkt unweit vom Union Square formierten sie sich zu zwei Menschenreihen, ihre **überquellenden** Einkaufswägelchen **artig** vor sich her **stupsend**. „Hi, wie geht's?", rief ihnen ein **leutseliger** Kassierer im Hawaii-Hemd zu, der seinerseits so aussah, als sei er gerade erst aufgestanden.

Anlass der jovialen **Geduldsprobe** war freilich kein Produkt-Launch, kein Prominenter und keine Castingshow. Sondern ein ganz normaler Alltagsvorgang: Lebensmittel einkaufen.

Alltagsshopping als kulturelles Erlebnis

Besagte Schlange war bei Trader Joe's zu bestaunen, einem Discount-Supermarkt, der unter Amerikas Ökokonsumenten als **letzter**

Schrei gilt. Die Schlange zog sich innen einmal um den Laden, an Spirituosen, Tiefkühlkost und Frischobst vorbei bis zurück zum Eingang. Kein Sonderfall: So stehen sie hier jeden Tag.

Das ist bemerkenswert für eine Stadt, die sonst für nichts Zeit haben will und **edle** Markenware **vergöttert**. Ob ihr diese Herumsteherei nichts ausmache? Die elegante Dame, die No-Name-Erbsen und Hühnchen in Folie im Wagen hat, lächelt **beseelt** wie eine **Sektenjüngerin**: „Trader Joe's macht Spaß."

Der Discounter ist ein Fun-Objekt: Das ist neu in den USA, wo Billiganbieter wie Wal-Mart und Costco zwar von der Rezession profitieren, die Klientel ihre Spargänge bisher aber **beschämt** zu **verheimlichen** versuchte. Bei Trader Joe's hingegen, dessen Filialen an Aldi erinnern – nur mit besseren Dekorateuren – wird das Sparen zum Statuszeichen, zum Rezessions-Chic.

„Trader Joe's ist einer der heißesten US-Einzelhändler", **schwärmt** das Geldmagazin „Fortune", welches das kalifornische Unternehmen neulich zu „einer von 100 tollen Sachen an Amerika" **kürte**, nebst Baseball, Facebook und Thanksgiving. Die Firma wird als ebenso beliebt wie vorbildlich **gerühmt**, von Kunden, Konkurrenten und Kommunen. Bereits 1967 gegründet, ist sie aber erst seit kurzem in buchstäblich aller Munde, als sie begann, ihren Siegesmarsch auf die Ostküste **auszudehnen**.

Hollywood-Stars preisen Trader Joe's, US-Bundesrichterin Sonia Sotomayor soll ein Fan sein. Selbst Rivale Costco **zückt den Hut vor** den Konkurrenten: „Wir bewundern sie sehr", sagte Costco-Vorstandschef Jim Sinegal zu „Fortune".

Die **abgestürzte** US-Mittelklasse als Zielkunde

Was die meisten Amerikaner freilich nicht **ahnen**: Trader Joe's hat deutsche Besitzer. Die Kette mit inzwischen 345 Filialen in 25 Bundesstaaten und der Hauptstadt Washington ist nämlich eine Tochter von Aldi. Und genau wie die urdeutschen Hohepriester des spartanischen Shoppings gibt sich auch Trader Joe's geheimnisumwölkt, wenn es darum geht, **sich in die Karten sehen** zu **lassen**. „Wir reden nicht über unsere Geschäftspraktiken", beschied Konzernsprecherin Alison Mochizuki eine Gesprächsanfrage von SPIEGEL ONLINE. „Ich wünsche Ihnen eine wundervolle Woche."

Genau dieser Mix aus Frohsinn und Kalkül hat Trader Joe's zum Kulterfolg geführt: preiswerte Qualitätsware, kein **Schnickschnack** – und ein **aufgekratztes** Umfeld, das dem Kunden die Illusion gibt, er sei clever, weltgewandt und tue obendrein Gutes. Alltagsshopping als kulturelles Erlebnis, als Selbstfindung einer Generation im anhaltenden Krisenschock.

„Relativ gesehen ist das ein intellektuell sehr anspruchsvolles Konzept", sagt Constanze Freienstein, Handelsexpertin der Consulting-Firma AT Kearney in Chicago. „Es spricht eine intellektuelle, wenn auch nicht ganz so wohlhabende Gesellschaftsschicht an." Namentlich die mit der Rezession abgestürzte **gedemütigte** US-Mittelklasse, die den 1,99-Dollar-Wein von Trader Joe's zu schätzen weiß.

Ganz à la Aldi ist das Sortiment beschränkt und das Ambiente einfach – im Gegensatz zu den gängigen US-Supermarktmonstern, die an tiefgekühlte Vergnügungsparks erinnern. Die Trader-Joe's-Läden sind klein, die Ware liegt unprätentiös in Metall- und Holzregalen. Von jedem Lebensmittel gibt es nur eine Handvoll Sorten, am Union Square findet der Kunde etwa nur sieben Arten von Dosensuppen. Insgesamt führt ein Trader Joe's rund 4000 Bestandseinheiten (SKU), das ist etwa ein Zwölftel des Angebots in einem typischen US-Supermarkt. 80 Prozent davon entfallen auf die Hausmarke Trader Joe's – stets mit Biosiegel. Auch in deutschen Aldi-Filialen gibt es Trader-Joe's-Produkte.

Anders als in den tristen Läden des Albrecht-Clans geht es bei Trader Joe's allerdings bunt, munter und fröhlich zu – bis spätabends. Da ist überall viel Platz, sonnige Musik dudelt, und die Angestellten heißen „Crewmitglieder", sind betont gesprächig und steuern den Kundenstrom mit handbemalten Schildchen.

Hinter den Kulissen herrscht wiederum klassische Aldi-**Zucht**. Jeder Penny wird gezählt, die Zulieferer – darunter auch Großhändler

wie PepsiCo, die wenig mit dem Alternativ-Image gemein haben –
dürfen kein Wort über **Interna** verraten. Dafür haben sie in Trader
Joe's einen korrekten, zuverlässigen Partner, wie Branchenanalysten
berichten.

Quelle: Spiegel Online: http://www.spiegel.de/wirtschaft/unternehmen/trader-joe
-s-edel-aldi-fuer-bio-amerikaner-a-722652.html

Vokabeln

krisengeplagt	crisis-ridden
anstehen	to stand in line
steht an, stand an, hat angestanden	
Warteschlange *(f)*, **-n**	waiting line
errechnen	to calculate
errechnet, errechnete, hat errechnet	
den Nachweis erbringen	to provide evidence
erbringt, erbrachte, hat erbracht	
überquellen	to overflow
quillt über, quoll über, ist übergequollen	
artig	polite, courteous
stupsen	to nudge, to push
stupst, stupste, hat gestupst	
leutselig	affable, genial
Anlass *(m)*, **-lässe**	reason, cause, occasion
Geduldsprobe *(f)*, **-n**	ordeal
besagt	said, aforementioned
der letzte Schrei	the latest craze
edel	noble, upscale
vergöttern	to worship
vergöttert, vergötterte, hat vergöttert	
beseelt	soulful; *here:* animatedly
Sektenjünger *(m)*, **-**	sectarian; *here:* cult member
beschämt	ashamed, embarrassed
verheimlichen	to hide, to conceal
verheimlicht, verheimlichte, hat verheimlicht	

schwärmen	to fancy, to rave
schwärmt, schwärmte, hat geschwärmt	
küren	to elect
kürt, kürte, hat gekürt	
rühmen	to praise, to extol
rühmt, rühmte, hat gerühmt	
ausdehnen	to expand, to broaden
dehnt aus, dehnte aus, hat ausgedehnt	
den Hut zücken/ziehen vor	to take one's hat off to s.o.
zückt, zückte, hat gezückt	
abgestürzt	fallen, crashed
ahnen	to suspect, to sense
ahnt, ahnte, hat geahnt	
sich nicht in die Karten	to keep one's cards close to one's chest
sehen lassen	
Schnickschnack *(m)*	bric-a-brac, knickknack
aufgekratzt	cheerful, in high spirits
gedemütigt	humiliated
Zucht *(f)*	discipline, culture
Interna *(pl)*	internal matters

Verständnisfragen zum Text

1. Wie ist das Verkaufskonzept von Trader Joe's? Welche Produkte kann der Kunde dort erwerben?
2. Wie ist der Laden ausgestattet?
3. Wie ist die Atmosphäre bei Trader Joe's?
4. Wie entstand der Supermarkt, und wie lange gibt es ihn schon?
5. Wer kauft besonders gerne bei Trader Joe's ein?

Analyse und Diskussion

1. Diskutieren Sie im Unterricht, welche Kriterien Sie beim Einkaufen wichtig finden. Wo kaufen Sie am liebsten Ihre Lebensmittel: bei einem großen Supermarkt? in einem kleinen Tante-Emma-Laden? auf dem Markt? Was ist Ihnen wichtig, wenn Sie einkaufen gehen: die Preise? die Atmosphäre? die Produkte? Sprechen Sie über Ihre Vorlieben im Unterricht und

erstellen Sie eine Liste mit den Eigenschaften, die ein Geschäft attraktiv machen.

2. Im Gegensatz zu unserem ersten Artikel, in dem es um konkrete Marken aus Deutschland ging, sind es bei Trader Joe's gerade die No-Name Produkte, die sich großer Beliebtheit erfreuen. No-Name Produkte als Statussymbole – ist das möglich? Diskutieren Sie, warum Trader Joe's trotz seiner recht billigen, hauseigenen Produkte wirtschaftlich so erfolgreich ist. Können Sie das verstehen? Würden Sie selber gerne dort einkaufen? Warum? Warum nicht? Ist No-Name „in" und sparen attraktiv?

Weiterführende Aktivitäten

1. Gehen Sie zu der Webseite von Trader Joe's: http://www.traderjoes.com/, und beschreiben Sie diese. Welche Kategorien gibt es? Welches Design hat die Webseite? Welche Informationen erhält der Kunde über das Geschäft und seine Produkte? Finden Sie die Webseite ansprechend? Gibt es Produkte, die Sie gerne einmal kaufen möchten? Präsentieren Sie Ihre Ergebnisse im Unterricht.

2. Gehen Sie nun zum Mutterkonzern, der Supermarktkette Aldi, z. B. zu Aldi Süd: https://www.aldi-sued.de/, und vergleichen Sie diese mit der Webseite von Trader Joe's. Wie ist die Webseite gestaltet? Welche Produkte werden verkauft? Wie sind die Preise? Welche zusätzlichen Informationen erhält der Kunde? Schreiben Sie einen kurzen Aufsatz und vergleichen Sie drei Punkte der beiden Webseiten miteinander.

3. Recherchieren Sie die Geschichte des Supermarkt-Imperiums Aldi. Wer hat Aldi ins Leben gerufen? Wann wurde Aldi gegründet? Wie viele Filialen besitzt Aldi in Deutschland und auf der Welt? Wie ist die Verkaufsphilosophie von Aldi? Wie behandelt Aldi seine Angestellten? Ein guter Ausgangspunkt ist die folgende *Spiegel*-Webseite, die Ihnen eine Fülle von Details bietet: http://www.spiegel.de/thema/aldi/.

Ausbeutung in der Textilindustrie: Kircheninstitut kritisiert Adidas

Einführung

Nachdem Sie zwei positive Beiträge zu deutschen Produkten im Ausland gelesen haben, beschäftigt sich unser nächster Text mit den negativen Auswirkungen, die durch die deutsche Wirtschaft in anderen Ländern entstehen können. Der Autor Hannes Koch stellt in seinem Artikel den Bericht des Südwind-Instituts vor, der den Sporthersteller Adidas kritisiert. Denn Adidas lässt seine Ware in Billiglohnländern zu einem Bruchteil des Gehaltes deutscher Arbeiter nähen – eine Praxis, die weit verbreitet und, wie wir bereits erfahren haben, als Outsourcing bekannt ist. Dass im Ausland jedoch häufig die Arbeitsbedingungen katastrophal sind, wird oft verschwiegen. Der nun folgende Artikel weist auf existierende Missstände hin und macht Vorschläge, was verbessert werden sollte.

*Geringe Löhne, Überstunden, **entwürdigende** Behandlung – so soll der Alltag bei Sportartikel-**Zulieferern** in Indonesien aussehen. Der Konzern **weist** das **zurück**.*

Schicke Produkte, **miese** Arbeitsverhältnisse: Seit 20 Jahren streiten Menschenrechtler mit Markenkonzernen wie Adidas über die **vermeintliche** Ausbeutung der Arbeiter in den weltweiten Zulieferfirmen.

In einer neuen Studie hat das kirchliche Südwind-Institut nun untersucht, ob sich die Zustände seitdem gebessert haben. Autorin Antje Schneeweiß zieht die Bilanz, dass die Beschäftigten in Entwicklungsländern durchaus von Fortschritten profitieren, manche **Missstände** aber **nach wie vor vorhanden sind**.

In Indonesien lassen Adidas und andere Markenfirmen Schuhe und Textilien fertigen. Partnerorganisationen von Südwind haben dort deshalb in den vergangenen Monaten mehrere Zulieferfabriken untersucht. Der Studie „Arbeitsrechts**verstöße** in Indonesien. Was können Investoren tun?" liegen die Aussagen von 85 Beschäftigten zugrunde, die meisten von ihnen weiblich und unter 30 Jahre alt.

Laut Südwind zahlen die Zulieferer ihren Beschäftigten meist zwar den gesetzlichen **Mindestlohn**. Der reiche aber oft nicht aus, um die Grundbedürfnisse zu decken. Die Arbeiterinnen seien deshalb **gezwungen**, zahlreiche Überstunden zu leisten. Die Höchstzahl der gesetzlichen erlaubten 14 Überstunden pro Woche werde nicht selten überschritten, erfuhren die Rechercheure. Hinzu kämen zahlreiche weitere Missstände: unter anderem erniedrigende Behandlung durch Vorgesetzte, sexuelle Übergriffe und mangelhafte sanitäre Einrichtungen.

Adidas weist die Vorwürfe „vehement zurück". „Seit vielen Jahren betreibt die Adidas-Gruppe ein **ausgereiftes** Programm, um die **Einhaltung** fairer, sicherer und gesunder Arbeitsbedingungen in unserer Lieferkette zu **gewährleisten**", erklärte eine Sprecherin. „Wir haben ein engagiertes Team von Experten in Indonesien, die eng mit unseren Lieferanten zusammenarbeiten."

Der Konzern forderte Südwind auf, die Rechercheergebnisse im Detail offenzulegen, um sie überprüfen zu können. Südwind-Autorin Schneeweiß sagte: „Wir begrüßen das Angebot der Kooperation, es wird zu Gesprächen kommen."

Einiges ist besser geworden

Das kirchliche Institut erkennt an, dass die Markenunternehmen in den vergangenen Jahren einiges unternommen haben, um die Arbeitsbedingungen in der Produktionskette zu verbessern. Man gab sich eigene Verhaltensregeln und schloss Branchen**vereinbarungen** ab. Formuliert sind darin beispielsweise Mindeststandards für die Bezahlung, ein Verbot gesetzwidriger Überstunden und von Kinderarbeit.

Trotzdem **liege** noch vieles **im Argen**, heißt es bei Südwind. Die Frage ist, warum? Antje Schneeweiß und andere kritische Experten **hegen einen Verdacht**: Die Markenunternehmen würden einerseits schöne Standards aufstellen, andererseits ihren Zulieferern eine zu geringe **Gewinnmarge** einräumen, als dass diese die wohlklingenden Ziele auch umsetzen könnten.

Um aus diesem Dilemma herauszukommen, fordert Südwind institutionelle Investoren wie Pensionsfonds auf, stärker auf die Beziehungen zwischen den Markenunternehmen und ihren Zulieferern zu achten.

Quelle: http://www.taz.de/!105367/

Vokabeln

entwürdigend	ignominious, degrading
Zulieferer *(m), -*	supplier, subcontractor
zurückweisen	to reject, to deny
weist zurück, wies zurück, hat zurückgewiesen	
schick	fancy, fashionable
mies	lousy, ugly
vermeintlich	alleged, supposed
Missstand *(m), -***stände**	deficiency
nach wie vor	still
vorhanden sein	to exist, to be there
Verstoß *(m), -***stöße**	violation, breach
Mindestlohn *(m), -***löhne**	minimum wage
gezwungen sein	to be forced to
ausgereift	well thought-out
Einhaltung *(f), -***en**	adherence, compliance
gewährleisten	to ensure, to guarantee
gewährleistet, gewährleistete, hat gewährleistet	
Vereinbarung *(f), -***en**	agreement, arrangement
im Argen liegen	to be in a sorry state
einen Verdacht hegen	to suspect
hegt, hegte, hat gehegt	
Gewinnmarge *(f), -***n**	profit margin

Verständnisfragen zum Text

1. Wie sieht die Bilanz der Studie des kirchlichen Südwind-Instituts aus? Was kritisiert sie, und was hat sich verbessert?
2. Wo produziert Adidas seine Schuhe, und welche Personen stellen die Sportschuhe her?
3. Wie sehen die Arbeitsbedingungen aus? Was bemängelt das Institut?
4. Wie reagiert Adidas auf die Vorwürfe?
5. Was fordert das Südwind-Institut? Was genau sollen die Unternehmen verbessern?

Analyse und Diskussion

Wissen Sie, wo die Kleidung, die Sie tragen, hergestellt wird? Und unter welchem Bedingungen? Nehmen Sie eine Ihrer Lieblingsmarken und versuchen Sie, Informationen über die Herstellung zu bekommen. In welchem Land oder Ländern wird die Kleidung genäht? Wer näht sie? Wie viel Geld verdienen diese Leute? Liegen Vorwürfe gegen diese Firma vor? Recherchieren Sie und präsentieren Sie Ihre Ergebnisse im Unterricht.

Weiterführende Aktivitäten

1. Sammeln Sie weitere Informationen über die deutsche Firma Adidas. Wo genau produziert Adidas seine Waren? Liegen neue Vorwürfe gehen Adidas vor? Haben sich die Arbeitsbedingungen in den ausländischen Adidas-Produktionsstätten verändert, seit das Südwind-Institut seinen Bericht veröffentlicht hat? Wie verantwortungsbewusst ist Adidas heute?
2. Gehen Sie auf die Webseite des Südwind-Instituts: http://www.sued wind-institut.de/, und recherchieren Sie, welchen Themen sich das Institut widmet. Was sind seine Aufgaben? Wie versucht es, die Ungerechtigkeit in der Welt zu beseitigen? Können Sie als normaler Bürger dem Institut helfen?

Wie Deutschland an den Armen verdient

Einführung

Auch der nächste Artikel wirft ein kritisches Licht auf Deutschland und zwar auf die politischen Entscheidungen, die Deutschland als Staat trifft. Obwohl Deutschland alljährlich einen beachtlichen Betrag für Entwicklungshilfe zur Verfügung stellt, gelangt das Geld nicht immer an die richtigen Adressen. Nicht die bedürftigsten Länder, die von Hunger und Krankheiten gebeutelt sind, profitieren von dem deutschen Budget für Entwicklungshilfe, sondern oft wird das Geld im eigenen Land ausgegeben, weil wirschaftliche Interessen der Deutschen eine bedeutende Rolle spielen. Dass eine solche Politik moralisch fraglich ist, stellt dieser Artikel klar heraus.

Der Bundestag beschließt den Etat für Entwicklungshilfe für 2013. Das Geld reiche nicht, sagt ein Experte. Denn die **Mittel** *würden längst nicht mehr nur zur Bekämpfung der Armut genutzt – sondern zur Handelsförderung.*

6,3 Milliarden Euro, um die Armut zu bekämpfen. Um hungernde Kinder zu ernähren, um Kranke zu behandeln, um Menschen Zugang zu Wasser zu ermöglichen. 6,3 Milliarden Euro – das ist das Budget des Bundesministeriums für wirtschaftliche Zusammenarbeit und Entwicklung (BMZ) für 2012. Gestern wurde der Etat für 2013 im Bundestag verhandelt. Erst gab es Streit um Kürzungen. Dann einigten sich die Abgeordneten auf den Etat von wiederrum 6,3 Milliarden Euro. Mittel, die den Ärmsten zu Gute kommen sollen. Doch das stimmt nicht so ganz. Denn ein Teil der Entwicklungshilfe fließt direkt in die deutsche Wirtschaft.

„Entwicklungshilfe geht mit Export einher", sagt Axel Dreher, Professor für Internationale Wirtschafts- und Entwicklungspolitik an der Uni Heidelberg. Das bedeutet: Durchschnittlich geht mehr Geld aus dem deutschen Topf der Entwicklungshilfe an Länder, die mehr deutsche Güter importieren. Dahinter steht der Gedanke, dass **sich** Entwicklungshilfe für die Geberländer **lohnen** soll. Das machte Bundesentwicklungsminister Dirk Niebel schon bei seinem Amtsantritt klar.

„Das ist nicht per se schlecht", sagt Wolfgang Jamann, Generalsekretär der Welthungerhilfe. Ein negativer Effekt sei jedoch, dass deshalb prinzipiell vor allem „good performer", also Länder mit wirtschaftlich guten Aussichten eine Chance auf Kredite hätten. Das kritisiert auch der heute vorgestellte Bericht von Welthungerhilfe und Terre des Hommes.

Auch Mischfinanzierung, also die **Koppelung** von Geldern des BMZ und der KFW-Bank [Kreditanstalt für Wiederaufbau], so Jamann, sei ein Mittel, das immer mehr zunehme, das aber ebenfalls vor allem **Schwellenländern** zu Gute komme. Die ärmsten Länder würden dabei mehr und mehr vergessen. Ein stagnierendes Entwicklungshilfebudget tue das Übrige.

„Auf der Liste der Länder, die von Deutschland gefördert werden, sind viele Länder, die aus politischen Gründen Geld bekommen", sagt Jamann. Afghanistan sei der größte Hilfsempfänger, ein weiterer ist der Jemen. „Und doch gibt es eben auch eine Reihe von Ländern, die aus rein wirtschaftlichen Interessen gefördert werden. Zum Beispiel Namibia oder Indien."

Gerade Indien sei ein komplexes Beispiel, sagt Jamann. „Indien ist ein sogenannter Boom-Staat", ein Schwellenland, in dem die **Schere** zwischen Arm und Reich extrem **auseinanderklaffe**. „Der Technologieaustausch, von dem die deutsche Wirtschaft direkt profitiert, funktioniert sicherlich sehr gut", sagt Jamann. Aber man müsse ganz genau hinschauen, wem die Investitionen aus dem Entwicklungshilfeetat zu Gute kämen. Bestimmte Bevölkerungsgruppen würden hinten überfallen. Dort sei die Armut umso größer und sie könne eben nicht mit Hilfe eines guten Investitionsplanes **beseitigt** werden.

Bereichert sich die deutsche Wirtschaft auf Kosten der Armen?

Dann gebe es noch Wirtschaftsprojekte in Entwicklungsländern, die vom Ministerium subventioniert würden, sagt Jamann. Ein Beispiel: „Cotton made in Africa". Ein Projekt, das auch von Unternehmen aus dem Handel und der Textilwirtschaft unterstützt wird, die natürlich auch davon profitieren würden. „Auch an Aufträgen in Sachen Entwicklungshilfe, die direkt an das GIZ, an die deutsche Gesellschaft für Internationale Zusammenarbeit, gehen würden, verdient die deutsche Wirtschaft", sagt Jamann.

Professor Dreher kennt weitere Beispiele für Gelder aus der Entwicklungshilfe, die Deutschland gar nicht verlassen. Bei der Katastrophenhilfe würden die Güter, die dafür benötigt würden, natürlich meist deutsche Unternehmen liefern, sagt er. „Auch Bereiche wie Forschung oder Stipendien für ausländische Wissenschaftler werden **auf** das Budget der Entwicklungshilfe **angerechnet**." Dieses Geld verlasse zu großen Teilen Deutschland ebenfalls nicht.

Bereichert sich also die deutsche Wirtschaft auf Kosten der Armen? So **pauschal** könne man das nicht sagen, sagt Dreher. „Man weiß nicht, ob Entwicklungshilfe tatsächlich hilft", sagt er. **Denkbar** sei, dass das Geld korrupte Diktaturen länger am Leben halte. Dass Mittel eingesetzt würden, um Stimmen im Sicherheitsrat zu kaufen oder einen permanenten Sitz zu bekommen. Auch der **Nettoeffekt** lasse sich nicht klar **bestimmen**.

Klar ist für ihn jedoch: „Handelsförderung ist nicht primär Entwicklungspolitik." Denn in erster Linie diene sie nicht der Bekämpfung der Armut im Empfängerland. Es sei durchaus legitim, Geld so einzusetzen, dass es den Gebern helfe. Aber ihm fehlt es dabei an Transparenz. Denn wer zurzeit wovon profitiere, sei nicht **ersichtlich**. Und klar sei auch: „Die deutsche Wirtschaft profitiert von der Entwicklungspolitik."

Generalsekretär Jamann wünscht sich, dass die Politik **in Sachen** Entwicklungshilfe endlich „Zukunftpolitik" betreibt. Das heißt für ihn anzuerkennen, dass die Probleme der Entwicklungsländer sich direkt vor der deutschen Tür abspielen. „Wir haben gerade in Europa gesehen, was passiert, wenn man einen europäischen Trend **verschläft**", sagt er. Mit den Problemen der Entwicklungsländer solle das nicht geschehen. Er hofft, dass die Armutsbekämpfung in Zukunft an erster Stelle steht – noch vor den Interessen der deutschen Wirtschaft.

Quelle: http://www.handelsblatt.com/politik/deutschland/entwicklungspolitik-wie -deutschland-an-den-armen-verdient/7423522.html

Vokabeln

Mittel *(n)*, -	means, resource
sich lohnen	to be worthwhile, to pay off
lohnt sich, lohnte sich, hat sich gelohnt	
Koppelung *(f)*, -en	linking, coupling
Schwellenland *(n)*, -länder	emerging nation
die Schwere klafft auseinander	the gap is widening
beseitigen	to remove, to eliminate
beseitigt, beseitigte, hat beseitigt	
sich bereichern an *(Dat)*	to get rich
bereichert sich, bereicherte sich, hat sich bereichert	
auf Kosten *(Gen)*	at the expense of

anrechnen auf *(Akk)*   to give s.o. credit for
  rechnet an, rechnete an, hat angerechnet
pauschal   in general
denkbar   conceivable, imaginable
Nettoeffekt *(m)*, **-e**   net effect
bestimmen   to determine, to decide
  bestimmt, bestimmte, hat bestimmt
ersichtlich   evident, apparent
in Sachen   in the matter of
verschlafen   to oversleep; *here*: to miss out on sth.
  verschläft, verschlief, hat verschlafen

Verständnisfragen zum Text

1. Wofür soll das Geld für Entwicklungshilfe im Idealfall genutzt werden? Welche Punkte werden im Text genannt?
2. Was kritisiert Professor Axel Dreher an der deutschen Entwicklungshilfepolitik?
3. Was wird im Text über Indien ausgesagt? Auf welche Punkte ist bei der Geldvergabe an Indien zu achten?
4. Wie „lohnt" sich für Deutschland die Entwicklungshilfe? Geben Sie ein Beispiel aus dem Text.
5. Wie sollte sich die Politik der Entwicklungshilfe in der Zukunft ändern? Welcher Vorschlag wird im Text gemacht?

Analyse und Diskussion

1. Was denken Sie über die Einstellung, dass sich Entwicklungshilfe für das Geberland lohnen sollte? Ist es nur gerecht, dass ein Land, das Hilfsgelder zur Verfügung stellt, auch von dieser Hilfe auf eine gewisse Art und Weise profitiert? Oder finden Sie das moralisch problematisch, da Entwicklungshilfe eine selbstlose Angelegenheit sein sollte? Diskutieren Sie die verschiedenen Seiten im Unterricht und sammeln Sie Argumente für beide Ansichten.
2. Wie ist Ihre persönliche Meinung zu Entwicklungshilfe? Spenden Sie Geld für andere Länder? Finden Sie Entwicklungshilfe effektiv oder denken Sie, dass sie nicht wirklich zum Erfolg führt? Welche Entwicklungshilfsorgani-

sationen kennen Sie? Welche sind in Ihrem Land wichtig? Tragen Sie Ihr
Wissen, Ihre Erfahrungen und Meinungen im Unterricht zusammen.

Weiterführende Aktivitäten

1. Was genau ist „Cotton made in Africa"? Haben Sie diesen Namen schon
   einmal gehört? Wenn nicht, dann gehen Sie zu folgender Webseite: http://
   www.cotton-made-in-africa.com/de/, und finden Sie heraus, was dieses
   Projekt für ein Ziel verfolgt. Wie können Entwicklungsländer von dieser Initiative profitieren? Wie ist Ihre Meinung? Würden Sie das Projekt
   unterstützen?
2. Sehen Sie sich eine weitere Seite im Internet an: dieses Mal die Webseite
   der Organisation Welthungerhilfe: http://www.welthungerhilfe.de/home
   .html. Wie unterscheidet sich diese Organisation von „Cotton made in
   Africa"? Auf welche Weise möchte Welthungerhilfe die Menschen in den
   armen Ländern unterstützen? Sehen Sie sich die unterschiedlichen Projekte
   von Welthungerhilfe an und beschreiben Sie ein Projekt im Unterricht.
   Würden Sie für dieses Projekt Geld spenden?

Die wundersame Welt der Waschkraft

Einführung

© Piffl Medien

Am Ende unseres Kapitels sehen wir einen Film des Regisseurs Hans-Christian
Schmid mit dem bezeichnenden Titel
Die wundersame Welt der Waschkraft.
Schmid ist für seinen Film nach Polen
gereist, in das Städtchen Gryfino nahe
der deutsch-polnischen Grenze, wo sich
die Wäscherei Fliegel befindet. Dort wird
rund um die Uhr gearbeitet – 24 Stunden, 7 Tage die Woche – um die schmutzige Wäsche zahlreicher Berliner Nobelhotels innerhalb eines Tages wieder
gebrauchsfertig zu machen. Es ist kein
Wunder, dass sich die Wäscherei nicht
auf deutscher Seite befindet, da, wie der

Film deutlich macht, die Deutschen unter den harten Bedingungen und zu dem geringen Stundenlohn die Arbeit nicht verrichten wollen. Ein Film, der das Thema des Outsourcings aus unterschiedlichen Perspektiven beleuchtet sowie die Anstrengungen der Benachteiligten, sich eine bescheidene Existenz aufzubauen.

Verständnisfragen zum Film

1. Wo lassen die Berliner Fünf-Sterne-Hotels ihre Wäsche waschen?
2. Welche Vorteile hat der Standort Polen für die Wäscherei Fliegel? Wie unterscheidet er sich von Deutschland?
3. Welche Personen arbeiten bei Fliegel? Wir lernen während des Filmes Beata, Monika und ihre Tochter Marta kennen. Nehmen Sie eine dieser Personen und beschreiben Sie diese. Wie ist ihre Ausbildung? Wie ihre familiäre Situation? Wo wohnt sie? Hat sie Kinder?
4. Wie ist die Situation generell in der polnischen Grenzregion? Welche Berufe haben die Personen im Film? In welchen Verhältnissen leben sie? Wie ist die Zukunftsperspektive der jungen Leute?
5. Was möchte Beatas Mutter Lidia machen, um für ihren Sohn Geld zu verdienen? Wie ist ihr Plan?
6. Der Film lässt auch den Geschäftsführer der Wäscherei Fliegel zu Wort kommen. Wie ist seine Meinung zu den Arbeitsbedingungen der polnischen Frauen und zu seinem Geschäftsmodell? Stimmen Sie mit ihm überein?

Analyse und Diskussion

1. Was denken Sie persönlich über die Wäscherei Fliegel? Bringt sie Arbeitsplätze nach Polen und ist somit ein Segen für die polnische Bevölkerung oder trägt sie vielmehr zur Ausbeutung bei? Beziehen Sie auch die Aussagen von Monika und Beata in Ihre Antwort mit ein. Wie ist die Einstellung der beiden Frauen zu ihrer Arbeit? Diskutieren Sie im Unterricht die Vor- und Nachteile des deutschen Arbeitgebers.
2. Versuchen Sie, genauere Informationen über die Produktion des Filmes sowie seine Rezeption zu finden. Die Webseite des Filmes könnte Ihnen dabei helfen: http://www.waschkraft-der-film.de/interview.html. Lesen Sie sowohl das Interview mit dem Regisseur Hans-Christian Schmid als auch

die Pressestimmen. Welche Details erfahren Sie über den Film, die Sie noch nicht wussten? Recherchieren Sie auch im Internet und versuchen Sie, Kritiken in großen deutschen Tageszeitungen zu finden.

Weiterführende Aktivitäten

1. Was wissen Sie über das Land Polen? Über seine Geschichte, Politik, Geografie, Gesellschaft und Kultur? Teilen Sie sich in Gruppen auf und bearbeiten Sie je einen der genannten Punkte mit Hilfe der folgenden Webseiten: http://www.info-polen.com/, und http://www.bpb.de/inter nationales/europa/polen/. Präsentieren Sie dann Ihre Ergebnisse im Unterricht. Achten Sie speziell auf das Verhältnis Polens zu Deutschland und der EU.

2. Haben Sie eine Vorstellung davon, wo die Hotels in Ihrem Land ihre Wäsche waschen lassen? Haben Sie schon einmal darüber nachgedacht? Denken Sie, dass es im Inland stattfindet oder, wie im Fall der deutschen Hotels in Berlin, in einem anderen Land? Und wer ist für das Waschen zuständig? Ist auch dort die Bezahlung so schlecht wie in Polen? Recherchieren Sie im Internet und vergleichen Sie dann Ihre Ergebnisse im Unterricht.

Projekte

1. Ein großes Problem in unserer heutigen Zeit ist der Handel mit Bananen. Bananen werden nicht zu einem fairen Preis vertrieben, sondern Firmen wie Chiquita zahlen den Bananenplantagebesitzern nur einen Hungerlohn für ihre Ware. *Planet Wissen* stellt eine Anzahl von Artikeln über die Geschichte des Bananenhandels, den Verkauf von Bananen in Deutschland und unsere Möglichkeiten als Verbraucher, einen fairen Handel zu sichern, auf folgender Webseite bereit: http://www.planet-wissen.de/alltag_gesund heit/essen/bananen/index.jsp. Starten Sie ein „Bananenprojekt", indem Sie detaillierte Informationen über die Banane zusammentragen. Weitere hilfreiche Webseiten sind u. a. ein Interview mit Franziska Humbert von Oxfam: http://www.ndr.de/ratgeber/verbraucher/bananen177.html, und ein Bericht der Nichtregierungsorganisation Brot für die Welt: http://www .brot-fuer-die-welt.de/themen/bewahrung-der-schoepfung/fairer-handel/ fairhandeln-kampagnen/fairer-bananenhandel.html. Erstellen Sie eine PowerPoint Präsentation, die Sie im Unterricht zeigen. Welche Maßnahmen

können Sie persönlich ergreifen, damit Bananen in der Zukunft einen höheren Preis erzielen?

2. In dem Film *Die fetten Jahre sind vorbei* von Regisseur Hans Weingartner sehen wir drei junge Leute – Jule, Peter und Jan – die sich zum Ziel gesetzt haben, auf ihre Art und Weise gegen die wirschaftliche Ungerechtigkeit der Welt zu kämpfen. Insbesondere Jan und Peter führen ein Doppelleben: Tagsüber gehen sie ihrem Alltag nach, jedoch des Nachts brechen sie in die Häuser der Reichen ein und stellen ihre Möbel um. Als sie dabei ungewollt überrascht werden, eskaliert die Situation, und das Ergebnis ist die Entführung des Geschäftsmannes Justus Hardenberg, dem Jule aufgrund eines Unfalls 100.000 Euro schuldet. Sehen Sie sich den Film im Unterricht an und diskutieren Sie die Botschaft der „Erziehungsberechtigten". Welche Einstellungen vertreten die drei jungen Leute? Rechtfertigen ihre Ziele ihre Vorgehensweise? Was wollen die „Erziehungsberechtigten" erreichen? Was stört sie an der Welt? Wie stehen sie der Globalisierung gegenüber? Können Sie den Film mit den bereits im Unterricht gelesenen Texten in Verbindung bringen?

3. Wenn Ihnen der Ausschnitt des Theaterstückes *McKinsey kommt* von Rolf Hochhuth gefallen hat, dann könnte Sie auch das Drama *Top Dogs* von Urs Widmer interessieren. In *Top Dogs* geht es um eine Reihe von Managern, die früher einmal die Top Dogs waren, aber nun ihren Job verloren haben und dadurch ihr Leben nicht mehr in den Griff bekommen. Das, was sie früher ihren Untergebenen angetan haben – nämlich diese zu entlassen – ist ihnen nun selbst passiert und hat sie aus der Bahn geworfen. Urs Widmer hat eine Satire über die Welt der Wirtschaft und ihrer Topmanager verfasst, in der das Streben nach Macht und Geld im Vordergrund steht. Lesen Sie das Stück im Unterricht mit verteilten Rollen und diskutieren Sie dann seine Botschaft. Gibt es Parallelen zu Hochhuths *McKinsey kommt*? Wie fügt sich das Stück in unser Kapitel über Wirtschaft ein? Können Sie sich mit den Top Dogs identifizieren?

Weiterführende Materialien

Theoretische Texte

Gorz, André. „Die entzauberte Arbeit". *Generation Global: Ein Crashkurs*. Hg. Ulrich Beck. Frankfurt a. M.: Suhrkamp, 2007. 199–226.

Greving, Johannes. „Die ökonomische Dimension". *Globalisierung.* Berlin: Cornelsen Verlag Scriptor, 2003. 23–42.

Welt der Wirtschaft kinderleicht. Globalisierung. München: Carl Hanser Verlag, 2011.

Webseiten

Dossier *Wirtschaft und Globalisierung* von der Bundeszentrale für politische Bildung: http://www.bpb.de/apuz/26431/wirtschaft-und-globalisierung

„Globalisierung – Segen oder Fluch?" in *Die Welt* von 2009: http://www.welt.de/finanzen/globalisierung-kinder/article3083634/Globalisierung-Segen-oder-Fluch.html

Portal *Wirtschaft und Schule* mit einer Fülle von Informationen: http://www.wirtschaftundschule.de/unterrichtsmaterialien/globalisierung-europa/arbeitsblaetter/globalisierung/

Filme

Ein kurzer Videoclip: *Globalisierung (Gewinner und Verlierer)*: http://www.youtube.com/watch?v=hppFd2QyoqY

Eine Dokumentation über Discounter in Deutschland: *Hauptsache billig: Wie werden die kleinen Preise gemacht?:* http://www.youtube.com/watch?v=r8diamux924

Kapitel Vier
Deutschland und Europa

Einführung in das Thema

Kapitel Vier soll uns Europa näher bringen und wichtige Details über einen Kontinent vermitteln, der sich in den letzten Jahrzehnten sowohl politisch als auch wirtschaftlich stark verändert hat. Europa ist Ihnen sicherlich nicht unbekannt: Sie sind bestimmt in der Lage, eine Reihe von Ländern zu nennen, die in Europa liegen, haben von den unterschiedlichen Kulturen gehört, die Europa ausmachen, und wissen um die Vielzahl der Sprachen, die in Europa tagtäglich gesprochen werden. Vielleicht haben Sie schon viele Male Europa bereist oder haben Freunde, die Europa besucht und Ihnen von dem Kontinent berichtet haben. Aber auch wenn Sie selber noch niemals einen Fuß in ein europäisches Land gesetzt haben, so ist, sollten Sie die Nachrichten regelmäßig verfolgen, Europa trotzdem sehr präsent in Ihrem Leben. Dieser Umstand ist in den letzten Jahren vor allem der Eurokrise zu verdanken, die die Politiker nicht nur in Europa, sondern weltweit sehr beschäftigt hat – und weiterhin beschäftigt – und die Frage immer wieder aufwirft, inwieweit die

© Yuri4u80 | Dreamstime.com

Der Europäische Rat hat seinen Sitz in Brüssel

Europäische Union ein stabiles Staatengebilde darstellt und der Euro eine erfolgreiche gemeinsame Währung für die Zukunft. Jedoch wie ist die Eurokrise wirklich entstanden? Oder noch banaler gefragt: Wie genau funktioniert der Euro? Wer benutzt ihn? Wer trifft wichtige finanzielle Entscheidungen in der EU? Welche Staaten gehören der EU an, und welche Aufgaben hat

© Konstantin Kirillov | Dreamstime.com

die EU zu bewältigen? Dies sind alles berechtigte Fragen, auf die dieses Kapitel schrittweise verständliche Antworten geben möchte. Um dies zu erleichtern, ist unser Kapitel wiederum in zwei Teile geteilt. Der erste Teil beschäftigt sich mit Europa und der Europäischen Gemeinschaft im Allgemeinen – wer oder was ist Europa, welche Staaten bilden die Europäische Union, wer benutzt den Euro, was ist die Eurokrise – während der zweite Teil konkret auf die Rolle Deutschlands in der Europäischen Gemeinschaft eingeht und sich mit dem Einfluss Europas auf die deutsche Bevölkerung auseinandersetzt.

In unserem ersten Artikel „Warum Europa?" führt uns der Autor Eckart Stratenschulte in das sehr komplexe Thema Europa ein. Er reißt kurz die Beweggründe für die Entstehung der heutigen EU an, nennt die Zahl der Mitgliedsländer, betont die gemeinsamen Werte, auf denen die EU basiert, und führt dann detaillierter aus, wie sich die EU auf den einzelnen Bürger auswirkt. Wie hat sich das Leben in der EU verändert, seit Europa enger zusammengewachsen ist? Welchen Einfluss hat dieses politische und wirtschaftliche Gebilde, wenn es um das tägliche Einkaufen geht, den Beruf, die Umwelt, das Geld, mit dem wir bezahlen? Hat die EU Nachteile mit sich gebracht? Von einem generellen Überblick geht es dann im zweiten Text zu den europäischen Einrichtungen, die für das Erstellen von Vorschriften und Verordnungen zuständig sind und den Staatenzusammenschluss regeln und kontrollieren. Es werden sechs bedeutende Institutionen der EU vorgestellt, u. a. das Europäische Parlament, der Europäische Rat und der Europäische Gerichtshof, und die Aufgaben dieser Institutionen in gut verständlichem Deutsch erklärt. Dadurch wandelt sich die Europäische Union langsam von einem äußerst komplexen zu einem überschaubaren Gebilde, das im Großen und Ganzen dem politischen Aufbau der zu verwaltenden Einzelstaaten entspricht. Von einer gemeinsamen Politik geht es weiter zu einer gemeinsamen Währung – dem Euro, der sowohl in seinem globalen Kontext als auch im Hinblick auf Deutschland beschrieben wird. Wir erfahren, dass Euro und US-Dollar ver-

gleichbar starke Währungen sind, und dass es einen Stabilitätspakt in der EU
gibt, nach dem sich die Mitgliedsstaaten zu richten haben, und der Ländern in
Zeiten der wirtschaftlichen Not unter die Arme greift. Weiterhin werden wir
mit den Vorteilen des unkomplizierten Preisvergleichens vertraut gemacht,
was das Einkaufen in Europa vereinfacht. Jedoch hat der Euro, wie Sie bestimmt schon gehört haben, gerade durch seine grenzverbindende Funktion
in den letzten Jahren zu vielen Schwierigkeiten innerhalb Europas geführt.
Da nun achtzehn Staaten den Euro als ihre Währung nutzen, machen sich die
wirtschaftlichen Probleme eines Landes auch bei allen anderen Ländern bemerkbar. Die in Schwierigkeiten geratenen Länder – beispielsweise Griechenland, Italien, Spanien oder Zypern – können nun nicht mehr eigenmächtig
ihre Finanzen regulieren, sondern sind auf das Zusammenspiel der anderen
Euro-Länder angewiesen. Wie genau die Eurokrise entstanden ist, ihre Ursachen und Konsequenzen, wird in den zwei Texten „Was ist die Euro-Krise?"
und „Ursachen der Krise" kurz besprochen. Allerdings bieten diese Texte –
wie auch alle anderen Artikel – nur einen oberflächlichen Einblick in The-
menbereiche, die sehr komplex sind. Daher ist es bei allen Themen um die
Europäische Union besonders ratsam, die Vorschläge zur Diskussion und zu
weiterführenden Aktivitäten zu bearbeiten. Erst durch weiterführende Aufgaben werden Sie wirklich einen umfassenden Überblick über die Gescheh-
nisse in Europa erhalten und somit besser verstehen, wo die Probleme in der
gegenwärtigen europäischen Politik liegen. Unser erster Teil endet mit einem
Artikel über mögliche Verbesserungen, die in der EU vorgenommen werden
sollten, um diese zu stärken und Krisen in der Zukunft soweit wie möglich
verhindern zu können.

Nachdem die Europäische Union in ihren wesentlichen Zügen besprochen wurde, bezieht sich Teil Zwei unseres Kapitels ganz konkret auf die deutsche Situation innerhalb Europas. Gleich im ersten Text wird die schwierige
Rolle, die Deutschland aufgrund seiner starken Wirtschaft in der EU inne
hat, geschildert. Obwohl Deutschland sich aktiv an der Lösung der Eurokrise beteiligt hat – sowohl politisch als auch finanziell – wünschen sich die
betroffenen Krisenländer eine weniger strenge Politik Deutschlands. Nicht
Sparmaßnahmen und Disziplin sind es, die sich beispielsweise Griechenland
und Italien von Deutschland erwarten, sondern eine tatkräftige monetäre
Unterstützung und Verständnis für die missliche finanzielle Lage. So erntet
Deutschland als Dank kein Lob, sondern wüste Beschimpfungen in Form

von Karikaturen einer Angela Merkel, die als Hitler verkleidet die Titelseiten nationaler Zeitungen ziert. Ob die Deutschen freilich an dieser Situation auch ein Quäntchen Schuld tragen, ist eine Frage, mit der sich der Artikel ebenfalls auseinandersetzt. Von einem unliebsamen Thema geht es weiter zu europäischen Austauschprogrammen und einer europaweiten Umstrukturierung der Hochschulsysteme, von der Deutschland in großem Maße betroffen ist. Durch europäische Austauschprogramme wie Erasmus, die die Studenten finanziell bei ihren Auslandsaufenthalten unterstützen, wird es immer einfacher, an ausländischen Universitäten zu studieren. Vor allem die Deutschen und Franzosen machen von diesen Angeboten regen Gebrauch und sind von den gemachten Erfahrungen in einem anderen Land begeistert. Um die Anrechnung von im Ausland erbrachten Studienleistungen gewährleisten zu können, wurde in Italien vor mehr als einem Jahrzehnt die Angleichung der europäischen Hochschulsysteme beschlossen. Dieser sogenannte „Bologna-Prozess" war 2010 abgeschlossen und hatte zur Folge, dass in Deutschland nun nicht mehr nach dem traditionellen Bildungssystem studiert wird; vielmehr folgen die Studenten dem angloamerikanischen System mit Bachelor- und Master-Abschlüssen. Ein Vorteil für einen Auslandsaufenthalt, aber nicht unbedingt bei allen deutschen Studenten beliebt, was Proteste und Studentendemonstrationen landesweit in der Vergangenheit beweisen.

Nicht nur einheitliche Vorschriften kennzeichnen die EU. Will man mit dem Auto die EU bereisen, muss man zwar keine Grenzkontrollen mehr passieren, was sehr positiv ist; allerdings hat jedes Land seine eigenen Vorschriften im Hinblick auf Notausrüstungen, die im Auto mitgeführt werden sollen. Mal sind es Warnweste und Warndreieck, ein anderes Mal Alkoholtester und Feuerlöscher – die jeweiligen Landesregelungen sind unterschiedlich und machen das Reisen den EU-Bürgern nicht immer leicht.

Auch das letzte Thema des Kapitels handelt von dem Überqueren von Grenzen. In seinem Film *Lichter* zeigt der Regisseur Hans-Christian Schmid, den wir bereits in Kapitel Drei kennengelernt haben, wiederum die Grenzregion von Polen und Deutschland, die Hoffnung sowie Verzweiflung in sich birgt. Sowohl Deutsche als auch Polen versuchen in einer durch geringe wirtschaftliche Aktivität gekennzeichneten Region, sich ein bescheidenes Leben aufzubauen, was nicht immer gelingt. Darüber hinaus ist das Grenzgebiet ein beliebter Ort für illegale Einwanderer, die über versteckte Waldwege und den Fluss Oder nach Deutschland zu gelangen versuchen. Hier werden zum

Schluss noch einmal die Probleme angesprochen, die durch das wirtschaftliche Gefälle innerhalb der EU entstehen können sowie die Diskrepanz zwischen der immer größer werdenden Öffnung der EU gegenüber ihren Mitgliedsstaaten einerseits und der gleichzeitigen Abschottung gegenüber Flüchtlingen und Asylsuchenden andererseits.

Fünfundzwanzig wichtige Vokabeln

Abgeordnete *(m/f)*, **-n**   delegate
aufheben   to pick up; *here*: remove
    hebt auf, hob auf, hat aufgehoben
Aufsicht *(f)*, **-en**   supervision, surveillance
Ausschuss *(m)*, **-schüsse**   committee, commission
Beitritt *(m)*, **-e**   joining
Dienstleistung *(f)*, **-en**   services
Einfuhr *(f)*, **-en**   import
einwirken auf *(Akk)*   to affect sth./s.o.
    wirkt ein, wirkte ein, hat eingewirkt
Festland *(n)*   mainland, continent
Freizügigkeit *(f)*   generosity; *here*: freedom of movement
Gerichtshof *(m)*, **-höfe**   court of justice
Grenzkontrolle *(f)*, **-n**   border control
Hochschulwesen *(n)*, **-**   higher education
Mitglied *(n)*, **-er**   member
Regierungschef *(m)*, **-s**   head of government
Richtlinie *(f)*, **-n**   guideline, policy
Staatspleite *(f)*, **-n**   national bankruptcy
Verordnung *(f)*, **-en**   act, regulation
sich verpflichten   to commit, to promise
    verpflichtet sich, verpflichtete sich, hat sich verpflichtet
vertreten   to represent
    vertritt, vertrat, hat vertreten
Verwaltung *(f)*, **-en**   administration
Vorherrschaft *(f)*, **-en**   supremacy, hegemony
Vorschrift *(f)*, **-en**   regulation, rule
Währung *(f)*, **en**   currency
Zoll *(m)*, **Zölle**   customs

TEIL EINS: DIE EUROPÄISCHE UNION

Warum Europa?

Einführung

Der erste Text unseres neuen Kapitels gibt uns einen komprimierten Überblick über das Gebilde Europa. Der Autor Eckart Stratenschulte befasst sich

© Sanghyun Paek | Dreamstime.com

Europaparlament in Brüssel

mit der Frage, was oder wer Europa ist, und erklärt die Entstehungsgeschichte der EU, ihre Mission sowie ihre verschiedenen Einflussbereiche, denen sich niemand in Europa entziehen kann. Lesen Sie den Artikel aufmerksam und überlegen Sie, inwieweit er Details beschreibt, die Sie schon einmal gehört haben.

*Europa? Das ist für viele ein fremder Ort, ein abstraktes **Gebilde**. Dabei regelt die EU jetzt schon vieles, was jeden von uns im täglichen Leben betrifft. Eine Einführung.*

Europa – was ist das? Oder muss man fragen: Wer ist das? Beide Fragen sind möglich und auf beide gibt es eine Antwort. Europa war – der griechischen Sage zufolge – eine phönizische Königstochter, die dem Gott Zeus so gut gefiel, dass er **sich in** einen weißen **Stier verwandelte** und sie nach Kreta **entführte**, wo sie ihm mehrere Kinder schenkte und dem Kontinent ihren Namen gab.

Dieser Kontinent Europa ist unsere Heimat und hat uns geschichtlich, kulturell und mental geprägt. Darüber, wo der Erdteil endet, wird heftig diskutiert, da es klare geographische Grenzen im Osten und Südosten nicht gibt. Europa ist nicht objektiv gegeben, es wird von uns definiert. Das zeigt sich am Beispiel Islands, das durch das europäische Nordmeer vom Festland getrennt ist, aber allgemeiner

Auffassung nach selbstverständlich zu Europa gehört – und auch in Erwägung gezogen hat, Mitglied der EU zu werden. Oftmals, wenn von „Europa" gesprochen wird, ist jedoch die Europäische Union (EU) gemeint, also der Zusammenschluss von derzeit 28 europäischen Staaten. Die EU, mit der sich dieses Dossier im Wesentlichen befasst, ist aus dem Bündnis von sechs westeuropäischen Staaten in den 1950er-Jahren entstanden, um den Frieden unter den Mitgliedstaaten zu sichern. Sie ist die Konsequenz der europäischen Staaten aus dem Zweiten Weltkrieg und war auf der Basis gemeinsamer **Werte** immer auf das ganze Europa angelegt. So ist es kein Zufall, dass sie im Laufe der Jahre und vor allem seit der Zeitenwende in Europa 1989–1991 neue Mitglieder gewonnen hat – und auch bereit ist, weitere Länder aufzunehmen.

Die EU wirkt auf das Leben ihrer Bürger ein

Viele Menschen denken, diese Europäische Union ginge sie nichts an. Das stimmt aber nur, wenn sie nicht atmen und kein Wasser trinken, wenn sie nicht arbeiten, nicht einkaufen und kein Geld haben, wenn sie nicht studieren und nicht verreisen. Sollten sie das aber doch tun, wirkt die Europäische Union auf ihr Leben ein.

Umwelt

Vieles, was unser Leben bestimmt, wird durch europäische Vorschriften geregelt. Nehmen wir den Bereich unserer natürlichen Umwelt. Hier haben sich die Staaten der Europäischen Union auf wichtige Standards geeinigt, und das war auch nötig. Umweltverschmutzung kennt keine Grenzen. So gibt es eine „**Feinstaub**richtlinie", die bestimmt, wie viele (**krebserregende**) Staubpartikel unsere Atemluft höchstens enthalten darf, und es gibt eine „Trinkwasserrichtlinie", die Höchstwerte für **Giftstoffe** im Trinkwasser festlegt. Eine Richtlinie gibt dabei lediglich die Ziele vor. Wie die Staaten diese Ziele erreichen, verbleibt in ihrer eigenen Regelungskompetenz.

Einkaufen

Dass im Supermarkt nicht nur deutsche Produkte angeboten werden, ist für uns völlig selbstverständlich. Spanischer Wein, französischer Käse und polnische Wurstwaren stehen im Regal neben ähnlichen Produkten aus Deutschland. Was besser ist, entscheiden jede Verbraucherin und jeder Verbraucher durch ihren Einkauf selbst. Die Kunden haben die Wahl. Dabei können sie **sich auf** zwei Dinge **verlassen**: Zum einen gelten die Lebensmittelstandards, die sie in Deutschland gewohnt sind, auch für die Produkte aus dem europäischen Ausland. Zum anderen werden die ausländischen Waren zu den Preisen angeboten, die die Hersteller und Verkäufer vorgeben. Es gibt keinen Zoll, der die Waren künstlich verteuert und der für die Käufer eine Art Strafsteuer darstellt, wenn sie sich für ausländische Produkte entscheiden.

Export und Binnenmarkt

Nun wird in Deutschland nicht nur vieles eingeführt, sondern auch sehr viel produziert, was in den Export geht. 2012 gab es einen Exportüberschuss in Höhe von 190 Mrd. Euro, das heißt, wir verkaufen ins Ausland mehr Dinge als wir von dort kaufen. ... Knapp zwei Drittel unserer Exporte gehen in die anderen Länder der Europäischen Union.

Und genauso, wie die Bundesregierung die Einfuhr italienischer Nudeln nicht verhindern könnte, dürfen uns die anderen EU-Staaten keine **Steine in den Weg legen**, unsere Produkte im Ausland anzubieten. Wenn die Franzosen deutsche Autos besser finden, kann die französische Regierung sie nicht dar**an hindern**, sie zu kaufen. Die Europäische Union ist ein Binnenmarkt mit 500 Millionen Menschen. Das bedeutet, dass innerhalb der EU alles so frei und selbstverständlich geht, wie man das aus seinem eigenen Land gewohnt ist.

Freizügigkeit in der EU

Aber nicht nur die Waren und Dienstleistungen sind frei, auch die Menschen genießen Freizügigkeit. Wer in einem anderen EU-Land leben und arbeiten will, kann das tun. Deutschland profitiert davon zurzeit in besonderem Maße, weil viele Fachkräfte aus anderen EU-Staaten zu uns kommen und hier zur **Wertschöpfung** beitragen.

Gemeinsame Währung

Zum Einkaufen benötigt man Geld. Wer in Deutschland sein Portemonnaie öffnet – sieht Europa. Unsere Währung ist seit 1999 der Euro. Dabei handelt es sich um eine Gemeinschaftswährung, die seit 2014 in 18 der EU-Staaten benutzt wird. Bei Geld ist vor allem die Preisstabilität wichtig, über die die Europäische Zentralbank wacht. Im Zentralbankrat sind alle Euro-Staaten **gleichberechtigt** vertreten, natürlich auch Deutschland – aber eben genauso beispielsweise Frankreich, Belgien, Slowenien oder Malta. ...

In Europa reisen

Aber auch, wer in ein anderes EU-Land reist, um in den Urlaub zu fahren oder um Freunde zu besuchen, **kommt mit** den EU-Regelungen **in Berührung**. Auffallend ist, dass in den allermeisten EU-Staaten keine Grenzkontrolle mehr stattfindet. Das hat mit dem Schengener Übereinkommen zu tun, mit dem die Kontrollen an den Binnengrenzen der EU aufgehoben worden sind. Man kann heute von Nordfinnland bis nach Sizilien fahren, ohne einmal einen Ausweis oder gar Reisepass zeigen zu müssen. Wer mit dem Flugzeug unterwegs ist, wird durch die EU gleich mehrfach geschützt. ...

Europa und Bürokratie

Viele denken allerdings, wenn sie das Wort „Europäische Union" hören, nicht an Frieden, Freiheit, Stabilität, Wohlstand, Umwelt- und Verbraucherschutz. Im Gegenteil: Ihnen fallen als erstes komplizierte Strukturen und viel Bürokratie ein. Man hat die Vorstellung, in Brüssel würden **Unmassen** von „Eurokraten" sitzen und unser Geld für sinnlose Dinge ausgeben. Gerne werden auch in der Presse Beispiele zitiert, oftmals ohne eine Angabe der Zusammenhänge.

Tatsächlich arbeiten in der Europäischen Kommission rund 25.000 EU-Beamte. Zum Vergleich: Auf dem Frankfurter Flughafen sind etwa 70.000 Personen tätig. Und von ihrem Haushalt von über 134 Mrd. Euro (im Jahr 2014) gibt die Europäische Union gerade mal 6 Prozent für die Verwaltung aus. Sicherlich bestehen auch **überflüssige** bürokratische Regeln in der EU und es gibt Dinge, über die man den Kopf schüttelt. Aber das ist in Deutschland nicht anders.

Quelle: http://www.bpb.de/internationales/europa/europaeische-union/42835/warum-europa?p=all

Vokabeln

Gebilde *(n)*, -   entity, form, construct
sich verwandeln in *(Akk)*   to turn into sth.
    verwandelt sich, verwandelte sich, hat sich verwandelt
Stier *(m)*, **-e**   bull
entführen   to kidnap, to abduct
    entführt, entführte, hat entführt
Auffassung *(f)*, **-en**   opinion, view
Wert *(m)*, **-e**   value
Feinstaub *(m)*   fine particles, fine dust
krebserregend   carcinogenic
Giftstoff *(m)*, **-e**   toxin
sich verlassen auf *(Akk)*   to count on, to depend on
    verlässt sich, verließ sich, hat sich verlassen
jdm. Steine in den Weg legen   to put obstacles in s.o.'s way
jdn. an etw. *(Dat)* **hindern**   to prevent s.o. from sth.
    hindert, hinderte, hat gehindert
Wertschöpfung *(f)*, **-en**   value creation, added value
gleichberechtigt   equal rights
in Berührung kommen mit   to come in contact with
Unmasse *(f)*, **-n**   vast quantity
überflüssig   superfluous

Verständnisfragen zum Text

1. Wer ist Europa?
2. Was ist Europa?
3. Wie und wann entstand das Bündnis, aus dem die EU hervorgegangen ist?
4. Wie wirkt sich die EU auf das Leben der Europäer aus im Hinblick auf:
   a) Umwelt?
   b) das Einkaufen?
   c) Export und Binnenmarkt?
   d) Freizügigkeit?
   e) die gemeinsame Währung?
   f) Reisen in Europa?
5. Viele Menschen haben eine falsche Vorstellung von der europäischen Bürokratie. Was wird im Text darüber ausgesagt?

Analyse und Diskussion

1. In unserem Text erhalten wir eine Fülle von Details über die EU, ohne dass diese Details jedoch näher erklärt werden. Über welche Themen hätten Sie gerne weitere Informationen? Welche Fragen haben Sie über die EU? Schreiben Sie diese Fragen auf und machen Sie eine Liste im Unterricht. In diesem Kapitel werden wir viele Fakten über die EU erfahren und Ihre Liste hoffentlich verkleinern. Sollten zum Abschluss des Kapitels nicht alle Fragen beantwortet sein, so benutzen Sie diese, um eine der Projektaufgaben ganz am Ende des Kapitels zu bearbeiten.
2. Diskutieren Sie im Unterricht über die Bestrebungen der europäischen Länder, immer weiter zusammenzuwachsen. Was denken Sie über diese Idee? Welche Vor- und Nachteile bringt sie? Denken Sie, dass in Europa ein zweites Amerika entsteht, das eine gemeinsame Währung, eine gemeinsame Verwaltung und grenzübergreifende Arbeitsmöglichkeiten bietet? Oder denken Sie, dass ein wirklicher Zusammenschluss unmöglich ist, da es zu viele unterschiedliche Sprachen und Kulturen gibt?

Weiterführende Aktivitäten

1. Im Text wird kurz auf die Sage von Europa eingegangen. Lesen Sie diese noch einmal genau nach, z. B. auf der folgenden Webseite: http://www

.nesemann.eu/isidor/1404/1404i.htm, und überlegen Sie im Unterricht, welche Bedeutung diese Sage für die Europäer und die EU haben könnte.

2. Weiterhin wird im Text flüchtig die Geschichte der EU erklärt. Tragen Sie im Unterricht zusammen, was Sie über die Anfänge der EU (damals hatte sie noch einen anderen Namen) und ihre Entwicklung wissen. Gehen Sie dann zu folgender Webseite: http://europa.eu/teachers-corner/15/index _de.htm, und klicken Sie auf den Link „Europa in zwölf Lektionen". Laden Sie die Broschüre als PDF herunter und lesen Sie das Kapitel „Zehn historische Schritte". Welche Informationen erhalten Sie, die Ihnen bis jetzt unbekannt waren? Sprechen Sie im Unterricht über die einzelnen historischen Schritte und sammeln Sie u. U. noch weitere Details, falls der Text die Entwicklung nicht deutlich genug beschreibt.

3. Testen Sie Ihr Wissen: Welche Staaten sind in der EU? Können Sie sich an alle erinnern? Gehen Sie zu folgender Webseite: http://www.toporopa.eu/ de/europaische_union_lander.html, und machen Sie das Geografie-Quiz. Wie viele korrekte Antworten können Sie geben?

Das System Europa

Einführung

Europa ist ein Zusammenschluss aus verschiedenen Staaten – seit dem 1. Juli 2013 ist die Zahl der Mitglieder auf 28 angewachsen. Das bedeutet, dass Europa ein enormes Gebilde ist und eines ausgeklügelten Systems bedarf, um effektiv verwaltet werden zu können. Der Text „Das System Europa" bietet eine kurze Erklärung der unterschiedlichen Institutionen, die in Europa existieren. Zunächst mag es kompliziert erscheinen, aber sobald Sie die sechs europäischen Einrichtungen begriffen haben, die im Text vorgestellt werden, wird die EU immer besser verständlich. Um Ihnen das Lesen zu erleichtern, kommt unser Text von der Webseite *Das ist Kindersache*, einer Webseite für Kinder und Jugendliche. Die Anrede ist folglich das informelle „du".

Damit die EU auch alle Aufgaben ordentlich erfüllen kann, ist sie nach einem bestimmten System aufgebaut.

Das Europäische Parlament, die Europäische Kommission, der Rat der Europäischen Union, der Europäische Rat (das sind wirklich 2 unterschiedliche Einrichtungen!), der Europäische Gerichtshof und der Europäische **Rechnungshof** sind die 6 wichtigsten Einrichtungen (Institutionen) der EU.

Wir erklären dir hier kurz, was diese Einrichtungen machen und welche Bedeutung sie haben.

Europäisches Parlament

Es hat viele Jahre gedauert, bis das Europäische Parlament so viele Rechte hat, wie heute. Zurzeit gibt es 751 Abgeordnete aus 28 Nationen. Sie werden bei Europawahlen von den Bürgern der Mitgliedsstaaten gewählt und vertreten ca. 507 Mio. Bürgerinnen und Bürger. Die Europawahlen finden alle fünf Jahre statt. Die letzte Wahl gab es 2014, die nächste Wahl findet 2019 statt. Jedem Land **steht** eine genaue Anzahl von Abgeordneten **zu**, aus Deutschland sind es momentan 96.

In dem Parlament sitzen, ebenso wie in Deutschland, Abgeordnete, die verschiedenen Parteien angehören. Parteien mit gleichen Zielen hat man in **Fraktionen** zusammengefasst. Die SPD ist z. B. in der Fraktion der Sozialdemokratischen Partei Europas, die CDU in der christlich-demokratischen Fraktion.

Ein wichtiger Bereich im Europäischen Parlament sind die sogenannten „**ständigen** Ausschüsse". Es gibt 20 ständige Ausschüsse, die sich mit verschiedenen Themen beschäftigen: einer davon ist z. B. der Ausschuss für Kultur und Bildung.

In den Ausschüssen arbeiten jeweils 25 bis 78 Abgeordnete. Die parlamentarischen Ausschüsse treffen sich ein- oder zweimal monatlich in Brüssel, das ist die Hauptstadt von Belgien. Die Mitglieder beschäftigen sich viele Jahre mit einem Thema. Dadurch sind sie gute Experten und können so an neuen Richtlinien und Verordnungen mitarbeiten.

Europäische Kommission

Sie besteht aus 28 Mitgliedern. Sie werden „Kommissare" genannt. Die Regierungen der Mitgliedsstaaten **schlagen** die Kommissare **vor**. Das Europäische Parlament muss mit den Kommissaren einverstanden sein. Sie bleiben für 5 Jahre Mitglied in der Kommission.

Obwohl die Kommissare von den Mitgliedsländern ernannt werden, **handeln** sie nicht für ihr Land. Sie sollen unabhängig sein und dürfen nur Aufgaben für die EU **erledigen**.

Die Kommission schlägt die Richtlinien und Verordnungen vor, die der Rat der Europäischen Union beschließen soll. Nur die Kommission darf das tun. Sie bestimmt auch selbst, wann und wie oft sie das tut. Die Kommission passt darauf auf, dass die neuen Richtlinien und Verordnungen in den Mitgliedsländern auch ordentlich **angewendet** werden.

Rat der Europäischen Union

Der Rat der EU **stimmt über** neue Richtlinien und Verordnungen **ab**, damit sie **gültig** werden können. Der Rat ist das wichtigste Entscheidungsgremium der EU.

Der Rat der Europäischen Union besteht aus Ministern. Die Minister kommen immer aus den Mitgliedsländern. Je nachdem, welche Richtlinie gerade beschlossen werden soll, sind in der Kommission andere Minister.

Wenn z. B. heute eine Richtlinie für Kinder und Jugendliche beschlossen werden soll, dann sind heute die Minister für Jugend da. Wenn morgen eine Richtlinie über den Autoverkehr beschlossen wird, dann kommen alle Verkehrsminister. Damit ist sicher, dass immer die Minister, die am besten **über** das Thema **Bescheid wissen**, auch über die Richtlinie abstimmen.

Der Präsident wechselt jedes halbe Jahr. Präsident ist immer der Regierungschef eines Mitgliedslandes. Wenn alle Länder einmal dran waren, fängt man einfach wieder von vorne an. Von Januar bis Juni 2007 war die deutsche Bundeskanzlerin Angela Merkel Präsidentin des Rates der EU. Im Moment [2014] ist es der belgische Premierminister Herman Van Rompuy.

Europäischer Rat

Mitglieder sind die Staats- und Regierungschefs der Mitgliedsländer. Aus Deutschland ist das zurzeit Angela Merkel. Der Europäische Rat bestimmt neue Ziele und Aufgaben, die in den nächsten Jahren erfüllt werden sollen. Dazu treffen sich die Mitglieder zweimal im Jahr.

Europäischer Gerichtshof

Der Europäische Gerichtshof ist das **Gericht** für die EU. Wenn es Streit wegen den neuen Richtlinien und Verordnungen der EU gibt, dann müssen die **Richter** diesen **Streit schlichten**. Alles, was hier entschieden wurde, gilt für alle Menschen in der EU. Es gibt kein anderes Gericht, das die Entscheidung von diesem Gericht abändern kann.

Europäischer Rechnungshof

Hier wird ganz genau **nachgerechnet**, wie viel Geld durch die EU ausgegeben wurde. Der Rechnungshof prüft auch nach, ob es auch erlaubt war, das Geld auszugeben. Er darf allerdings keine **Strafen verhängen**, wenn zu viel Geld ausgegeben wurde.

Quelle: Deutsches Kinderhilfswerk, www.kindersache.de: http://www.kindersache .de/bereiche/schon-gewusst/aus-aller-welt/buch/das-system-europa

Vokabeln

Rechnungshof *(m)*	court of auditors
zustehen	to be due to s.o.
steht zu, stand zu, hat zugestanden	
Fraktion *(f)*, **-en**	faction, parliamentary group
ständig	permanent

vorschlagen   to suggest, to recommend
    schlägt vor, schlug vor, hat vorgeschlagen
handeln   to act
    handelt, handelte, hat gehandelt
erledigen   to manage, to handle
    erledigt, erledigte, hat erledigt
anwenden   to employ, to apply
    wendet an, wandte/wendete an, hat angewandt/angewendet
abstimmen über *(Akk)*   to vote on sth.
    stimmt ab, stimmte ab, hat abgestimmt
gültig   legal, valid
Bescheid wissen über *(Akk)*   to be informed of
    weiß, wusste, hat gewusst
Gericht *(n)*, **-e**   court
Richter *(m)*, **-**   judge
Streit schlichten   to decide a controversy, to settle
                                    a dispute
    schlichtet, schlichtete, hat geschlichtet
nachrechnen   to recalculate, to check
    rechnet nach, rechnete nach, hat nachgerechnet
eine Strafe verhängen   to impose a penalty
    verhängt, verhängte, hat verhängt

Verständnisfragen zum Text

1. Nennen Sie drei Punkte, die wichtig sind, wenn man das Europäische Parlament beschreiben möchte. Welche Details finden Sie besonders bedeutsam?
2. Welche Personen bilden die Europäische Kommission und wie stehen diese Personen zu ihrem jeweiligen Herkunftsland?
3. Welche Aufgaben hat der Rat der Europäischen Union?
4. Wie unterscheidet sich der Rat der Europäischen Union von dem Europäischen Rat?
5. Für wen ist der Europäische Gerichtshof zuständig?
6. Was darf der Europäische Rechnungshof *nicht* machen?

Analyse und Diskussion

1. Die besprochenen Institutionen wurden nur kurz umrissen und nicht detaillierter erklärt. Welche Fragen sind offengeblieben? Worüber möchten Sie gerne mehr erfahren? Nehmen Sie sich eine Einrichtung vor und recherchieren Sie diese in der Gruppe, z. B. mit Hilfe dieser Webseite: http://europa.eu/about-eu/institutions-bodies/index_de.htm. Können Sie weitere interessante Details herausfinden, die zum Verständnis dieser Einrichtung beitragen? Präsentieren Sie Ihre Ergebnisse im Unterricht.
2. Vergleichen Sie nun das System der Europäischen Union mit demjenigen Ihres Landes. Wo gibt es Unterschiede? Welche wichtigen politischen Einrichtungen existieren in Ihrem Land? Gibt es Entsprechungen zu der EU? Wenn Sie sich nur unzureichend an Ihre eigenen Einrichtungen erinnern, sehen Sie diese noch einmal nach.

Weiterführende Aktivitäten

1. Nachdem wir die Institutionen der EU kennengelernt haben, stellt sich die Frage, ob Sie sich auch an Institutionen in Deutschland erinnern können. Wie heißt das deutsche Parlament? Wo werden die Gesetze verabschiedet? Welche Gerichte gibt es in Deutschland? Die Webseite der Bundeszentrale für politische Bildung könnte Ihnen als Ausgangspunkt dienen: http://www.bpb.de/lernen/themen-im-unterricht/politisches-system/. Wenn Ihnen die Erklärungen nicht ausreichen und Sie weitere Fragen haben, recherchieren Sie erneut im Internet. Nehmen Sie sich eine politische Einrichtung vor, die Sie besonders interessant finden, und schreiben Sie einen kurzen Aufsatz.
2. Wir haben uns mit den politischen Einrichtungen der EU vertraut gemacht; jedoch gibt es noch einige weitere „Einrichtungen" – oder auch Symbole genannt –, welche den Zusammenschluss der EU festigen sollen. Kennen Sie vielleicht einige? Wenn nicht, dann sehen Sie auf folgender Webseite nach: http://europa.eu/about-eu/basic-information/symbols/index_de.htm. Welche Symbole existieren, und welchen Sinn haben diese?

Der Euro – einfach erklärt

Einführung

Im Folgenden sehen Sie einen kurzen Videoclip mit dem Titel „Der Euro – einfach erklärt", der sich mit der gesamteuropäischen Währung, dem Euro, beschäftigt. Vielleicht haben Sie schon viel über den Euro in der Zeitung und in den Nachrichten gehört oder gelesen. Oder Sie wissen nur wenige Details. Der Film, der von dem Bundesministerium der Finanzen produziert wurde, verschafft Ihnen einen ersten Überblick – sowohl über den Euro im globalen Kontext als auch im Hinblick auf Deutschland. Die untenstehenden Vokabeln sollen Ihnen beim Verständnis des Filmes helfen, den Sie auf folgender Webseite sehen können: http://www.youtube.com/watch?v=2deiB_7L1oM.

Vokabeln

Währung *(f),* **-en**	currency
einheitlich	uniform, homogeneous
Zahlungsmittel *(n),* **-**	currency, means of payment
verlässlich	reliable, dependable
Gewicht *(n),* **-e**	weight, importance
Leistungsfähigkeit *(f),* **-en**	productivity, efficiency
Garant *(m),* **-en**	guarantor
Wachstum *(n)*	growth
Beschäftigung *(f),* **-en**	employment, jobs
seine Interessen vertreten	to defend one's own interests
vertritt, vertrat, hat vertreten	
einen Beitrag leisten zu	to make a contribution to sth.
leistet, leistete, hat geleistet	
sich verpflichten zu	to commit oneself to
verpflichtet sich, verpflichtete sich, hat sich verpflichtet	
in den Vordergrund rücken	to come to the fore
rückt, rückte, ist/hat gerückt	
Staatsfinanzen *(pl)*	national finances
Verschuldung *(f),* **-en**	indebtedness
Schutzschirm *(m),* **-e**	protective umbrella
Schieflage *(f),* **-n**	imbalance

Stabilitätspakt *(m)*, **-e**	stability pact
Volkswirtschaft *(f)*, **-en**	national economy
sich auszahlen	to be worthwhile, to pay off

zahlt sich aus, zahlte sich aus, hat sich ausgezahlt

Preisvergleich *(m)*, **-e**	price comparison
Wettbewerb *(m)*, **-e**	competition
sich scheuen	to be afraid of, to shy away from

scheut sich, scheute sich, hat sich gescheut

| **Wechselkurs** *(m)*, **-e** | exchange rate |

Verständnisfragen

1. In wie vielen Ländern der EU benutzen wie viele Personen den Euro?
2. Wie schneidet der Euro im Vergleich zum US-Dollar ab?
3. Warum ist ein stabiler Euro für die EU wichtig?
4. Was versteht man unter dem Stabilitätspakt? Hilft er den in Not geratenen europäischen Ländern?
5. Wie profitiert Deutschland von der gemeinsamen Währung?
6. Was sind weitere Vorteile des Euros, die im Video genannt werden?

Analyse und Diskussion

1. Haben Sie den kurzen Film gut verstanden oder gibt es Aspekte des Euros, die Ihnen nicht klar sind? Zusätzliche Informationen finden Sie auf folgender Webseite: http://www.euroinphoto.eu/. Lesen Sie speziell die Texte „Der Euro in Deutschland" und „Der Euro im globalen Kontext" und vergleichen Sie beide Artikel mit dem Video des Bundesministeriums der Finanzen. Welche zusätzlichen Informationen erhalten Sie durch die Texte?
2. In unserem Video wurden fast ausschließlich positive Argumente hinsichtlich des Euros genannt. Gibt es auch negative Seiten? Was denken Sie persönlich über den Euro? Ist es eine gute Idee für Europa, eine Währung zu haben? Oder macht es die einzelnen Länder zu abhängig voneinander, wie wir in unserem nächsten Text über die Eurokrise sehen werden? Diskutieren Sie und sammeln Sie Argumente, die sowohl die positiven als auch die möglichen negativen Seiten beleuchten.

Weiterführende Aktivitäten

1. Nachdem wir einige Details über den Euro erfahren haben, stellt sich die Frage, welche Länder den Euro benutzen. Gehen Sie dazu auf die folgende Webseite: http://www.toporopa.eu/de/eurozone.html, und spielen Sie das Euro-Spiel. Sind Sie mit Ihrem Ergebnis zufrieden?

2. Nun wissen Sie, welche Länder den Euro als Landeswährung gewählt haben. Wussten Sie aber auch, dass die Euro-Münzen landestypische Symbole auf ihrer Rückseite tragen? Beispielsweise hat die deutsche 1-Euro Münze einen Adler, während die französische Münze einen Baum aufweist, der von einem französischen Maler gezeichnet wurde. Gehen Sie zu folgender Webseite: http://www.kindernetz.de/infonetz/geld/muenzen/-/id=32926/nid=32926/did=33280/1ofoxcx/, und sehen Sie sich die Motive der einzelnen Länder an. Nehmen Sie zwei Länder und beschreiben Sie, was die jeweiligen Motive symbolisieren. Haben die Länder Ihrer Meinung nach eine gute Wahl getroffen?

Die Euro-Krise

Einführung

Wie schon in dem vorherigen Videoclip so geht es auch in dieser Sektion um das Thema der gemeinsamen Währung Europas: Dieses Mal sind es allerdings primär die negativen Auswirkungen des Euros, welche im Vordergrund stehen. Sicherlich haben Sie bereits von der Eurokrise gehört. Jedoch was ist das eigentlich genau, die Eurokrise? Wie ist sie entstanden? Welche Rolle spielt der Euro dabei? Welche Auswirkungen hat sie auf Europa und, darüber hinaus, auf die Weltwirtschaft? Die folgenden zwei Texte versuchen, Ihnen ein erstes Wissen zu vermitteln, das Sie dann selbst in den nachstehenden Aktivitäten vertiefen können.

Was ist die Euro-Krise?

Die sogenannte Euro-Krise spielt in der Eurozone. Dies meint die Gruppe aller Länder, die den Euro als Währung eingeführt haben.

Das sind zurzeit: Belgien, Deutschland, Estland, Finnland, Frankreich, Griechenland, Irland, Italien, Lettland, Litauen, Luxemburg, Malta, Niederlande, Österreich, Portugal, Slowakei, Slowenien, Spanien, Zypern. Aktuell von der Krise betroffen sind jedoch auch innerhalb der Eurozone nicht alle Länder, sondern nur solche, die **sich** aufgrund zu hoher Schulden zurzeit keine neuen **Kredite** mehr **leisten** können. Grund hierfür ist zum einen, dass sie schon so viele Schulden **angehäuft** haben, dass sie die **Zinsen** kaum noch zurückzahlen können und zum anderen, dass die Zinsen für neue Kredite steigen, weil die Geldgeber Angst haben, das Geld nicht zurück zu erhalten. Solche Probleme hatte zunächst und, **bezogen auf** die Wirtschaftskraft, im größten **Ausmaß** Griechenland (mit Ausnahme von Italien). Probleme, bisherige Schulden abzuzahlen und neue **Kredite aufzunehmen** haben seit mehreren Monaten jedoch auch Irland, Portugal und Spanien sowie vermehrt auch Italien. Diese Probleme werden dann zum Problem aller Staaten der Eurozone, wenn tatsächlich einzelne Länder der Eurozone mangels Geld ihre Rechnungen nicht mehr bezahlen können. Denn die Folgen einer solchen Staatspleite sind für die Eurozone kaum **absehbar**. Das Problem ist, dass niemand weiß, welche Auswirkungen eine solche Situation auf die anderen Länder der Eurozone und auf die Währung Euro haben würde. Somit bezeichnet der Begriff Euro-Krise bezogen auf die Währung Euro nicht eine aktuelle, sondern eine **befürchtete** Situation. Ob und wie diese selbst im Fall der Pleite einzelner Eurostaaten tatsächlich eintreten würde, weiß niemand. Da die Folgen jedoch befürchtet werden, wird zurzeit versucht, die **Zahlungsunfähigkeit** einzelner Euro-Länder zu verhindern.

Quelle: http://europaerklaert.drupalgardens.com/content/begriff-euro-krise

Vokabeln

sich leisten   to afford
    leistet sich, leistete sich, hat sich geleistet
Kredit *(m)*, **-e**   loan

anhäufen	to amass, to accumulate
häuft an, häufte an, hat angehäuft	
Zinsen *(pl)*	interest
bezogen auf *(Akk)*	based on, in terms of
Ausmaß *(n)*, **-e**	extent, scale
Kredit aufnehmen	to take out a loan
nimmt auf, nahm auf, hat aufgenommen	
absehbar	foreseeable
befürchten	to fear
befürchtet, befürchtete, hat befürchtet	
Zahlungsunfähigkeit *(f)*, **-en**	insolvency

Ursachen der Krise

Vor Einführung des Euros konnten Länder wie Griechenland auf die finanzpolitische Situation mit **Währungsabwertungen** oder dem **Druck** von mehr Geld reagieren. Währungsabwertung meint die Anpassung der **Wechselkurse** nach unten, so dass eigene **Güter** im Ausland günstiger werden, was den Export fördert bzw. einen Urlaubsaufenthalt für Ausländer **erschwinglicher** macht. Die Ausgabe von mehr Geld kann kurzfristig die **Kaufkraft** erhöhen, führt aber zu einer höheren Inflationsrate (das heißt, die Währung verliert an Kaufkraft). Jedoch konnten solche Maßnahmen in Einzelfällen auch kurzfristig helfen. Seit Einführung des Euros ist nicht mehr jedes Land selbst **für** derartige Maßnahmen **zuständig**, sondern Entscheidungen können nur noch für den Euroraum gesamt getroffen werden. Da die Situationen (Wirtschaftskraft, Schuldenstand) in den einzelnen Mitgliedsstaaten so unterschiedlich sind, wird die aktuelle Bewertung des Euros immer mehreren Mitgliedsstaaten nicht gerecht. Ist der Euro stark und die **Leitzinsen** hoch, führt dies zu Problemen für die kleinen, weniger wirtschaftsstarken Euroländer. Ist der Euro schwach und die Leitzinsen zu niedrig, wird dies der Wirtschaftskraft der größeren und wirtschaftsstarken Euroländer nicht gerecht. Dadurch, dass der Euro relativ stark ist, wurden die

Löhne und damit auch die Produkte in Ländern mit wenig hochqua-
lifizierten Waren teuer. Weil sich diese Waren dadurch schlechter
verkauften, mussten entweder Ausgaben des Staates reduziert oder
Schulden gemacht werden. Da die Reduzierung von Ausgaben des
Staates in großem Maße bei den Einwohnern unbeliebt ist, wurde
lange Zeit die Variante „neue Schulden" gewählt. Dies änderte an
der wirtschaftlichen Situation des Landes jedoch nichts, so dass, wie
aktuell geschehen, irgendwann die Situation kommen musste, in
denen Kreditgeber aus Angst, das Geld nicht zurück zu erhalten,
diesen Ländern kein neues Geld mehr geben wollten. Die Staatspleite droht(e).

Dass so viele Schulden aufgenommen werden, soll eigentlich
durch die sogenannten Maastricht-Kriterien verhindert werden.
Danach soll die **Gesamtverschuldung** eines Staates nicht mehr als
60 % dessen gesamter Wirtschaftskraft eines Jahres (**Bruttoinlands-
produkt** – BIP) betragen und die jährliche Neuschuldenaufnahme
nicht höher als 3 % des BIP sein. Problematisch dabei ist, dass die
einzige Konsequenz bei zu hohen Schulden, die nicht mit neuen
Krediten gedeckt werden können, umfangreiche Ausgabenredu-
zierung des Staates ist, also Sparen. Dies führt jedoch dazu, dass
dem Markt Kaufkraft **entzogen** wird, indem **Rentenbeiträge** und
Sozialleistungen verringert sowie Arbeitsplätze **gestrichen** werden.
Dadurch können sich die Einnahmen lokaler Händler verringern und
die Zahl der Sozialleistungsempfänger wird erhöht. Beide Faktoren
bringen neue Ausgaben des Staates mit sich. Hinzu kommt, dass
durch die Finanzkrise 2008 fast keines der EU-Mitgliedsländer ohne
eine die Maastricht-Kriterien verletzende Neuverschuldung auskam,
so dass die Kriterien mangels Alternative faktisch gelockert wurden.
Während Länder wie Deutschland sich danach schnell erholt haben,
hat **sich** seitdem die Krise in Ländern wie Griechenland, Portugal,
Irland, Spanien und Italien **verschärft**.

Quelle: http://europaerklaert.drupalgardens.com/content/ursachen-der-krise

Vokabeln

Währungsabwertung *(f)*, **-en**	currency devaluation
Druck *(m)*, **-e**	print, printing
Wechselkurs *(m)*, **-e**	exchange rate
Güter *(pl)*	goods
erschwinglich	affordable
Kaufkraft *(f)*	purchasing power
zuständig für	responsible for
Leitzins *(m)*, **-en**	base rate
Gesamtverschuldung *(f)*, **-en**	overall debt
Bruttoinlandsprodukt *(n)*, **-e**	gross domestic product (GDP)
entziehen	to deprive, to withdraw
entzieht, entzog, hat entzogen	
Rentenbeitrag *(m)*, **-träge**	pension contribution
Sozialleistung *(f)*, **-en**	social benefit
verringern	to reduce, to decrease
verringert, verringerte, hat verringert	
streichen	to eliminate, to cancel
streicht, strich, hat gestrichen	
sich verschärfen	to get worse, to intensify
verschärft sich, verschärfte sich, hat sich verschärft	

Verständnisfragen zu „Was ist die Euro-Krise?"

1. Welche Länder sind von der Eurokrise betroffen? Sind es alle Länder in Europa?
2. Warum sind diese Länder in eine Krise geraten?
3. Warum können die Probleme einzelner Länder schnell zu Problemen von allen Ländern in der Eurozone werden?
4. Welche Folgen hätte die Staatspleite eines Eurozonen-Landes?

Verständnisfragen zu „Ursachen der Krise"

1. Welche Maßnahmen konnten Länder wie Griechenland vor der Einführung des Euros ergreifen, um finanzielle Krisen zu bewältigen?
2. Wie sieht die Situation nach der Einführung des Euros aus?

3. Was ist das Problem in der EU? Warum ist es unmöglich, allen Staaten gerecht zu werden?
4. Was besagen die Maastricht-Kriterien?
5. Wurden die Maastricht-Kriterien in der Vergangenheit immer eingehalten?

Analyse und Diskussion

1. Auch dieser Text beinhaltet eine Reihe von komplizierten Begriffen und Konzepten, die Sie vielleicht nicht ohne Weiteres verstehen, beispielsweise Währungsabwertung, Wechselkurse, Leitzinsen. Erstellen Sie eine Liste und teilen Sie dann Ihre Fragen im Unterricht auf. Recherchieren Sie und präsentieren Sie Ihre Ergebnisse. Wird der Text dadurch leichter verständlich?
2. Wie wirkt sich die Eurokrise auf Ihr Land aus? Haben Sie Berichte über diese Krise in den Medien gehört? Wie reagiert Ihr Land auf die Probleme in Europa? Hat es mit Vorschlägen eingegriffen? Hat es den Europäern mit Geld ausgeholfen? Wie ist die Meinung in Ihrem Land? Und wie ist Ihre eigene Meinung zu den Vorgängen in Europa?

Weiterführende Aktivitäten

1. Obwohl Sie nun zwei kurze Texte über die Eurokrise gelesen haben, bleiben sicherlich noch viele Fragen offen. Die Webseite *explainity* bietet einige interessante Videos zur Eurokrise, die für Sie von Interesse sein könnten. Teilen Sie sich in Gruppen auf und sehen Sie folgende Videos:
   - **Eurokrise**: http://www.youtube.com/watch?v=dEOr0jhB5zo
   - **Staatsverschuldung**: http://www.youtube.com/watch?v=RRUd0Dg5k h4&list=PLC1F0E51DCBB49F49&index=22
   - **ESM einfach erklärt**: http://www.youtube.com/watch?v=z2bs2b-xoO Y&list=PLC1F0E51DCBB49F49&index=12
   - **Zukunftsszenarien für die Eurozone**: http://www.youtube.com/ watch?v=-o1HKF-thBE&list=PLC1F0E51DCBB49F49&index=3
   Vielleicht müssen Sie diese Videos einige Male sehen, um zu verstehen, worum es genau geht. Diskutieren Sie dann den Inhalt Ihres Videos in der Gruppe. Erstellen Sie eine kurze Präsentation und erklären Sie Ihren Klassenkameraden, was Sie in dem Videoclip erfahren haben.
2. Im Februar 2012 feierte die EU ihr zwanzigjähriges Bestehen. Jedoch gab es keine Jubelstimmung, da die Eurokrise die EU stark belastete. Gehen Sie zu der Webseite des Kinderradiokanals: http://www.kiraka.de/spielen-und

-hoeren/nachrichten/erklaer-mal/beitrag/b/warum-feiert-keiner-20-jahre
-eu/, und lesen Sie zunächst den Text mit dem Titel: „Warum feiert keiner
20 Jahre EU?" Hören Sie danach den Radiobeitrag. Schreiben Sie einen
kurzen Aufsatz, in dem Sie die Gründe erklären, warum niemand so rechte
Lust auf eine große Geburtstagsfeier der EU hatte.

Fünf Thesen zur Zukunft Europas

Einführung

Den Abschluss von Teil Eins unseres Europa-Kapitels bildet ein Zeitungsar-
tikel, der sich mit der Zukunft Europas auseinandersetzt. Dort schreibt die
Journalistin Anja Ingenrieth von den Veränderungen, die in der EU passieren
müssen, damit die Union auf die Dauer eine stärkere politische Kraft in der
Welt werden und Krisen souveräner bewältigen kann. Leider ist auch dieser
Text nicht leicht zu verstehen. Lesen Sie ihn langsam, beantworten Sie die
Verständnisfragen. Vor allem die Aufgaben unter „Analyse und Diskussion"
sollen Ihnen dabei helfen, die Inhalte der fünf Thesen besser zu begreifen.

*Dass die EU mit dem Friedensnobelpreis ausgezeichnet wurde, darf
nur ein **Ansporn** sein. Denn tatsächlich befindet sich die Union in
einer **tiefgreifenden** Krise. Wir stellen dar, an welchen Stellen die
Gemeinschaft besser werden muss.*

Die EU bekommt in der tiefsten Krise seit ihrer Gründung den
Friedensnobelpreis. Die Auszeichnung würdigt die historische Leistung bei der Einigung des Kontinents, soll aber vor allem Ansporn
und Verpflichtung sein, das Erreichte nicht **aufs Spiel** zu **setzen** und
die Einigung zu **vertiefen**. Fünf Thesen, wie die Europäische Union
besser werden kann.

These 1: Mr. Europa muss her – mehr Führung trotz Vielfalt

Die Nachricht aus Oslo **brachte** die EU **in Verlegenheit**: Wer sollte
die Auszeichnung **entgegennehmen**? Der Kommissionschef als Re-
präsentant der Brüsseler Exekutive, der Ratspräsident als Vertreter

der EU-Staaten oder Europas oberster Volksvertreter Martin Schulz? Nach langem **Gezerre** kamen alle drei. **Kleinliches** Kompetenz**gerangel** beim Spitzenpersonal schwächt die Gemeinschaft als großes Ganzes. Ein vom Volk direkt gewählter Präsident, ein Mr. Europa, muss her. Der würde nicht nur als Identifikationsfigur für die Bürger dienen. Europas internationale Partner hätten dann auch endlich eine einheitliche Telefonnummer für die EU, die einst schon Henry Kissinger forderte.

These 2: Ökonomischer Riese, politischer Zwerg – mehr Einheit im Außenauftritt

Ökonomisch ist Europa ein Riese, politisch oft ein Zwerg: Die jüngste Abstimmung der Vereinten Nationen über die Anerkennung Palästinas hat deutlich gezeigt, dass die EU außenpolitisch zu selten mit einer Stimme spricht. Auch im Libyen-Krieg **glänzte** die Gemeinschaft durch Uneinigkeit. Die EU-Außenpolitik wird von nationalen Interessen bestimmt. Quasi-Außenministerin Catherine Ashton ist eine Marionette an den **Fäden** der Hauptstädte. Deshalb müssten die Nationalstaaten Macht abgeben. Anstelle einzelner Staaten bekäme dann Europa einen Sitz in internationalen Organisationen wie dem UN-Sicherheitsrat oder dem **Internationalen Währungsfonds**.

These 3: Mit Kerneuropa aus der Krise – in der Spaltung liegt die Kraft

Mehr Europa muss sein, lautet eine der **Lehren** aus der Schuldenkrise. Eine gemeinsame Währung funktioniert nicht, wenn die für deren Stabilität wichtigen Entscheidungen national getroffen werden. Beim **Gipfeltreffen** Ende der Woche wollen die Staats- und Regierungschefs diese Vertiefung beschließen. Die Länder der Währungsunion **machen sich** damit **auf den Weg** in Richtung politische Union. Die EU-Kommission wird – zumindest in der Wirtschaftspolitik – immer mehr zu einer europäischen Regierung ausgebaut. Nicht-Euro-Staaten wie Großbritannien **bleiben** dabei **außen vor**. Klar ist: Die weitere Einigung wird nicht mehr **im Gleichschritt** aller

28 EU-Staaten vollzogen. Die EU-Verträge erlauben das **Vorpre-schen** einer „Avantgarde" in bestimmten Politikbereichen. Europa muss diese Möglichkeit nutzen, um voranzuschreiten. Diese „**Spal-tung**" kann die Gemeinschaft am Ende sogar stärken, solange der „Integrations-Kern" offen für **Nachzügler** bleibt. Denn sie erlaubt Großbritannien Mitglied der EU zu bleiben – wenn auch in einem lo-seren **Verbund**, der sich vor allem auf die wirtschaftliche Integration beschränkt. Das ist besser als ein Abschied Großbritanniens aus der Gemeinschaft. Denn ohne London wäre die EU auf der Weltbühne stark geschwächt.

These 4: Weniger ist mehr – Selbstbeschränkung und neue Prioritäten

Brüssel wird das Image des Bürokratie-Monsters nicht los. Kein Wunder: Denn bis ins Klein-Klein – Stichwort „Glühbirnenverbot" – **mischt sich** die EU **in** den Alltag ihrer Bürger **ein**. Eine **Beschränkung aufs Wesentliche** tut not. Nur da, wo europäische Harmonisierung **Mehrwert** bringt, sollte Brüssel handeln. Hinzu kommt: Europa muss seine Ausgaben endlich den politischen Prioritäten anpassen. Kom-missionschef José Manuel Barroso predigt Wachstum und Innova-tion. Doch Brüssel investiert mehr in Kühe als in kluge Forscher-Köpfe. Knapp 40 Prozent der Brüsseler Gesamtausgaben sollen auch künftig in die Landwirtschaft fließen, obwohl dieser Sektor nur noch 1,5 Prozent zum Bruttonationaleinkommen der EU beiträgt. Mit solch einem Budget von gestern kann die EU nicht im globalen Wettbewerb des 21. Jahrhunderts mithalten.

These 5: Eigene Werte wahren – Grenzen fürs Grenzenlose

Die Union ist zu schnell gewachsen. Das politische Ziel, die Teilung des Kontinents in Ost und West zu überwinden, sollte nicht durch übermäßige Strenge bei der Beurteilung der Beitrittsreife aufgehal-ten werden. Also entschied sich die Union, Länder zu integrieren, die noch nicht EU-reif waren – wie etwa Rumänien und Bulgarien.

Das **rächt sich** nun. Beide Staaten **hinken** bei der Korruptions- und Kriminalitätsbekämpfung weiter **hinterher**. Wenn die EU ihre **Glaubwürdigkeit** als Werte-und Rechtsgemeinschaft nicht verlieren will, muss sie ihre eigenen Prinzipien ernst nehmen und darf Beitritte nicht auf **Rabatt** vergeben. Außerdem muss die EU ihre Grenzen erkennen. Sollte die Türkei mit ihren rund 75 Millionen Bewohnern Mitglied werden, würde dies die EU institutionell wie finanziell überfordern – und endgültig zum **gelähmten** Riesen machen.

Quelle: http://www.rp-online.de/politik/eu/fuenf-thesen-zur-zukunft-europas -1.3102308

Vokabeln

Ansporn *(m)*	incentive
tiefgreifend	profound, far-reaching
aufs Spiel setzen	to jeopardize, to put sth. at risk
vertiefen	to deepen, to intensify
vertieft, vertiefte, hat vertieft	
jdn. in Verlegenheit bringen	to embarrass s.o.
entgegennehmen	to receive, to accept
nimmt entgegen, nahm entgegen, hat entgegengenommen	
Gezerre *(n)*	wrangling
kleinlich	petty
Gerangel *(n)*	scramble, skirmish
glänzen	to shine
glänzt, glänzte, hat geglänzt	
Faden *(m)*, **Fäden**	thread
Internationaler Währungsfonds *(m)*	International Monetary Fund
Lehre *(f)*, **-n**	lesson, doctrine
Gipfeltreffen *(n)*, **-**	summit meeting
sich auf den Weg machen	to set out, to hit the road
außen vor bleiben	to get left out
bleibt, blieb, ist geblieben	
im Gleichschritt *(m)*	in step
vorpreschen	to press/shoot ahead
prescht vor, preschte vor, ist vorgeprescht	

Spaltung *(f)*, **-en**	schism, split
Nachzügler *(m)*, **-**	straggler, latecomer
Verbund *(m)*, **-e**	network, cluster, group
sich einmischen in *(Akk)*	to intervene, to meddle

mischt sich ein, mischte sich ein, hat sich eingemischt

sich auf das Wesentliche beschränken	to get back to basics

beschränkt sich, beschränkte sich, hat sich beschränkt

Mehrwert *(m)*, **-e**	added value
sich rächen	to take vengeance on s.o.

rächt sich, rächte sich, hat sich gerächt

hinterherhinken	to lag/trail behind

hinkt hinterher, hinkte hinterher, ist/hat hinterhergehinkt

Glaubwürdigkeit *(f)*	credibility
Rabatt *(m)*, **-e**	discount, deduction
gelähmt	paralyzed

Verständnisfragen zum Text

1. Warum erhält die Europäische Union den Friedensnobelpreis? Welche Gründe werden im Text genannt?
2. Wer sollte die EU leiten, und warum wäre das von Vorteil?
3. Durch welche Maßnahmen sollte sich der Zwerg EU in eine Gemeinschaft mit größerer Macht verwandeln? Was müsste laut des Textes geschehen?
4. Was ist mit dem Ausspruch „in der Spaltung liegt die Kraft" gemeint? Wieso könnte eine Abkoppelung mancher Länder von Vorteil für eine Stärkung Europas sein?
5. Wie mischt sich die EU in den Alltag ihrer Bürger ein, und wie sollte dies auf die Dauer geändert werden?
6. Mit welchen Maßnahmen kann die EU ihre Glaubwürdigkeit bewahren? Wie sahen ihre problematischen Aktivitäten in der Vergangenheit aus, und wie sollte sich die EU in der Zukunft verhalten?

Analyse und Diskussion

1. Teilen Sie sich in fünf Gruppen auf. Jede Gruppe übernimmt eine These und versucht, deren Inhalt klar und deutlich zu formulieren, sodass er von allen Studenten verstanden werden kann. Recherchieren Sie gegebenenfalls Fragen, die Sie selbst an den Text haben: Was ist Ihnen nicht wirklich verständlich?

2. Versuchen Sie in einem nächsten Schritt, die von Ihnen recherchierte These zu bewerten. Wie wahrscheinlich ist es, dass die genannten Veränderungen in der Zukunft stattfinden werden? Um eine kompetente Meinung abgeben zu können, müssen Sie wahrscheinlich noch einmal recherchieren. Können Sie Kommentare zu Ihrem Problem in deutschen Tageszeitungen finden? Welche Meinung wird in der Presse vertreten? Gibt es Stimmen, die gegen Ihre These argumentieren? Stellen Sie Ihre Ergebnisse und Meinung im Unterricht vor.

Weiterführende Aktivitäten

1. Nachdem Sie zahlreiche, allgemeine Fakten über die EU erfahren haben, ist es an der Zeit für eine kleine Wissensüberprüfung. Die Bundeszentrale für politische Bildung hat auf Ihrer Webseite eine Reihe von Wissenstests kreiert, die Ihre generelle Kenntnis über die EU abfragen: http://www.bpb .de/internationales/europa/europaeische-union/43106/quiz. Wie schneiden Sie bei den verschiedenen Quizzen ab? Wie viele Fakten haben Sie sich gemerkt? Vergleichen Sie Ihr Ergebnis mit demjenigen Ihrer Klassenkameraden. Wenn Sie Spaß an Europa-Tests haben, finden Sie auf der nun folgenden Liste weitere Möglichkeiten, Ihr Wissen mit schwierigeren oder leichteren Fragen zu überprüfen:
   • http://www.experto.de/selbsttests/das-grosse-eu-quiz/
   • http://www.zeit.de/politik/ausland/2012-10/quiz-eu-europa?&neu .x=0&neu.y=0
2. Bevor wir konkret auf die deutsche Situation eingehen, hier noch eine interessante Seite des *Kindernetzes*, die nicht nur Informationen über die Europäische Union, sondern auch generelle Fakten über Europa bietet: http:// www.kindernetz.de/infonetz/thema/europa/europa/-/id=43810/4t9v0j/ index.html. Gehen Sie in Gruppen zusammen und lesen Sie drei Artikel, die sich auf der Webseite befinden und die Sie persönlich interessieren, laut vor. Welche Details haben Sie erfahren, die Sie bis jetzt noch nicht wussten? Wurde Ihr Wissen durch diese Webseite erweitert? Berichten Sie von Ihren Erfahrungen im Unterricht.

TEIL ZWEI: DIE EUROPÄISCHE UNION
UND DEUTSCHLAND

Deutschlands Image als Buhmann der Eurozone

Einführung

© Convisum I Dreamstime.com

Deutschland ist eine der wirtschaftlich stärksten Nationen in der EU. Aufgrund dieser Tatsache ist es in der Lage, den notleidenden Ländern wie Griechenland, Italien oder Zypern finanziell unter die Arme zu greifen. Jedoch wird diese Hilfe nicht immer positiv aufgenommen, denn Deutschland genießt nicht nur Anerkennung innerhalb der EU, sondern erntet immer wieder Verachtung und Wut aufgrund seiner rigiden Sparpolitik. „Deutschlands Image als Buhmann der Eurozone" beschreibt die antideutsche Haltung, die in vielen EU-Ländern zu spüren war – oder immer noch ist – sowie die oft drastischen Reaktionen der ausländischen Bürger auf die von Deutschland verhängten Maßnahmen. Dass Deutschland nicht ganz schuldlos an den beschriebenen Reaktionen ist, wird in diesem Artikel nicht außer Acht gelassen.

*Wenn es um Finanzhilfen für EU-Krisenländer geht, zahlt Deutschland den Löwenanteil. Dennoch wird es häufig **verunglimpft** – denn Deutschland steht für Disziplin und **Sparsamkeit**, die keiner will.*

Seit Beginn der Eurokrise sieht man immer wieder ähnliche Bilder aus wechselnden EU-Ländern: **Wütende** Demonstranten tragen Plakate mit Bildern von Bundeskanzlerin Angela Merkel in SA-Uniform, mit **Hakenkreuz** oder Hitler**bart**. Gegner der Sparmaßnahmen greifen auf Nazi-Vergleiche zurück, um ihrem **Unmut Ausdruck** zu **verleihen**, sei es in Griechenland, Italien oder Zypern.

Das anti-deutsche Klima in Europa fand seinen **vorläufigen** Höhepunkt am vergangenen Wochenende auf der Website der spanischen Tageszeitung „El País". Dort verglich Juan Torres López, Professor für Wirtschaftswissenschaften an der Universität von Sevilla, in einem Kommentar Angela Merkel mit Adolf Hitler. „Wie Hitler hat Angela Merkel dem Rest des Kontinents den Krieg erklärt – dieses Mal, um Deutschland seinen wirtschaftlichen Lebensraum zu sichern", schrieb der Professor. Auf dem Kurznachrichtendienst Twitter rief das überraschte und wütende Reaktionen hervor – worauf die Zeitungsredaktion den Kommentar aus seinem Internetangebot **löschte** und **bedauerte**, dass es wegen „Fehlern in der redaktionellen Aufsicht" zu dessen Veröffentlichung gekommen sei.

„Es geht im Kern darum, wer den größten Einfluss auf das System hat", erklärt Janis Emmanouilidis Deutschlands natürliche Führungsrolle. „Alle blicken auf Deutschland wegen seiner Größe und weil das Land die Krise besser als andere bewältigt hat", meint der EU-Experte vom „European Policy Center" in Brüssel im Gespräch mit der Deutschen Welle.

Pedantische **Preußen**

Dennoch: „Die Deutschen" ist laut Derek Scally in der Eurozone zum Synonym für „Vorherrschaft, Disziplin oder Sparsamkeit" geworden. Der Berliner Korrespondent der „Irish Times" lebt seit 13 Jahren in der Bundeshauptstadt und hat sich mehrfach mit dem zunehmenden Imageproblem der Deutschen in Krisenzeiten befasst. Die Menschen hätten ein Bild von „pedantischen Preußen mit klaren Regeln" – Regeln, die man befolgen müsse, auch wenn die politische Realität vielleicht andere Schritte verlange.

Die Medien in **etlichen** europäischen Ländern hätten maßgeblich dazu beigetragen, dieses Bild zu fördern, meint Scally. In guten Zeiten wurden deutsche innenpolitische Diskussionen mehr oder weniger ignoriert, erklärt der irische Korrespondent. Aber in Krisenzeiten „haben sie nichts als Stereotypen zur Hand und **Vorurteile** darüber, wie sie glauben, dass in Deutschland Politik gemacht wird." Regierungsberichte zum Thema Anstieg der Armut in deutschen Haushalten, zum Beispiel, würden üblicherweise ignoriert.

Die deutsche Geschichte – nicht zuletzt die Nazivergangenheit – macht das Land zu einer einfachen **Zielscheibe** für **Beschuldigungen**.

Allerdings, meint Emmanouilidis, hätten **sich** die Deutschen auch zu Beginn der Krise in Europa **im Ton vergriffen**. „Wenn man hört, wie die Bundeskanzlerin andeutet, die Griechen arbeiteten weniger – da ergibt sich eben ein bestimmtes Bild." So etwas würde sie wohl heute nicht mehr sagen, fügt der Brüsseler EU-Experte hinzu. ...

Neid schwingt mit

Beobachter meinen, die öffentliche Debatte in Deutschland habe völlig außer Acht gelassen, in welchem Maß die Bundesrepublik selbst für ihr wirtschaftliches Überleben vom Euro abhänge – obwohl Angela Merkel immer wieder die Verbindung zwischen der Zukunft des Euro und der Zukunft der EU als Ganzes betone. In einem komplizierten, vernetzten Finanzsystem fließe Kapital hin und her, so Scally. „Die Vorstellung, dass deutsche **Rentenfonds** oder Banken in den vergangenen 10 Jahren vielleicht **überschüssiges** Kapital gern in den Peripherie-Ländern investierten, weil sie es für eine gute Idee hielten, bis alles den **Bach runter ging** – das wird **verschwiegen**."

Deutschland kann sein Imageproblem nicht alleine lösen, da sind sich die Experten sicher. Die Bilder von Angela Merkel in SA-Uniform **beleuchten** die systemischen Fehler der Eurozone, die es zu korrigieren gilt, sagt Emmanouilidis. Er hoffe, die EU werde sich nun schneller auf eine Bankenunion zubewegen. Hätte es letztere bereits bei der Zypernkrise gegeben, hätten man verletzende **Schuldzuweisungen** zumindest im Falle Zyperns vermeiden können, so der EU-Experte.

Der Meinung schließt sich der Korrespondent Scally an: In jeder Krisensituation gebe es den verständlichen Drang, mit dem Finger auf andere zu zeigen und sich selbst zu entlasten. Aber: „Die Vorstellung, dass es unschuldige und schuldige Parteien gibt, dass alles schwarz und weiß ist – diese Vorstellung ist allzu simpel. Jeder Poli-

tiker, der so etwas zum eigenen politischen Vorteil andeutet, **unter-
gräbt** das Projekt als Ganzes. "

Quelle: http://www.dw.de/deutschlands-image-als-buhmann-der-eurozone/
a-16699862

Vokabeln

Buhmann *(m)*, **-männer**	scapegoat, bogeyman
verunglimpfen	to disparage, to vilify
verunglimpft, verunglimpfte, hat verunglimpft	
Sparsamkeit *(f)*	frugality, parsimony
wütend	angry
Hakenkreuz *(n)*, **-e**	swastika
Bart *(m)*, **Bärte**	beard
Unmut *(m)*	discontent, displeasure
etw. *(Dat)* **Ausdruck verleihen**	to give voice to sth.
verleiht, verlieh, hat verliehen	
vorläufig	provisional, temporary
löschen	to erase
löscht, löschte, hat gelöscht	
bedauern	to regret, to be sorry for
bedauert, bedauerte, hat bedauert	
Preußen	Prussia
etliche	several
Vorurteil *(n)*, **-e**	prejudice
Zielscheibe *(f)*, **-n**	target
Beschuldigung *(f)*, **-en**	accusation
sich im Ton vergreifen	to adopt the wrong tone
vergreift sich, vergriff sich, hat sich vergriffen	
Rentenfonds *(m)*, **-**	pension fund
überschüssig	excessive, abundant
den Bach runtergehen	to go down the drain
geht runter, ging runter, ist runtergegangen	

verschweigen   to conceal, to keep secret
         verschweigt, verschwieg, hat verschwiegen
beleuchten   to illuminate, to examine
         beleuchtet, beleuchtete, hat beleuchtet
Schuldzuweisung *(f)*, **-en**   accusation, finger-pointing
untergraben   to undermine
         untergräbt, untergrub, hat untergraben

Verständnisfragen zum Text

1. Wie wird Deutschland in vielen EU-Ländern dargestellt? Welche Beispiele werden im Artikel genannt?
2. Warum reagieren bestimmte EU-Länder so extrem negativ auf die deutsche Politik?
3. Welches Bild haben viele Länder immer noch von Deutschland?
4. Sind die Deutschen vielleicht selbst nicht ganz schuldlos an ihrem schlechten Image?
5. Sind Schuldzuweisungen hilfreich? Welche Verbesserungsvorschläge bietet der Artikel?

Analyse und Diskussion

1. Im vorliegenden Text spricht die Journalistin Nina Haase über ein Thema, das Ihnen vielleicht immer noch recht fremd ist. Welche Fragen sind für Sie offen? Welche Begriffe oder Konzepte verstehen Sie nicht? Schreiben Sie drei Ihrer Fragen auf und bringen Sie diese in den Unterricht. Formen Sie kleine Gruppen und verteilen Sie dann alle Fragen, sodass jede Gruppe eine gleich große Anzahl erhält. Recherchieren Sie nun gemeinsam und versuchen Sie, auf alle Fragen eine befriedigende Antwort zu finden. Stellen Sie Ihre Ergebnisse im Unterricht vor.
2. Diskutieren Sie die verschiedenen Reaktionen der EU-Länder. Was halten Sie von den Reaktionen, die im Artikel aufgeführt werden? Wie legitim ist es, Angela Merkel als Hitler darzustellen? Gibt es dafür eine Rechtfertigung? Sprechen Sie auch über Frau Merkels Einschätzung der griechischen Arbeitsmoral. Inwieweit hat sich die Bundeskanzlerin hier unglücklich verhalten?

Weiterführende Aktivitäten

1. In unserem Text wird die antideutsche Stimmung vieler EU-Länder betont. Gehen Sie zu folgender Webseite: http://www.focus.de/reisen/griec
   henland/tid-25670/anti-deutsches-klima-zorn-der-griechen-verschreckt
   -deutsche-touristen_aid_746870.html, und sehen Sie sich das Bild von
   Angela Merkel als neuen Adolf Hitler in einer griechischen Zeitung an.
   Beschreiben Sie das Bild – wie werden die Deutschen hier präsentiert? Recherchieren Sie im Internet. Können Sie noch weitere antideutsche Bilder
   oder Artikel finden? Welche Länder kritisieren die Deutschen in besonderem Maße, und warum?

2. Wie im Artikel erwähnt wird, ist Derek Scally ein Journalist, der über
   Deutschland und die Deutschen in der *Irish Times* schreibt. Können Sie
   weitere Artikel finden, in denen sich Scally mit den Deutschen und ihrem
   Ansehen in Europa befasst? Ein interessanter Ausgangspunkt ist folgender
   Artikel: https://ip-journal.dgap.org/en/ip-journal/topics/german-fan-zone.
   Gehen Sie in Gruppen zusammen und recherchieren Sie. Entscheiden Sie
   sich für einen Artikel in Ihrer Gruppe und stellen Sie diesen im Unterricht
   vor. Enthält er ähnliche Aussagen wie der gerade von uns gelesene Artikel
   oder weichen die dort gemachten Aussagen von jenen ab?

Generation Erasmus in Frankreich und Deutschland

Einführung

Von Deutschlands unliebsamer Rolle als Buhmann der EU-Schuldenkrise
geht es zu einem erfreulicheren Thema: dem der Völkerverständigung durch
universitäre Austauschprogramme. Jedes Jahr entscheiden sich unzählige Studenten an europäischen Universitäten für einen Aufenthalt in einem fremden
Land. Stipendien helfen dabei, diese Aufenthalte zu finanzieren. Wie die Autorin Stéphanie Hesse klar herausstellt, bringt ein Auslandsaufenthalt viele
positive Erfahrungen mit sich, da er nicht nur persönlich bereichert, sondern
sich auch für die spätere Berufssuche gut auf dem Lebenslauf macht. Allerdings ist nicht jeder Auslandsaufenthalt von Erfolg gekrönt – er kann durchaus das ein oder andere Problem verursachen.

*Raus aus dem **Elfenbeinturm** – hinauf in den Turm zu Babel: Wer während seiner Ausbildung eine andere Sprache und Kultur kennenlernen möchte, den führt der Weg ins Ausland. Wie mobil ist die deutsche und die französische Jugend?*

Etwa ein Viertel aller deutschen Studenten ist im Rahmen des Studiums im Ausland gewesen. In einer Welt, in der Unternehmen keine Ländergrenzen kennen, scheinen Auslandserfahrung, Sprach**erwerb** und interkulturelle Kompetenz nicht mehr wegzudenken. Organisationen wie der DAAD (Deutscher Akademischer Austauschdienst), AFS und YFU (Youth for Understanding) helfen Schülern und Studenten, weltweit einen Platz an einer Schule oder Universität zu finden. Sie vergeben Stipendien, damit sich Jugendliche solche Aufenthalte überhaupt leisten können. Der Name des niederländischen **Gelehrten** Erasmus ist zum studentischen Grundvokabular geworden. Das beliebteste aller europäischen Austauschprogramme schickte im vergangenen Studienjahr über 213.000 Studierende der EU in ein Gastland. Franzosen und Deutsche scheinen **sich** dabei so aktiv zu **beteiligen** wie keine andere Nation: Über 30.000 Franzosen und fast 29.000 Deutsche nahmen 2009/2010 am Erasmusprogramm teil. Sie machen 30 % aller Teilnehmer aus und **lösen** einander seit der Gründung des Programms 1987 an der **Spitze ab**. Jährlich kommen in beiden Ländern zwischen 960 und 2.300 **Stipendien** hinzu. Allerdings zeigte 2008 die damalige französische Ministerin für Hochschulwesen und Forschung, Valérie Pécresse, in einer Studie, dass das Angebot jenseits des Rheins höher ausfällt als die Nachfrage: 4.000 Erasmus-Stipendien wurden 2007 in Frankreich nicht **beansprucht**. Bei AFS, einer der größten **gemeinnützigen** Jugendaustauschorganisationen weltweit, bleibt die Teilnehmerzahl der französischen und deutschen Schüler seit fünf Jahren konstant.

„Finnland war das Beste, was ich machen konnte", sagt Cornelia Seidel nach zehn Monaten als Erasmus-Studentin in Tampere. Welche **Vorzüge** sie in ihrem Auslandsaufenthalt sieht? „Es tut einfach gut, in einem anderen Land zu studieren, zu sehen, wo die

Unterschiede zum deutschen System liegen und was in Deutschland besser laufen könnte." Für die meisten ist es aber nicht nur das Lehrangebot, das ins Ausland führt, sondern der persönliche Gewinn. „Viel wichtiger als das Studium ist die Erfahrung, die man für das Leben macht", sagt Torsten Michael, der im Jemen und in Saudi-Arabien gewesen ist. „In einer anderen Gesellschaft zu leben, sich trotz Sprachbarrieren zurechtzufinden stärkt das **Selbstbewusstsein**. Und es hilft, die zu Hause erlernten Maßstäbe zu relativieren."

Einmal im Leben fremd zu sein und dabei Leistung bringen zu müssen ist eine Erfahrung, die man spätestens im Beruf machen muss. Umso besser, wenn man vorher geübt hat. Aber nicht jeder will seine Heimat verlassen. Häufig stellt das fachliche und sprachliche Studium eine Doppelbelastung dar. Wenn dann die Lehrinhalte der Partneruniversitäten nicht **abgestimmt** sind und man das Studium aufgrund nicht anerkannter Leistungen verlängern muss, ist der **Frust**faktor groß. Trotz Stipendium sparen viele Studenten auf ihr Auslandsjahr hin. Denn 200 Euro monatliche Förderung sind ein Taschengeld, aber kein **kostendeckender Unterhalt**. Sollte man ins Ausland gehen, weil es **zum guten Ton gehört**? Juliane Börner, die ein Jahr in Abidjan und Hanoi verbrachte, sieht den Druck auf die Bologna **gebeutelten** Studenten kritisch: „Aus Angst vor Arbeitslosigkeit und sozialer Isolation **nimmt** so mancher Student die Monate fernab der Heimat **in Kauf**, um damit diversen Interessen – am wenigsten seinen eigenen – gerecht zu werden." Die entsprechende **Zeile** im Lebenslauf ist leider keine **Einstellung**sgarantie – aber sie erinnert zweifellos an eine außergewöhnliche Erfahrung.

Quelle: http://www.connexion-emploi.com/de/a/generation-erasmus-in-frankreich -und-deutschland

Vokabeln

Elfenbeinturm *(m)*, **-türme**   ivory tower
Erwerb *(m)*, **-e**   acquisition
Gelehrte *(m/f)*, **-n**   scholar

sich beteiligen an *(Dat)*   to take part in
     beteiligt sich, beteiligte sich, hat sich beteiligt
ablösen   to supersede s.o.; to replace s.o./sth.
     löst ab, löste ab, hat abgelöst
Spitze *(f)*, **-n**   top
Stipendium *(n)*, **-ien**   scholarship
beanspruchen   to claim, to demand
     beansprucht, beanspruchte, hat beansprucht
gemeinnützig   charitable, nonprofit
Vorzug *(m)*, **-züge**   advantage, merit
Selbstbewusstsein *(n)*   self-confidence
abgestimmt sein auf *(Akk)*   coordinated, aligned, adapted for
Frust *(m)*   frustration
kostendeckend   cost-covering, to break even
Unterhalt *(m)*, **-e**   living expenses
zum guten Ton gehören   to be de rigueur
     gehört, gehörte, hat gehört
gebeutelt   stricken, shaken
in Kauf nehmen   to accept
Zeile *(f)*, **-n**   line
Einstellung *(f)*, **-en**   hiring

Verständnisfragen zum Text

1. Wie können sich Studenten ein Studium im Ausland finanzieren?
2. Wie viele Studenten gehen jährlich zum Studieren ins Ausland?
3. Welche Nationen sind am abenteuerlustigsten in der EU?
4. Was ist „Erasmus"? Welche Informationen erhalten wir im Text?
5. Nennen Sie einige Vorzüge eines Auslandsaufenthaltes?
6. Welche negativen Aspekte werden im Artikel besprochen? Welche Probleme kann es geben?

Analyse und Diskussion

1. Haben Sie schon einmal im Ausland gelebt oder studiert? Wenn ja, erzählen Sie von Ihren Erfahrungen. Welches Land haben Sie bereist? Haben Sie dort eine Universität besucht? Hatten Sie Schwierigkeiten, sich in der

neuen Kultur zurechtzufinden? Hatten Sie Sprachprobleme? An welche positiven Erlebnisse erinnern Sie sich? Würden Sie Ihren Mitstudenten einen Auslandsaufenthalt empfehlen?

2. Wie wichtig ist die Erfahrung einer anderen Kultur vor Ort in einer globalisierten Welt? Ist es wirklich notwendig, in einem anderen Land gelebt zu haben, um dieses zu verstehen und seine Sprache sprechen zu können? In einer gut vernetzten Welt, in der wir leben, ist es mittlerweile kinderleicht, alle noch so obskuren Details über ein anderes Land per Mausdruck zu erhalten oder mit Menschen aus allen Regionen dieser Welt zu korrespondieren. Warum sollten wir uns da noch selber aufmachen, um etwas zu erleben, das wir ebenso gut durch die Medien und das Internet kennenlernen können? Diskutieren Sie.

Weiterführende Aktivitäten

1. In unserem Text werden eine Reihe von Programmen genannt, die bei einem geplanten Austausch helfen können. Eines ist Erasmus. Gehen Sie zu folgender Webseite: https://eu.daad.de/erasmus/informationen/llp/de/11589 -programm-fuer-lebenslanges-lernen/, die Erasmus als Teil des „Programmes für lebenslanges Lernen" auflistet. Recherchieren Sie, was dieses Programm beinhaltet, welche Untergruppen es gibt, und wie schwierig es ist, an diesen Programmen teilzunehmen. Schreiben Sie einen kurzen Aufsatz, in dem Sie Ihre Ergebnisse zusammenfassen.

2. Ein weiterer wichtiger Austauschdienst ist der Deutsche Akademische Austauschdienst (DAAD), der sowohl Deutschen Stipendien für Auslandsaufenthalte verleiht als auch ausländischen Studenten zu einem Aufenthalt in Deutschland verhilft. Gehen Sie wiederum zu folgender Webseite: https://www.daad.de/en/index.html, und finden Sie heraus, wie Sie selbst eine gewisse Zeitlang in Deutschland verbringen können. Welche Voraussetzungen müssen Sie erfüllen? In welche Städte können Sie gehen? Welche Fächer können Sie studieren? Welche Deutschkenntnisse sind gefordert? Stellen Sie Ihre Ergebnisse im Unterricht vor.

Der „Bologna-Prozess" in Europa und Deutschland

Einführung

Handelte unser letzter Text von der beliebten Praxis, einen Auslandsaufenthalt in das eigene Studium einzubauen, so werden in unserem nächsten Artikel die Umstrukturierungen von Studiengängen auf dem Universitätssektor beschrieben, die im Zuge des immer weiter zusammenwachsenden Europas vorgenommen wurden. Seit 2010 ist es Realität – 45 Länder haben ihre Hochschulen einem gemeinsamen Universitätssystem angepasst, das auf dem angloamerikanischen Modell beruht. Nun gibt es in ganz Europa einen Bachelor- sowie Masterstudiengang und ein Punktesystem, das zur Vereinheitlichung der unterschiedlichen Universitätsstudiengänge beiträgt. Diese Umstellung wird Bologna-Prozess genannt, da besagte Hochschulreform in der italienischen Stadt Bologna beschlossen wurde. Sie lesen im Folgenden eine Rede von Professor Andreas Blindow, in der er uns die Grundlagen des Bologna-Prozesses erklärt und auf die zahlreichen Studentenproteste hinweist, die während und nach der Umstellung der Universitäten auf ein gesamteuropäisches Modell in Deutschland stattfanden.

Immer wieder in den vergangenen Monaten sah man in Deutschlands Universitätsstädten Studenten demonstrieren, hörte von besetzten **Hörsälen** und gestörten **Veranstaltungen**. Der Protest richtete sich gegen die Studienordnungen und den sogenannten „Bologna-Prozess". Für **Außenstehende** war es dabei oft schwer zu verstehen, worum der Streit eigentlich ging. ...

Der „Bologna-Prozess" begann 1999 auf einer Konferenz in Bologna, auf der sich Deutschland und 45 andere europäische Staaten verpflichteten, bis 2010 einen einheitlichen europäischen Hochschulraum zu schaffen. Vereinbart wurden unter anderem ein **gestuftes** Studiensystem nach angloamerikanischem Vorbild mit den drei Stufen Bachelor, Master und Promotion sowie die Einführung eines Leistungspunktsystems. Die wichtigsten Ziele waren die Anerkennung und Vergleichbarkeit der akademischen **Abschlüsse** in allen beteiligten Staaten und die Förderung der Mobilität der Studierenden. In Deutschland wurden bisher 72,5 Prozent der ca. 16.700 Studiengänge auf Bachelor- und Masterabschlüsse **umgestellt**. Besonders **schleppend** verläuft die Umstellung in den Fächergruppen „Kunst und Musik" und „Sprach- und Kulturwissenschaften", in denen viele Studiengänge weiterhin mit Diplom und hochschuleigenen Abschlussprüfungen (Kunst und Musik) bzw. mit Magister oder staatlichen Lehramtsabschlüssen (Sprach- und Kulturwissenschaften) angeboten werden.

Individuelle Studienwege

Mit der Einführung der gestuften Studienstruktur (Bachelor, Master, Promotion) in Deutschland sollten die Studierenden die Möglichkeit erhalten, die Studiendauer und die Zusammensetzung ihres Studiums nach ihren Wünschen und Möglichkeiten zu bestimmen. Vor allem sollte die **Eingleisigkeit** in der akademischen Ausbildung der Vergangenheit angehören, bei der Absolventen von **Fachhochschulen** oder Berufsakademien ohne Allgemeine Hochschulreife in Deutschland bisher nur unter bestimmten Bedingungen ein Universitätsstudium aufnehmen oder sich gar promovieren konnten. Heute erhalten Absolventen von Dualen Hochschulen (früher Berufsakademien), Fachhochschulen und Universitäten akademisch **gleichwertige** Abschlüsse, die zwar je nach Hochschultyp eine andere berufliche **Ausrichtung** bedeuten, aber alle zu einem anschließenden Masterstudium berechtigen. Der drei- bis vierjährige Bachelor ist dabei der erste **berufsbefähigende** Abschluss an einer Hochschule, um sich auf dem Arbeitsmarkt zu bewerben oder ein Masterstudium anzuschließen. Er verleiht in Deutschland grundsätzlich dieselben Berechtigungen wie die traditionellen Diplomabschlüsse der Fachhochschulen. Der ein- bis zweijährige Master dient zur wissenschaftlichen Vertiefung oder Spezialisierung und hat zum Ziel, Absolventen vor allem für Leitungspositionen oder eine wissenschaftliche bzw. forschungsorientierte **Laufbahn** zu qualifizieren.

Die „konsekutiven" Masterabschlüsse, bei denen der Master **inhaltlich** an den zuvor absolvierten Bachelor anschließt, verleihen dieselben Berechtigungen wie die traditionellen Diplom- und Magisterabschlüsse der Universitäten und gleichgestellter Hochschulen. ...

In den traditionellen Studiengängen vor der Umstellung belegten die Studierenden in der Regel viele Einzelfächer, die jeweils zu einem **benoteten**, einem unbenoteten oder keinem **Leistungsnachweis** führten. Bei einem Wechsel der Hochschule oder der Anmeldung zu einem weiterführenden Studiengang kam es häufig zu Problemen mit der Anerkennung der bereits erbrachten Leistungen, da die **Fachbezeichnungen**, der **Umfang** der Prüfungen und Lehrveranstaltungen, die Lerninhalte und -ziele oder gar die Benotung von Hochschule zu Hochschule sehr unterschiedlich definiert und **gehandhabt** wurden. Mit der Einführung des neuen Studiensystems wurden deshalb viele Fächer zu größeren thematisch zusammengehörenden Einheiten, sogenannten Modulen zusammengefasst, die mit einer Prüfung abschließen, auf deren **Grundlage** Leistungspunkte vergeben werden, sogenannte ECTS-Punkte (ECTS = European Credit Transfer System oder Europäisches System zur Anrechnung von Studienleistungen). Dadurch wird jede Hochschule gezwungen, für jedes Modul die Inhalte, den Umfang, die Prüfungsformen, die Lehr- und Lernformen sowie die Anzahl der ECTS-Punkte einheitlich nach formalen Kriterien festzulegen. ...

Die Kritik an der Schulreform

Bei den jüngsten Protesten der Studentenschaft standen vor allem folgende Punkte im Zentrum der Kritik:

- stoffliche **Überfrachtung**, zu hohe Anwesenheitspflicht und Prüfungsdichte **im Gefolge** zunehmender Strukturierung und „**Verschulung**" des Studiums
- zu geringe Ausnutzung der **Bandbreite** der Regelstudienzeiten für Bachelor- und Master-Studiengänge

- schwieriger Zugang zum Master-Studium (Leistungsvoraussetzungen, Kapazitäten)
- restriktive Anerkennung von Studien- und Prüfungsleistungen, **unzureichende** Äquivalenzregelungen in den Studien- und Prüfungsordnungen
- Verschlechterung der nationalen und internationalen Mobilität
- Fehlende Akzeptanz des Bachelors als ersten berufsqualifizierenden Abschluss

Quelle: http://diploma.de/node/5519

Vokabeln

Hörsaal *(m)*, **-säle**	lecture hall
Veranstaltung *(f)*, **-en**	session, meeting
Außenstehende *(m/f)*, **-n**	outsider
gestuft	tiered
Abschluss *(m)*, **-schlüsse**	degree, graduation
umstellen	to reorganize, to change
stellt um, stellte um, hat umgestellt	
schleppend	dragging, slow
Eingleisigkeit *(f)*, **-en**	one-track-ness
Fachhochschule *(f)*, **-n**	college (specialized)
gleichwertig	equal, equivalent
Ausrichtung *(f)*, **-en**	orientation, concentration
berufsbefähigend	professionally qualifying
Laufbahn *(f)*, **-en**	career
inhaltlich	contentwise
benotet	graded
Leistungsnachweis *(m)*, **-e**	performance record
Fachbezeichnung *(f)*, **-en**	nomenclature
Umfang *(m)*, **-fänge**	scope, coverage
handhaben	to handle
handhabt, handhabte, hat gehandhabt	

Grundlage *(f)*, **-n**	foundation
Überfrachtung *(f)*, **-en**	overload
im Gefolge von	in the wake of
Verschulung *(f)*, **-en**	regimentation (high school)
Bandbreite *(f)*, **-n**	range, spectrum
unzureichend	insufficient, not enough

Verständnisfragen zum Text

1. Warum trägt der Bologna-Prozess seinen Namen? Was passierte 1999?
2. Was wurde auf diesem Treffen beschlossen?
3. Wie sollte das deutsche (und europäische) Universitätssystem verändert werden? Was waren seine Vorbilder?
4. Wie funktionierte das deutsche Universitätssystem vor 2010? Wie unterschied es sich von dem angloamerikanischen System?
5. Warum gab es viele studentische Demonstrationen?
6. Nennen Sie drei Kritikpunkte, die es an der Umstellung auf das neue System gibt.

Analyse und Diskussion

1. In unserem Text werden viele Kritikpunkte aufgelistet, die in recht schwierigem Deutsch verfasst sind und die Probleme nur ungenügend beschreiben. Versuchen Sie im Unterricht herauszufinden, worüber sich die Studenten genau beschweren. Recherchieren Sie, wenn nötig, kurz im Internet, falls Sie nicht weiterkommen. Können Sie die Kritikpunkte der Studenten nachvollziehen?
2. Was denken Sie über die Idee, in Europa – und darüber hinaus – ein einheitliches Universitätssystem zu schaffen? Begrüßen Sie diese Umstellung oder haben Sie auch Bedenken? Auf der einen Seite ist es einfacher, von einer Universität an eine andere Universität innerhalb Europas zu wechseln, da sich die Studiengänge theoretisch gleichen sollten. Auf der anderen Seite ist nun das Universitätssystem in allen Ländern identisch und nicht mehr so individuell (und damit u. U. nicht mehr so interessant) wie es vor der Umstellung war. Diskutieren Sie die Vor- und Nachteile, die ein vereintes Europa mit sich bringt.

Weiterführende Aktivitäten

1. Sie möchten an einer deutschen Universität einen Bachelor-Studiengang besuchen. Wählen Sie ein Fach aus, das Sie entweder jetzt schon studieren oder das Sie besonders interessant finden. Gehen Sie nun zu einer Universität, an der Sie gerne studieren möchten, und versuchen Sie herauszufinden, ob Sie Ihr Studienfach dort studieren können. Wenn nein, dann wählen Sie eine andere Universität. Wie funktioniert ein komplettes Bachelor-Studium? Welche Kurse müssen Sie belegen? Wie viele Stunden in der Woche an der Universität sein? Gibt es zentrale Prüfungen, die Sie ablegen müssen? Gibt es Nebenfächer, die Sie wählen können? Versuchen Sie, so viele Informationen wie möglich zu finden, und stellen Sie Ihren Studiengang an einer deutschen Universität im Unterricht vor. Berichten Sie auch von Ihrer Erfahrung bei der Recherche: War es schwierig, die nötigen Informationen zu erlangen?

2. Wie funktionierte das deutsche Universitätssystem vor der Umstellung auf das angloamerikanische System? Wissen Sie etwas über das alte System? Versuchen Sie, Informationen über die Art und Weise herauszufinden, wie die Deutschen noch vor ein paar Jahren studiert haben. Wie war das Studium aufgebaut? Wie lange musste man studieren? Welche Abschlüsse konnte man machen? Wie viele Fächer konnte oder musste man belegen? Schreiben Sie einen kurzen Aufsatz über Ihre Ergebnisse.

Das müssen Autofahrer im Urlaub mitführen

Einführung

Obwohl das Reisen in der EU aufgrund der weggefallenen Grenzkontrollen einfacher als je zuvor ist, kann die Fahrt im eigenen Auto ungeahnte Probleme verursachen. Dies hängt mit den unterschiedlichen Vorschriften zusammen, die in den jeweiligen EU-Ländern herrschen. Die Verkehrsregeln sind oft recht verschieden und die geforderte Ausstattung des Autos mit Verbandskasten, Warndreieck oder Feuerlöscher variiert von Land zu Land beträchtlich. „Das müssen Autofahrer im Urlaub mitführen" stellt die ungleichen Regelungen der EU-Länder heraus und betont die Frustration, die Autofahrer u. U. aufgrund von unverständlichen Vorschriften und Bußgebühren empfinden.

Feuerlöscher, Ersatzglühbirne und Pusteröhrchen: Wer mit dem Auto in den Urlaub in ein EU-Land fährt, muss an viele Dinge denken, wenn er kein Bußgeld bezahlen will. Ein Überblick über die wichtigsten Vorschriften der Nachbarländer.

Auf Deutschlands Straßen genügt es, einen **Verbandskasten**, ein **Warndreieck** und eine **Warnweste** im Auto zu haben. Wer so **ausgerüstet** ins europäische Ausland fährt, kann jedoch böse **reinfallen**. Denn für Europa existiert kein allgemein gültiges Verkehrsrecht – die Vorschriften in den 28 Ländern fallen sehr unterschiedlich aus.

Das ganze wird noch komplizierter: Denn es gibt zwei Arten von Vorschriften. Die so genannten Ausrüstungsvorschriften gelten nur für die Fahrzeuge, die im jeweiligen Land zugelassen sind. Sie betreffen den deutschen Autoreisenden also grundsätzlich nicht – es sei denn, er nimmt sich **vor Ort** einen Mietwagen. „Für alle Verkehrsteilnehmer, also auch die auswärtigen Fahrer, greifen aber die so genannten Verhaltensvorschriften", erklärt Bernd Gstatter, Auslandsjurist beim **ADAC**. Zu den Verhaltensvorschriften zählt zum Beispiel die Pflicht, ein Warndreieck an Bord zu haben. Lediglich in Großbritannien und Irland gilt hierfür nur eine Empfehlung.

Der **Aufschrei** war groß, als die Franzosen im Juli 2012 die **Mitführ**pflicht von Alkoholtestgeräten im **Handschuhfach** einführten. Ursprünglich sollten auch Touristen mit elf Euro bestraft werden, wenn sie keine der umstrittenen Geräte dabei hatten – obwohl die Alkoholtester oft ausverkauft waren. Die konservative Regierung unter Präsident Nicolas Sarkozy ist mittlerweile abgewählt – und die Mitführpflicht von Pusteröhrchen abgeschafft. Innenminister Manuel Valls drückte das Mitte Februar 2013 in der Zeitung „Le Parisien" so aus: Es gebe keine verpflichtenden Alkoholtests und erst recht keine Sanktionen für Fahrer, die kein Pusteröhrchen in ihrem Auto haben. Trotzdem gilt in Frankreich eine **Promillegrenze** von 0,5.

Feuerlöscher nur für polnische Autos

In Polen müssen Autos mit einem Feuerlöscher **ausgestattet sein** – auch das allerdings nur eine Ausrüstungsvorschrift, deutsche Autos

bleiben verschont von der Regel. „Autos, die in Polen zugelassen sind, müssen einen Feuerlöscher mitführen. Das gilt jedoch nicht für deutsche Touristen, die nach oder durch Polen fahren", so ADAC-Jurist Gstatter.

Wer **auf Nummer sicher gehen** will, packt für seine Fahrt durch Europa am besten Warnwesten für alle **Fahrzeuginsassen**, einen Verbandskasten, zwei Warndreiecke, Ersatzbirnen fürs Licht, Feuerlöscher, **Ersatzreifen**, **Abschleppseil**, grüne Versicherungskarte, europäischen Unfallbericht und eine Diebstahlsicherung ein. Und: Die in vielen Staaten erforderliche **Autobahnvignette** nicht vergessen.

Apropos vergessen: Das Telefonieren mit dem Handy am Ohr ist in fast allen EU-Ländern verboten (nur in Schweden nicht), in Spanien sind sogar Kopfhörer **untersagt** – da bleibt nur noch die **Freisprechanlage**.

Quelle: http://www.focus.de/reisen/service/tid-25311/eu-urlaubslaender-was-autofahrer-mitnehmen-muessen_aid_725560.html

Vokabeln

Feuerlöscher *(m)*, -	fire extinguisher
Pusteröhrchen *(n)*, -	breathalyzer
Bußgeld *(n)*, -er	fine, penalty
Verbandskasten *(m)*, -kästen	first aid kit
Warndreieck *(n)*, -e	hazard triangle
Warnweste *(f)*, -n	reflective vest
ausgerüstet sein mit	to be equipped with
auf etw. *(Akk)* **reinfallen**	to fall for sth., to be taken in by sth.
fällt rein, fiel rein, ist reingefallen	
vor Ort	onsite
ADAC (Allgemeiner Deutscher Automobil Club) *(m)*	General German Automobile Association
Aufschrei *(m)*, -e	outcry
mitführen	to carry along
führt mit, führte mit, hat mitgeführt	

Handschuhfach *(n)*, **-fächer**	glove compartment
Promillegrenze *(f)*, **-n**	legal alcohol limit
ausgestattet sein mit	to be fitted, stocked with
verschont bleiben von	to escape sth., to be spared from sth.
bleibt, blieb, ist geblieben	
auf Nummer sicher gehen	to err on the side of caution
Fahrzeuginsasse *(m)*, **-n**	passenger
Ersatzreifen *(m)*, **-**	spare tire
Abschleppseil *(n)*, **-e**	towrope
Autobahnvignette *(f)*, **-n**	tollway permit sticker
untersagen	to forbid, to prohibit
untersagt, untersagte, hat untersagt	
Freisprechanlage *(f)*, **-n**	hands-free device

Verständnisfragen zum Text

1. Welche Probleme können entstehen, wenn man mit dem Auto in Europa unterwegs ist? Warum kann das Reisen in andere Länder u. U. teuer werden?
2. Erklären Sie den Unterschied zwischen Ausrüstungsvorschriften und Verhaltensvorschriften.
3. Was führten die Franzosen im Juli 2012 ein, und welche Auswirkungen hatte diese Vorschrift auf die Urlauber aus anderen EU-Ländern?
4. Müssen alle Autos, die auf Polens Straßen fahren, einen Feuerlöscher mitführen?
5. Mit welchen Gegenständen sollte das eigene Auto auf alle Fälle ausgestattet sein, wenn man das Risiko einer Geldstrafe nicht eingehen möchte?

Analyse und Diskussion

1. Welche Vorschriften existieren für deutsche Autofahrer? Welche Utensilien müssen mitgeführt werden, um bei einer Verkehrskontrolle keine Strafe zahlen zu müssen? Recherchieren Sie.
2. Welche Regelungen gibt es in Ihrem Land? Welche Ausrüstung muss Ihr Auto haben, um offiziell verkehrstauglich zu sein? Ähneln die Vorschriften Ihres Landes denen von Deutschland?
3. Vergleichen Sie nun die Verkehrszeichen. Welche deutschen Verkehrszei-

chen unterscheiden sich von den Ihnen bekannten? Gehen Sie zu folgender Webseite: http://www.verkehrszeichen-online.org/verkehrsschilder _in_deutschland_stvo.pdf, auf der alle deutschen Verkehrszeichen erklärt sind. Vergleichen Sie und diskutieren Sie die Unterschiede.

Weiterführende Aktivitäten

1. Im Artikel findet der ADAC – der Allgemeine Deutsche Automobil Club – mehrere Male seine Erwähnung. Haben Sie schon einmal von diesem Club gehört? Was ist seine Aufgabe? Gehen Sie zu der ADAC-Webseite: http:// www.adac.de/, und recherchieren Sie. Welchen Service bietet der ADAC seinen Mitgliedern? Wie hoch ist eine Mitgliedschaft? Welche Informationen finden Sie besonders hilfreich? Präsentieren Sie Ihre Ergebnisse im Unterricht und diskutieren Sie, ob es eine vergleichbare Organisation in Ihrem eigenen Land gibt.
2. Der von uns gelesene Artikel besteht aus zwei Teilen, von dem jedoch nur der erste Teil in diesem Textbuch abgedruckt ist. Gehen Sie zu der Webseite des *Focus* Magazins und sehen Sie sich den zweiten Teil genauer an: http:// www.focus.de/reisen/service/tid-25311/eu-urlaubslaender-was-autofahrer -mitnehmen-muessen-uebersicht-die-wichtigsten-vorschriften-fuer-auto fahrer-_aid_725989.html. Sie finden eine Liste mit Vorschriften für Autofahrer, die in dem jeweiligen EU-Land gelten. Lesen Sie sich diese Liste durch und markieren Sie die Vorschriften, die Sie besonders interessant finden. Diskutieren Sie, warum es solche großen Unterschiede innerhalb der EU gibt und welche Beweggründe wohl hinter den jeweiligen Vorschriften stecken.

Lichter

Einführung

Den Abschluss unseres Kapitels über Europa bildet der Film *Lichter* des Regisseurs Hans-Christian Schmid, den wir schon im Zusammenhang mit der Dokumentation *Die wundersame Welt der Waschkraft* kennengelernt haben. In *Lichter* wird die Diskrepanz von Ost- und Westeuropa erneut von einer kritischen Seite präsentiert – es wird beispielsweise die Schwierigkeit der Grenzüberschreitung von Polen nach Deutschland hervorgehoben, um dort um Asyl

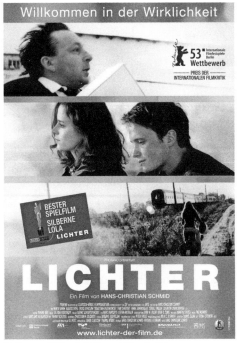

© Claussen+Wöbke+Putz Filmproduktion GmbH

bitten zu können. Weiterhin werden die wirtschaftlichen Unterschiede zwischen Polen und Deutschland betont sowie der Versuch der Menschen auf der weniger begünstigten Seite des Lebens, sich eine halbwegs zufriedenstellende Existenz aufzubauen. Und wie schon in *Die wundersame Welt der Waschkraft* bezieht Schmid auch diesmal keine klare Position, fungiert nicht als Richter über die Handlungen der Menschen, sondern beobachtet lediglich und präsentiert Erfolg und Versagen auf beiden Seiten der deutsch-polnischen Grenze.

Verständnisfragen zum Film

1. Welche Themen behandeln die einzelnen Episoden? Nehmen Sie eine Handlung und erklären Sie diese näher. Welche Personen kommen darin vor? Welche Probleme haben diese Personen?
2. Was erfahren wir über die Hintergründe der Protagonisten? Nehmen Sie eine Person und analysieren Sie diese im Detail.
3. In welchem Zusammenhang stehen die einzelnen Episoden mit dem Grenzgebiet?
4. Beschreiben Sie das Verhältnis zwischen Ost- und Westeuropa. Wie sieht es aus, und welche Funktion hat die Grenze zwischen Polen und Deutschland?
5. Im Film gibt es Personen aus Ost- und Westeuropa. Kann gesagt werden, dass die Westeuropäer im Film automatisch die Gewinner und die Osteuropäer die Verlierer sind?

Analyse und Diskussion

1. Der Film unterscheidet sich deutlich von dem bisher im Unterricht besprochenen Material, da er sich mit dem Thema der illegalen Grenzüberschreitung im Zeitalter der Globalisierung beschäftigt. Finden Sie aktuelle Beispiele in Ihrem Land und diskutieren Sie, wie sich die Beispiele Ihres Landes zu dem Film *Lichter* verhalten.

2. Wie ist der Titel des Filmes zu verstehen? Welche Bedeutung haben Lichter im Film? Sind diese Lichter positiv für die einzelnen Personen oder sind sie nur eine Hoffnung, die jedoch unerfüllt bleibt? Diskutieren Sie im Unterricht, wie der Titel im Hinblick auf die einzelnen Personen interpretiert werden kann. Gibt es gravierende Unterschiede zwischen den Personen und wenn ja, welche sind dies?

3. Der Film enthüllt wenige Hintergrundinformationen und gewährt uns nur einen kurzen Einblick in das Leben der verschiedenen Protagonisten – viele Details der Geschichten verbleiben im Dunkeln. Diskutieren Sie, warum Schmid diese Art der Erzählung gewählt hat. Wieso sehen wir die Geschichten vieler Personen, die sich wie ein Mosaik zusammensetzen? Was könnte der Grund für diese Erzählweise sein?

Weiterführende Aktivitäten

1. Recherchieren Sie, unter welchen Voraussetzungen ein Ausländer in Deutschland Anspruch auf Asyl hat. Welche Informationen bekommen wir im Film? Sind diese Informationen korrekt? Diskutieren Sie in einem zweiten Schritt, wie sich die Asylpolitik Deutschlands von derjenigen Ihres Landes unterscheidet. Lassen sich Parallelen aufzeigen?

2. Finden Sie heraus, wie sich die politische und wirtschaftliche Situation in Osteuropa nach dem Fall der Mauer entwickelt hat. Nehmen Sie ein Land, das Sie besonders interessiert, und stellen Sie dieses im Unterricht vor. Achten Sie dabei vor allem auf die politischen Strukturen, die Arbeitslosigkeit in der Bevölkerung, das Bruttosozialprodukt und, wenn möglich, die Bereitschaft der Leute, ihr Land zu verlassen.

3. In seinem Buch *Globalization. The Human Consequences* beschreibt der polnische Soziologe Zygmunt Bauman in dem Kapitel „Tourists and Vagabonds" die unterschiedlichen Formen des Reisens in unserer Zeit: Bauman porträtiert einmal das schrankenlose, unbeschwerte Reisen der Kosmopo-

liten, die ohne Visum die Welt erkunden und sich an zahllosen Orten Zuhause fühlen. Demgegenüber stellt er die Armen dieser Welt, die aufgrund
von Hunger oder Krieg zur Mobilität gezwungen sind, jedoch nur bedingt
vorwärts gelangen, da sie wieder und wieder an unüberwindbare Grenzen
stoßen. Lesen Sie die Sektion „Divided we move" des erwähnten Kapitels
(Columbia University Press, 1998. Seite 85–89) und diskutieren Sie die
darin enthaltenen Aussagen. Kann Baumans Theorie auf den Film *Lichter*
angewendet werden? Begründen Sie Ihre Meinung.

Projekte

1. Der Sitz der Politik in Europa ist sowohl in Brüssel, Belgien als auch in
   Straßburg, Frankreich. Was wissen Sie über diese wichtigen Städte, in denen Entscheidungen getroffen werden, die Europa nachhaltig beeinflussen?
   Haben Sie diese Städte vielleicht schon einmal besucht oder im Unterricht
   besprochen? Teilen Sie sich in zwei Gruppen auf und recherchieren Sie
   jeweils eine der beiden Städte. Wie ist die Geschichte der Stadt? Wie viele
   Einwohner hat sie? Welche europäischen Institutionen lassen sich finden?
   Welche Sehenswürdigkeiten können dort besichtigt werden? Und eine
   entscheidende Frage: Warum sind Brüssel und Straßburg als Sitz der EU
   ausgewählt worden? Die folgenden Webseiten können Ihnen bei Ihrer Recherche den Einstieg in das Thema erleichtern:
   - „Brüssel – das Herz Europas?": http://www.planet-wissen.de/laender
     _leute/belgien/bruessel/index.jsp
   - „Strasbourg – eine Stadt, die nicht nur französisch ist": http://www
     .planet-wissen.de/laender_leute/frankreich/elsass/strasbourg.jsp.

   Erstellen Sie eine Collage mit Bildern sowie allen wichtigen Informationen; präsentieren Sie dann die jeweiligen Städte im Unterricht.
2. Wie Sie wissen, haben die Länder der Europäischen Union nicht nur ihre
   eigenen Sprachen und Kulturen, sondern ebenfalls eine Nationalflagge.
   Welche Flaggen kennen Sie und könnten Sie gegebenenfalls dem richtigen
   Land zuordnen? Gehen sie zu folgender Webseite: http://www.toporopa
   .eu/de/flaggen_von_europa.html, und testen Sie Ihr Wissen. Konnten
   Sie die meisten Flaggen korrekt platzieren? Gehen Sie dann in Zweier-
   gruppen zusammen und versuchen Sie, Details über die Geschichte einer
   Landesflagge herauszufinden. Wählen Sie ein Land aus, das Sie persönlich

interessiert, und recherchieren Sie. Stellen Sie sicher, dass sich eine Gruppe mit der Flagge der Europäischen Union beschäftigt. Präsentieren Sie dann Ihre Ergebnisse.

3. Vom 14.–16. September 2012 fanden auf dem internationalen Literaturfestival in Berlin im Rahmen des Fokus „Europe Now" Lesungen und Diskussionen von Autoren und Autorinnen statt, die für das Projekt „Ein literarischer Rettungsschirm für Europa" kurze Beiträge verfasst hatten. Gehen Sie zu der Webseite: http://www.literaturfestival.com/intern/weitere-pdfs/ literarischer-rettungsschirm.pdf, und lesen Sie die einführenden Worte von Ulrich Schreiber und Thomas Böhm sowie Bernhard Lorentz. Wählen Sie dann einen Text aus, dessen Titel Sie anspricht, und lesen Sie diesen sorgfältig. Welche Meinung hat der Autor oder die Autorin über Europa? Wie wird Europa von ihm oder ihr präsentiert? Können Sie den gelesenen Text interpretieren? Fassen Sie den Text kurz zusammen und erklären Sie dann, welche Bezüge der Text zu Europa herstellt. Berücksichtigen Sie auch den Titel des Projekts („literarischer Rettungsschirm") und diskutieren Sie, welche Funktion dieser Text hinsichtlich der Eurokrise haben könnte.

Weiterführende Materialien

Europa und Politik

Europa – die offizielle Webseite der Europäischen Union:
  http://europa.eu/index_de.htm
Bundesregierung: Europa:
  http://www.bundesregierung.de/Webs/Breg/DE/Themen/Europa/_node
  .html
Auswärtiges Amt: Europa:
  http://www.auswaertiges-amt.de/DE/Europa/Uebersicht_node.html

Europa und Literatur

Von Fischen und Pfandflaschen: Acht Geschichten aus Europa:
  http://www.eu-direct.info/infomaterial-download-broschueren/bildung
  -kinder-jugend-und-erwachsene-42/zeitschriftenbeilage-von-fischen-und
  -pfandflaschen-acht-geschichten-aus-europa-839.html

Gedichte zum Thema Europa:
  http://gedichte.xbib.de/_Europa_gedicht.htm
Europa liest – Literatur in Europa:
  http://www.ifa.de/fileadmin/pdf/kr/2010/kr2010_de.pdf

Europa im Fernsehen

„Europa Aktuell" der Deutschen Welle:
  http://www.dw.de/programm/europa-aktuell/s-3053-9800
„Euroblick: Blick auf Land und Leute" des Bayrischen Fernsehens:
  http://www.br.de/fernsehen/bayerisches-fernsehen/sendungen/euroblick/
  euroblick110.html
Europamagazin des ARD:
  http://www.daserste.de/information/politik-weltgeschehen/europamaga
  zin/index.html

Europa und Bildung

Europastudiengang an der RWTH Aachen:
  http://www.mes.rwth-aachen.de/aw/cms/MES/startseite/~vic/home/
  ?lang=de
Europäische Schulen:
  http://www.eursc.eu/index.php?l=3

Kapitel Fünf
Globalisierung und die Umwelt

Einführung in das Thema

Die Umwelt ist ein Thema, das allgegenwärtig in unserem Leben erscheint. Es vergeht kaum eine Woche, in der wir nicht durch die Medien mit Hiobsbotschaften konfrontiert werden, dass sich irgendwo auf der Welt eine neue, dramatische Umweltkatastrophe ereignet habe. In letzter Zeit wären das Reaktorunglück in Fukushima, Japan als besonders erschreckend zu nennen sowie die Explosion der BP Ölbohrplattform im Golf von Mexiko, bei der es zu einem Austritt von geschätzten 800 Mio. Litern Öl kam. Diese Katastrophen bestürzen uns zeitweilig. Sie machen uns bewusst, wie leicht zerstörbar unsere Umwelt ist und wie fahrlässig wir dennoch mit

© Natalia Bratslavsky | Dreamstime.com
Ölraffinerie

ihr umgehen. Umweltschutz ist daher ein wichtiges Thema in einer Zeit, die durch erhöhte Mobilität und Wirtschaftsaktivität gekennzeichnet ist. Folglich stellt sich für uns die Frage, ob wir unsere Umwelt immer weiter belasten können, ohne dass dies negative Auswirkungen auf die Menschheit hat. Können wir die zukünftigen Umweltfolgen wirklich absehen? Wissen wir, wie die globale Erwärmung unser tägliches Leben beeinflussen wird? Da es auf diese Fragen nur unzureichende Antworten gibt, ist es notwendig, dass Umweltschutz ein internationales Anliegen der Länder dieser Erde wird, denn nur gemeinsam lassen sich die Schwierigkeiten lösen, die durch globale Vernetzung und weltweiten Handel verstärkt aufgetreten sind.

Eisbrecher „Arctic Sunrise" der Umweltorganisation Greenpeace

Dieses Kapitel setzt sich mit Umweltschutz aus deutscher Sicht auseinander. Der erste Teil trägt die Überschrift „Umweltprobleme" und beschäftigt sich mit den negativen Konsequenzen, die durch unseren unachtsamen Umgang mit Natur und Ressourcen entstanden sind. Den Anfang macht ein Lied der Punkrock Band Die Ärzte, das ein ironisches Licht auf die Aktivitäten der Umweltschützer wirft und die provokante Frage stellt: Sind wir verpflichtet, uns mit den Problemen dieser Welt täglich zu befassen? Mit Problemen, die wir selber nicht oder nur mittelbar verursacht haben? Sind wir das Thema Umwelt nicht langsam leid? Können sich nicht andere Menschen um Waldsterben und Meeresverschmutzung kümmern? Nach dieser profunden Gewissensfrage beginnt der wahre Teil des Kapitels mit einem kurzen Überblick von Johannes Bickel über die gegenwärtigen Umweltprobleme, die die Welt bedrängen. Der rapide Abbau von Rohstoffen, die Klimaveränderungen, die Verschmutzung von Land und Wasser werden durch die schnell fortschreitende Globalisierung immer akuter, ohne dass sich die Welt um rasche Lösungen bemüht. Jedoch gibt es auch eine gute Seite: Durch die verbesserten Kommunikationstechnologien wird das Bewusstsein für Umweltübertretungen geschärfter, und Umweltsünden bleiben nur selten unentdeckt.

Unser Kapitel wendet sich nun ganz konkreten Umweltproblemen zu. Zunächst sehen wir einen kurzen Videoclip (und lesen das Skript dazu), der sich mit Klimaerwärmung, verursacht durch CO_2-Ausstoß, befasst. In dem Clip mit dem Titel *Die Rechnung* treffen sich drei Männer auf ein Bier in einer Kneipe, bevor sie die Dokumentation von Al Gore *Eine unbequeme Wahrheit* im Kino sehen. Wie schon bei dem Liedtext der Ärzte ist auch hier Ironie im Spiel. Die Protagonisten verkörpern auf recht übertriebene Weise zwei gegensätzliche Einstellungen zum Umweltschutz: einerseits treffen wir auf den coolen Typ mit Sonnenbrille und schnellem Auto, der auf Safari nach Namibia fährt, dort in der Wüste Golf spielt, sein biologisches Steak aus Argentinien kauft und sich bewusst keine Gedanken über die Umwelt macht. Andererseits ist da aber auch der Naturfreund, der Ökostrom bezieht, mit dem Fahrrad zur Arbeit fährt, seine Ferien auf einem Biobauernhof in Rumänien verbringt und dort gartenfrisches Gemüse isst. Der Film nimmt ein unerwartetes Ende, als die Kellnerin nicht etwa das konsumierte Bier berechnet, sondern den CO_2-Ausstoß in Tonnen, welcher durch die gerade beschriebenen Aktivitäten der Herren entstanden ist.

An diesen unterhaltsamen Film schließt sich der Artikel „Reisefieber erwärmt Klima" von WWF (World Wildlife Fund) an, der sich noch einmal dem unverhältnismäßigen CO_2-Verbrauch widmet – nun konkret auf das deutsche Reiseverhalten bezogen. Durch die rege Reisetätigkeit, die leider nicht mit einem gesteigerten Umweltbewusstsein einhergehe, verschmutzen die Deutschen das Klima. Insbesondere durch Fernreisen entstehe CO_2 in rauen Mengen. Daher rät der WWF den Deutschen, ihren Klimafußabdruck so stark wie möglich zu reduzieren, auf weite Reisen zu verzichten und vor allem auf das Umweltsiegel bei ihren unternommenen Reisen zu achten, das auf größere Umweltverträglichkeit hinweist.

Von Klimaerwärmung geht es zu zwei weiteren Dokumentationen, die den Abschluss des ersten Teiles bilden: zu dem Film *Plastic Planet* von Werner Boote und dem 30-minütigen Videoclip *Essen im Eimer*, der auf der Webseite *Planet Schule* zu finden ist. *Plastic Planet* beleuchtet die Gefahren, die durch den vermehrten Konsum von Plastik auf unserer Welt entstehen. Der Regisseur weist eindringlich auf die geheimen Bestandteile von Plastik hin, die die Industrie ihren Verbrauchern nicht mitzuteilen bereit ist. Diese geheimen Partikel geben während eines langen Zerfallprozesses schädliche Stoffe an unsere Erde ab und verschmutzen unseren Planeten auf unvorhersehbare Weise. Um Abfallprodukte geht es auch in *Essen im Eimer* – nur handelt es sich dabei um noch durchaus genießbare Güter, die, da ihr Haltbarkeitsdatum abgelaufen ist, allesamt im Müll landen. Die Dokumentation deckt eine weitgehend unbekannte Praxis auf, nämlich die der Supermärkte, Waren mit unbedeutenden Schönheitsmängeln (ein welkes Salatblatt, eine Delle in der Erdbeere) und fast abgelaufene Produkte täglich in Unmengen zu entsorgen. Dieser verursachte „Müll" belastet das Weltklima und bedeutet eine unmoralische Verschwendung von Lebensmitteln, während Menschen in anderen Ländern Hunger leiden.

Teil Zwei lässt die deprimierenden Umweltsünden außen vor und beschäftigt sich stattdessen mit einer Reihe von Initiativen, die allesamt ins Leben gerufen wurden, um die Umwelt zu schützen. Daher trägt Teil Zwei auch den bezeichnenden Titel „Umweltschutz". Er beginnt mit einem Thema, an dem sich die Geister scheiden: dem der Atomkraft. In manchen Ländern sowohl als alternative Energieform als auch als umweltschonend angesehen, stößt Atomstrom in der deutschen Bevölkerung schon seit Jahren auf heftige Kritik. Nach der Reaktorkatastrophe von Fukushima hat die deutsche Regierung offiziell beschlossen, der Atomkraft den Rücken zu kehren, wie im Artikel „Ausstieg aus der Atomkraft" zu lesen ist. Stattdessen sollen alternative Energiequellen genutzt werden, die keine Probleme bei der Endlagerung der verbrauchten Brennstäbe verursachen. Diese Energien werden in „Zukunftsweisend, effizient: Erneuerbare Energien" als Wind, Wasser und Sonne beschrieben; weiterhin erfährt der Leser von geplanten oder bereits durchgeführten Projekten, die sich den erneuerbaren Energien verschrieben haben. Besonders die Solarenergie boomt in Deutschland, wie der nächste Artikel informiert. Trotz eines Rückgangs von staatlichen Subventionen kaufen die Deutschen verstärkt Solaranlagen, um sie auf ihren Häusern und Felder zu installieren. Es bleibt allerdings abzuwarten, ob sich die deutschen Hersteller gegen die Konkurrenz der Chinesen behaupten können, die ihre Produkte zu deutlich geringeren Preisen anbieten.

Von den erneuerbaren Energien geht es zu einem Thema, das unmittelbar mit dem Energieverbrauch eines Haushalts zusammenhängt – nämlich dem der grünen Architektur. Der Artikel „Grüner bauen" präsentiert kreative Ideen von Architekten aus Asien, die auf der Ausstellung „Grüne Häuser, tropische Gärten" in Berlin im Jahre 2013 zu sehen waren. Die vorgestellten Bauwerke verbinden Natur und Wohnen auf innovative Weise miteinander und zeigen Möglichkeiten auf, auch in der Großstadt umgeben von Gärten und Bäumen harmonisch mit der Natur zu leben. Zu guter Letzt beschäftigt sich ein weiterer Zeitungsartikel mit der steigenden Beliebtheit von Bioläden. Die Deutschen achten immer mehr auf ökologische Lebensmittel und sind durchaus bereit, für diese Produkte tiefer in die Tasche zu greifen. Daher ist in den letzten Jahren die Zahl der neu eröffneten Biosupermärkte beachtlich gestiegen, die allesamt von den Deutschen regelmäßig frequentiert werden. Die einzige Schwierigkeit bei dieser sehr positiven Entwicklung liegt bei der Landwirtschaft, die mit den gewaltigen Forderungen nach biologischen Produkten kaum mehr mithalten kann.

Somit lässt sich als Fazit bemerken, dass Deutschland zwar noch etliche Umweltprobleme zu bewältigen hat, jedoch durchaus gewillt ist, diese anzugehen und Lösungen zu finden, die auf Dauer ein besseres Zusammenleben von Natur und Mensch ermöglichen.

Fünfundzwanzig wichtige Vokabeln

Abfall *(m)*, -fälle	waste
Abgas *(n)*, -e	exhaust
Atomkraft *(f)*	nuclear energy
Atomkraftwerk *(n)*, -e	nuclear power plant
Aussterben *(n)*	extinction
belasten	to strain, to burden, to pollute
belastet, belastete, hat belastet	
Benzin *(n)*	gas(oline)
Bewusstsein *(n)*	awareness, consciousness
erhöhen	to increase, to raise
erhöht, erhöhte, hat erhöht	
Gesundheit *(f)*	health
globale Erwärmung *(f)*	global warming
Müll *(m)*	garbage
Ozonloch *(n)*, -löcher	ozone hole
ökologisch	ecological
Rohstoff *(m)*, -e	natural resource
schützen	to protect
schützt, schützte, hat geschützt	
sparen	to save
spart, sparte, hat gespart	
Treibhausgas *(n)*, -e	greenhouse gas
Umwelt *(f)*	environment
Umweltschutz *(m)*	environmentalism
Verkehr *(m)*	traffic
vermeidbar	avoidable
verschmutzen	to pollute, to contaminate
verschmutzt, verschmutzte, hat verschmutzt	
wachsen	to grow
wächst, wuchs, ist gewachsen	
wiederverwenden	to recycle, to reuse
verwendet wieder, verwendete wieder, hat wiederverwendet	

TEIL EINS: UMWELTPROBLEME

Grotesksong

Einführung

Den Anfang unseres Umweltkapitels macht ein Lied von der Band Die Ärzte. Die Ärzte sind eine deutsche Punkrock-Band, die bereits seit den 1980er-

Jahren existiert und sich in Deutschland großer Beliebtheit erfreut. Ihre Mitglieder sind Farin Urlaub, Bela B und Rodrigo González. Die Lieder der Ärzte sind oft provokant und satirisch, wie „Grotesksong" deutlich illustriert. Bei „Grotesksong" handelt es sich um einen „Protestsong gegen Protestsongs", der

© Bidouze Stéphane | Dreamstime.com

auf sehr aggressive Weise gegen Umweltschützer und ihre Missionen wettert. Oder wie ist der Liedtext zu verstehen? Lesen Sie zunächst den Text und hören Sie sich dann das Lied unter folgendem Link an: https://www.youtube.com/watch?v=yTzjFURoXPk.

Liedtext

Dies ist ein Protestsong gegen Protestsongs
Ich kanns nicht mehr hörn
Ständig dieses **Geheule**
Bloß weil ein paar Kerle den Dschungel zerstörn
Das Ozonloch **geht mir am Arsch vorbei**
Doch überall verfolgt mich euer Hippiegeschrei
Meine armen Ohren, sie könn **sich** nicht **wehren**
Ich höre längst kein Radio mehr und seh auch nicht fern
Doch als Retter der Welt **liegt** ihr voll **im Trend**,
Ihr **malträtiert** euer Instrument und ihr **flennt**

Dies ist ein Protestsong gegen Protestsongs
Ich **hab es so satt**
Echte Männer fangen ein paar Wale
Schon **macht** ihr **Randale**, schon dreht ihr am Rad
Und ihr schreibt keine Lieder, nein, ihr schreibt ein Gedicht
Schon vierhundert Strophen und kein Ende in Sicht
Ja, ihr **prangert an** und ihr singt von Problemen
Ich bin sicher, dass **sich** alle schlechten Menschen jetzt **schämen**.

Und wenn mal wieder ein Atomkraftwerk brennt
Seid ihr voll in eurem Element
Und ihr steht laut **jammernd** vor dem Parlament
Und hinter euch **flattert** euer Transparent und ihr flennt

Dies ist ein Protestsong gegen Protestsongs
Es steht mir bis hier
Ich kann euch nicht begreifen
Ihr seid gleich am Verzweifeln
Wenn ein paar Kinder krepiern
Und schon singt ihr wieder vom Ende der Welt
Nur weil irgendwo ein Sack Reis umfällt
Lasst mich endlich mit eurem **Genöle** in Ruh
Wenn ich Lust dazu hab, scheiß ich die Nordsee zu
Danach zieh ich mir ein **Robben**steak rein
Auf einem Teller aus **Elfenbein**
Und dann **leg** ich die **Schlampen** von Greenpeace **flach**
Eine nach der andern, die ganze Nacht
Und ich lach, und ich lach
Hahaha!

Quelle: http://www.bademeister.com/v10/php/diskografie.php?tid=327&p=3&a=
10&l=diskografie.php?p=3&a=10&aid=45&aid=45

Vokabeln

Geheule *(n)*	bawling, howling
es geht mir am Arsch vorbei *(ugs.)*	I don't give a shit about it
sich wehren	to fight back, to resist
wehrt sich, wehrte sich, hat sich gewehrt	
im Trend liegen	to be in fashion
malträtieren	to abuse
malträtiert, malträtierte, hat malträtiert	
flennen *(ugs.)*	to sob
flennt, flennte, hat geflennt	
ich habe es so satt	I'm so sick of it
Randale machen	to rampage, to riot
anprangern	to name and shame sth./s.o.
prangert an, prangerte an, hat angeprangert	
sich schämen	to be ashamed/embarrassed of sth.
schämt sich, schämte sich, hat sich geschämt	
jammern	to whine, to complain
jammert, jammerte, hat gejammert	
flattern	to flutter, to flap
flattert, flatterte, hat/ist geflattert	
es steht mir bis hier *(ugs.)*	I've had it up to here
Genöle *(n) (ugs.)*	bleating
Robbe *(f)*, **-n**	seal
Elfenbein *(n)*	ivory
flachlegen *(ugs.)*	to have sex with s.o.
legt flach, legte flach, hat flachgelegt	
Schlampe *(f)*, **-n** *(ugs.)*	slut

Verständnisfragen zum Liedtext

1. Welche Umweltprobleme werden im Lied aufgelistet? Nennen Sie drei.
2. Wer sind die Leute, die im Text kritisiert werden?
3. Wie reagiert der Sänger? Was macht er gegen die Umweltprobleme?

Analyse und Diskussion

1. Warum heißt das Lied „Grotesksong"? Können Sie den Titel erklären?
2. Können Sie die Phrase „ein Protestsong gegen Protestsongs" erläutern? Was bedeutet diese Liedzeile?
3. Wie ist der Ton des Liedes? Denken Sie, dass der Sänger seine Aussagen ernst meint?
4. Der Text ist weiterhin sehr umgangssprachlich. Geben Sie einige Beispiele und überlegen Sie, warum der Sänger so viele umgangssprachliche Ausdrücke benutzt.

Weiterführende Aktivitäten

1. Kennen Sie die Band Die Ärzte? Wenn nicht, dann recherchieren Sie im Internet. Wie ist die Geschichte der Band? Mit welchen Liedern wurde sie berühmt? Und speziell auf unser Lied bezogen: Wie steht die Band dem Umweltschutz gegenüber?
2. Was denken Sie persönlich über Umweltschutz? Ist er für Sie ein wichtiges Thema oder ist schon alles über dieses Thema gesagt worden? Sind Sie ein aktives Mitglied einer Umweltschutzorganisation (z. B. von Greenpeace); machen Sie im Alltag etwas für die Umwelt? Sprechen Sie über Ihre Haltung zum Umweltschutz im Unterricht.

Die Bedrohung der Umwelt durch die Globalisierung
Einführung

In „Die Bedrohung der Umwelt durch die Globalisierung" beschreibt der Autor Johannes Bickel die Schäden, die der Umwelt durch die Globalisierung zugefügt werden. Heutzutage kann sich der Umweltschutz nicht mehr nur auf ein Land beschränken, sondern muss von allen Nationen der Welt zusammen angegangen werden. Bickel stellt die positiven Seiten der Globalisierung heraus, wie z. B. ein gesteigertes Bewusstsein hinsichtlich von Umweltproblemen weltweit, aber er ist auch sehr kritisch, was die Veränderungen des Klimas oder die negativen Auswirkungen des Neoliberalismus auf unsere Gesundheit betrifft. Die Welt kann und darf sich die Industrienationen nicht zum Vorbild nehmen, die zu viel zu schnell konsumieren und damit die Umwelt langsam aber sicher zerstören.

Manchmal bringt die Globalisierung durchaus Vorteile für die Umwelt mit sich. Weltweit können **sich** Umwelttechnologien wie abgasärmere Autos oder erneuerbare Energien schneller **durchsetzen**, und das Bewusstsein, dass die verbliebenen **Urwälder** nicht auch noch folgenlos **abgeholzt** werden können, ist gewachsen. Inzwischen sind viele internationale Umweltabkommen abgeschlossen worden, darunter so erfolgreiche wie die Basler Konvention gegen den Handel mit **Gift**müll oder die *London Dumping Convention* gegen das Einbringen gefährlicher Abfälle in die Meere. Und schließlich ermöglichen die Kommunikationstechnologien wie Internet und Email lokalen und internationalen **NRO**s und Netzwerken, Umweltskandale bekannt zu machen und Protest zu organisieren. Greenpeace, Attac und andere Organisationen haben oft problematische Projekte **verhindert** und damit zum Schutz von Mensch und Natur beigetragen (so gen. „Globalisierung von unten").

Die gegenwärtige, neoliberale Globalisierung betrachtet die Umwelt jedoch fast nur als kostenloses Rohstofflager und als **Deponie**. Dieses System ist überall mit Umweltgefahren und Umwelt**schäden** verbunden. Die wichtigsten davon sind: die Luft-, Boden- und Wasserverschmutzung bzw. der Mangel an sauberem Trinkwasser, die wachsenden Abfallberge, der Klimawandel, das Ozonloch in der oberen Atmosphäre, die gentechnisch veränderten Lebensmittel, die **Abnahme** der Ur- bzw. Tropenwälder, das Aussterben zahlloser Tier- und Pflanzenarten, die Abnahme der Bodenfruchtbarkeit und die ungelösten Fragen der Atomenergie. Der mit diesen Problemen verbundene Produktions- und Konsumstil ist nicht globalisierbar: Würden alle Menschen auf der Welt den gleichen Umweltverbrauch haben, so brauchten wir fünf Erdkugeln. Deshalb *kann* die Globalisierung, d. h. der Versuch der Industrieländer, ihr jetziges Wirtschaftssystem beizubehalten und überall in der Welt durchzusetzen, auf Dauer nicht gelingen.

Die Umweltprobleme sind lokaler, regionaler oder globaler Natur. Nützlich ist auch die Unterscheidung zwischen dem Ressourcen**verbrauch** (Rohstoffe inkl. Energie) und dem Abfall- bzw. Schadstoff**ausstoß**, d. h. dem Input und dem Output von Unternehmen: während mehr **Umsatz** und mehr Schadstoffausstoß eines Unternehmens die Umwelt belastet, wird sie durch Reduzierung des Material- oder Energieverbrauchs zunächst **entlastet**. Aber in allen Ländern der Welt ist der erste Effekt, also die Umweltverschmutzung, weit größer als der zweite, die „Effizienzrevolution". Automotoren sind heute effizienter als vor 20 Jahren, aber dieser Fortschritt wurde durch den Zuwachs an Autos und gefahrenen Kilometern längst überkompensiert. Sieht man sich die Umweltfolgen unseres Wirtschaftssystems im Einzelnen an, so stellt man ferner fest, dass viele davon durch unsere verkehrs- und energieintensive Wirtschaftsweise verursacht werden: die Verschmutzung der Meere, der Klimawandel, u. a. Außerdem bemerkt man, dass viele Umweltprobleme beim Menschen zu Gesundheitsproblemen führen – belastete Nahrungsmittel, Allergien, erhöhtes **Krebs**risiko, Trinkwassermangel in den so gen. Entwicklungsländern u.v.m.

Besonders gravierend erscheint die Klimakatastrophe, die uns nicht droht, sondern schon längst **im Gang ist**, nicht nur in dem Film *The Day after Tomorrow*. Vier Hurrikane in sechs Wochen – eine solche Häufung wie 2004 hat es in den USA noch nie gegeben. Ähnlich der Fall Japan: zehn Taifune in einem Jahr. Nach neueren **Schätzungen** wird die **durchschnittliche** Temperatur auf der Erde zwischen 1990 und 2100 eher um 5,8° als um 1,4° ansteigen. Jede Woche erreichen uns Nachrichten über das **Abschmelzen** des Polareises, den ansteigenden **Meeresspiegel** und immer häufigere Unwetter, die viele Menschenleben kosten und die Zahl der Umweltflüchtlinge erhöhen. Dass durch den Beitritt Russlands nun das Kyoto-Protokoll **in Kraft tritt**, kann nur ein Anfang sein. Die globalen Emissionen sind weit von einem Verlaufspfad entfernt, der sie bis 2050 um 50 % reduzieren würde, was für eine Stabilisierung der Atmosphäre mindestens notwendig ist.

Quelle: http://www.globalisierung-online.de/info/text6.php

Vokabeln

sich durchsetzen	to assert oneself, to prevail
setzt sich durch, setzte sich durch, hat sich durchgesetzt	
Urwald *(m)*, **-wälder**	jungle
abholzen	to deforest
holzt ab, holzte ab, hat abgeholzt	
Gift *(n)*, **-e**	poison
NRO (Nichtregierungs-	NGO (non-governmental organization)
organisation) *(f)*	
verhindern	to prevent, to ban
verhindert, verhinderte, hat verhindert	
Deponie *(f)*, **-n**	landfill
Schaden *(m)*, **Schäden**	damage, harm
Abnahme *(f)*, **-n**	reduction, decrease, decline
Verbrauch *(m)*	consumption; wastage
Ausstoß *(m)*, **-stöße**	emission
Umsatz *(m)*, **-sätze**	turnover, sales
entlasten	to unburden, to relieve
entlastet, entlastete, hat entlastet	
Krebs *(m)*, **-e**	crab; *here:* cancer
im Gang sein	to be in the process of
Schätzung *(f)*, **-en**	estimate, assessment
durchschnittlich	average
Abschmelzen *(n)*	melting
Meeresspiegel *(m)*, **-**	sea level
in Kraft treten	to become effective
tritt in Kraft, trat in Kraft, ist in Kraft getreten	

Verständnisfragen zum Text

1. Was sind die Vorteile, die die Globalisierung für die Umwelt mit sich bringt?
2. Wie helfen internationale NROs beim Umweltschutz? Welche Beispiele werden im Text genannt?
3. Welche Umweltprobleme kommen im Text vor? Nennen Sie drei und erklären Sie diese.

4. Was wird im Text über die Industrieländer und ihr Umweltverhalten ausgesagt?

5. Der Autor spricht von einem ersten und einem zweiten Effekt: der Umweltverschmutzung und der Effizienzrevolution. Wie beeinflussen sich diese beiden Effekte, und was kritisiert der Autor?

6. Welche Gesundheitsprobleme entstehen durch Umweltverschmutzung?

7. Welche Aussage wird im Text über die zukünftige Klimakatastrophe gemacht? Was wird passieren, wenn wir nicht mehr Rücksicht auf unsere Umwelt nehmen?

Analyse und Diskussion

1. Im Text wird von „neoliberaler" Globalisierung gesprochen. Wissen Sie, was damit gemeint ist? Wenn nicht, dann recherchieren Sie das Wort „Neoliberalismus". Was bedeutet dieser Begriff – und wie ist die Verbindung zum Umweltschutz? Können Sie das erklären?

2. Der Autor unseres Textes erwähnt ungewöhnlich viele Unwetter im Jahre 2004. Wie sieht die Situation heute aus? Gibt es auch heute unverhältnismäßig viele Naturkatastrophen? Wenn ja, woran liegt das? Können Sie einige Gründe dafür anführen?

3. Was sind die Hauptumweltprobleme in Ihrem Land? Stimmen diese mit dem Text überein? Diskutieren Sie.

Weiterführende Aktivitäten

1. Recherchieren Sie, ob es lokale Umweltorganisationen in Ihrer Umgebung gibt. Wenn ja, wie viele? Nehmen Sie eine Organisation und präsentieren Sie diese im Unterricht. Was ist das Ziel dieser Organisation? Hat sie viele Mitglieder? Was können Sie persönlich tun, um dieser Organisation zu helfen?

2. Machen Sie nun das Gleiche für Deutschland. Recherchieren Sie eine typisch deutsche Umweltorganisation und finden Sie heraus, was ihre Aufgaben sind. Wie unterscheidet sich die Organisation von derjenigen in Ihrem Land? Oder sind sie im Zeitalter der Globalisierung identisch?

Die Rechnung

Einführung

Die Rechnung ist der Titel eines Kurzfilmes, der von der deutschen Umweltorganisation Germanwatch produziert wurde. Da die Protagonisten sehr schnell und teilweise undeutlich sprechen, finden Sie weiter unten das gesamte Skript abgedruckt. Lesen Sie es genau und sehen Sie sich dann den Film auf YouTube an: http://www.youtube.com/watch?v=EmirohM3hac&feature=player_embedded. Das Thema des Filmes ist der enorme CO_2-Ausstoß, der von der Bevölkerung der Industrienationen jeden Tag bedenkenlos in die Atmosphäre entlassen wird. Jedoch klagt der Film nicht offen an, sondern weist auf unterhaltsame, ironische Weise auf die Gleichgültigkeit und Arroganz der Jetsetter-Gesellschaft hin, die sich ein luxuriöses Leben leistet, ohne auch nur einen Gedanken au die Umwelt zu verschwenden.

MANN 1: Pfoah eh, sorry. Hier findste echt nie nen Parkplatz. Ne Viertelstunde da rumgegurkt.

MANN 2: Das habe ich dir gleich gesagt, dass die **Karre** für die Stadt zu groß ist.

MANN 1: Ja, ich wollte auch den Kleinen nehmen, aber Connie ist damit zum Sport. Na, Männer. Könnte ich ein kleines Bier bekommen, bitte. Außerdem ist der Wagen so **geil**. Ich fahre jetzt den neuen 450er. Was für ein **Geschoss**. Letzte Woche Hamburg, 1½ Stunden. Aber total entspannt. 240 auf der Autobahn, aber du hörst keinen **Mucks**.

MANN 2: Ist ja wie im **ICE**.

MANN1: Wie im ICE, aber ich habe meine Ruhe. Das ist der Unterschied.

MANN 2: Was verbraucht das Ding?

MANN 1: Ist mir doch egal. Zahl' ich eh nicht. Außerdem fährt deine Bahn ja auch nicht mit Öko**strom**, oder? Was ist mit dir? Bist du mit 'm **Klapprad** da?

MANN 2: Hehe. Aber ich bin neulich mal mit dem Fahrrad zur Arbeit gefahren. Das ging eigentlich total gut. Das will ich demnächst auch mal wieder machen.

MANN 3: Apropos Ökostrom. Was du mir da neulich empfohlen hast. Ne, ich hab mir das mal angeguckt – das ist ja viel teurer.

MANN 2: Du, aber es gibt Anbieter, die sind richtig billig.

MANN 1: Ja, aber letztendlich kommt doch aus der **Dose** immer das Gleiche raus. Strom.

MANN 2: Ja, ist klar. Dein Strom kommt aus der Steckdose und **qualmt** und stinkt nie ...

MANN 1: Vielleicht hast du sogar Recht. Aber deine Energiesparlampen machen ein beschissenes Licht. Ich mein, soll ich da im Winter auch noch die Heizung runterdrehn, oder was? Connie und ich wollen Kinder.

MANN 3: Ja und sparen kannst du mit den Dingern sowieso nicht, solange die noch so teuer sind. Weißte, in Spanien, da verschenken die jetzt die Energiesparlampen mit der Stromrechnung.

MANN 2: Das ist doch super. Ist mal eine echt sinnvolle Abwrackprämie.

MANN 1: Habe ich da Spanien gehört? Du warst wieder auf Mallorca?

MANN 3: Ja, aber nur für's Wochenende. Das kostet ja fast nichts mehr.

MANN 1: Mallorca. Ist doch peinlich. Du musst doch mal rumkommen in der Welt. Ich war jetzt auf Namibia. Wir haben da so eine Rundreise gemacht mit dem Mietwagen. Individuell, aber geführt. So fly 'n' drive mäßig. Wunderschönes Land. Geile Natur pur aber gleichzeitig so Premiumhotels mit Spitzenrestaurants. Mensch, wir haben alles mitgenommen: Safari, Atlantic, Rundflug zu so Buschleuten, mit dem Jeep über die **Dünen geballert**, sogar golfen konntest du, mitten in der Wüste. Sattes Grün, top gepflegt – keine Ahnung, wie die das hinkriegen. ... Was ist mit dir? Du wolltest doch auch in Urlaub, oder?

MANN 2: Ja, ich war mit den Kindern auf'm Naturbauernhof in Rumänien. Tiefste **Walachei**. Ist da noch alles so unberührt, da kommste noch nicht mal mit'm Flieger hin. Wir haben das Auto hier vollgepackt und dann in einem Rutsch durch.

MANN 1: Wie lange seid ihr gefahren?

MANN 2: Pff, jo 30 Stunden (*Mann 1 und 3 lachen*). He, komm, das war kein Spaß mit den Kindern, ja. Aber da kriegste echt den Naturflash. Auch das Essen, superlecker. Ich mein, die können ja gar nicht anders als biologisch. Die haben ja nichts.

MANN 1: Connie hat auch so Biosteaks gemacht. Stimmt wirklich, die schmecken gut. Aber die hat die richtigen gemacht, aus Argentinien. Lecker.

MANN 3: Ja, aber für gutes Essen fahr ich doch nicht extra in die Walachei. Das gibt's doch alles hier bei uns im Supermarkt, supergünstig. Das ganze Biozeug. Aus der ganzen Welt.

MANN 2: Okay, wir müssen jetzt mal los. Der Film fängt gleich an.

MANN 1: Können wir zahlen?

MANN 2: Sag mal, wollen wir zusammen fahren? Wegen parken meine ich?

MANN 3: Wieso, haben die da keinen Parkplatz beim Kino?

KELLNERIN: So, die Herren wollten zahlen? So, Sie hatten Flüge nach Namibia und Mallorca für jeweils zwei Personen: 14 Tonnen CO_2 macht das. Das Golfspielen in der Wüste – tja, da berechne ich Ihnen mal 15.000 Flaschen Wasser. War ja jetzt auch nur für einen Tag. Drei Autos pro Jahr sind 6000 Tonnen CO_2 – ach so, Klimaanlage? Geht auf's Haus. Und Fleischkonsum pro Jahr 1,8 Tonnen CO_2, und natürlich die nicht vorhandenen Energiesparlampen des Herrn noch mal 'ne Tonne drauf, sind wir bei runden 26.000 Tonnen CO_2. Wer zahlt die Rechnung? (*schweigen*)

MANN 1: Na, wie immer, die Kollegen da drüben. (*zeigt auf zwei farbige Gäste*) Also, ciao.

MANN 2: Was gucken wir denn überhaupt?

MANN 1: Al Gore. *Eine unbequeme Wahrheit.*

Quelle: Germanwatch e.V.: http://www.youtube.com/watch?v=EmirohM3hac&feature=player_embedded

Vokabeln

Karre *(f)*, **-n** *(ugs.)*	car
geil *(ugs.)*	horny; *here:* awesome
Geschoss *(n)*, **-e** *(ugs.)*	bullet, projectile
keinen Mucks *(m)* *(ugs.)*	not a sound
ICE (Intercityexpress) *(m)*	fast train
Strom *(m)*	electricity
Klapprad *(n)*, **-räder**	collapsible bike
(Steck)dose *(f)*, **-n**	outlet
qualmen	to smolder, to give off thick smoke
qualmt, qualmte, hat gequalmt	
Düne *(f)*, **-n**	dune
ballern	to shoot
ballert, ballerte, hat geballert	
in der Walachei	in the middle of nowhere

Verständnisfragen zum Film

1. Was ist das Thema des Gesprächs? Können Sie dieses in drei Sätzen zusammenfassen?
2. Beschreiben Sie das Umweltbewusstsein der drei Männer. Wie ist ihre jeweilige Einstellung?
3. Charakterisieren Sie nun das Auftreten der Männer. Wie wird im Film der Lebensstil unserer Protagonisten porträtiert?
4. Was passiert am Ende des Clips?

Analyse und Diskussion

1. Mit welcher Person können Sie sich am besten identifizieren? Und warum?
2. Führen Sie eine Diskussion im Unterricht. Gehen Sie in drei Gruppen zusammen – jede Gruppe repräsentiert einen der Männer – und stellen Sie die jeweiligen Standpunkte heraus. Welche Argumente bringen die einzelnen Männer vor, um ihr Umweltverhalten zu rechtfertigen? Auch wenn Sie nicht mit der Ansicht Ihres Filmcharakters übereinstimmen, können Sie trotzdem glaubhaft die Seite Ihres Protagonisten vertreten?
3. Wie ist das Ende des Clips zu verstehen? Ist es ironisch gemeint? Welche Wirkung hat das Ende auf Sie?

Weiterführende Aktivitäten

1. Am Ende des Filmes fühlt sich niemand verantwortlich für die Rechnung. Sie wird den farbigen Gästen der Kneipe zugeschoben. Recherchieren Sie im Internet, wie die ärmeren Länder dieser Welt von den Umweltfolgen betroffen sind. Wer muss letztendlich für die Sünden der Industrienationen aufkommen? Wählen Sie ein Land aus und berichten Sie im Unterricht, ob es dort in den letzten Jahren Naturkatastrophen gegeben hat.

2. Im Videoclip wird der Film *Eine unbequeme Wahrheit* (*An Inconvenient Truth*) von Al Gore genannt. Kennen Sie diesen Film? Wovon handelt er? Was ist seine Hauptaussage? Sehen Sie den Film zusammen im Unterricht und diskutieren Sie über seinen Inhalt. Können Sie Parallelen zu dem Videoclip *Die Rechnung* herstellen?

3. Gehen Sie auf die Webseite von Germanwatch: http://germanwatch.org/de/startseite, und finden Sie heraus, welche Ziele diese Organisation verfolgt. Geht es hier nur um das Klima oder gibt es andere Themen? Nehmen Sie einen Artikel, den Sie besonders interessant finden, und berichten Sie darüber im Unterricht.

Reisefieber erwärmt Klima

Einführung

In „Reisefieber erwärmt Klima" geht es, wie schon in *Die Rechnung*, um den weltweiten CO_2-Ausstoß. Die Umweltorganisation WWF hat das deutsche Reiseverhalten untersucht (wie Sie vielleicht wissen, war Deutschland bis vor kurzer Zeit die Nation mit den meisten Reisen weltweit) und kommt zu dem Schluss, dass Deutschland kein Vorbild für andere Nationen sein könne. Wenn jeder so viel wie die Deutschen reisen würde, wären die Auswirkungen auf das Klima ungeheuerlich. WWF plädiert für bewussteres Reisen, das den eigenen Klimafußabdruck bedenkt und unnötig weite Urlaubsziele vermeidet.

Das Reisefieber der Deutschen geht **auf Kosten** des Klimas. Es ist absehbar, dass die ohnehin hohen Emissionen durch den Tourismus in Zukunft weiter ansteigen. Dabei variieren die Klimafolgen einzelner Reisen enorm. Der zweiwöchige Luxusurlaub eines Paares in Mexiko verursacht fast dreißig Mal so hohe CO_2-Emissionen pro Person wie der gleichlange Familienurlaub auf Rügen. Dies geht aus einer aktuellen WWF-Studie hervor. „Die Reiseveranstalter müssen den Klima-**Fußabdruck** ihrer Angebote drastisch senken", fordert WWF-Tourismusexpertin Birgit Weerts.

Das deutsche Reiseverhalten könne kein Vorbild für andere Länder sein. Würden alle Menschen auf dem Globus so häufig und so weit wie die Deutschen reisen, würden die Treibhausgas-Emissionen des Tourismus auf über fünf Milliarden **Tonnen** ansteigen, rechnet der WWF vor. Derzeit ist der Tourismus **nach Angaben** der Welt-Tourismus-Organisation der Vereinten Nationen (UNWTO) für etwa fünf Prozent der globalen CO_2-Emissionen verantwortlich.

Die Menschen müssen ein größeres Bewusstsein für die Klima-**auswirkungen** von Reisen **entwickeln**. Deshalb ist eine klare „Klima-Transparenz" für jede Urlaubsreise wichtig. Reiseveranstalter und Fluggesellschaften müssten den CO_2-Ausstoß ihrer Angebote vergleich- und erkennbar machen. Die **anfallenden** Treibhausgase müssen zudem durch hochwertige Klimaschutzprojekte, die dem so genannten Gold Standard entsprechen, kompensiert werden. „Verbraucher müssen schon im Reise**prospekt** über die Umweltfolgen eines Urlaubs informiert werden. Auf alle Fälle sollten die Emissionen von notwendigen Reisen in qualitätsgesicherten Projekten ausgeglichen werden", so WWF-Expertin Weerts.

Für die Studie hat das Öko-Institut **auf Grundlage** des Reiseverhaltens und aktueller Reisetrends die CO_2-Emissionen von sieben typischen Urlaubsreisen der Deutschen untersucht. Während der zweiwöchige Ostseeurlaub einer vierköpfigen Familie mit 258 Kilogramm CO_2 pro Person **zu Buche schlägt**, verursacht eine 14-tägige Mallorca-Reise 1.221 Kilogramm CO_2. Die zweiwöchige Luxus-**Pauschalreise** eines Paares nach Mexiko **pustet** pro Kopf sogar 7.218 Kilogramm klimaschädliches Kohlendioxid in die Luft.

Entscheidender Faktor ist die Wahl des Ziels und des Verkehrsmittels, aber auch die Unterkunft, die Verpflegung und die Aktivitäten vor Ort beeinflussen den Fußabdruck. So verursacht beispielsweise der Flug mit fast 6,5 Tonnen CO_2 den Löwenanteil der Treibhausgase der Mexiko-Modellreise. Aber selbst die Unterbringung in einem Fünf-Sterne-Hotel bei dieser Reise hat mit fast einer halben Tonne CO_2 pro Person eine schlechtere Klimabilanz als der komplette zehntägige Gesundheitsurlaub im Allgäu.

Die sieben Modellreisen repräsentieren nach Angaben des WWF knapp ein Drittel aller 62 Millionen Urlaube, die die Deutschen 2007 unternommen haben. Im Durchschnitt produziert jede der Reisen eine Tonne CO_2. Nach Ansicht von Klimaforschern muss der Ausstoß an Treibhausgasen in den Industrieländern bis 2050 bis um 80 bis 95 Prozent reduziert werden. **Auf** jeden Deutschen **entfielen** dann weniger als zwei Tonnen pro Jahr. Bliebe es beim derzeitigen Reiseverhalten, würde das Klima**konto** der Deutschen schon allein durch Reisen zur Hälfte geräumt.

„Die Menschen müssen ihr Reiseverhalten bewusster gestalten. Dies heißt konkret: Weniger und vor allem bei Fernreisen längere Aufenthalte, auf Umwelt**siegel** achten und die nicht vermeidbaren Emissionen kompensieren", so Birgit Weerts. Jeder Urlauber sei für seinen Klimafußabdruck verantwortlich. Denn er wähle Reiseziel, Verkehrsmittel, die Unterkunft und die Freizeitaktivitäten.

Quelle: http://www.wwf.de/reisefieber_erwaermt_klima/

Vokabeln

auf Kosten *(Gen)*	at the expense of
Fußabdruck *(m)*, **-drücke**	footprint
Tonne *(f)*, **-n**	weight equaling 1000 kilograms
nach Angaben von	according to
Auswirkung *(f)*, **-en**	consequence
entwickeln	to develop
entwickelt, entwickelte, hat entwickelt	
anfallen	to accrue
fällt an, fiel an, ist angefallen	

Prospekt *(m)*, **-e**	catalogue
auf Grundlage von	based on
zu Buche schlagen	to cost
schlägt zu Buche, schlug zu Buche, hat zu Buche geschlagen	
Pauschalreise *(f)*, **-n**	all-inclusive tour
pusten	to blow
pustet, pustete, hat gepustet	
auf etw. *(Akk)* **entfallen**	to be allotted to sth.
entfällt, entfiel, ist enfallen	
Konto *(n)*, **Konten**	account
Siegel *(n)*, **-**	seal

Verständnisfragen zum Text

1. Welches Problem hat der Autor mit dem deutschen Reiseverhalten? Warum kann es kein Vorbild für andere Nationen sein?
2. Wie sollte die Tourismusindustrie vorgehen, um die negativen Auswirkungen des Reisens zu reduzieren? Welche Vorschläge werden im Artikel gemacht?
3. Welche Reisen sind besonders problematisch? Welche Beispiele finden Sie im Text?
4. Was sollen die Deutschen selber tun, um ihr Reiseverhalten zu verbessern?

Analyse und Diskussion

1. Stimmen Sie mit dem Artikel überein, dass die Touristen für ihr Reiseverhalten verantwortlich sind? Wie viel Verantwortung sollte der einzelne Tourist übernehmen und wie viel die Tourismusindustrie? Diskutieren Sie.
2. Welche Länder produzieren den größten CO_2-Ausstoß bei ihren Reisen? Ist es Deutschland oder sind andere Länder wie die USA oder China größere Luftverschmutzer? Besprechen Sie Ihre Annahmen zunächst im Unterricht; recherchieren Sie dann im Internet und präsentieren Sie Ihre Ergebnisse. Lagen Sie richtig?

Weiterführende Aktivitäten

1. In welche Länder reisen die Deutschen am liebsten? Recherchieren Sie im Internet und machen Sie eine Liste mit den zehn beliebtesten Reisedes-

tinationen. In welchem Verhältnis stehen die beliebtesten Reiseziele der Deutschen zur Umweltverschmutzung?

2. Vergleichen Sie diese Liste mit Ihrem eigenen Land. Recherchieren Sie auch hier die zehn beliebtesten Reiseziele. Ist die Liste ähnlich oder ganz verschieden? Was könnten die Gründe dafür sein?

3. Planen Sie Ihre eigene Reise in ein Land Ihrer Wahl. Jedoch berechnen Sie dafür Ihren Klimafußabdruck mit einer speziellen Webseite, z. B. http://klimaohnegrenzen.de/kompensieren. Wie hoch ist dieser? Sind Sie überrascht? Was können Sie tun, um diesen Fußabdruck zu reduzieren?

Plastic Planet

Einführung

Werner Bootes Dokumentation *Plastic Planet*, an welcher der Regisseur zehn Jahre arbeitete, beschäftigt sich, wie der Name schon vermuten lässt, mit unserem weltweiten Plastikkonsum. In seinem Film besucht Boote eine Vielzahl von Ländern, u. a. die USA und Indien, um die Signifikanz von Plastikprodukten unterschiedlicher Nationen zu recherchieren und Einblicke in die

© farbfilm verleih GmbH

genaue Herstellung von Plastik zu gewinnen. Denn wie Plastik mit welchen Inhaltsstoffen produziert wird, ist ein gut gehütetes Geheimnis der Firmen, das Boote auch am Ende seines Filmes nicht zu lüften vermag. Was Boote allerdings klar herausstellt, ist der überwältigende, weltweite Konsum von Plastik und seine Auswirkungen auf die Umwelt: Plastik ist mittlerweile sowohl auf dem Meeresboden der Ozeane als auch in unserem menschlichen Blut zu finden – in Bereichen also, in denen es nichts zu suchen hat. Und ein Ende unserer Plastikobsession ist nicht in Sicht.

Verständnisfragen zum Film

1. Was ist Werner Bootes Mission in seinem Film? Können Sie seine Mission in drei bis vier Sätzen zusammenfassen?
2. Welche verschiedenen Orte sucht Boote in seinem Film auf und warum? Wählen Sie ein Land aus und erklären Sie genauer, was Boote dort herausfinden möchte.
3. Warum ist es nicht klar für den Verbraucher, welche Inhaltsstoffe in seiner Plastikverpackung sind? Ist die Industrie nicht verpflichtet, diese Inhaltsstoffe zu deklarieren?
4. Warum ist Plastik gesundheitsbedenklich? Welche Probleme kann Plastik beim Menschen hervorrufen?
5. Wie verschmutzt Plastik die Umwelt? Wo überall kann man Plastik finden?
6. Was ist das Fazit des Filmes? Können wir ohne Plastik leben?

Analyse und Diskussion

1. Im Film werden Leute aus unterschiedlichen Ländern gezeigt, die ihren gesamten Hausrat aus Plastik vor die Haustür stellen. Soweit sollen Sie nicht gehen; Ihre Aufgabe ist lediglich, eine Liste mit Objekten aus Ihrer Wohnung bzw. Ihrem Zimmer anzufertigen, die allesamt aus Plastik gemacht sind. Wie lang ist Ihre Liste? Umfasst sie mehr als 30 Produkte? Sind Sie überrascht? Wenn Sie bei der Zahl 35 angelangt sind, beenden Sie Ihre Liste.
2. Was denken Sie persönlich über Plastik? Wussten Sie, dass Plastik schädlich sein kann? Welche Alternativen gibt es, wenn wir Plastik reduzieren wollen? Stellen Sie mit einem Partner eine Liste von Dingen zusammen, auf die Sie verzichten oder die Sie durch andere Materialien (Glas, Metall usw.) ersetzen können. Wie schwierig ist es, Plastik aus Ihrem Leben zu eliminieren?

Weiterführende Aktivitäten

1. Gehen Sie auf die Webseite des Filmes: http://www.plastic-planet.de/, und sammeln Sie weitere Informationen über Plastik. Welche Fakten gibt es auf der Webseite, die nicht im Film vorgekommen sind? Finden Sie die Webseite hilfreich und informativ? Diskutieren Sie im Unterricht.

2. Plastik kommt in vielen verschiedenen Formen vor und ist durch Nummern gekennzeichnet. Recherchieren Sie, wofür diese Nummern stehen. Welche Plastikarten sind besonders giftig und welche weniger schädlich? Machen Sie eine Tabelle. Achten Sie dann eine Woche lang auf Ihren Plastikkonsum und schreiben Sie die Nummern der Plastikprodukte auf. Wie viel Plastik benutzen oder kaufen Sie? In welche Kategorien fallen diese Plastikprodukte? Warum kaufen Sie diese Produkte? Gibt es Alternativen? Sind sie von Ihrem Plastikkonsum überrascht? Schreiben Sie einen kurzen Aufsatz über Ihre Erfahrungen.

3. Ein weiterer, sehr interessanter Film, der sich mit unserem Wasserkonsum aus Plastikflaschen beschäftigt, ist der Film *Tapped*. Hier ist die Webseite des Filmes: http://www.tappedthemovie.com/. Sehen Sie sich diesen Film an – oder studieren Sie die Webseite genau – und vergleichen Sie beide Filme bzw. Webseiten. Gibt es Unterschiede zu *Plastic Planet?* Oder ist die Aussage beider Film eine ähnliche?

Essen im Eimer: Die große Lebensmittelverschwendung

Einführung

Der Film *Essen im Eimer* ist der letzte Beitrag, der sich mit dem Bereich „Umweltprobleme" beschäftigt, bevor wir uns in Teil Zwei positiveren Themen zuwenden. Täglich landet eine Unzahl noch genießbarer Produkte im Müll

© Wastesoul | Dreamstime.com

und muss mit viel Energieaufwand entsorgt werden. Dies verursacht gravierende Umweltprobleme. Auch ethisch gesehen ist diese Vorgehensweise problematisch: Während auf der einen Seite der Welt zahllose Menschen an Unterernährung sterben, darf das „abgelaufene" Essen auf der anderen Seite des Globus nicht einmal mehr Obdachlosen gespendet werden. Lesen Sie zunächst den einführenden Text auf der Webseite (die untenstehenden Vokabeln können Ihnen dabei helfen) und sehen Sie sich

dann die Dokumentation an: http://www.planet-schule.de/sf/php/02_sen01
.php?sendung=8459.

Vokabeln

Eimer *(m)*, -	pail, bin
Verschwendung *(f)*, **-en**	wastefulness, squandering
Acker *(m)*, **Äcker**	field
wegwerfen	to throw away, to dispose of
wirft weg, warf weg, hat weggeworfen	
Mindesthaltbarkeitsdatum *(n)*, **-daten**	expiration date
auslösen	to cause
löst aus, löste aus, hat ausgelöst	
Ursache *(f)*, **-n**	cause, reason
welk	limp, withered
Delle *(f)*, **-n**	dent
Becher *(m)*, -	container
verheerend	devastating, disastrous
verschlingen	to devour, to swallow up
verschlingt, verschlang, hat verschlungen	
Dünger *(m)*, -	fertilizer
roden	to clear (land)
rodet, rodete, hat gerodet	
irrsinnig	insane

Verständnisfragen zum Film

1. Jörn Franck und Claudia Fischer erklären zu Beginn des Filmes, warum sowohl Nudeln als auch Milch in den Müll geworfen werden. Was ist das Problem mit diesen Produkten? Sind sie nicht mehr genießbar?
2. Welche Produkte dürfen nur einen Tag verkauft werden, und wie müssen diese Produkte präsentiert werden?
3. Was für eine Untersuchung hat die österreichische Wissenschaftlerin Felicitas Schneider durchgeführt, und zu welchem erschreckenden Ergebnis ist sie gekommen?
4. Wer legt das Mindesthaltbarkeitsdatum fest, und was bedeutet es?
5. Was denken viele Leute fälschlicherweise über das Mindesthaltbarkeitsda-

tum? Sind viele Produkte wirklich gesundheitsschädlich, nachdem sie abgelaufen sind?

6. Hanna Poddig ist eine Mülltaucherin. Was bedeutet das, und wie ist Poddigs Philosophie?

7. Die Lebensmittelverschwendung beginnt schon bei der Ernte auf den Feldern. Was passiert dort? Welche Produkte werden „verschwendet"?

8. Der Handel kontrolliert die Landwirtschaft. Wie macht er das?

9. Was ist eine CSA in den USA?

10. Warum werden die Orangen auf dem Pariser Großmarkt weggeworfen?

11. Was kritisiert die Mitarbeiterin Véronique Abounà Ndong an der Pariser Organisation Andes? Was findet sie besonders verwerflich an unserer Gesellschaft?

12. Welche Informationen erhalten wir über die Bananenvorschriften in Afrika? Wie wirkt sich der Bananenhandel auf die afrikanische Landwirtschaft aus?

13. Wie viel Brot wird in Deutschland weggeworfen? Woran liegt das?

14. Warum ist das Brot in Afrika so teuer?

Analyse und Diskussion

1. Sprechen Sie über Ihren Lebensmittelkonsum. Wie „heilig" sind Ihnen Lebensmittel? Werfen Sie generell viele Produkte in den Müll, auch wenn diese noch genießbar sind? Kaufen Sie im Allgemeinen zu viele Lebensmittel ein oder sind Sie ein sparsamer Käufer? Führen Sie eine Woche lang ein Lebensmitteltagebuch. Schreiben Sie genau auf, welche Produkte Sie einkaufen und was Sie von diesen Einkäufen wirklich konsumieren. Wie sieht Ihr Ergebnis nach einer Woche aus? Sind Sie überrascht? Teilen Sie Ihre Ergebnisse mit Ihren Klassenkameraden.

2. Was denken Sie über Mülltaucher? Haben Sie schon einmal von Mülltauchern gehört oder kennen Sie vielleicht sogar Personen, die ihre Lebensmittel aus dem Müll erhalten? Könnten Sie sich vorstellen, Ihr Essen ebenfalls aus dem Müll zu fischen? Was spricht dafür, was dagegen? Sammeln Sie Argumente und erklären Sie auch die Beweggründe, die im Film von den Mülltauchern genannt werden.

3. Wie sieht die Situation in Ihrem Land aus? Wissen Sie, wie viele Lebensmittel dort weggeworfen werden? Recherchieren Sie zu Hause und bringen

Sie Ihre Ergebnisse in den Unterricht. Ist die Situation mit Europa vergleichbar? Welche Unterschiede gibt es? Was kann dagegen getan werden? Wie bewusst nehmen Ihre Landsleute die Lebensmittelverschwendung wahr? Sprechen Sie darüber im Unterricht.

Weiterführende Aktivitäten

1. „Zu gut für die Tonne" ist eine Initiative der Bundesregierung, um die Verbraucher auf ihre Lebensmittelverschwendung aufmerksam zu machen. Gehen Sie zu der Webseite: https://www.zugutfuerdietonne.de/, und sehen Sie sich die verschiedenen Kategorien an. Gehen Sie in Gruppen zusammen und konzentrieren Sie sich jeweils auf einen bestimmten Punkt. Welche Informationen erhalten wir von dieser Webseite? Erfahren Sie Dinge, die Sie noch nicht im Film gesehen haben? Wie hilfreich finden Sie die Webseite? Bietet sie eine gute Hilfe für einen besseren Umgang mit unserem Essen? Tragen Sie Ihre Ergebnisse zusammen und diskutieren Sie im Unterricht.

2. Auch Greenpeace hat eine Webseite über die Lebensmittelverschwendung in Deutschland: http://gruppen.greenpeace.de/marburg/Gentechnik/Lebensmittelverschwendung.php. Vergleichen Sie diese Seite mit der Initiative „Zu gut für die Tonne". Welche Unterschiede gibt es? Welche Seite ist informativer? Hilfreicher? Stellen Sie die Greenpeace-Webseite im Unterricht vor und konzentrieren Sie sich darauf, was der Einzelne machen kann, um seine Lebensmittelverschwendung zu reduzieren.

TEIL ZWEI: UMWELTSCHUTZ

Ausstieg aus der Atomenergie

Einführung

Wie Sie vielleicht wissen, ist Deutschland ein Land, das Umweltschutz sehr ernst nimmt. Daher gibt es auch eine grüne Partei – die Grünen – die im Bundestag ihren festen Platz hat und einen großen Teil der Bevölkerung für ihre Themen begeistern kann, z. B. für den Ausstieg aus der Atomenergie. Allerdings konnten die Grünen ihre Forderung nach einem Abschalten aller deutschen Atomkraftwerke politisch noch bis vor kurzem nicht durchsetzen. Nach der Reaktorkatastrophe von Fukushima jedoch beschloss auch die eher

© Neverhoods I Dreamstime.com

Grüne Architektur: Hundertwasserhaus in der Oststeiermark

konservative Regierung von Angela Merkel (CDU), dass Atomkraft zu viele Gefahren berge, als dass sie zukünftig in Deutschland als Energiequelle dienen könne. Der folgende Text erklärt kurz und knapp den geplanten Atomausstieg und die „Energiewende", die in Deutschland passieren muss, damit weiterhin genügend Strom für Industrie und Privathaushalte zur Verfügung steht.

Sowohl in den Privathaushalten als auch bei Verkehr und Industrie bilden fossile Energien nach wie vor das **Rückgrat** des Energiemix: Mit einem Anteil von gut einem Drittel ist das Mineralöl der wichtigste Primärenergieträger, gefolgt von Erdgas, **Braunkohle, Steinkohle** und Kernenergie. Die Kernenergie (Anteil: rund neun Prozent) soll nach den Plänen der Bundesregierung schrittweise **auslaufen** und durch erneuerbare Energien **ersetzt** werden. Die schon zu Beginn der 1990er-Jahre in Gang gesetzte Förderpolitik macht die **Nutzung** erneuerbarer Energien attraktiv und wirtschaftlich. Das

Erneuerbare-Energien-Gesetz (EEG), ein Markt**anreiz**programm zur Förderung der Nutzung erneuerbarer Energien, gilt als Motor des Aufschwungs klimafreundlicher Energieträger und ist von vielen Ländern in seinen **Grundzügen** übernommen worden. Der stärkere **Einsatz** erneuerbarer Energien und eine effizientere Energienutzung bildeten auch den Kern des 2009 geschlossenen Koalitions**vertrags** der Bundesregierung zum Thema.

Im Frühjahr 2011 beschloss die deutsche Bundesregierung eine „Energiewende": den **beschleunigten Ausstieg** aus der Atomenergie. Aufgrund einer Sicherheitsneubewertung in Folge der Atomkatastrophe im japanischen Fukushima wurden die älteren acht der 17 noch am Netz befindlichen deutschen Kernkraftwerke **umgehend** stillgelegt. Zudem verabschiedete der Bundestag mit großer Mehrheit einen Zeitplan, nach dem auch die restlichen neun Reaktoren bis 2022 vom Netz gehen sollen. Die Kernenergie, die 2011 noch rund 18 Prozent des verbrauchten Stroms lieferte, wird danach innerhalb von elf Jahren unter anderem durch erneuerbare Energien, ein ausgebautes Stromnetz und neue **Speicher** für den Ökostrom verlässlich ersetzt werden. Im Jahr 2020 soll der Strom zu 35 Prozent aus erneuerbaren Energie**quellen** kommen, im Jahr 2050 sollen es 80 Prozent sein. Schon vor der „Energiewende" erlebte der „grüne Strom" in Deutschland einen Boom. Sein Anteil stieg von fünf Prozent 1990 auf 20 Prozent im Jahr 2011.

Quelle: http://www.tatsachen-ueber-deutschland.de/de/umwelt-klima-energie/
startseite-klima/ausstieg-aus-der-atomenergie.html

Vokabeln

Rückgrat *(n)*	backbone
Braunkohle *(f)*	lignite coal, brown coal
Steinkohle *(f)*	black coal, bituminous coal
auslaufen	to end, to expire
läuft aus, lief aus, ist ausgelaufen	
ersetzen	to replace
ersetzt, ersetzte, hat ersetzt	

Nutzung *(f)*, **-en**	usage, utilization
Anreiz *(m)*, **-e**	incentive
Grundzug *(m)*, **-züge**	main feature
Einsatz *(m)*, **-sätze**	employment, usage, implementation
Vertrag *(m)*, **-träge**	contract, treaty
beschleunigen	to accelerate, to speed up
beschleunigt, beschleunigte, hat beschleunigt	
Ausstieg *(m)*, **-e**	withdrawal, exit
umgehend	immediately
Speicher *(m)*, **-**	storage
Quelle *(f)*, **-n**	source

Verständnisfragen zum Text

1. Was bedeutet die Energiewende in Deutschland?
2. Was beschleunigte die Entscheidung der deutschen Regierung, die Energiewende auch wirklich durchzuführen?
3. Wie soll der Atomstrom ersetzt werden?

Analyse und Diskussion

1. Was denken Sie über die Energiewende in Deutschland? Ist sie durchführbar? Oder kann Deutschland als Industrienation ohne Atomstrom nicht überleben? Diskutieren Sie im Unterricht.
2. Wie ist Ihre persönliche Meinung zu Atomstrom? Ist er sicher? Ist es zu gefährlich, Atomkraftwerke zu bauen? Diskutieren Sie.

Weiterführende Aktivitäten

1. Wie viele Atomkraftwerke gibt es im Moment noch in Deutschland, und wo sind sie? Recherchieren Sie und berichten Sie im Unterricht von Ihren Ergebnissen.
2. Wie ist die Situation der Atomkraft in Ihrem Land? Benutzt es Atomstrom? Wenn ja, wie viel? Wie viele Atomkraftwerke gibt es?
3. Gibt es eine Antiatomkraftbewegung in Ihrem Land? Wenn ja, ist diese groß? Hat sie einen Einfluss auf die Regierung? Was sind die Ziele dieser Bewegung? Schreiben Sie einen Aufsatz über Ihre Recherche-Ergebnisse und tragen Sie diese im Unterricht vor.

Zukunftsweisend, effizient: Erneuerbare Energien

Einführung

Deutschland möchte bis 2022 alle Atomkraftwerke stilllegen. Welche Alternativen, die die Umwelt nicht zu sehr belasten, gibt es jedoch? Der nächste Text beschäftigt sich mit den sogenannten erneuerbaren Energien, die Deutschland in der Zukunft verstärkt benutzen möchte. Nicht mehr Kohle und Uran, sondern Wind, Wasser und Sonne sollen für Deutschland – und für viele weitere europäische Länder – die Energiequellen des 21. Jahrhunderts bilden.

Vor dem Hintergrund der wissenschaftlich **eindringlich** beschriebenen Folgen des Klimawandels (Temperaturanstieg, Fluten, **Dürren**, beschleunigtes Abschmelzen der Eiskappen an den Polen, aussterbende **Arten**) und des weltweit stetig steigenden Verbrauchs fossiler Energieträger gewinnen die klimafreundlichen Alternativen zunehmend an Bedeutung. Wind, Wasser, Sonne, Biomasse und Erdwärme sind **unbegrenzt verfügbar** und **erzeugen** keine klimaschädigenden Emissionen. Der **Anteil** erneuerbarer Energien am gesamten deutschen Energieverbrauch beträgt inzwischen mehr als zehn Prozent. Mit rund 14 Prozent an der globalen Windleistung liegt Deutschland hinter China und den USA auf Platz 3 bei der Windenergieproduktion. Neue Potenziale bei der Nutzung verspricht die europäische Nordsee-Offshore-Initiative, in der Deutschland und acht weitere EU-Länder sich zusammengeschlossen haben. In der Photovoltaik, bei der Sonnenstrahlen in Strom verwandelt werden, war Deutschland 2010 mit einer installierten Gesamtleistung von 17.300 Megawatt sogar auf Platz 1 vor Spanien und Japan. Die **maßgeblich** von deutschen Konzernen getragene Initiative Desertec ist eine weitere europäische Großinvestition in **nachhaltiger** Energietechnologie. Die bei Desertec mit Sonnenkraftwerken in Nordafrika gewonnene Energie soll bis 2050 rund 15 Prozent des europäischen Strom**bedarfs decken**.

Quelle: http://www.tatsachen-ueber-deutschland.de/de/umwelt-klima-energie/
startseite-klima/erneuerbare-energien.html

Vokabeln

eindringlich	emphatically, strongly
Dürre *(f)*, **-n**	drought
Arten *(pl)*	species
unbegrenzt	unlimited, infinite
verfügbar	available
erzeugen	to create, to generate
erzeugt, erzeugte, hat erzeugt	
Anteil *(m)*, **-e**	percentage, part
maßgeblich	essential, significant
nachhaltig	sustainable
den Bedarf decken	to meet the needs
deckt, deckte, hat gedeckt	

Verständnisfragen zum Text

1. Was sind die Folgen des Klimawandels? Listen Sie zwei Folgen auf, die im Text genannt werden, und beschreiben Sie diese näher.
2. Was sind „klimafreundliche Alternativen"? Warum sind sie populärer als herkömmliche Ressourcen?
3. Welche erneuerbaren Energiequellen benutzt Deutschland? Wie schneidet es im Verhältnis zu anderen Ländern ab?

Analyse und Diskussion

1. Wie ist Ihre Meinung zu erneuerbaren Energien? Sehen Sie diese als zukunftsträchtig an? Gibt es Nachteile bei der Nutzung von Wind, Sonne und Wasser? Diskutieren Sie im Unterricht.
2. Hat sich der Prozentsatz der genutzten erneuerbaren Energien in Deutschland mittlerweile gesteigert? Wie ist der Prozentsatz in Deutschland im Moment? Können Sie Informationen finden?

Weiterführende Aktivitäten

1. Der Text nennt zwei große Umweltprojekte: die europäische Nordsee-Offshore-Initiative und die Initiative Desertec. Was wissen Sie über diese Initiativen? Recherchieren Sie online und finden Sie heraus, was diese

Projekte beinhalten. Wie weit sind sie schon fortgeschritten? Die folgenden
Webseiten bilden einen guten Ausgangspunkt:
- http://www.vorweggehen.de/rubrik/erneuerbare-energien/
- http://solar-afrika.de/page/die_projekte_des_vereins
- http://www.desertec.org/de/
2. Gibt es Projekte in Ihrem Land, die erneuerbare Energien fördern? Wenn
   ja, dann wählen Sie ein Projekt aus, das Sie interessant finden, recherchieren Sie es und stellen Sie es im Unterricht vor.

Trotz Förderkürzungen: Solaranlagen in Deutschland boomen

Einführung

Erneuerbare Energien liegen in Deutschland voll im Trend – vor allem die Solarenergie. Viele Firmen und Privathaushalte installieren Solaranlagen auf den
Dächern ihrer Häuser, um die Kraft der Sonne nutzen zu können. Trotz der
Kürzungen von staatlichen Subventionen wurden 2012 so viele Solaranlagen
wie noch nie gekauft. Eine Entwicklung, die auch einige negative Konsequenzen mit sich bringt.

*Investoren lassen sich offenbar nicht von den Kürzungen bei der
Solarförderung abschrecken. Seit Jahresbeginn wurden in Deutsch-
land viel mehr Anlagen gebaut als im Vorjahreszeitraum. Allein im
Juni wurden knapp 1.800 Megawatt installiert.*

Der Plan der Bundesregierung zur Begrenzung neuer Solaranlagen **geht** nicht **auf**. Trotz Förderkürzungen steuert Deutschland in
diesem Jahr auf einen Rekord beim Bau von Solaranlagen zu. Im ersten Halbjahr installierten Investoren Photovoltaikanlagen mit einer
Gesamtleistung von rund 4.300 Megawatt auf Dächern und Feldern,
teilte die Bundesnetzagentur am Donnerstag **mit**. Damit wird der
Wert des Vorjahreszeitraums um das Anderthalbfache **übertroffen**.

Allein im Juni wurden knapp 1.800 Megawatt installiert. Im vergangenen Jahr war mit einer neu installierten Gesamtleistung von
7.500 Megawatt ein Rekord erreicht worden.

Der Ökostrom-Boom hat allerdings **Tücken**: Durch den **rasanten** Zubau steigen die Kosten für die Stromverbraucher, die über eine **Umlage** an den Solarinvestitionen beteiligt werden. Deshalb haben sich Bund und Länder auf eine Kürzung der Förderung geeinigt.

Regierung **steckt** bei Kürzungen **in der Zwickmühle**

Bauherren von kleinen und mittleren Anlagen **kommen** dabei **glimpflicher weg** als Investoren großer Solarfelder. Die beschlossene Novelle des Erneuerbare-Energien-Gesetzes (EEG), die **rückwirkend** ab April in Kraft trat, sieht unter anderem für den **eingespeisten** Solarstrom eine Reduzierung der Subventionen von 20 bis über 30 Prozent vor. Die Solarförderung soll bei einer installierten Leistung von 52.000 Megawatt auslaufen.

Die Kürzungen fielen allerdings nicht so stark aus wie ursprünglich geplant. Denn die deutsche Solarindustrie **ist** durch Billigkonkurrenz aus China **unter Druck**. Mehrere Firmen sind bereits **pleitegegangen**. Besonders in den ostdeutschen Bundesländern **stehen** Tausende Jobs **auf der Kippe**.

Zahlen des zum Bosch-Konzern gehörenden Oldenburger Solarmodulherstellers Aleo Solar zeigen, dass die Branchenkrise längst nicht **überstanden** ist. Am Donnerstag vermeldete das Unternehmen einen großen Halbjahresverlust. **Unter dem Strich** stand in den ersten sechs Monaten 2012 ein Minus von 24,3 Millionen Euro. Im Vorjahreszeitraum hatte die Firma noch einen Gewinn von 1,8 Millionen Euro eingefahren.

Quelle: Spiegel Online: http://www.spiegel.de/wirtschaft/soziales/bau-von-solar anlagen-in-deutschland-boomt-a-847956.html

Vokabeln

aufgehen   to work out
    geht auf, ging auf, ist aufgegangen
mitteilen   to inform, to communicate
    teilt mit, teilte mit, hat mitgeteilt

übertreffen	to surpass, to exceed
übertrifft, übertraf, hat übertroffen	
Tücke *(f)*, **-n**	pitfall
rasant	rapid
Umlage *(f)*, **-n**	share in the costs, allocation
in der Zwickmühle stecken	to be in a bit of a bind
steckt, steckte, hat gesteckt	
glimpflich wegkommen	to get off cheaply
kommt weg, kam weg, ist weggekommen	
rückwirkend	retroactively
einspeisen	to enter, to feed in
speist ein, speiste ein, hat eingespeist	
unter Druck sein	to be under pressure
pleitegehen	to go bankrupt
geht pleite, ging pleite, ist pleite gegangen	
auf der Kippe stehen	to teeter on the brink
überstehen	to withstand, to survive
übersteht, überstand, hat überstanden	
unter dem Strich	at the bottom line

Verständnisfragen zum Text

1. Was wird im Text über die Nutzung von Solaranlagen in Deutschland ausgesagt? Ist Solarstrom in Deutschland beliebt?
2. Warum kürzt die deutsche Regierung die Förderung für Solarstrom? Können Sie den Grund dafür nennen? Da dieser Abschnitt im Text recht schwer zu verstehen ist, könnte Ihnen bei der Beantwortung dieser Frage der folgende Artikel helfen: http://www.spiegel.de/wirtschaft/soziales/strompreise-analyse-wie-teuer-der-strom-wirklich-wird-a-845080.html.
3. Wer ist der größte Konkurrent für Deutschland? Welche Auswirkungen hat das auf die deutsche Solarbranche?
4. Wie sieht die Situation für den Oldenburger Solarmodulhersteller Aleo Solar aus?

Analyse und Diskussion

Wie wichtig ist es, dass der Staat alternative Energien fördert? Ist es richtig, dass er es in Deutschland tut? Sollte der Staat die erneuerbaren Energien vielleicht sogar noch intensiver fördern und keine Kürzungen vornehmen? Diskutieren Sie.

Weiterführende Aktivitäten

1. Wie effektiv ist Solarstrom? Ist er eine wirkliche Alternative zu traditionellen Energiequellen? Wenn Sie eine Person kennen, die Solarenergie benutzt, fragen Sie diese. Wenn nicht, dann recherchieren Sie im Internet. Kann Solarstrom in einem Land wie Deutschland effektiv sein, in dem nur selten die Sonne scheint?
2. Gibt es in Ihrem Land Solaranlagenhersteller? Wie beliebt ist Solarstrom? Haben die Produzenten Schwierigkeiten, ihre Solaranlagen zu verkaufen oder ist das kein Problem?
3. Wie ist die Situation der Solarhersteller in Deutschland zum jetzigen Zeitpunkt? Finden Sie Informationen darüber heraus und vergleichen Sie diese mit den beschriebenen Zahlen in unserem Artikel.

Grüner bauen

Einführung

Der Artikel „Grüner bauen" von Anne Lena Mösken beschäftigt sich mit grüner Architektur der Zukunft. Grüne Architektur hat das Ziel, Urbanität und Natur besser miteinander in Einklang zu bringen. Im Folgenden lesen Sie von drei innovativen Projekten, die in der Ausstellung „Grüne Häuser, tropische Gärten" der ifa-Galerie in Berlin zu Beginn des Jahres 2013 präsentiert wurden. Die Architekten stammen allesamt aus asiatischen Ländern – doch ihre Projekte sind auch in Deutschland gefragt und zeigen neue Wege in eine umweltbewusstere Zukunft auf.

Die ifa-Galerie Berlin zeigt, dass **sich** Architekten mit ihren Bauten zunehmend konsequenter **der** ökologischen **Verantwortung stellen**. **Baumwurzeln** pressen sich durch Asphalt, Moos legt sich über stillgelegte Industriebauten – die Natur **erobert** sich die Städte zurück, wenn man sie denn lässt. Die Bedeutung, die die Natur für den Menschen hat, zählt zu den **drängendsten** Herausforderungen der

Zukunft, und dazu zählt auch das Bewusstsein für die Frage: Wie lässt sich Raum für Natur im städtischen Kontext schaffen?

In der **Ausstellung** „Grüne Häuser, tropische Gärten", die jetzt in der ifa-Galerie in Berlin zu sehen ist, werden die Antworten dreier Architekturbüros aus Malaysia und Indonesien zusammengetragen. Zu sehen sind Modelle und Baupläne bereits **umgesetzter** oder geplanter Projekte, die der Frage nach einem zukünftigen **Einklang** von Mensch und Natur in ihren **Entwürfen** ganz unterschiedlich nachgehen.

Da sind die futuristischen Bauten von Ken Yeang: **filigrane Wolkenkratzer**, die durchzogen sind von vertikalen Gärten und Äckern, bewässert mit Regenwasser, ausgerichtet nach dem Sonnenverlauf. Es sind energiesparende Allround-Gebäude, in denen Menschen leben, arbeiten, einkaufen und gärtnern, **Türme** mit positiver Ökobi**lanz**. In London etwa steht eines dieser bioklimatischen Hochhausensembles, die Elephant & Castle Eco Towers, in Neu Delhi wird derzeit eines gebaut, das Spire Edge.

Das zweite der vorgestellten Projekte, die Green School aus Bali, wiederum vermittelt das Wissen um Ressourcen**knappheit** und Umweltverschmutzung in einer 2008 gegründeten Schule an Kinder und Jugendliche, mittlerweile mit **Zweigstellen** auch in London, Stuttgart und Berlin, und entwickelt Baukonzepte, die gänzlich auf Naturmaterialien setzen.

Als drittes Projekt sind da die Arbeiten von Ng Seksan. Die ifa zeigt Bilder auf einer Videoleinwand, außerdem dessen Installation „Clouds", für die er **zusammengeknüllte** Baupläne wie Wolkengebilde an die Wände und Decke der Galerie anbrachte. Ng Seksan, geboren in Kuala Lumpur, ist Landschaftsarchitekt, als sein Vorbild nennt er die heutige Harvard-Professorin Martha Schwartz, die in den Achtzigern mit einer großen Portion gestalterischer Ironie und Witz zur postmodernen Pionierin des **Metiers** wurde.

In Ng Seksans Entwürfen verschmelzen Architektur und Natur, einerseits. Andererseits setzt er Projekte wie jenes um: Ein altes, chinesisches Kaffeehaus im **heruntergekommenen** Zentrum der Stadt Ipoh wurde zu einem Hotel, der Altbau blieb dabei nahezu komplett erhalten, die Wände roh, die Fenster **knarzend**, in das hölzerne **Dachgestühl** hängte Ng Seksan Schlafboxen aus Glas.

Er sorgte außerdem dafür, dass auch Gebäude aus der Umgebung mit nachhaltigen Projekten wiederbelebt wurden, mit einem lokalen Kunsthandwerksmarkt etwa, einer Kochschule für Jugendliche und einem Stadtbauernhof. Das Ziel: **Sanierung** zum Nutzen der bisherigen Bewohner, die Wiederherstellung einer intakten Infrastruktur.

Das Umfunktionieren alter Bausubstanz und **vernachlässigter** Areale zählt seit Jahren schon zu den zentralen Aufgabenfeldern, ob nun in den Städten Europas oder der amerikanischen Ostküste. Ein **herausragendes** Beispiel, das gut in den Zusammenhang der ifa-Ausstellung gepasst hätte, ist die New Yorker High Line, ein stillgelegtes U-Bahn-Hochgleis, das sich im Westen Manhattans durch den Meatpacking District und Chelsea zieht.

Die Architekten Elizabeth Diller und Ricardo Scofidio haben die Gleise begrünt – wobei sie dafür Pflanzenarten auswählten, die bereits zwischen den **Bahntrassen** als **Unkraut wucherten** – und mit einem Spazierweg versehen, der so wunderbar ungewöhnliche Ansichten auf die langen Straßenfluchten Manhattans bietet, dass die High Line längst zu einer Touristenattraktion geworden ist, die täglich tausende Menschen anzieht.

Altes nicht **abzureißen**, sondern kreativ neu zu denken, das Vintage-Konzept übersetzt in Architektur quasi, ist eine Herausforderung, die, wird sie angenommen, für eine wahre Nachhaltigkeit in den Städten sorgt. Die Technologien und das innovative Potential dafür, das zeigt die ifa-Schau, sind da.

Quelle: http://www.berliner-zeitung.de/architektur/ausstellung—gruene-haeuser—tropische-gaerten—gruener-bauen,10809202,21820268.html

Vokabeln

sich der Verantwortung stellen	to take responsibility for
Wurzel *(f)*, **-n**	root
erobern	to conquer
erobert, eroberte, hat erobert	
drängend	pressing, urgent

Ausstellung *(f)*, **-en**   exhibit

umsetzen   to implement
    setzt um, setzte um, hat umgesetzt

Einklang *(m)*, **-klänge**   harmony, unison

Entwurf *(m)*, **-würfe**   design, draft

filigran   filigree

Wolkenkratzer *(m)*, **-**   skyscraper

Turm *(m)*, **Türme**   tower

Bilanz *(f)*, **-en**   result

Knappheit *(f)*   scarcity

Zweigstelle *(f)*, **-n**   branch

zusammenknüllen   to crumble up
    knüllt zusammen, knüllte zusammen, hat zusammengeknüllt

Metier *(n)*, **-s**   profession, line of work

heruntergekommen   run-down, dilapidated

knarzend   creaking

Dachgestühl *(n)*, **-e**   roof timbering

Sanierung *(f)*, **-en**   redevelopment, reconstruction

vernachlässigen   to neglect, to disregard
    vernachlässigt, vernachlässigte, hat vernachlässigt

herausragend   outstanding, stellar

Bahntrasse *(f)*, **-n**   railroad line, rail bed

Unkraut *(n)*   weeds

wuchern   to grow rank, to sprawl
    wuchert, wucherte, hat gewuchert

abreißen   to tear down
    reißt ab, riss ab, hat abgerissen

Verständnisfragen zum Text

1. Was ist das Anliegen der Ausstellung? Welche Frage möchte sie beantworten und warum?
2. Beschreiben Sie die futuristischen Bauten von Ken Yeang. Welche Eigenschaften haben sie?
3. Was wird im Text über die Green School von Bali ausgesagt? Wie muss man sich eine solche Schule vorstellen?

4. Beschreiben Sie die Philosophie des Malaien Ng Seksan. Was möchte er mit seinen Projekten erreichen? Geben Sie ein konkretes Beispiel.
5. Beschreiben Sie das Projekt der Architekten Elizabeth Diller und Ricardo Scofidio in New York.

Analyse und Diskussion

1. Sehen Sie sich die Webseite der ifa Galerie an: http://www.ifa.de/kunst/ ifa-galerien/rueckblick/gruene-haeuser-tropische-gaerten.html, und lesen Sie die Beschreibung der Projekte zur Ausstellung „Grüne Häuser, tropische Gärten" aufmerksam. Nehmen Sie ein Projekt, das Sie besonders interessant finden, und schreiben Sie einen kurzen Essay. Welche Eigenschaften hat dieses Gebäude, und warum könnte es ein gutes Beispiel für zukünftiges Bauen sein?
2. Sehen Sie sich auch die Webseite zur New Yorker High Line an: http:// www.thehighline.org/, und beschreiben Sie dieses Projekt näher. Wie verändert es die Umgebung? Warum ist es solch eine große Touristenattraktion? Möchten Sie es gerne besuchen – oder waren Sie schon einmal dort?

Weiterführende Aktivitäten

1. Lesen Sie den Artikel „Gewächshäuser so hoch wie Wolkenkratzer": http:// www.welt.de/wissenschaft/article2000995/Gewaechshaeuser-so-hoch-wie -Wolkenkratzer.html. Eine Idee für die zukünftige Welternährung ist das Ziehen von Gemüse und Obst in urbanen Räumen, z. B. in Hochhäusern. Was denken Sie darüber? Wäre das eine gute Alternative? Warum oder warum nicht?
2. Ein weiteres, interessantes Projekt ist das Hundertwasserhaus in Wien: http://www.das-hundertwasser-haus.at/. Aber auch in anderen Ländern hat der Künstler Friedensreich Hundertwasser seine Naturarchitektur verwirklicht, z. B. in Darmstadt, wie Sie in diesem Videoclip sehen können: http://www.youtube.com/watch?v=aKwHnTUm4nc. Recherchieren Sie die Philosophie von Hundertwasser und sammeln Sie Details über seine Biografie. Kann man seine Architektur mit den Projekten der ifa-Galerie vergleichen?

_____

Bio-Branche in Deutschland wächst weiter

Einführung

„Bio-Branche in Deutschland wächst weiter" ist der letzte Artikel unseres Umweltkapitels und beschäftigt sich noch einmal mit dem Thema „Essen". Wie wir bereits in der Sendung *Essen im Eimer* gesehen haben, kann der gedankenlose Umgang mit Nahrungsmitteln zu einer großen Belastung für die Umwelt führen. Der folgende Artikel beleuchtet dieses Thema aus einer etwas anderen Perspektive – er befasst sich mit biologischen Lebensmitteln, die in Deutschland verstärkt angebaut und verkauft werden. Obwohl der Verbraucher mehr Geld für sein Essen ausgeben muss, gibt es eine immer größere Zahl von Deutschen, die trotz der hohen Preise in Biomärkten einkauft und diese unterstützt. Eine äußerst positive Entwicklung, jedoch mit einem Nachteil: dass die Bauern nur unzureichend mit dem Produzieren von Gemüse, Getreide und Obst hinterherkommen können, da die Nachfrage beständig steigt.

Bio wächst und wächst: Im vergangenen Jahr hat die Branche in Deutschland erstmals mehr als sieben Milliarden Euro erlöst. Vor allem frische Lebensmittel trieben den Umsatz nach oben. Die heimischen Öko-Bauern kommen mit der Produktion nicht mehr hinterher.

Pflaumenketchup, **Rohkost**kekse und **Getreidebrei**: Die Bio-Branche lockt ihre Kunden mit **ausgefallenen** Neuheiten und **bewährten** Klassikern und hat damit in Deutschland im vergangenen Jahr erstmals die Umsatzmarke von sieben Milliarden Euro geknackt. Die Erlöse stiegen 2012 um sechs Prozent auf 7,04 Milliarden Euro, wie der Bund Ökologische Lebensmittelwirtschaft (BÖLW) einen Tag vor Beginn der weltweit größten Öko-**Messe** Biofach am Dienstag in Nürnberg mitteilte. Damit erhöhte sich der Anteil am gesamten Lebensmittelmarkt in Deutschland um 0,2 Punkte auf 3,9 Prozent.

Allerdings gebe es auch einen **Wermutstropfen**, betonte BÖLW-Geschäftsführer Alexander Gerber: Die **hiesigen** Bauern kämen der gestiegenen **Nachfrage** bei weitem nicht hinterher, dem

Marktwachstum stehe erneut eine schwächere Entwicklung bei den Bio-Betrieben und -Flächen gegenüber. Denn die ökologisch bewirtschaftete Fläche habe 2012 nur um 2,7 Prozent auf 1,04 Millionen Hektar zugelegt, die Zahl der Bio-Betriebe sei um 2,6 Prozent auf 23.100 gewachsen – das sind acht Prozent aller Bauern in Deutschland.

„Konkurrenz um **Pacht**flächen, eine unverhältnismäßige Förderung von Biogas, keine verlässlichen Aussagen zur Ökolandbau-Förderpolitik und das hohe Preisniveau für konventionelle Rohwaren im Jahr 2012 stehen einer Ausweitung des Ökolandbaus weiter im Weg", kommentierte der BÖLW-Vorstandsvorsitzende Felix Prinz zu Löwenstein. Er forderte die Bundesregierung auf, von den Möglichkeiten der EU-Agrarreform Gebrauch zu machen und einen Teil der Subventionen verstärkt in Umweltmaßnahmen und den Ausbau des Ökolandbaus zu stecken.

„Die Nachfrage des Verbrauchers ist nach wie vor da – insbesondere dort, wo der Fachhandel in der Fläche wächst oder der Lebensmitteleinzelhandel sein **Sortiment** erweitert", betonte Gerber. Er rechne deshalb für das nächste Jahr mit einem weiteren Marktzuwachs in ähnlicher Größenordnung.

Das steigende Interesse bestätigte auch die Geschäftsführerin des Bundesverbands Naturkost Naturwaren, Elke Röder. Die knapp 2.400 Bio-Läden in Deutschland hätten ihren Umsatz im vergangenen Jahr sogar stärker gesteigert als der Markt: Die Erlöse legten um rund sieben Prozent auf 2,2 Milliarden Euro zu. Etwa die Hälfte davon **entfiel auf** ein Mengen-, die andere auf ein Preiswachstum.

31 Prozent des Bio-Umsatzes in Deutschland wird in den Fachgeschäften **erzielt**; sie profitierten 2012 besonders von der hohen Nachfrage nach frischen Produkten wie Obst und Gemüse, **Molkereiwaren** sowie Fleisch und Wurst. Normale Supermärkte haben am Gesamtmarkt einen Anteil von 50 Prozent; der Rest wird in Hofläden oder beispielsweise in Metzgereien und Bäckereien erlöst.

Auch 2012 ging der Trend bei den Bio-Läden zu größeren Verkaufsflächen. Die Hälfte der Neueröffnungen waren Märkte mit mehr als 400 Quadratmetern, während von den Schließungen vor allem kleinere Läden betroffen waren. Dadurch wuchs die Gesamt-verkaufsfläche um rund fünf Prozent.

Deutschland ist nach den USA und vor Frankreich der zweit-größte Markt für Bio-Waren weltweit. Der globale Markt hat sich zwischen den Jahren 2000 und 2011 verdreifacht: Nach den jüngs-ten Daten des Weltdachverbands IFOAM **betrug** der Umsatz zuletzt knapp 63 Milliarden US-Dollar (fast 47 Milliarden Euro). 1,8 Millio-nen Landwirte in 162 Ländern bewirtschafteten mehr als 37 Millio-nen Hektar nach ökologischen Kriterien. Die Branche trifft sich von diesem Mittwoch an in Nürnberg zur weltweit größten Öko-Messe Biofach sowie der angeschlossenen Naturkosmetikmesse Vivaness. Erwartet werden 2400 Aussteller aus 86 Ländern und rund 40.000 Fachbesucher.

Quelle: http://www.mz-web.de/wirtschaft/lebensmittel-bio-branche-in-deutsch land-waechst-weiter,20642182,21818998.html

Vokabeln

Rohkost *(f)*	raw fruit and vegetables
Getreidebrei *(m)*, **-e**	porridge
ausgefallen	unusual, exceptional, fancy
bewährt	proven, reliable
Messe *(f)*, **-n**	fair, convention
Wermutstropfen *(m)*, **-**	wormwood; *here:* disadvantage, bad news
hiesig	local
Nachfrage *(f)*, **-n**	demand
Pacht *(f)*, **-en**	lease
Sortiment *(n)*, **-e**	assortment
entfallen auf *(Akk)*	to be appointed to, to fall on
entfällt, entfiel, ist entfallen	
erzielen	to obtain, to realize, to gain
erzielt, erzielte, hat erzielt	
Molkereiwaren *(pl)*	dairy products

betragen   to come to, to amount to
    beträgt, betrug, hat betragen

Verständnisfragen zum Text

1. Beschreiben Sie die positive Entwicklung der Bio-Branche in Deutschland. Was sind die Faktoren, die Bio-Lebensmittel so beliebt machen?
2. Dass die Bio-Branche wächst, ist sehr begrüßenswert. Jedoch wird im Artikel von einem Wermutstropfen gesprochen. Was ist damit gemeint?
3. Warum kaufen die Deutschen gerne in Bioläden ein? Welche Produkte sind besonders beliebt?
4. Wie sieht die Bioladenlandschaft in Deutschland aus? Welche verschiedenen Läden gibt es?
5. Wie schneiden die Deutschen im Vergleich zu anderen Ländern ab? Welche anderen Länder werden im Artikel genannt?

Analyse und Diskussion

1. Was denken Sie persönlich über biologische Lebensmittel? Geben Sie gerne mehr Geld für diese aus oder finden Sie, dass es sich nicht lohnt? Dieser *New York Times* Artikel könnte bei Ihrer Diskussion von Interesse sein: http://www.nytimes.com/2009/03/22/weekinreview/22bittman.html?_r=0.
2. Warum sind biologische Lebensmittel bei den Deutschen so beliebt, beliebter als in fast allen anderen europäischen Ländern? Haben Sie dafür eine Erklärung? Hier ist ein Artikel, der die generelle Beliebtheit von Bioprodukten betont: http://www.bioheld.de/bio-produkte/.

Weiterführende Aktivitäten

1. Vergleichen Sie die Webseiten von einem deutschen Bioladen, z. B. Bio Company: http://www.biocompany.de/, und einem Biomarkt aus Ihrem Land, z. B. Whole Foods in den USA: www.wholefoodsmarket.com/. Gibt es ähnliche Produkte, die angeboten werden, oder sind die Produkte sehr unterschiedlich? Wie sind die beiden Webseiten organisiert? Welche Informationen präsentieren sie? Wo würden Sie lieber einkaufen und warum?
2. Sind biologische Produkte ein Vorteil für die Menschen? In den Industrienationen werden Bioprodukte oft wegen ihres hohen Preises kritisch

betrachtet. Aber wie sieht es mit anderen Ländern, wie den Schwellen- oder Entwicklungsländern aus? Ist für die globale Landwirtschaft der Bio-Trend ein Vorteil? In unserem Artikel, den Sie womöglich unter Punkt 2 der Analyse und Diskussionsrubrik gelesen haben, findet sich folgendes Zitat: „Dieser Trend kommt nicht nur Bauern in benachteiligten Schwellenländern entgegen, da immer mehr auf das fair trade Siegel achten". Recherchieren Sie detaillierter und finden Sie Informationen über die Vor- oder Nachteile von Bioprodukten für die ärmeren Länder dieser Erde. Präsentieren Sie Ihre Ergebnisse im Unterricht.

Projekte

1. Die Deutschen sind eifrig, wenn es um das Recycling geht. Sie haben verschiedene Mülltonnen und sortieren ihren Müll pflichtbewusst. Eine Erfindung, die aus Deutschland kommt und mittlerweile weltweit zu finden ist, ist der Grüne Punkt. Was ist der Grüne Punkt? Sehen Sie sich das folgende Video *Der Grüne Punkt. Ein Erfolgssystem? Erklärt von Hannes Jaenicke* an: https://vimeo.com/66390845. Sammeln Sie weitere Informationen über den Grünen Punkt und halten Sie einen kurzen Vortrag im Unterricht.

2. Kreieren Sie Ihr eigenes Poster oder, noch besser, Ihre eigene Webseite zu einem Umweltthema, das Sie problematisch finden. Welche Informationen möchten Sie präsentieren? Was ist besonders wichtig? Beziehen Sie Fotos, Videoclips, Statistiken, Schaubilder, Zeitungsartikel und Informationen zur Entstehung des Problems mit ein. Finden Sie Umweltorganisationen, die sich mit Ihrem Thema beschäftigen und integrieren Sie diese ebenfalls. Stellen Sie dann Ihr Projekt den anderen Studenten in Ihrer Klasse vor und erklären Sie vor allem, warum dieses Thema für Sie von Bedeutung ist.

3. Schreiben Sie Tagebuch. Schreiben Sie zehn Tage lang jeden Tag einen Abschnitt über Ihr Umweltverhalten. Was haben Sie an einem bestimmten Tag gemacht? Haben Sie recycelt, Strom gespart, biologische Lebensmittel gekauft, Wasser in Ihrer eigenen Wasserflasche transportiert? Sind Sie mit dem Fahrrad zur Universität gefahren oder haben Sie den Bus in die Innenstadt genommen? Ziehen Sie am Ende ein Resümee: Wie umweltfreundlich sind Sie?

Weiterführende Materialien

Filme

We Feed the World. Erwin Wagenhofer (2005)
Chasing Ice. Jeff Orlowski (2012)
Food, Inc. Robert Kenner (2008)
Uranium – Is it a Country? Film-Team Strahlendes Klima (2008)
Monsanto, mit Gift und Genen. Marie-Monique Robin (2007)
Unser täglich Brot. Nikolaus Geyrhalter (2005)

Webseiten zu Umweltthemen

Planet Wissen: http://www.planet-wissen.de/
Umwelt im Unterricht: http://www.umwelt-im-unterricht.de/
Reset for a better world: http://reset.org/
Goethe Institut: https://www.goethe.de/ins/pl/kra/prj/que/uws/ein/deindex
.htm

Umweltorganisationen in Deutschland

Germanwatch: http://germanwatch.org/de/startseite
Greenpeace: http://www.greenpeace.de/
WWF: http://www.wwf.de/
Bäume für Menschen: http://www.baeume.de/
Bund für Umwelt und Naturschutz: http://www.bund.net/
Deutsche Umwelthilfe: http://www.duh.de/home.html
Robin Wood: http://www.robinwood.de/

Kapitel Sechs
Deutschland und die Weltpolitik

Einführung in das Thema

Das politische Engagement Deutschlands in der Welt ist ein Thema, das in einem Textbuch über Globalisierung nicht fehlen darf. Allerdings handelt

© James Steidl I Dreamstime.com
Gebäude der Vereinten Nationen in New York

es sich hierbei um einen überaus komplexen Themenbereich, der eine Vielzahl von Gebieten umfasst, die alle von großer Bedeutung für das Verständnis der deutschen Rolle in der Welt sind. Aufgrund der begrenzten Seitenzahl ist es leider unmöglich, mehr als nur einen oberflächlichen Einblick in weltpolitische Angelegenheiten zu geben – so wie es bereits bei dem Thema

Europa der Fall war. „Deutschland und die Weltpolitik" hat sich daher zum Ziel gesetzt, vor allen Dingen generelle Kenntnisse zu vermitteln und in diesem Rahmen beispielsweise auf einige der wichtigsten internationalen Organisationen hinzuweisen, die die Weltpolitik entscheidend prägen. Folglich findet sich ein Text sowohl über UNO als auch NATO und die Bedeutung, der Deutschland in diesen Organisationen zukommt. Weiterhin werden Nichtregierungsorganisationen (NROs) im Allgemeinen und speziell auf Deutschland bezogen vorgestellt und deren Aufgaben und Philosophie umrissen. Ebenfalls kommen Menschenrechte, Waffenhandel, die globale Erinnerung an den Holocaust und Deutschlands Rolle als neu erstarkte Militärmacht als gesonderte Punkte zur Sprache. Die weiterführenden Aktivitäten bieten Ih-

© Bigknell | Dreamstime.com

Kriegsschiffe der NATO

nen Gelegenheit, sich näher mit einem Thema zu befassen, größere Einblicke zu gewinnen und sich über den gelesenen Text hinaus zu informieren. Vielleicht weckt dieses Kapitel bei Ihnen ja die Lust, sich regelmäßig mit Deutschlands Außenpolitik zu beschäftigen und immer tiefere Kenntnisse über Deutschlands Entscheidungen und Handlungen in der Welt zu erhalten. Jedoch nun, wie auch in jedem anderen Kapitel, ein kurzer Überblick über die ausgewählten Texte:

Wie Sie vielleicht noch aus unserem Europa-Kapitel in Erinnerung behalten haben, wurde Deutschland vorgeworfen, keine überzeugende Führungsrolle in der EU zu übernehmen. Den gleichen Vorwurf trifft Deutschland erneut, wenn es sich um Weltpolitik handelt, wie unser erster Artikel klar herausstellt. Deutschland halte sich zu sehr im Hintergrund anstatt an vorderster Front wegweisende Entscheidungen zu treffen. Auch militärisch werde von ihm mehr Initiative gewünscht, beispielsweise eine tatkräftige Unterstützung internationaler Truppen. Die Zeit nach dem Zweiten Weltkrieg, während derer Deutschland jahrzehntelang eine Politik der Zurückhaltung und Kooperation betrieben habe, sei an ihr Ende gekommen, was ein Überdenken vertrauter Handlungsmuster mit sich bringen müsse.

Dass die Vergangenheit nur teilweise vergangen ist, stellen die nächsten zwei Artikel klar heraus, die sich mit Deutschlands Rolle in sowohl UNO als auch NATO befassen. Obwohl Deutschland einen ständigen Sitz im UN-Sicherheitsrat anstrebt, gilt es bis heute zusammen mit weiteren Aggressorstaaten des Zweiten Weltkrieges als Feindstaat der UNO. Das bedeutet, dass Deutschland noch immer an den Folgen des Krieges zu tragen hat und laut der UN-Charta von den Kriegsgewinnern jederzeit militärisch angegriffen werden kann. Obgleich diese Klausel heute als bedeutungslos angesehen werden muss, ist mit einer Änderung von Deutschlands UN-Status in absehbarer Zeit nicht zu rechnen, da der dazu erforderliche bürokratische Aufwand zu groß ist. Weiterhin ist Deutschland in der NATO vertreten und stellt das größte Truppenkontingent für Auslandseinsätze. Dort gilt Deutschland nicht als Feindstaat; jedoch wird seine neue militärische Stellung im eigenen Land heftig kritisiert, weil sich die deutschen Bürger nur schwer mit einer aktiven deutschen Beteiligung an weltweiten militärischen Konflikten anfreunden können. Dass die NATO Deutschland Sicherheit in der Welt verleiht, Schutz vor internationalem Terrorismus und eine gesicherte Energieversorgung garantiert, wird dabei oft außer Acht gelassen.

Sicherheit erhält Deutschland des Weiteren durch seine eigene Armee, die Bundeswehr. Der Artikel „Die Geschichte der Bundeswehr – Teil 3: 1990–2010" setzt sich mit der Geschichte der Bundeswehr und der sich langsam verändernden Haltung der Deutschen zu internationalen Militäreinsätzen auseinander, wie sich gut am Beispiel des Golfkrieges, des Kosovokrieges und schließlich am Einsatz in Afghanistan aufzeigen lässt. Deutschland wandelt sich von einem passiven zu einem aktiven Partner in der internationalen Weltpolitik und übernimmt eine größere Verantwortung. Auch die Veränderungen in der Bundeswehr selbst werden beschrieben, die in den letzten Jahren die Wehrpflicht für die männliche deutsche Bevölkerung abgeschafft und sich zu einer Freiwilligenarmee gewandelt hat. Damit endet unser Teil über Militär und Kriegseinsätze, um sich einem erfreulicheren Thema zuzuwenden: dem der Nichtregierungsorganisationen, auf Deutsch auch NROs genannt. Diese werden zunächst in einem ersten Überblicksartikel beispielhaft vorgestellt, samt ihrer Aufgaben und einiger Kritikpunkte, die an NROs in der Vergangenheit geäußert wurden. Daran anschließend lernen wir zwei große deutsche NROs kennen – das katholische Hilfswerk Misereor und die SOS-Kinderdörfer. Beide Organisationen sind weltweit tätig und seit dem Zweiten Weltkrieg im Einsatz. Während Misereors Mission die Bekämpfung der Armut und Hilfe zur Selbsthilfe ist, geht es bei SOS-Kinderdörfern um die Integration von elternlosen Kindern und jungen Menschen aus problematischen Elternhäusern in eine intakte Familie – ein naturgegebenes Recht, das der Gründer Hermann Gmeiner jedem Kind zusichern wollte.

Eine weitere NRO ist Attac, eine Antiglobalisierungsvereinigung, die ursprünglich aus Frankreich stammt, mittlerweile aber ebenfalls in Deutschland aktiv ist. Während sich Misereor und SOS-Kinderdörfer zum Ziel gesetzt haben, notleidenden Menschen zu helfen, möchte Attac auf die negativen Folgen der Globalisierung aufmerksam machen. Es stehen die Machtverringerung internationaler Konzerne sowie die Regulierung des Kapitalismus im Vordergrund, wodurch sich Attac eine bessere Welt erhofft.

Von Gerechtigkeit ist auch in „UN rügen Deutschland bei Menschenrechten" die Rede. Dort wird die mangelhafte Einhaltung von Menschenrechten in Deutschland von der UNO angeprangert. Sowohl Frauen als auch Ausländer würden in Deutschland des Öfteren diskriminiert: sei es hinsichtlich des Gehaltes oder bei der Wohnungssuche. Darüber hinaus sei die Situation in deutschen Pflegeheimen oft unhaltbar. Deutschland habe nach diesem Bericht der UNO nun vier Jahre Zeit, um die genannten Missstände zu beseitigen. Missstände existierten ferner in einem Bereich, auf den Deutschland normalerweise besonders stolz sein kann: im Bereich des Exportes. Doch in diesem Fall sind es keine Autos oder Maschinen, die Deutschland in das Ausland liefert, sondern Waffen. So seien denn in Krisengebieten wie im Sudan, in Pakistan oder Kenia deutsche Waffen zuhauf zu finden. Allerdings tauche das wirkliche Ausmaß des Waffenhandels im Jahresbericht des deutschen Exportes nicht auf und werde somit auch nicht als wichtige Agenda im Bundestag besprochen. Den Abschluss unseres Kapitels bildet ein interessantes Phänomen, das der Autor Jens Kroh mit der Überschrift „Erinnern global" betitelt. Es geht um die Erinnerung des Holocausts, welcher seit der Stockholm-Konferenz im Jahre 2000 nun nicht mehr allein als deutsches Vergehen angesehen wird; vielmehr bekennen sich zahlreiche andere Länder dieser Welt ebenso schuldig. Durch Monumente, Museen, Gedenktage und Schulunterricht soll vor allem europaweit an den Holocaust erinnert werden mit dem Ziel, durch diese gemeinsame Erinnerung – auch wenn es eine Erinnerung des Schreckens ist – die europäischen Länder einander näher zu bringen. Ob diese Entwicklung als positiv zu bewerten ist, diskutiert Kroh ausführlich und bringt damit unser Kapitel über Weltpolitik an sein Ende.

Fünfundzwanzig wichtige Vokabeln

anstreben   to strive for, to aspire to
    strebt an, strebte an, hat angestrebt
Abkommen *(n)*, -   agreement, treaty
Außenminister *(m)*, -   foreign minister, secretary of state
Besatzung *(f)*, -en   occupation
sich bewähren   to prove oneself
    bewährt sich, bewährte sich, hat sich bewährt
Botschaft *(f)*, -en   embassy; message

eingreifen	to intervene, to step in
greift ein, griff ein, hat eingegriffen	
Entwicklungshilfe *(f)*, **-n**	foreign aid
Friede *(m)*	peace
Gesetz *(n)*,**- e**	law, bill
Krieg *(m)*, **-e**	war
Kampfgeschehen *(n)*, **-**	action, fighting
Politik *(f)*	politics
Regierung *(f)*, **-en**	government
Rüstung *(f)*	armament
ständig	permanent, constant
Urteil *(n)*, **-e**	verdict
Verbündete *(m/f)*, **-n**	ally
Vereinte Nationen *(pl)*	United Nations
Verhandlung *(f)*, **-en**	negotiation
Verteidigung *(f)*	defense
verwickeln	to involve, to entangle
verwickelt, verwickelte, hat verwickelt	
Vollversammlung *(f)*, **-en**	general assembly
Waffe *(f)*, **-n**	weapon
Weltsicherheitsrat *(m)*	World Security Council

Wenn Deutschland führen will, muss es Werte stärker vertreten

Einführung

Im ersten Artikel unseres Kapitels beschreibt Gideon Rachman die schwierige Situation, in der sich Deutschland im Jahre 2012 befindet. Hatte es nach den Schrecken des Zweiten Weltkrieges lange Zeit Zurückhaltung geübt und sich politisch mit anderen Staaten abgesprochen, wird von Deutschland nun mehr Initiative gefordert. Deutschland solle in der Welt eine machtvollere Position einnehmen und europäische sowie internationale Schwierigkeiten mit größerer Entscheidungsfreudigkeit lösen. Doch da liegt das Problem für die Deutschen, die lieber in der zweiten Reihe stehen als sich in den Vordergrund zu spielen.

*Die Forderung, Berlin solle „Leadership" zeigen, war zuletzt all-
gegenwärtig. Um aus seiner **prekären** internationalen Lage herauszukommen, sollte Deutschland einen Führungsstil entwickeln, der
seiner politischen Kultur entspricht: skeptisch gegenüber Militäreinsätzen, wohlwollend gegenüber dem Freihandel, zur Stabilität
mahnend, ohne zu **bevormunden**.*

Die Katastrophe der Nazi-Ära hat dazu geführt, dass Deutschland
seinen Instinkt abgelegt hat, international eine Führungsrolle zu
spielen. Stattdessen hat das Land nach 1945 seinen **Ruf** als „guter
Mitbürger" wiederhergestellt, indem es stets im Konzert mit anderen
Staaten gehandelt und dabei nie eine dominante Rolle gesucht hat.
Selbst innerhalb der Europäischen Union hat es Deutschland stets
vorgezogen, in Form von gemeinsamen Initiativen vorzugehen –
meist als Teil der deutsch-französischen Partnerschaft. Innerhalb
der NATO hat Deutschland gern die strategische Führung durch die
Vereinigten Staaten akzeptiert.

Doch heute **sieht sich** Deutschland immer öfter Forderungen
ausgesetzt, dass es stärker als „Leader" agieren solle, sowohl innerhalb Europas als auch auf globaler Ebene. Diese Forderung ist einem
Land, dem allein schon die Vorstellung von „internationaler Führung" zutiefst suspekt ist, äußerst unangenehm. Deutsche Bürger
und Wähler scheinen zudem psychologisch auf eine neue internationale Rolle ihres Landes schlecht vorbereitet; vielleicht nicht ohne
Grund **hegen** sie **den Verdacht**, dass „Führung" bedeute, einen Preis
zu bezahlen, entweder in Form von Geld oder von Soldatenleben.

Deutschland als „power house" Europas

Die derzeitige Forderung nach deutscher Führung ist Konsequenz einer Mischung aus politischen und wirtschaftlichen Veränderungen.
Die Stärke der deutschen Wirtschaft und die finanzielle Handlungs-
fähigkeit der Bundesregierung sorgen natürlich dafür, dass der Rest
der Welt Deutschland als europäisches Kraftzentrum sieht. **Unter**
normalen **Umständen** mag **sich** dar**aus** noch nicht einmal eine be-

sonders anspruchsvolle Rolle **ableiten** – doch angesichts einer Europäischen Union, die in einer tiefen wirtschaftlichen und politischen Krise steckt, scheinen die Forderungen nach deutscher Führung auf einmal dringend.

Gleichzeitig wird immer öfter, insbesondere in Washington, nach deutscher Führung auf globaler Ebene verlangt. Darin spiegelt sich der Wandel im strategischen und weltwirtschaftlichen **Umfeld** seit dem Ende des Kalten Krieges wider. Als der Westen dem Sowjetblock gegenüberstand, war Deutschland umkämpftes Gebiet – und die Verteidigung Westdeutschlands zentrale Aufgabe der NATO und der Vereinigten Staaten, die versprochen hatten, bei der Verteidigung der Freiheit „jede Bürde" zu tragen. Doch heutzutage liegen die zentralen Herausforderungen in Sachen Sicherheit – zumindest aus Washingtoner Sicht – jenseits von Europa. Die USA, die zu Hause unter immer stärkeren Haushaltszwängen stehen, erwarten von ihren europäischen Verbündeten Hilfe in der Rolle als Weltpolizist.

Zuweilen war das eher eine Forderung nach **Gefolgschaft** denn nach Führung: Den Europäern wurde eine Nebenrolle in den strategischen Konzepten und Kampagnen zugewiesen, die in Washington entworfen wurden. Aber in dem Maße, in dem amerikanische Ressourcen immer mehr **strapaziert** werden, sind die Amerikaner **empfänglicher** dafür, europäische Nationen in echten Führungsrollen zu sehen, wenn es um die globale Sicherheit geht – von Bosnien bis Libyen. Ob in der Rolle als Führer oder Gefolgschaft: Die Forderungen an Deutschland, mehr zur internationalen Sicherheit beizutragen, nehmen zu.

Bislang sind die Amerikaner enttäuscht von dem, was die EU im Allgemeinen und Deutschland im Besonderen bisher geleistet haben. Die Einsatz-„Vorbehalte" oder „caveats", die festlegen, was deutsche Soldaten in Afghanistan tun dürfen und was nicht, wurden zum **berüchtigten** Symbol deutscher **Zögerlichkeit**, sich den neuen und schwierigen Sicherheitsherausforderungen zu stellen. Im Pentagon erzählte mir kürzlich jemand aus der politischen Führungsebene von einem Gespräch mit einem deutschen Amtskollegen:

„Ich sagte: ‚Die Welt steht in Flammen: Wo werdet ihr helfen?' Und die Antwort war ein schlichtes Schulterzucken." In Berlin erklärte mir ein Mitglied der Führungsspitze des Auswärtigen Amtes, dass Deutschland stets viel **zurückhaltender** sein werde als seine NATO-Verbündeten, wenn es um den Einsatz militärischer Mittel gehe: „Wir ticken heute einfach anders."

Im Ergebnis findet sich Deutschland oft international in einer unangenehmen Situation. Die Euro-Krise und Forderungen nach diversen **Rettungsschirmen** für die südeuropäischen Länder haben zu einer deutlichen Verschlechterung der Beziehungen zwischen Deutschland und Ländern wie Griechenland, Italien, Spanien und Irland geführt. Deutschland wird einerseits vorgeworfen, zu langsam zu handeln, um der Krise zu begegnen, und andererseits, zu arrogant und aggressiv vorzugehen, insbesondere bei der Forderung nach Wirtschaftsreformen in Südeuropa. Das daraus resultierende Anwachsen antideutscher Stimmungen, zumindest was die jeweiligen öffentlichen Meinungen angeht, ist kaum zu übersehen. Zeitungen in Italien haben in ihrer Kritik an Deutschland an Auschwitz erinnert, griechische Blätter haben Bundeskanzlerin Angela Merkel in Nazi-Uniform gezeigt. Es liegt eine schmerzliche Ironie darin, dass es gerade solche schrecklichen Erinnerungen waren, die das europäische Einigungsprojekt **überwinden** sollte.

Auf globaler Ebene hat der Druck auf Deutschland zwar weniger **schonungslose** oder eindringliche Formen angenommen, ist aber gleichwohl deutlich **spürbar**. Als Deutschland seine Zustimmung zu der UN-Resolution **verweigerte**, die eine militärische Intervention in Libyen erlaubte – eine Intervention, die von Deutschlands engsten Verbündeten angeführt wurde, darunter die USA, Großbritannien und Frankreich –, wurde die deutsche Haltung von den entscheidenden NATO-Partnern schlecht aufgenommen, die sie als weiteres **Zeichen** für Deutschlands Zögern interpretierten, seiner globaler Verantwortung gerecht zu werden.

Quelle: https://zeitschrift-ip.dgap.org/de/ip-die-zeitschrift/archiv/jahrgang-2012/mai-juni/anwalt-der-globalisierung

Vokabeln

prekär	awkward, precarious
bevormunden	to patronize
bevormundet, bevormundete, hat bevormundet	
Ruf *(m)*	reputation
vorziehen	to prefer, to favor sth.
zieht vor, zog vor, hat vorgezogen	
sich etw. *(Dat)* **ausgesetzt sehen**	to find oneself exposed to sth.
sieht sich ausgesetzt, sah sich ausgesetzt, hat sich ausgesetzt gesehen	
den Verdacht hegen	to suspect
hegt, hegte, hat gehegt	
unter diesen Umständen	at this point, under these circumstances
sich ableiten von/aus	to stem, to derive from
leitet sich ab, leitete sich ab, hat sich abgeleitet	
Umfeld *(n)*, **-er**	environment, surroundings
Gefolgschaft *(f)*, **-en**	entourage, followers
strapazieren	to strain, to stress
strapaziert, strapazierte, hat strapaziert	
empfänglich sein für	to be receptive to
berüchtigt	infamous, notorious
Zögerlichkeit *(f)*	hesitancy, indecision
zurückhaltend	reluctant, restrained
Rettungsschirm *(m)*, **-e**	rescue fund
überwinden	to overcome
überwindet, überwand, hat überwunden	
schonungslos	relentless, merciless
spürbar	noticeable, palpable
verweigern	to refuse, to deny
verweigert, verweigerte, hat verweigert	
Zeichen *(n)*, **-**	sign

Verständnisfragen zum Text

1. Warum ist es für Deutschland nicht einfach, eine Führungsrolle in Europa sowie in der Welt zu übernehmen? Welche Gründe werden im Text angeführt?

2. Wie verhält sich Deutschland am liebsten, und wie hat es sich in den letzten Jahrzehnten verhalten?
3. Warum soll Deutschland eine stärkere Führungsrolle übernehmen?
4. Aus welchen Gründen sind die Amerikaner von Deutschland enttäuscht?
5. Wie reagieren manche europäische Länder auf Deutschland während der Eurokrise? Und warum ist dies ironisch?

Analyse und Diskussion

1. Dieser Artikel setzt einiges an Wissen voraus, das Sie vielleicht nicht notwendigerweise haben. Welche Punkte verstehen Sie nicht oder nur unzureichend? Wie genau ist die deutsche Vergangenheit verantwortlich für Deutschlands Zurückhaltung in der Weltpolitik? Welcher Konflikt wurde in Libyen ausgetragen? Welche Rolle spielen Griechenland, Italien oder Spanien in der Eurokrise? Bilden Sie verschiedene Gruppen, die sich mit den genannten Fragen auseinandersetzen und diese näher recherchieren. Tragen Sie dann Ihre Ergebnisse im Unterricht zusammen, damit Sie einen besseren Überblick über die historischen und politischen Ereignisse erhalten.
2. Nachdem Sie nun besser über die angesprochenen Ereignisse des Artikels Bescheid wissen, versuchen Sie, sich eine eigene Meinung zu bilden: Welche Rolle sollte Deutschland übernehmen? Sollte sich Deutschland aufgrund seiner Vergangenheit weiterhin zurückhalten oder sollte es aktiver in das politische Geschehen eingreifen? Begründen Sie Ihre Meinung.

Weiterführende Aktivitäten

Versuchen Sie, Informationen aus Ihrem eigenen Land zu finden, die sich mit der Führungsrolle von Deutschland auseinandersetzen. Sehen Sie in großen Tages- oder Wochenzeitungen nach und berichten Sie, ob es Kritik hinsichtlich des deutschen Führungsstils gibt. Können Sie die Aussagen unseres Textes bestätigen? Wird Deutschland tatsächlich von anderen Ländern kritisiert? Berichten Sie im Unterricht.

Deutschland, Feindstaat der Vereinten Nationen

Einführung

„Deutschland, Feindstaat der Vereinten Nationen" beschäftigt sich mit einer internationalen Organisation, der 193 Staaten angehören und der in der Weltpolitik eine große Wichtigkeit zukommt – den Vereinten Nationen. Diese Organisation, auch UNO genannt, wurde nach dem Zweiten Weltkrieg im Jahre 1945 gegründet, um u. a. den Weltfrieden zu sichern und die internationale Zusammenarbeit der unterschiedlichen Länder miteinander zu fördern. Wie ist jedoch die Position, die Deutschland in der UNO innehat? Der Artikel enthält ein sehr überraschendes Detail, das seit dem Zweiten Weltkrieg in der UN-Charta verankert ist: Deutschland ist offiziell ein Feindstaat der Vereinten Nationen.

Die Bundesregierung strebt einen ständigen Sitz im Weltsicherheitsrat an. Dabei gelten Deutschland und seine ehemaligen Verbündeten des Zweiten Weltkriegs laut UN-Charta immer noch als Feindstaaten.

Wenn am 25. September die 193 Mitgliedsländer der Vereinten Nationen (UN) zu ihrer **turnusmäßigen** Vollversammlung in New York zusammenkommen, werden auch einige darunter sein, deren **Leumund** nicht der beste ist: Nordkorea, Simbabwe, Syrien, Kuba oder Iran. Doch das ist nichts gegen jene Länder, die **als** „Feindstaaten" **firmieren**. Darunter sind nicht wenige europäische Staaten, allen voran Deutschland.

Um zu verstehen, warum der drittgrößte Beitragszahler der UN, der im Auftrag der Weltorganisation Soldaten in diverse **Krisenherde** der Erde versandt hat, zu den **Schurken**staaten des Planeten gehört, muss man in die Gründungsgeschichte der Vereinten Nationen zurückgehen, in den Zweiten Weltkrieg.

Am 30. Oktober 1943 formulierten die USA, England und die Sowjetunion in Moskau ein Papier, das als „Moskauer Erklärung" **in die Annalen eingehen** sollte.

Darin wurden zum einen die Kriegs- und Friedensziele der drei

Partner im Kampf gegen Nazi-Deutschland niedergelegt, zum anderen die Möglichkeiten, nach dem erhofften Sieg ein Modus Vivendi des künftigen Miteinanderauskommens zu finden.

Dazu wurde – **mit Rückgriff auf** den Völkerbund der Zwischenkriegszeit – die Gründung einer Organisation angestrebt, die Frieden und Zusammenarbeit zwischen den Nationen **gewährleisten** sollte. Die Vertreter des „freien Frankreichs" traten dem **Bündnis** kurz danach bei.

Artikel 57, 77 und 107

Die Frontstellungen des Krieges gingen denn auch in die Charta der Vereinten Nationen ein, die am 26. Juni 1945 von 50 Nationen in San Francisco unterzeichnet wurde. In dieser Verfassung der Uno wurden alle „Zwangsmaßnahmen aufgrund regionaler Abmachungen" gegen einen Staat verboten, es sei denn, es handele sich um einen „Feindstaat". Dieser Ausdruck, heißt es in Artikel 57, „bezeichnet jeden Staat, der während des Zweiten Weltkriegs Feind eines Unterzeichners dieser Charta war". Die 77 und 107 Artikel bieten weitere Ausführungsbestimmungen.

In Europa ist diese Liste nicht einmal kurz: Italien, Ungarn, Rumänien, Finnland, Kroatien, die Slowakei und natürlich Deutschland mit Österreich sowie Japan sind in diesem Sinne immer noch „Feindstaaten", die anzugreifen die UN-Charta einen **Freibrief** darstellt. Allerdings wurde er selbst im Kalten Krieg nicht bemüht, um eine Invasion in Deutschland zu legitimieren.

Das liegt zum einen an der Charta selbst, die einen **Angriff** auf einen „Feindstaat" nur unter der Bedingung erlaubt, dass dieser seine „Angriffspolitik" wieder aufnimmt. Auch das allgemeine Gewaltverbot, das die UN-Charta postuliert, würde dem **widersprechen**.

Eine Änderung ist nicht in Sicht

Die USA, England und Frankreich als die ständigen westlichen Mitglieder des Weltsicherheitsrats als des höchsten Exekutiv**gremiums** der UN haben **beizeiten** schon auf ihr Interventionsrecht verzichtet. Die Sowjetunion tat dies **im Rahmen** der Ostverträge.

Mit dem Zwei-plus-Vier-Vertrag 1990 **erloschen** darüber hinaus die Besatzungsrechte der Siegermächte des Zweiten Weltkriegs. Im Übrigen, argumentieren Staatsrechtler, müsste der Weltsicherheitsrat einen Angriff gegen einen „Feindstaat" erst legitimieren, bevor er erfolgen würde. Außerdem wurde in einer UN-Resolution 1995 die „Feindstaaten"-Klausel bereits als obsolet bezeichnet. Und, wie es im Juristendeutsch so schön heißt, haben sich nach dem Verfahren des opinio iuris die Grundzüge der Feindstaaten-Klausel geändert.

Dennoch gibt es die merkwürdige Situation, dass Deutschland einen ständigen Sitz in diesem Gremium anstrebt und zugleich per UN-Grundgesetz als „Feindstaat" deklariert wird. „Eine **Streichung** aus der Charta ist ein gewaltiger **Aufwand** und wird wohl eher im Rahmen einer grundlegenden Reform der UN stattfinden", sagt der Politologe Klaus Dieter Wolf. Die aber ist derzeit nicht in Sicht.

Quelle: http://www.welt.de/kultur/history/article109374718/Deutschland-Feindstaat-der-Vereinten-Nationen.html

Vokabeln

turnusmäßig	at regular intervals
Leumund *(m)*	reputation, standing
firmieren als	to operate under the name of
firmiert, firmierte, hat firmiert	
Krisenherd *(m)*, **-e**	hot spot, trouble spot
Schurke *(m)*, **-n**	rogue, villain
in die Annalen eingehen	to go down in history
geht ein, ging ein, ist eingegangen	
mit Rückgriff auf *(Akk)*	drawing on
etw. gewährleisten	to ensure, to guarantee
gewährleistet, gewährleistete, hat gewährleistet	
Bündnis *(n)*, **-se**	alliance
Freibrief *(m)*, **-e**	carte blanche

Angriff *(m)*, **-e**	attack, assault
widersprechen	to contradict, to disagree
widerspricht, widersprach, hat widersprochen	
Gremium *(n)*, **-ien**	council, committee
beizeiten	in good time
im Rahmen von	in the context of, within the scope of
erlöschen	to expire, to discontinue
erlischt, erlosch, ist erloschen	
Streichung *(f)*, **en**	cancellation, deletion
Aufwand *(m)*, **-wände**	effort, expenditure

Verständnisfragen zum Text

1. Wann und warum wurde die UNO gegründet? Wer waren die ersten Gründungsstaaten laut unseres Artikels?
2. Warum wurde und wird Deutschland als Feindstaat bezeichnet? Welche anderen Feindstaaten gibt es?
3. Was bedeutet es, wenn man ein Feindstaat ist? Droht diesen Ländern Gefahr von der UNO?
4. Wann wird Deutschland seinen Status als Feindstaat verlieren?

Analyse und Diskussion

1. Dieser Text ist schwer zu verstehen, da der Autor Begriffe verwendet, die Ihnen wahrscheinlich nicht bekannt sind. Nehmen Sie zwei Begriffe, über die Sie kein Wissen haben, z. B. Zwei-plus-Vier-Vertrag, Ostverträge, das Verfahren des *opinio iuris*, und recherchieren Sie, was diese Begriff bedeuten. Schreiben Sie zu jedem Punkt einen kurzen Aufsatz.
2. Sammeln Sie weitere Fragen: Welche Punkte sind Ihnen immer noch nicht verständlich? Worüber hätten Sie gerne weitere Informationen? Sind Sie mit der Organisation der Vereinten Nationen vertraut? Schreiben Sie die Fragen gemeinsam im Unterricht auf und benutzen Sie diese, wenn Sie Punkt 2 unter „Weiterführende Aktivitäten" bearbeiten.

Weiterführende Aktivitäten

1. Was wissen Sie über den Völkerbund? Im Artikel wird er nur kurz erwähnt. Sammeln Sie Informationen: Wann wurde der Völkerbund gegründet? Wa-

rum wurde er gegründet? Welche Mitglieder hatte er? Warum existiert der
Völkerbund heute nicht mehr?

2. Was wissen Sie über die UNO? Haben Sie diese schon einmal näher recherchiert? Gehen Sie zu der deutschen Webseite für Westeuropa: http://
www.unric.org/de/, und schreiben Sie einen kurzen Aufsatz. Sie können
sich auf ein Thema konzentrieren, z. B. auf Menschenrechte, Umwelt usw.,
oder einen allgemeinen Überblick über die UNO geben. Was sind wichtige
Details, die jeder über die UNO wissen sollte?

3. Deutschland möchte ein ständiges Mitglied im UN-Sicherheitsrat werden.
Recherchieren Sie im Internet: Ist es wahrscheinlich, dass Deutschland in
absehbarer Zeit ein ständiges Mitglied wird? Gibt es andere Staaten, die
ebenfalls ein ständiges Mitglied werden möchten? Wie viele ständige Mitglieder gibt es momentan? Und was unterscheidet die ständigen Mitglieder
von den zehn nicht-ständigen Mitgliedern? Tragen Sie Ihre Ergebnisse im
Unterricht zusammen.

Die Bedeutung der NATO für Deutschland im 21. Jahrhundert

Einführung

Eine weitere internationale Organisation von großer Bedeutung ist die
NATO, der Deutschland ebenfalls angehört. Die NATO ist ein militärisches
Bündnis, das 28 Staaten umfasst. Diese Staaten entscheiden über militärische
Interventionen weltweit; darüber hinaus liefern sie Hilfsgüter in Krisenregionen und stellen Unterstützung für Menschen nach Naturkatastrophen bereit.
Wie wir bereits erfahren haben, steht Deutschland der aktiven Teilnahme an
Militäreinsätzen eher skeptisch gegenüber; dennoch ist seine Mitgliedschaft
in der NATO äußerst wichtig, wie der Artikel anhand von drei Punkten verdeutlicht. Lesen Sie den Artikel langsam und genau – er ist nicht einfach und
enthält u. U. viele Details, mit denen Sie nicht vertraut sind. Die nachfolgenden Fragen und Aktivitäten sollen Ihnen helfen, sowohl Ihr Wissen über die
NATO zu vergrößern als auch die Rolle der Deutschen in dieser Organisation
besser zu verstehen.

Fast sechzig Jahre nach ihrer Gründung versucht die Atlantische Allianz, sich einem veränderten internationalen Umfeld anzupassen. Die NATO bringt sich weltweit bei Friedensmissionen der Vereinten Nationen und der Organisation für Sicherheit und Zusammenarbeit in Europa (OSZE) ein. Das Bündnis hat sich an der Ausbildung irakischer Sicherheitskräfte beteiligt, stellte logistische Unterstützung für die Afrikanische Union (AU) in Darfur, koordinierte nach dem schweren Tsunami 2004 die Hilfsmaßnahmen in Indonesien und nahm 2005 an den humanitären Hilfsmaßnahmen in den USA nach dem **Wirbelsturm** Katrina sowie in Pakistan während eines schweren **Erdbebens** teil.

Bereits im August 2003 übernahm die NATO das Kommando für die Internationale Sicherheitsunterstützungstruppe (ISAF) in Afghanistan, bei der NATO-Bodentruppen zum ersten Mal in der Geschichte des Bündnisses in schwere Kampfeinsätze verwickelt wurden. Während der 1990er-Jahre setzte sich die Allianz für eine „trennbare, aber nicht getrennte" Europäische Sicherheits- und Verteidigungspolitik (ESVP) ein, **nahm** zahlreiche neue Mitglieder **auf** und entwickelte strategische Partnerschaften mit seinen **ehemaligen** Feinden, allen voran Russland. Während des Kosovokrieges 1999 demonstrierte die NATO darüber hinaus ihre militärische Relevanz, wenn auch ohne ein **ausdrückliches** UN-Mandat. Deutschland hat diesen Prozess nicht nur mitgetragen, sondern sich auch aktiv daran beteiligt. Dabei hat sich die Rolle der Bundesrepublik im Bündnis seit seinem **Beitritt** 1955 erheblich gewandelt. In ihren Gründerjahren war die Hauptfunktion der NATO neben der **Einbindung** der USA vor allem die doppelte **Eindämmung** der expandierenden Sowjetunion sowie Deutschlands. Keiner hat diese Funktion besser **auf den Punkt gebracht** als der erste NATO-Generalsekretär Lord Ismay: „Um Russland draußen, die Deutschen klein und die Amerikaner in Europa zu halten".

Heute ist die Bundesrepublik dagegen nicht nur ein anerkanntes Mitglied, sondern stellt mit über 5.000 Soldaten mit die meisten Truppen für Auslandseinsätze der NATO. Deutschland hat sich damit vom Importeur zum Exporteur von Sicherheit gewandelt. Die NATO ist Teil des sicherheitspolitischen Grundkonsenses der Bundesrepublik Deutschland und auf diese Weise **wesentlicher Bestandteil** ihrer sicherheitspolitischen Identität. Gleichzeitig ist Deutschlands Engagement und seine Verantwortung innerhalb der NATO innenpolitisch umstritten. Die strategische Kultur der Bundesrepublik unterscheidet sich insbesondere bei der Bedrohungswahrnehmung und der **Bereitschaft** zum Einsatz militärischer Gewalt in den internationalen Beziehungen nach wie vor deutlich von anderen Mitgliedstaaten wie den USA, Großbritannien oder Frankreich. Die Debatte über den Afghanistaneinsatz der **Bundeswehr** hat dies in den vergangenen Jahren verdeutlicht und zu heftigen Konflikten mit den Bündnispartnern geführt. Gerade an dieser Stelle setzt jedoch die elementare Bedeutung des Bündnisses für die Bundesrepublik an.

Die transatlantischen Beziehungen sind seit jeher von Konflikten und permanentem Krisenmanagement bestimmt. Die Divergenzen zwischen Deutschland und anderen Bündnispartnern haben sich seit dem Ende des Ost-West-Konflikts angesichts der gestiegenen Anzahl der Auslandseinsätze sogar noch erhöht. Gerade weil Deutschlands strategische Kultur eine andere ist, bleibt die Bundesrepublik **auf** seine Integration in das Bündnis **angewiesen**, um Interessenskonflikte mit seinen Partnern friedlich zu lösen. Die NATO bildet gemeinsam mit der Europäischen Union und der UNO den institutionellen Rahmen für internationalen Dialog und Konsensfindung und garantiert das **Fortbestehen** und die Erweiterung einer demokratischen Zone des Friedens, in der Krieg zwischen den Mitgliedern der transatlantischen Sicherheitsgemeinschaft undenkbar geworden ist.

Ein zweiter wichtiger Aspekt bei der Bedeutung des Bündnisses für Deutschland ist der potentielle und **bisweilen** tatsächliche Einflussgewinn über den nationalen Rahmen hinaus, den die Mitgliedschaft mit sich bringt. Über den institutionellen Rahmen formell **gleichgestellter** Staaten konnte Berlin in der Vergangenheit mitunter Einfluss auf die Sicherheitspolitik des Bündnisses nehmen. So verpflichtete sich die NATO noch während der Kampfhandlungen im Kosovo auf einen zivilen Stabilitätspakt für den Balkan, der maßgeblich im **Auswärtigen Amt** konzipiert worden war. Darüber hinaus spielte der Ansatz der vernetzten Sicherheit, der Vernetzung ziviler und militärischer Kräfte, aus dem **Weißbuch** der Bundesregierung 2006 eine **beträchtliche** Rolle bei der Ausarbeitung des Afghanistankonzepts auf dem NATO-Gipfel in Bukarest 2008.

Neben Friedensdividende und Einflussgewinn trägt das Bündnis drittens zur Sicherheit Deutschlands in der Welt bei. Zu Beginn des 21. Jahrhunderts existiert eine Vielzahl von **grenzüberschreitenden** Herausforderungen, die Deutschland alleine gar nicht bewältigen kann. Dazu zählen der Zerfall von Staaten, Bürgerkriege und ethnische Konflikte, der internationale Terrorismus, Weiterverbreitung von **Massenvernichtungswaffen**, aber auch der Klimawandel und eine gesicherte Energieversorgung. Diesen grenzüberschreitenden Sicherheitsrisiken kann nur mithilfe grenzüberschreitender Lösungen begegnet werden. Neben den Vereinten Nationen und der Europäischen Union ist die NATO dabei aus deutscher Sicht zentraler Akteur bei der Bekämpfung globaler Risiken und Bedrohungen. Allerdings ist in diesem Zusammenhang die Frage **berechtigt**, ob die NATO in ihrer jetzigen Form diesem neuen Bedrohungsumfeld und den damit verbundenen Aufgaben noch gerecht wird.

Quelle: http://www.ims-magazin.de/?id=1255406400,1,gastautor

Vokabeln

Wirbelsturm *(m)*, **-stürme**   hurricane
Erdbeben *(n)*, **-**   earthquake
aufnehmen   to accept, to admit
    nimmt auf, nahm auf, hat aufgenommen
ehemalig   former
ausdrücklich   explicit, specific
Beitritt *(m)*, **-e**   joining, participation
Einbindung *(f)*, **-en**   inclusion, incorporation
Eindämmung *(f)*, **-en**   containment, control

auf den Punkt bringen	to get to the heart of
wesentlich	essential, crucial
Bestandteil *(m)*, **-e**	component, feature
Bereitschaft *(f)*	willingness, readiness
Bundeswehr *(f)*	German armed forces
angewiesen sein auf *(Akk)*	to be dependent on
Fortbestehen *(n)*	continuity
bisweilen	occasionally, sometimes
gleichgestellt	on equal terms
Auswärtige Amt *(n)*	State Department
Weißbuch *(n)*	white paper; *here*: document about safety politics in the German army
beträchtlich	considerable, substantial
grenzüberschreitend	transborder, cross-border
Massenvernichtungswaffen *(pl)*	weapons of mass destruction
berechtigt	eligible, authorized

Verständnisfragen zum Text

1. Nennen Sie einige Aufgaben der NATO. Wo kommt sie zum Einsatz?
2. Was war das Hauptanliegen der NATO in früheren Zeiten – vor allem auf Deutschland bezogen?
3. Wie hat sich die Rolle Deutschlands in der NATO in den letzten Jahren geändert?
4. Warum ist die Teilnahme der Deutschen an militärischen Einsätzen der NATO innenpolitisch umstritten? Ziehen Sie für Ihre Antwort auch Ihr Wissen von früheren Texten dieses Kapitels heran.
5. Im Text werden drei Punkte aufgelistet, die der Frage nachgehen, warum die Mitgliedschaft in der NATO für Deutschland äußerst wichtig ist. Nennen Sie zwei dieser Punkte.

Analyse und Diskussion

1. Auch dieser Text ist wiederum nicht leicht zu verstehen, da er viel Wissen voraussetzt. Machen Sie eine Liste mit Fragen im Unterricht. Was sind Begriffe, die Ihnen nicht klar sind? Welche historischen oder politischen Ereignisse, die im Artikel genannt werden, sind Ihnen nicht bekannt? Welches Wissen über die NATO fehlt Ihnen?

2. Teilen Sie die Fragen auf und recherchieren Sie in Gruppen. Benutzen Sie
   vor allem die Webseite der NATO: http://www.nato.int/cps/en/natolive/
   index.htm, und dort die Rubrik „NATO A–Z", um Ihre Fragen zu klären.
   Schreiben Sie zu jeder Frage einen kurzen Essay und stellen Sie Ihre Ergebnisse im Unterricht vor.

3. Wenn Sie viele Ihrer Fragen geklärt haben, überlegen Sie, wie wichtig Sie
   persönlich die NATO als internationale Organisation finden. Was unterscheidet die NATO von der UNO? Ist es notwendig für Deutschland, beiden Organisationen anzugehören? Was sind Vor- bzw. Nachteile? Diskutieren Sie im Unterricht.

Weiterführende Aktivitäten

1. Welche Bedeutung hat die NATO für Ihr Land? Ist Ihr Land ein Mitglied?
   Wie steht die Bevölkerung Ihres Landes der NATO-Mitgliedschaft gegen-
   über? Gibt es Parallelen zu Deutschland? Wenn Sie über dieses Thema we-
   nig wissen, so recherchieren Sie mit Hilfe von großen Tageszeitungen Ihres
   Landes. Gibt es Artikel, in denen über die NATO berichtet wird? Stellen
   Sie Ihre Ergebnisse im Unterricht vor.

2. Recherchieren Sie noch einmal – dieses Mal jedoch über Deutschland.
   Nehmen Sie eine NATO-Intervention, an der Deutschland beteiligt war
   oder noch beteiligt ist, und finden Sie anhand von Zeitungsartikeln heraus, was die deutsche Presse über die deutschen Einsätze schreibt. Gute
   Recherchequellen sind *Der Spiegel*, die *Frankfurter Allgemeine Zeitung*, die
   Süddeutsche Zeitung oder die *tageszeitung*. Recherchieren Sie in Gruppen
   und halten Sie dann ein kurzes Referat im Unterricht. Bestätigen die von
   Ihnen gefundenen Artikel die Informationen, die Sie in „Die Bedeutung
   der NATO für Deutschland im 21. Jahrhundert" gelesen haben?

Die Geschichte der Bundeswehr – Teil 3: 1990–2010

Einführung

Von internationalen Organisationen geht es nach Deutschland selbst und zu
Deutschlands eigener Truppe, der Bundeswehr. Nach dem Zweiten Weltkrieg
zunächst als reine Verteidigungsarmee gegründet, wird die Bundeswehr in den
letzten Jahren immer häufiger aktiv eingesetzt, um an militärischen Interven-

tionen in anderen Ländern teilzunehmen. Diese Militäreinsätze sind allerdings unter Bevölkerung und Politikern umstritten. Der folgende Artikel gibt einen Überblick über die Veränderungen der Bundeswehr nach der deutschen Wiedervereinigung und erklärt, wie sich die Bedeutung der Bundeswehr in den letzten Jahrzehnten gewandelt hat.

*In den Jahren 1990 bis 2010 wandelt sich die als Verteidigungsarmee gegründete Bundeswehr zu einer Armee, die immer stärker international eingesetzt wird. Ist die Beteiligung 1991 am Zweiten Golfkrieg noch finanzieller Natur, so greift die Bundeswehr acht Jahre später im Kosovo-Krieg auch aktiv ins Kampfgeschehen ein. Eine Entwicklung, die zu **heftigen** innenpolitischen Diskussionen führt.*

1990: Wiedervereinigung

Die deutsche Wiedervereinigung bedeutete das Ende der Nationalen Volksarmee (NVA), der DDR-Streitkräfte. Sie wurde aufgelöst, die Unterschiede zwischen der ideologisch **geprägten** Truppe im Osten Deutschlands sowie der westlichen „Parlamentsarmee" schienen **unüberwindbar**. Das stellte die Bundeswehr vor die Aufgabe, 90.000 uniformierte und 47.000 zivile NVA-Angehörige zu integrieren. Dazu kamen Waffen, **Ausrüstung** und **Kasernen** der NVA-Bestände.

Viele Einrichtungen wurden aufgelöst oder verkleinert. Soldaten, die bleiben wollten, galten als „Weiterverwender" und mussten sich zwei Jahre lang als Zeitsoldaten bewähren. Bei **Eignung** und Bedarf winkte ihnen die Weiterbeschäftigung. Etwa 20.000 nutzten das Angebot. In den allermeisten Fällen hatten nun in den ostdeutschen Verbänden Offiziere aus dem Westen das Sagen, was mitunter zu Spannungen und Akzeptanzproblemen unter den früheren Gegnern führte. Dazu kam, dass die NVA-Soldaten mit den Bundeswehr-Leitbildern von „Innerer Führung" und „Staatsbürger in Uniform" nicht vertraut waren. Sie mussten neue Vorschriften und Dienstwege sowie den Umgang mit unbekannten Waffen und Geräten lernen.

Doch die Integration gelang, die Bundeswehr wurde auch in den neuen Ländern schnell akzeptiert. Überdurchschnittlich viele junge Männer und Frauen aus dem Osten kamen und kommen zur Bundeswehr. Mitte der 2000er-Jahre stammten 30 Prozent der Zeit- und Berufssoldaten aus dem Osten, bei den **Wehrpflichtigen** lag der Anteil sogar bei 40 Prozent.

1991: Indirekte Beteiligung am Golfkrieg

Mit der Wiedervereinigung und der Auflösung der alten Machtblöcke kam der Bundeswehr eine neue Rolle zu. Deutschland, so der Tenor in UNO, EU und NATO, sollte mehr Verantwortung in den Krisenherden der Welt übernehmen. Die Zeiten der Bundeswehr als reine Verteidigungsarmee waren **nach Ansicht von** Wehrexperten vorbei, stattdessen, so die Forderung, sollte sich die Armee zur Eingreiftruppe wandeln, die vielfältiges militärisches Handeln **beherrscht**. In der deutschen Politik entbrannte eine heftige Diskussion um Einsätze der Bundeswehr außerhalb der NATO-Grenzen.

Im Zweiten Golfkrieg 1991, der die Befreiung Kuwaits von irakischen Truppen zum Ziel hatte, beteiligte sich Deutschland zunächst nur an den Kosten. Ein Kampfeinsatz des eben erst wiedervereinigten Landes wäre innen- wie außenpolitisch schwer zu vermitteln gewesen. Dennoch war der deutschen Regierung sowie der Bundeswehr sehr daran gelegen, ihren Beitrag im Rahmen des NATO-Bündnisses zu leisten. Also wurden Bundeswehr-Kontingente zur indirekten Unterstützung abgestellt. Deutsche Marineschiffe wurden ins Mittelmeer beordert, um als Teil der NATO-Flotte durch Abschreckung eine Ausweitung des Konfliktes zu verhindern, die Luftwaffe half mit Flugabwehrraketen, einen wichtigen Flughafen in der Türkei zu sichern. Nach Kriegsende räumten deutsche Spezialschiffe Minen im Persischen Golf. Der Einsatz wurde vom Verteidigungsministerium zwar als humanitäre Hilfe deklariert, dennoch markiert er aufgrund der Bedrohungslage einen **Einschnitt**: Deutsche Truppen hatten sich erstmals seit dem Zweiten Weltkrieg wieder an einem Krieg beteiligt.

1999: Krieg im Kosovo

Schrittweise steigerte die Bundeswehr ihr Engagement im Ausland. Ob das rechtmäßig sei, wurde jedoch immer wieder diskutiert. 1994 erklärte das **Bundesverfassungsgericht** Auslandseinsätze deutscher Truppen im Rahmen eines Militärbündnisses für zulässig, wenn diese das Ziel hätten, Frieden zu sichern und herbeizuführen. Allerdings sei vor der Entsendung von Truppen grundsätzlich der Bundestag zu befragen.

1999 entschloss sich die rot-grüne Regierung unter Gerhard Schröder, die Luftwaffe der Bundeswehr im Rahmen der NATO-Operation gegen die Bundesrepublik Jugoslawien einzusetzen. Die militärische Aktion war nach NATO-Ansicht nötig geworden, um die im Kosovo lebende albanische Minderheit vor **Übergriffen** durch serbische Sicherheitskräfte zu schützen. **Allerdings** gab es für diesen Einsatz kein UN-Mandat. Dennoch waren deutsche Flugzeuge Teil der NATO-Verbände, die Luftangriffe auf serbische Truppen, Militäreinrichtungen, Fabriken, Kraftwerke und Rundfunksender flogen und dabei auch Zivilisten töteten.

Der Einsatz löste in Deutschland heftige Diskussionen aus. Außenminister Joschka Fischer verwies auf die deutsche Geschichte und zog Parallelen zwischen dem Schicksal der Kosovo-Albaner und dem der Juden in der NS-Zeit. Eine „humanitäre Intervention" sei nötig, da man die Zivilbevölkerung mit allen Mitteln schützen müsse. Kritiker hingegen sahen die deutschen Bombardements ohne UN-Mandat als „Angriffskrieg", der durch das Grundgesetz verboten war. Fischer selbst wurde deshalb beim Grünen-Parteitag als „Kriegstreiber" beschimpft und mit einem Farb**beutel beworfen**.

2001: Terrorbekämpfung in Afghanistan

Nach den Terroranschlägen am 11. September 2001 rief die NATO erstmalig den Bündnisfall aus, der die Mitglieder zu einem gemeinsamen Einsatz verpflichtete. Bundeskanzler Schröder sicherte den USA die **„uneingeschränkte** Solidarität" der Deutschen zu. Der Bundestag beschloss im Dezember den Afghanistan-Einsatz der Bundeswehr. Ziel war es einerseits zu verhindern, dass das Land Terroristen als Rückzugsort und Ausbildungsstätte diente. Andererseits sollten die deutschen Soldaten die Afghanen nach dem Ende der Taliban-Herrschaft beim Aufbau von Polizei und Militär unterstützen sowie eine zivile Infrastruktur mit Schulen, Krankenhäusern und Straßen aufbauen. Als Begründung für den Einsatz **verwies** die Bundesregierung **auf** mögliche Terroranschläge in Deutschland. Deutschlands Sicherheit, so der damalige Verteidigungsminister Peter Struck, werde auch am Hindukusch (einem **Gebirge** in Afghanistan) verteidigt.

Ab 2007 kam es im Norden des Landes, wo die deutschen Truppen stationiert waren, vermehrt zu Kämpfen. Bis September 2011 starben dort 34 deutsche Soldaten durch feindliche Angriffe. Dennoch bezeichnete erst im März 2010 mit Karl-Theodor zu Guttenberg ein Verteidigungsminister die Situation dort als „Krieg". In der deutschen Öffentlichkeit **mehrte sich** die Kritik an dem Einsatz, der sich als länger und komplizierter herausstellte als ursprünglich angenommen. Im Sommer 2011 war die Mehrheit der Deutschen für einen möglichst schnellen **Abzug** der 5350 deutschen Soldaten aus der Region, und auch die Bundesregierung stellte ein baldiges Ende des Einsatzes in Aussicht.

2010: Bundeswehr wird reformiert

2010 setzte das Verteidigungsministerium eine großangelegte Reform der Bundeswehr in Gang. So wurde die **Aussetzung** der Wehrpflicht ab Juli 2011 beschlossen und die Bundeswehr zur Freiwilligenarmee umgewandelt. Kritiker sahen dadurch das Gründungsprinzip verletzt, dass sich in der Bundeswehr die (männliche) Gesellschaft spiegeln sollte. Allerdings zeigte die Bundeswehr auch zu Zeiten der Wehrpflicht nur ein **verzerrtes** Bild der Gesellschaft. Höher gebildete Männer gingen oftmals nicht zur Bundeswehr, sondern **verweigerten** den Dienst. Gleichzeitig verpflichteten sich überdurchschnittlich viele sozial Schwächere aus Gegenden mit hoher Arbeitslosigkeit und geringer Zukunftsperspektive. Das führte dazu, dass die Bundeswehr ihre Anforderungen an die Soldaten senken musste. Bei einer reinen Freiwilligenarmee träten diese Probleme noch stärker auf, befürchten Kritiker. Zudem müsse die Bundeswehr viel mehr Geld und Anstrengungen in die Werbung neuer Rekruten stecken.

Die Truppenstärke wurde von 220.000 auf 185.000 Soldaten reduziert. Einerseits aus Spar**zwängen**, andererseits, weil ein konventioneller Angriff auf deutsches Staatsgebiet für unwahrscheinlich gehalten wurde. Gleichzeitig wurde der Auftrag der Bundeswehr neu definiert. Neben der Landesverteidigung soll sie internationaler ausgerichtet sein und in Krisenregionen Konflikte **verhüten** und lösen. Für Auslandseinsätze sollen jederzeit 10.000 speziell ausgebildete Soldaten bereitstehen, die im Ernstfall schnell mobilisiert werden können. Die Welt hat sich verändert im 21. Jahrhundert – und mit ihr die Bundeswehr.

Quelle: http://www.planet-wissen.de/politik_geschichte/militaer/geschichte_der
_bundeswehr/bundeswehr_teil3.jsp

Vokabeln

heftig	vivid, intense, fierce
geprägt sein von	characterized by
unüberwindbar	insurmountable
Ausrüstung *(f)*, **-en**	equipment, gear
Kaserne *(f)*, **-n**	barracks
Eignung *(f)*, **-en**	skill, suitability
Wehrpflichtige *(m)*, **-n**	draftee, conscript
nach Ansicht von	from the point of view of
beherrschen	to control; *here:* to possess
beherrscht, beherrschte, hat beherrscht	
Einschnitt *(m)*, **-e**	watershed
Bundesverfassungsgericht *(n)*	Federal Constitutional Court
Übergriff *(m)*, **-e**	encroachment, invasion
allerdings	however

Beutel *(m)*, -	bag
bewerfen	to pelt s.o. with sth.
bewirft, bewarf, hat beworfen	
uneingeschränkt	unrestrained, unconditional
verweisen auf *(Akk)*	to refer to, to point to
verweist, verwies, hat verwiesen	
Gebirge *(n)*, -	mountain range
sich mehren	to increase
mehrt sich, mehrte sich, hat sich gemehrt	
Abzug *(m)*, **-züge**	withdrawal, pullout
Aussetzung *(f)*, **-en**	suspension, abandonment
verzerrt	distorted
verweigern	to refuse
verweigert, verweigerte, hat verweigert	
Zwang *(m)*, **Zwänge**	constraint, force
verhüten	to prevent
verhütet, verhütete, hat verhütet	

Verständnisfragen zum Text

1. Was war die NVA? Welche Informationen erhalten wir in unserem Artikel über diese „Organisation"?

2. Wie funktionierte die Integration der NVA in die Bundeswehr? Gab es Probleme?

3. Welche neue Rolle sollte Deutschland nach dem Ende des Kalten Krieges übernehmen?

4. Wie beteiligte sich Deutschland am Golfkrieg in den 1990er-Jahren?

5. Wie unterschied sich die Beteiligung Deutschlands im Kosovo militärisch von der deutschen Beteiligung am Golfkrieg? Warum löste der Kosovo-Einsatz heftige Diskussionen in Deutschland aus? Erklären Sie.

6. Wie war Deutschlands Reaktion auf den 11. September?

7. Wie war die Reaktion der Deutschen auf den Afghanistan-Einsatz?

8. Auf welche Weise wurde die Bundeswehr reformiert? Beschreiben Sie die Neuerungen und die Gründe für die Reform in einem kurzen Essay.

Analyse und Diskussion

1. Deutschlands Bundeswehr ist nun eine reine Berufsarmee. Das bedeutet, dass die deutschen 18-jährigen Männer nicht mehr zum Militärdienst eingezogen werden können, sondern dass sich die Bevölkerung freiwillig für eine Karriere bei der Bundeswehr entscheiden kann. Diskutieren Sie die Vor- und Nachteile der Bundeswehr vor und nach ihrer Reform. Ist es besser, wenn alle Männer Wehrdienst (oder als Alternative Zivildienst) leisten müssen (ein ähnliches System existiert z. B. in der Schweiz) oder sollte eine Armee ausschließlich aus professionellen Soldaten bestehen, die sich bewusst für das Militär entschieden haben?

2. Die Bundeswehr möchte ihr Image ändern und attraktiver als Arbeitgeber für junge Leute werden. Überfliegen Sie diesen kurzen Artikel von dem Wochenmagazin der *Zeit*: http://www.zeit.de/studium/2013-05/bundes wehr-karrierecenter. Schon die ersten Sätze fassen den Artikel sehr gut zusammen. Sehen Sie sich vor allem auch den kurzen Videoclip auf der zweiten Seite an. Wie präsentiert sich die Bundeswehr? Welche Elemente benutzt der Clip? Wie wirkt die Bundeswehr auf Sie? Diskutieren Sie.

3. Vergleichen Sie in einem nächsten Schritt den Bundeswehr-Clip mit der Werbung für die amerikanische Armee: http://www.youtube.com/ watch?v=zRsxBVMwFoU. Wie unterscheiden sich beide? Welche Elemente werden hier benutzt? Diskutieren Sie dann, wie beide Armeen ihre Arbeit darstellen. Stimmen Sie mit der Botschaft, die hier vermittelt wird, überein? Ist ein Militäreinsatz wirklich ein spannendes Abenteuer? Wie sehen Sie persönlich Soldaten? Sind sie moderne Helden? Sammeln Sie Argumente, die beide Seiten illustrieren.

4. Der letzte Abschnitt unseres Artikels „2010: Bundeswehr wird reformiert" wurde im Jahre 2014 aktualisiert und stellt die Geschichte der Bundeswehr nun bis zum Jahr 2013 dar. Lesen Sie den aktualisierten Text unter folgender URL: https://www.planet-wissen.de/politik_geschichte/militaer/ geschichte_der_bundeswehr/bundeswehr_teil3.jsp, und versuchen Sie zu verstehen, um welche Details der Abschnitt ergänzt wurde. Können Sie diese Details in einem kurzen Aufsatz zusammenfassen?

Weiterführende Aktivitäten

1. Wie Sie durch die Lektüre des aktualisierten Absatzes „2010: Bundeswehr wird reformiert" erfahren haben, ist die Reform der Bundeswehr unter vie-

len Soldaten nicht positiv aufgenommen worden. Welche Gründe gibt es dafür, die über den Abschnitt hinausgehen? Lesen Sie zum Beispiel folgenden Artikel: http://www.spiegel.de/politik/deutschland/wehrbeauftragter -massenhaft-beschwerden-von-soldaten-a-929184.html, oder suchen Sie im Internet nach weiteren Kritiken an der Reform. Sprechen Sie über die genannten Punkte im Unterricht und diskutieren Sie auch, ob es ähnliche Kritiken an der Armee Ihres Landes gibt.

2. Nach der Wende wurde eine Reihe von Filmen gedreht, die ein ironisches Licht auf die ehemalige DDR und ihre Institutionen warfen. Auch über die Nationale Volksarmee machte der Regisseur Leander Haußmann einen Film mit Namen *NVA*. Sehen Sie sich diesen Film an und diskutieren Sie im Unterricht, wie die Nationale Volksarmee dort dargestellt wird. Sehen Sie sich zum Vergleich die zwei kurzen Filmclips *Damals bei der NVA* an:
   • http://www.youtube.com/watch?v=vEnAxC1_44g
   • http://www.youtube.com/watch?v=XTD5hyQQf0o
   Was sind die Unterschiede zwischen dem 2005 gedrehten Film und den in den 1970er- und 1980er-Jahren produzierten Filmclips?

3. Sie haben sich entschieden, bei der Bundeswehr zu arbeiten. Gehen Sie zu der Webseite: http://www.bundeswehr-karriere.de/portal/a/bwkarriere, und finden Sie heraus, was die Voraussetzungen für eine Karriere bei der deutschen Bundeswehr sind. Welche Karriere möchten Sie anstreben: eine militärische oder eine zivile? Wie können Sie sich dort bewerben? Und wie sind Ihre Aufstiegschancen? Was wären die Vorteile, bei der Bundeswehr zu arbeiten?

NGOs – Nichtregierungsorganisationen

Einführung

Internationale Organisationen, auch Intergovernmental Organizations (IGOs) genannt, wie UNO oder NATO spielen eine unerlässliche Rolle, wenn es um wichtige Entscheidungen in der Weltpolitik geht. Ein weiterer Verbund von Organisationen recht ähnlicher Ausrichtung sind die Nichtregierungsorganisationen – kurz NGOs oder NROs –, welche unabhängig von den Regierungen eines Landes gemeinnützige Ziele verfolgen. Obwohl ihr politischer Einfluss eher gering ist, können Organisationen wie Greenpeace oder Amnesty International die Bevölkerung auf Probleme aufmerksam machen und mit ihren Protestaktionen Wirtschaft und Politik unter Druck setzen. Der nun folgende Artikel gibt uns einen kurzen Überblick darüber, was unter diesen Organisationen zu verstehen ist und welche wir beispielsweise in Deutschland vorfinden können.

Nichtregierungsorganisationen sind sehr heterogene Gruppierungen – eine einheitliche Definition des Begriffs ist damit schwierig. Es handelt sich nach **gängigem** Verständnis um freiwillige Zusammenschlüsse einzelner Bürger mit gleichen oder ähnlichen Interessen auf lokaler, regionaler, nationaler oder internationaler Ebene. NGOs im engeren Sinne sind in ihrer Zielsetzung in aller Regel philanthropisch und nicht gewinnorientiert. In Deutschland zählen Greenpeace und Amnesty International zu den bekanntesten NGOs. Die drei größten NGOs in der Entwicklungshilfe sind Misereor, die Friedrich-Ebert-Stiftung und der Hermann-Gmeiner-Fonds.

Angesichts der **Unschärfe** der Definition verwundert es nicht, dass die **Angaben** über die weltweite Anzahl der NGOs auseinander gehen. Die bei den Vereinten Nationen **angebundene** Internet-Präsentation „idealist.org" der Organisation „Action Without Borders" wies Mitte April 2006 knapp 53.000 internationale NGOs aus weit über 150 Ländern auf, die sich dort registriert hatten. Die Vereinten Nationen (ECOSOC) hingegen gingen bereits 1996 von über 29.000 internationalen NGOs aus. Die Tätigkeitsfelder der NGOs sind sehr weit gefasst.

Eine wichtige Unterscheidung lässt sich zwischen vorwiegend **dienstleistung**sorientierten und politischen NGOs treffen – wenngleich diese Grenzen fließend sind. Dienstleistungsorientierte NGOs sind beispielsweise in der Entwicklungshilfe, im Umweltschutz oder in der Bildungsarbeit aktiv. Politische NGOs versuchen, die **Anliegen** ihrer Mitglieder und Förderer im politischen Prozess **zur Geltung** zu **bringen**. Unter den politischen NGOs reicht das **Spektrum** von moderaten, konstruktiven und diskussionsbereiten bis hin zu linksradikalen und militanten Organisationen.

Die Bedeutung der NGOs hat in den neunziger Jahren stark zugenommen. Dazu hat nicht zuletzt das Internet beigetragen, das die Aktivitäten der NGOs weltweit erheblich erleichtert hat und zudem als Werbemedium genutzt wird. In jüngster Zeit haben manche NGOs zudem starken Zulauf im Zuge der umfangreichen Medien-**berichterstattung** über die häufigen Proteste auf internationalen Tagungen bekommen.

Die politischen NGOs stehen in ihrer **Mehrheit** der Globalisierung, den multinationalen Unternehmen und letztlich zuweilen auch der Marktwirtschaft im Allgemeinen kritisch gegenüber und fordern auf nationaler und internationaler Ebene mehr Einflussmöglichkeiten. Hier stellt sich jedoch die Frage nach der demokratischen Legitimierung der NGOs selbst. Zudem **mangelt** es auch bei den NGOs nicht selten **an** Transparenz der Finanzierungsquellen und Ausgaben, was zu der Forderung nach einem **Verhaltenskodex** für NGOs geführt hat.

Eine Nichtregierungsorganisation macht in den vergangenen Jahren besonders von sich reden: ATTAC. Die französische Abkürzung steht für „Vereinigung zur **Besteuerung** von Finanztransaktionen im Interesse der BürgerInnen" und wurde 1998 in Frankreich gegründet. ATTAC versteht sich als **Sammelbecken** für andere NGOs, für **Gewerkschaften** bis hin zu kapitalismuskritischen Gruppen und ist inzwischen in über 50 Ländern vertreten. Nach eigenen Angaben agiert man gegen eine „neoliberale" Globalisierung und tritt für eine demokratische Kontrolle und Regulierung der internationalen Märkte ein. In Deutschland ergreift ATTAC jedoch auch immer mehr bei **binnenwirtschaftlichen** Themen in die Debatte ein – etwa in der Sozial- und Arbeitsmarktpolitik.

Quelle: http://www.wirtschaftundschule.de/lehrerservice/wirtschaftslexikon/n/ngos-nichtregierungsorganisationen/

Vokabeln

gängig	usual, common
angesichts *(Gen)*	in light of
Unschärfe *(f)*, **-n**	blurring, fuzziness
Angabe *(f)*, **-n**	declaration, statement
angebunden	connected
Dienstleistung *(f)*, **-en**	service
Anliegen *(n)*, **-en**	concern, matter
zur Geltung bringen	to bring to bear
Spektrum *(n)*, **-tren**	array, panoply
Berichterstattung *(f)*, **-en**	coverage, reporting
Mehrheit *(f)*, **-en**	majority
mangeln an *(Dat)*	to be deficient, to be lacking in
mangelt, mangelte, hat gemangelt	
Verhaltenskodex *(m)*, **-e**	code of conduct
Besteuerung *(f)*, **-en**	taxation
Sammelbecken *(n)*, **-**	melting pot, repository
Gewerkschaft *(f)*, **-en**	union
Binnenwirtschaft *(f)*	domestic economy

Verständnisfragen zum Text

1. Was sind Nichtregierungsorganisationen? Welche Definition findet sich im Text?
2. Wie viele NROs gibt es?
3. Welche verschiedenen Kategorien von NROs existieren, und was sind ihre jeweiligen Ziele?
4. Beschreiben Sie die NRO Attac? Was wird im Artikel über diese Organisation ausgesagt?

Analyse und Diskussion

1. Welche NROs kennen Sie persönlich? Haben Sie in den Nachrichten, in Zeitungen oder im Internet von bestimmten NROs gehört? Sind Sie vielleicht selber Mitglied in einer NRO? Sammeln Sie im Unterricht Informationen und tauschen Sie Ihr Wissen aus.

2. Ist es wichtig, NROs zu unterstützen? Wie stehen Sie NROs gegenüber? Denken Sie, dass NROs wichtig für uns als Bürger sind? Listen Sie im Unterricht positive und negative Eigenschaften auf.

Weiterführende Aktivitäten

1. Welche weiteren NROs gibt es in Deutschland? Recherchieren Sie im Internet und machen Sie eine Liste, die mindestens fünf NROs enthält. Wählen Sie dann eine NRO aus, die Sie besonders interessiert, und sammeln Sie über diese Informationen. Was ist ihre Mission? In welchen Ländern ist sie vertreten? Welchen Leuten hilft sie? Schreiben Sie einen Aufsatz.
2. Sie möchten einer NRO beitreten. Wie können Sie selber als Bürger aktiv werden? Was sind Ihre Möglichkeiten? Nehmen Sie sich eine neue NRO vor und recherchieren Sie, wie Sie diese Organisation unterstützen können. Können Sie Geld spenden, eine Patenschaft für ein Kind übernehmen, Briefe an einen Politiker schreiben oder sich für eine Freiwilligentätigkeit melden?

Misereor: Mut zu Taten

Einführung

Misereor ist eine der größten deutschen NROs, die weltweit operiert. Obwohl Misereor eine christliche Organisation ist, die der römisch-katholischen Kirche angehört, hat sie sich nicht die Missionierung anderer Länder zur Aufgabe gemacht, sondern hilft Menschen in Armut ungeachtet ihrer Hautfarbe oder Konfession. Das erklärte Motto Misereors ist die Hilfe zur Selbsthilfe – die NRO möchte Menschen die nötigen Mittel anhand geben, um auf Dauer ein Leben jenseits von Hunger und Nöten führen zu können.

„Was ihr für einen meiner geringsten Brüder getan habt, das habt ihr mir getan." (Mt 25,40)
Getreu diesem Wort Jesu setzt sich MISEREOR mit den Partnerinnen und Partnern weltweit aktiv für die Armen und **Benachteiligten** ein. Das Motiv ist **Nächstenliebe**, aber auch ein politischer Ansatz,

der sagt: Es darf nicht so bleiben, wie es ist, sondern es müssen sich grundsätzliche Dinge ändern. Ungerechtigkeit ist das Problem, das Armut schafft.

Daher setzt sich MISEREOR gegen unfaire Handelsbedingungen auf dem Weltmarkt ein, **hinterfragt** die Wirtschaftspolitik westlicher Staaten auf ihre Folgen für die Armen und prangert ungerechte Gesellschaftsstrukturen in Entwicklungsländern an. Dies gehört zum Gründungs**auftrag**, den Kardinal Frings MISEREOR mit auf den Weg gab: „Den Mächtigen **ins Gewissen reden**."

Engagement braucht Mut

MISEREOR ist „eine große Sparaktion, die das ganze Jahr begleitet ... Bei jedem sich bietenden Anlass einer vernünftig **zu-Mut-baren** Einschränkung: die Spende misereor! ... Das Sparen der Barmherzigkeit soll die stete Gegenwärtigkeit des **Evangeliums** bei allem Tun bedeuten." (Kardinal Frings)

Seit mehr als 50 Jahren steht MISEREOR für die gelebte Solidarität mit den Armen in Form eines tatkräftigen Engagements vieler Einzelpersonen, **Pfarrgemeinden** und Institutionen. Jedes Jahr finden in ganz Deutschland zahlreiche Aktionen im Geiste und zugunsten von MISEREOR statt, darunter viele Solidaritätsläufe, **Fasten**essen und Gemeindefeste. Tausende Menschen unterstützen die Entwicklungsarbeit von MISEREOR mit ihrem ganz persönlichen Beitrag. Eine besondere Bedeutung kommt dabei der jährlichen Fastenaktion zu: Mit ihr macht MISEREOR deutlich, dass Fasten kein **Selbstzweck** ist. Es ist eine Zeit des **Innehaltens** und des Nachdenkens und der praktizierten Nächstenliebe: Menschen im Norden entdecken ihre Verantwortung für die Armen in Afrika, Asien, Ozeanien und Lateinamerika.

Gerechtigkeit braucht Mut

*„Denkt an den, der von den Sündern solchen Widerstand gegen sich **erduldet** hat; dann werdet ihr nicht **ermatten** und den Mut nicht verlieren." (Hebr 12,3)*

Jeder Mensch hat das Recht auf ein Leben in **Würde**, in Freiheit, mit **ausreichender** Nahrung und medizinischer Versorgung. Daher hilft MISEREOR unabhängig von Hautfarbe, Herkunft, Geschlecht und Religion und verzichtet auf missionarische Tätigkeit.

Seit 1958 wurden 100.000 Entwicklungsprojekte mit über 5,7 Milliarden Euro gefördert. So **vielfältig** die **Ursachen** von Armut und Ungerechtigkeit sind, so vielfältig sind auch die Konzepte: Sie reichen von der Gesundheitsförderung bis zur Ernährungssicherung, vom Einsatz für den Frieden bis zum Kampf für Menschenrechte, von der Stärkung der Zivilgesellschaft bis zur Katastrophenprävention.

Die Bewahrung der Schöpfung braucht Mut

*„Habt also Mut, Männer! Denn ich **vertraue auf** Gott, dass es so kommen wird, wie mir gesagt worden ist." (Apg 27,25)*

Gott hat den Menschen seine **Schöpfung** anvertraut. Daraus ergibt sich die Verantwortung, die Güter dieser Erde so zu **bewahren**, dass sie auch den nachfolgenden Generationen zur Verfügung stehen. Daher verpflichtet sich MISEREOR bei seinen Projekten ganz besonders dem Prinzip der Nachhaltigkeit.

In der ländlichen Entwicklung setzt MISEREOR auf standortgerechten Landbau, fördert erneuerbare Energien und engagiert sich für den Schutz von Artenvielfalt und wichtigen natürlichen Ressourcen wie Wasser. Für die Menschen in den Industrieländern bedeutet Bewahrung der Schöpfung, ihr Konsumverhalten zu hinterfragen und zu verändern. So können sie ihren Beitrag zur Lösung globaler Probleme wie dem Klimawandel leisten.

Selbsthilfe braucht Mut

„Jesus blieb stehen und sagte: Ruft ihn her! Sie riefen den Blinden und sagten zu ihm: Hab nur Mut, steh auf, er ruft dich." (Mk 10,49)

MISEREOR setzt auf die Kraft, die Fähigkeiten und den Mut der Armen: Den Menschen die Möglichkeit geben, sich selbst zu helfen, aufzustehen, den ersten Schritt zu tun. Das ist das wirksamste Mittel gegen Armut. MISEREORS langjährige Erfahrung beweist das. Sie zeigt, dass Entwicklung und Befreiung aus eigener Kraft tatsächlich **gelingen** kann, auch nach Katastrophen und Kriegen. Dies setzt allerdings Liebe, Mut, **Ausdauer** und Selbstvertrauen voraus. Daher zielen alle MISEREOR-Projekte immer darauf, die Eigeninitiative und Selbsthilfekräfte der Menschen zu stärken. So unterstützt MISEREOR beispielsweise Kleinbauern beim Aufbau von **einträglichen** Vermarktungsstrukturen, bildet Jugendliche in zukunftsfähigen Berufen aus und fördert **Kleingewerbe**.

Partnerschaft braucht Mut

„Von dort waren uns die Brüder und Schwestern ... entgegen gereist. Als Paulus sie sah, dankte er Gott und fasste Mut." (Apg 28,15)

Nähe zu den Menschen in Not und Mut zusprechen – MISEREOR garantiert dies durch seine mehr als 2.700 Partner in rund 100 Ländern: Menschen, die Tür an Tür mit den Armen in **Elend**svierteln, in **entlegenen** Regionen oder Flüchtlingslagern leben.

MISEREOR-Projekte sind Partnerprojekte. Denn nachhaltige Entwicklung gelingt nicht **am grünen Tisch**, sondern ist das Ergebnis gemeinsamer Planung, gemeinsamer Mühen, gemeinsamen Handelns. Alle von MISEREOR geförderten Projekte werden eigenverantwortlich von den örtlichen Projektpartnern geplant und durchgeführt. So ist sichergestellt, dass die kulturellen, politischen und strukturellen Verhältnisse vor Ort bei der Projektarbeit **berücksichtigt** werden. Denn MISEREOR ist Partnerschaft.

Quelle: http://www.misereor.de/fileadmin/redaktion/Mut_zu_Taten.pdf

Vokabeln

Benachteiligte *(m/f)*, **-n**   underdog, disadvantaged person
Nächstenliebe *(f)*   altruism, love of one's neighbor
hinterfragen   to question
    hinterfragt, hinterfragte, hat hinterfragt
Auftrag *(m)*, **-träge**   assignment, mission

jdm. ins Gewissen reden	to appeal to s.o.'s conscience
redet, redete, hat geredet	
zumutbar	appropriate, resaonable
Mut *(m)*	courage
Evangelium *(n)*, **-ien**	Gospel
Pfarrgemeinde *(f)*, **-n**	parish
fasten	to fast
fastet, fastete, hat gefastet	
Selbstzweck *(m)*, **-e**	self-purpose, end in itself
innehalten	to pause, to stop
hält inne, hielt inne, hat innegehalten	
erdulden	to tolerate, to endure
erduldet, erduldete, hat erduldet	
ermatten	to languish, to become fatigued
ermattet, ermattete, ist ermattet	
Würde *(f)*	dignity
ausreichen	to be enough, to be sufficient
reicht aus, reichte aus, hat ausgereicht	
vielfältig	diverse, manifold
Ursache *(f)*, **-n**	cause, reason
vertrauen auf *(Akk)*	to rely on, to trust in
vertraut, vertraute, hat vertraut	
Schöpfung *(f)*, **-en**	creation
bewahren	to preserve, to retain
bewahrt, bewahrte, hat bewahrt	
gelingen	to succeed, to work out
gelingt, gelang, ist gelungen	
Ausdauer *(f)*	perseverance, endurance
einträglich	profitable, gainful
Kleingewerbe *(n)*, **-**	small business enterprise
Elend *(n)*	misery, hardship
entlegen	remote, far away
am grünen Tisch entscheiden	boardroom decision
entscheidet, entschied, hat entschieden	
berücksichtigen	to take into consideration
berücksichtigt, berücksichtigte, hat berücksichtigt	

Verständnisfragen zum Text

1. Welche Grundsätze verfolgt Misereor? Was ist die Mission dieser Organisation?
2. Erklären Sie das Prinzip der Nachhaltigkeit, dem Misereor verpflichtet ist.
3. Welche Philosophie benutzt Misereor, um den Menschen zu helfen? Wie soll die Hilfe funktionieren?
4. Warum legt Misereor Wert auf Partnerschaften? Und was versteht die Organisation unter einer Partnerschaft?

Analyse und Diskussion

1. Misereor möchte Menschen aller Konfessionen helfen. Jedoch ist Misereor eine katholische Organisation. Wie wichtig ist die Religion für Misereor? Gibt es Anhaltspunkte in unserem Text, die die Rolle der Religion erklären? Können Sie diese beschreiben?
2. Wie könnte Hilfe zur Selbsthilfe aussehen? Was stellen Sie sich darunter vor? Wie könnten Leute sich selber helfen? Glauben Sie, dass diese Methode zum Erfolg führt?

Weiterführende Aktivitäten

1. Gehen Sie zum Eine-Welt-Laden von Misereor: http://www.eine-welt -shop.de/. Was kann man dort kaufen? Welche Produkte werden angeboten? Wie unterscheiden sich diese Produkte von Waren, die man in „normalen" Läden kaufen kann? Was ist die Mission dieses Ladens? Wählen Sie zwei Güter aus, die Sie gerne kaufen würden, lesen Sie sich die Information auf der Webseite durch und stellen Sie diese im Unterricht vor.
2. Die Misereor-Webseite bietet auch Videoclips und Dokumentationen: http://www.misereor.de/aktionen/fastenaktion/projekte.html. Um welche Themen geht es bei diesen Dokumentationen? Wählen Sie ein Thema aus und sehen Sie den Videoclip. Vielleicht müssen Sie den Clip zwei- oder dreimal sehen, um ihn genau zu verstehen. Berichten Sie dann im Unterricht, was Sie erfahren haben.

Geschichte der SOS-Kinderdörfer

Einführung

Auch das SOS-Kinderdorf ist eine Nichtregierungsorganisation, die weltweit in 133 Ländern tätig ist. Ihren Ursprung hatten die Kinderdörfer in Österreich, wo es nach dem Zweiten Weltkrieg viele junge Waisen gab, deren Eltern im Krieg umgekommen waren. Um diesen Kindern zu helfen, gründete Hermann Gmeiner das erste Kinderdorf, da er der Ansicht war, dass jedes Kind das Recht darauf habe, in einer Familie aufzuwachsen. Mittlerweile gibt es über 500 Kinderdörfer, sowohl in Österreich und Deutschland als auch in zahlreichen anderen Ländern, wie z. B. in Indien, Bolivien und Thailand. SOS steht übrigens für „Societas Socialis", was so viel wie „soziale Gemeinschaft" bedeutet.

Von der Gründung des ersten SOS-Kinderdorfs im österreichischen Imst zu einer Entwicklungsorganisation in 133 Ländern: Hier erfahren Sie mehr über die bewegte Geschichte der SOS-Kinderdörfer und ihre weltweite Arbeit für Kinder in Not.

Pionier in der Kinderbetreuung

Im Jahr 1949 gründet der Österreicher Hermann Gmeiner den SOS-Kinderdorf-**Verein** und baut gemeinsam mit seinen Freunden das erste SOS-Kinderdorf in Imst, Österreich. Das erste Haus nennt er „Haus Frieden". Angesichts der Not der Kriegs**waisen** und der **Missstände** in den damaligen **Heimen** war es die Vision Hermann Gmeiners, verlassenen und elternlosen Kindern ein echtes Zuhause zu geben. Er verwirklichte eine einfache, aber **bahnbrechende** Idee: Jedes Kind braucht eine Mutter und wächst am natürlichsten mit Geschwistern in einem eigenen Haus innerhalb einer Dorf-Gemeinschaft auf. Dieser familienpädagogische **Ansatz** machte die SOS-Kinderdörfer zu Pionieren der Kinderbetreuung.

Über die Grenzen Europas hinaus

Im Jahr 1960 gibt es bereits zehn SOS-Kinderdörfer mit rund hundert Familien. Möglich gemacht haben das etwa eine Million Freunde, die die Organisation mit regelmäßigen **Spenden** unterstützen. Außer in Österreich haben sich in Frankreich, Deutschland, Finnland, Belgien und Luxemburg SOS-Kinderdorf-Vereine gegründet.

Im folgenden Jahrzehnt werden die SOS-Kinderdörfer auch außerhalb Europas aktiv. Mit den Spenden aus der sensationellen „Reiskorn"-Aktion kann im Jahr 1963 das erste nicht-europäische SOS-Kinderdorf in Daegu, Korea, gebaut werden. Andere Länder in Asien folgen, auch Lateinamerika mit den ersten Dörfern in Argentinien, Ecuador und Uruguay. Ende der 60er-Jahre wird das zu dieser Zeit größte SOS-Kinderdorf in Go Vap, Vietnam **errichtet**. Von den 68 SOS-Kinderdörfern im Jahr 1969 befinden sich 39 in Europa, 15 in Lateinamerika und 14 in Asien.

Mit der Hilfe von vier Millionen Freunden

1970 wird Côte d'Ivoire als erstes afrikanisches Land Mitglied der weltweiten SOS-Familie. Neue **Einrichtungen** in Ghana, Kenia, Äthiopien und Sierra Leone sind geplant. Während des Internationalen Jahr des Kindes 1979 werden dreißig neue SOS-Kinderdörfer eröffnet. In Hohenau, Paraguay, **nimmt** die erste Klinik **ihren Betrieb auf**. Ende der 70er-Jahre bestehen 143 SOS-Kinderdörfer in 60 Ländern, über vier Millionen Menschen unterstützen weltweit die SOS-Arbeit.

Hermann Gmeiner hinterlässt ein glo- bales humanitäres Netzwerk

... Am 26. April 1986 stirbt Hermann Gmeiner. Er hinterlässt ein weltumspannendes Werk von 233 SOS-Kinderdörfern in 86 Ländern. 1987 **öffnen** die ersten zwei SOS-Kinderdörfer in China ihre **Tore**. Zwei Jahre später wird in Coconut Creek in Florida, USA, ein

Dorf gebaut. In Armenien, damals noch Teil der Sowjetunion, werden die ersten SOS-Familien gebildet. Der Bau des Dorfes wird **infolge** des Erdbebens von 1988 initiiert.

Auf allen fünf Kontinenten

Das Ende des Kalten Krieges zu Beginn der 90er-Jahre ermöglicht es den SOS-Kinderdörfern, ihre Arbeit in Osteuropa fortzusetzen, wie etwa in der Tschechischen Republik, wo bereits 1968 Einrichtungen gebaut worden waren. In Russland und Polen werden SOS-Vereine gegründet, neue Projekte in Bulgarien und Rumänien stehen an. Die SOS-Kinderdörfer sind jetzt in den meisten osteuropäischen und zentralasiatischen Ländern aktiv, zum Beispiel in der Mongolei, in Usbekistan und Kasachstan. ...

100 SOS-Kinderdörfer in Lateinamerika

... Mehr als zwanzig neue SOS-Einrichtungen in zahlreichen lateinamerikanischen Ländern werden im Jahr 2001 offiziell **eingeweiht**. Allein in Lateinamerika gibt es 100 SOS-Kinderdörfer, mehr als 300 soziale Einrichtungen in 21 Ländern sind in Betrieb. Neue SOS-Kinderdörfer werden in Pristina (Kosovo), in Rafah im Gazastreifen (Palästinensische Territorien) und in Lhasa (Autonome Provinz Tibet) gebaut bzw. eröffnet.

Ausbau der Hilfe für Familien in Not

Im Jahr 2002 wird die weltweit höchste humanitäre **Auszeichnung**, der „Conrad N. Hilton Humanitarian Prize", für außergewöhnliche Leistungen zur **Linderung** menschlichen Leidens an SOS-Kinderdorf International verliehen. In Kambodscha, Argentinien, Äthiopien, Tansania, Guinea-Bissau, Guinea, Liberia, Swasiland, Malawi und Mosambik werden neue SOS-Kinderdörfer eröffnet. Zwei große Nothilfeprogramme werden für afghanische Flüchtlinge in Pakistan und für ehemalige Kindersoldaten im nördlichen Uganda gestartet. ...

Ein weltmeisterliches Spendenergebnis

Im Juni 2006 ist der **Anpfiff** für die FIFA Fussball-Weltmeisterschaft 2006™ in Deutschland – und die SOS-Kinderdörfer sind bei dem internationalen Fußballereignis mit dabei! Gemeinsam mit der FIFA startet SOS die offizielle WM-Charity 6 Dörfer für 2006. Das **ehrgeizige** Ziel: bis zum Schlusspfiff des WM-Finales genügend Spenden zu sammeln, um sechs neue SOS-Kinderdörfer bauen zu können – in Brasilien, Mexiko, Nigeria, Südafrika, Ukraine, Vietnam.

Qualität für Kinder

2007 **machen sich** die SOS-Kinderdörfer im Europäischen Parlament **für** Kinderrechte **stark**: Gemeinsam mit IFCO (International Foster Care Organisation) und FICE (Fédération Internationale des Communautés Educatives) stellt SOS das Projekt Quality4Children vor. Ziel sind europaweite Standards für die Betreuung von Kindern, die nicht bei ihren **leiblichen** Eltern aufwachsen können.

60 Jahre SOS-Kinderdörfer

2009 feiern die SOS-Kinderdörfer 60. Jubiläum. Im Zentrum der Feiern steht die **Instandsetzung** der über 30 Jahre alten SOS-Kinderdörfer in Mexiko-Stadt und Mombasa, Kenia.

Not- und Aufbauhilfe nach dem Erdbeben in Haiti

2010: Nach dem Erdbeben in Haiti am 12. Januar beginnt SOS mit einem Nothilfeprogramm zur Unterstützung von Familien sowie mit der Betreuung von **unbegleiteten** Kindern und der Suche nach deren **Angehörigen** – nachhaltige Wiederaufbauhilfe ist geplant. In Les Cayes soll das dritte SOS-Kinderdorf Haitis entstehen; darüber hinaus sind dort Familienhilfe-Projekte und zwei neue Schulen geplant.

Ein neues SOS-Kinderdorf in Dschibuti

2012: In Tadjourah/Dschibuti entsteht das 519. SOS-Kinderdorf und ein SOS-Kindergarten.

Quelle: http://www.sos-kinderdoerfer.de/informationen/organisation/geschichte

Vokabeln

Verein *(m)*, **-e**	club, association
Waise *(f)*, **-n**	orphan
Missstand *(m)*, **-stände**	nuisance, deficiency
Heim *(n)*, **-e**	home, asylum
bahnbrechend	groundbreaking
Ansatz *(m)*, **-sätze**	approach
Spende *(f)*, **-n**	donation
errichten	to build, to construct
errichtet, errichtete, hat errichtet	
Einrichtung *(f)*, **-en**	institution, facility
den Betrieb aufnehmen	to begin operations
nimmt auf, nahm auf, hat aufgenommen	
die Tore öffnen	to open one's doors
öffnet, öffnete, hat geöffnet	
infolge von	as a result of
einweihen	to inaugurate, to consecrate
weiht ein, weihte ein, hat eingeweiht	
Auszeichnung *(f)*, **-en**	award, distinction
Linderung *(f)*, **-en**	relief, alleviation
Anpfiff *(m)*, **-e**	kickoff
ehrgeizig	ambitious
sich starkmachen für	to make one's weight felt, to campaign for
macht sich stark, machte sich stark, hat sich starkgemacht	
leiblich	biological
Instandsetzung *(f)*, **-en**	repair, maintenance
unbegleitet	unaccompanied
Angehörige *(m/f)*, **-n**	relative

Verständnisfragen zum Text

1. Wann wurde das erste Kinderdorf gegründet? Erklären Sie auch den Grund für seine Entstehung.
2. Was sind die allgemeinen Ziele des Kinderdorfes?
3. In welchen Ländern gab es die ersten Kinderdörfer?
4. Wo gibt es heutzutage Kinderdörfer?

5. Wie werden die Kinderdörfer finanziert?
6. Wieso war die Organisation SOS-Kinderdörfer bei der Fußball-Weltmeisterschaft 2006 in Deutschland vertreten?

Analyse und Diskussion

1. Was denken Sie persönlich über die Idee der SOS-Kinderdörfer? Funktioniert das Konzept? Können Sie sich Alternativen zu dem SOS-Kinderdorf vorstellen? Diskutieren Sie im Unterricht.
2. Wie wichtig ist heute noch die traditionelle Familie? Ist eine Familie wirklich notwendig, damit ein Kind geborgen aufwächst? Mittlerweile gibt es viele Alleinerziehende, gleichgeschlechtliche oder geschiedene Ehepaare, die sich die Erziehung des Kindes teilen. Argumentieren Sie, welche Form(en) der Familie für Sie persönlich (un)bedeutend sind. Schreiben Sie einen Aufsatz.

Weiterführende Aktivitäten

1. Gehen Sie zu der deutschen Webseite des SOS-Kinderdorfes: http://www.sos-kinderdorf.de/. Dort finden Sie eine Fülle von Informationen, die unser Text nicht enthält. Stellen Sie ein 10-minütiges Referat zusammen. Welche zusätzlichen Details sollte man über die SOS-Kinderdörfer wissen? Präsentieren Sie Ihren Vortrag im Unterricht.
2. Auf der SOS-Kinderdorf Webseite wird weiterhin erklärt, wie man eine Patenschaft für ein Kind übernehmen kann. Was bedeutet das? Wie kann man Pate werden? Lesen Sie die nötigen Informationen und entscheiden Sie, für welches Land oder Region Sie gerne Pate werden möchten. Ist eine Patenschaft für ein Kind eine gute Idee? Gibt es andere Organisationen, die eine ähnliche Möglichkeit bieten? (Gehen Sie z. B. auf die Webseite: http://www.naledi-projects.org/pate.) Wie sieht die Patenschaft dort aus?
3. Recherchieren Sie, ob es SOS-Kinderdörfer in Ihrem Land gibt. Können Sie eine Webseite finden? Wenn nein, dann nehmen Sie ein Land Ihrer Wahl und recherchieren Sie dieses Land. Wie unterscheidet sich dieses Kinderdorf von deutschen Kinderdörfern? Wer wohnt dort? Wie ist die Mission? Oder sind alle Kinderdörfer identisch?

Wer wir sind und was wir wollen:
Attac – eine Bewegung im Aufbruch

Einführung

Die letzte Nichtregierungsorganisation, der wir uns näher widmen, ist die Organisation Attac, die uns bereits in einem früheren Artikel begegnet ist. Attac wurde 1998 in Frankreich gegründet und ist mittlerweile in 50 Ländern vertreten. Die Organisation versteht sich als ein Verbund vieler weiterer Organisationen oder Vereine, die Attac unterstützen und an gemeinsamen Zielen arbeiten. Welche diese Ziele sind, wird im nun folgenden Text, der von der Attac-Webseite stammt, erläutert.

Seit den Protesten in Genua für eine soziale und ökologische Globalisierung **ist** die globalisierungskritische Bewegung **in aller Munde**. 200.000 Menschen sind für soziale und ökologische Gerechtigkeit im Globalisierungsprozess auf die Straßen gegangen. Ihr Protest richtete sich gegen die weltweit wachsende soziale Ungleichheit, gegen eine Globalisierung, die nur an mächtigen Wirtschaftsinteressen orientiert ist. Mit 90.000 Mitgliedern in 50 Ländern versteht sich Attac als Teil dieser globalen Bewegung. Auch in Deutschland bildet Attac ein breites gesellschaftliches **Bündnis**, das von ver.di und der GEW über den BUND und Pax Christi bis zu kapitalismuskritischen Gruppen unterstützt wird. Immer mehr Menschen unterschiedlicher politischer und **weltanschaulicher** Herkunft werden in den mittlerweile über 250 Attac-Gruppen **vor Ort** aktiv.

Neoliberale Globalisierung – viele Verlierer, wenige Gewinner

Das Versprechen, die Globalisierung bringe Wohlstand für alle, hat sich nicht erfüllt. Im Gegenteil: Die **Kluft** zwischen Arm und Reich wird immer größer, sowohl innerhalb der Gesellschaften als auch zwischen Nord und Süd. Motor dieser Art von Globalisierung sind die internationalen Finanzmärkte. Banker und Finanzmanager **setzen** täglich Milliardenbeträge auf den Finanzmärkten **um** und nehmen über ihre **Anlage**entscheidungen immer mehr Einfluss auf die gesellschaftliche Entwicklung. Damit **untergraben** die Finanzmärkte die Demokratie.

Globalisierung ist kein Schicksal – eine andere Welt ist möglich

Demgegenüber tritt Attac für eine demokratische Kontrolle und Regulierung der internationalen Märkte für Kapital, Güter und Dienstleistungen ein. Wir sind davon überzeugt, dass die Wirtschaft den Menschen dienen muss und nicht umgekehrt. Politik muss sich an den Leitlinien von Gerechtigkeit, Demokratie und ökologisch verantwortbarer Entwicklung ausrichten. Nur so kann die durch die kapitalistische Wirtschaftsweise entstehende gesellschaftliche Ungleichheit **ausgeglichen** werden. Attac will ein breites gesellschaftliches Bündnis als Gegenmacht zu den **entfesselten** Kräften der Märkte bilden. Dabei geht es nicht um ein Zurück zum **vermeintlich** idyllischen Zustand vergangener Jahrzehnte. Alternativen sind nötig und möglich. Die Behauptung, Globalisierung in ihrer jetzt herrschenden, neoliberalen Form sei ein alternativloser **Sachzwang**, ist reine Ideologie.

Wir setzen dem unsere Vorstellung von Globalisierung entgegen: internationale Solidarität von unten. Eine andere Welt ist möglich.

Attac – eine Bewegung mit Zukunft

Attac – die französische Abkürzung für "Vereinigung zur Besteuerung von Finanztransaktionen im Interesse der BürgerInnen" – wurde 1998 in Frankreich gegründet. Lag der ursprüngliche Fokus von Attac in dem **Eintreten für** eine demokratische Kontrolle der internationalen Finanzmärkte und der Einführung der Tobin-Steuer, so haben wir **uns** mittlerweile der gesamten Problematik neoliberaler Globalisierung **angenommen**. Komplexe Themen werden auf klare und **vermittelbare** Forderungen herunter gebrochen und gleichzeitig wird eine fundierte Analyse im Hintergrund geboten. Dabei konzentrieren wir uns in Form von Attac-Kampagnen auf die Durchsetzung unserer **Kernforderungen**.

Attac aktiv – Was wir machen

Attac versteht sich als Bildungsbewegung mit Aktionscharakter und Expertise. Über Vorträge, Publikationen, Podiumsdiskussionen und eine intensive Pressearbeit werden die komplexen Zusammenhänge der Globalisierungsthematik einer breiten Öffentlichkeit vermittelt und Alternativen zum neoliberalen Dogma aufgezeigt. Mit Aktionen soll der notwendige Druck auf Politik und Wirtschaft zur Umsetzung der Alternativen **erzeugt** werden. Seit mehreren Jahren begleitet ein wissenschaftlicher **Beirat** unsere Arbeit. Attac setzt darauf, möglichst viele Menschen zu gewinnen und mit ihnen gemeinsam zu handeln.

Veränderung beginnt vor Ort – Attac-Gruppen

Im Mittelpunkt stehen bei Attac die Menschen, die vor Ort und in bundesweiten Aktionsgruppen und Arbeitskreisen aktiv werden. In über 200 Orten gibt es bereits Attac-Gruppen. Sie machen beispielsweise kreative Aktionen gegen die neue Welthandelsrunde der WTO oder vor der Filiale eines in Steueroasengeschäfte verwickelten Konzerns. Sie arbeiten inhaltlich an Attac-Themen und organisieren Informationsveranstaltungen.

Quelle: http://www.attac.de/fileadmin/user_upload/bundesebene/attac-strukturen/Attac-Einfuehrung.pdf

Vokabeln

in aller Munde sein	to be on everyone's lips
Bündnis *(n)*, -se	alliance
weltanschaulich	ideological
vor Ort	onsite

Kluft *(f)*, **Klüfte**	chasm, divide
umsetzen	to turn over
setzt um, setzte um, hat umgesetzt	
Anlage *(f)*, **-n**	investment
untergraben	to undermine
untergräbt, untergrub, hat untergraben	
demgegenüber	in contrast, in comparison
ausgleichen	to balance
gleicht aus, glich aus, hat ausgeglichen	
entfesselt	unleashed
vermeintlich	alleged, supposed
Sachzwang *(m)*, **-zwänge**	situational constraint, practical necessity
eintreten für	to advocate, to stand up for
tritt ein, trat ein, ist eingetreten	
sich etw. *(Dat)* **annehmen**	to attend to sth., to look after sth.
nimmt sich an, nahm sich an, hat sich angenommen	
vermittelbar	communicable
Kernforderung *(f)*, **-en**	principal claim
erzeugen	to generate, to create
erzeugt, erzeugte, hat erzeugt	
Beirat *(m)*, **-räte**	advisory board

Verständnisfragen zum Text

1. Wer unterstützt Attac? In welchen Ländern und mit wie vielen Mitgliedern ist Attac weltweit vertreten?

2. Können Sie den folgenden Satz erklären: „Wir sind davon überzeugt, dass die Wirtschaft den Menschen dienen muss und nicht umgekehrt"? Was ist das Ziel von Attac? Was kritisiert die Bewegung?

3. Auf welche Weise möchte Attac die Welt verändern? Welche Strategien werden in unserem Text beschrieben?

4. Welche Aufgaben haben die lokalen Attac-Gruppen? Welche Aktivitäten führen sie durch?

5. In unserem Text werden verschiedene Bündnisse wie ver.di, GEW, BUND oder Pax Christi genannt. Sind Sie mit diesen Namen vertraut? Wenn nicht, dann nehmen Sie sich einen Namen und recherchieren Sie diesen. Schreiben Sie eine kurze Erklärung.

Analyse und Diskussion

1. Was denken Sie über die Forderungen und Ziele der Attac-Bewegung? Sprechen Sie diese an oder ist Ihnen Attac zu radikal? Gehen Sie auf die Webseite der Bewegung und sammeln Sie fünf weitere Fakten über die Organisation: http://www.attac.de/. Mit welchen Themen befasst sich Attac, die unser kurzer Text nicht auflistet? Welche Erfolge konnte Attac bis jetzt verbuchen? Würden Sie der Bewegung gerne beitreten?

2. Teilen Sie sich in zwei Gruppen auf und diskutieren Sie, welche Möglichkeiten der einzelne Mensch hat, die Welt zu verändern. Glauben Sie, dass ein Individuum gegen die mächtigen Wirtschaftskonzerne dieser Welt etwas ausrichten kann? Kennen Sie vielleicht ein Beispiel, das einen solchen Fall illustriert? Stellen Sie Ihre Position deutlich heraus.

Weiterführende Aktivitäten

1. Am Anfang unseres Artikels ist von „Protesten in Genua für eine soziale und ökologische Globalisierung" die Rede. Wissen Sie, was mit dieser Referenz gemeint ist? In dem Artikel „Zehn Jahre nach G8-Protesten in Genua. ‚Man wollte uns erledigen'" erklärt Vittorio Agnoletto der *tageszeitung* in einem Interview, was damals passierte, und welche Folgen dies für die Antiglobalisierungsbewegung hatte. Lesen Sie den Artikel: http://www.taz .de/!74827/, und fassen Sie die wichtigsten Punkte in einem kurzen Aufsatz zusammen. Bringen Sie diesen Aufsatz in den Unterricht und diskutieren Sie die Aussagen dort. Welche zusätzlichen Informationen über Protestbewegungen haben Sie durch den Artikel erhalten?

2. Gibt es weitere Antiglobalisierungsbewegungen, von denen Sie schon einmal gehört haben? Vielleicht erinnern Sie sich noch an die Bewegung „Occupy Wall Street", die im September 2011 begann und eine Zeitlang eine große Präsenz in den Medien hatte. Machen Sie sich mit den Kritikpunkten von „Occupy Wall Street" vertraut und vergleichen Sie diese mit denjenigen von Attac. Können Sie Parallelen aufzeigen? Wo unterscheiden sich die Ideologien beider Bewegungen? Als erster Ausgangspunkt könnte Ihnen folgende Seite weiterhelfen: http://occupywallst.org/.

UN rügen Deutschland bei Menschenrechten

Einführung

Die Einhaltung von Menschenrechten wird von der UNO gefordert und kontrolliert. Die UNO veröffentlicht alle vier Jahre einen Bericht, in dem sie die Situation ihrer Mitgliedsländer bewertet und Verstöße rügt. Der letzte Bericht (2012) fiel nicht positiv für Deutschland aus. Die UN-Experten wiesen auf zahlreiche Mängel hin und appellierten an Deutschland, diese Mängel zu beseitigen. Was sie zu beanstanden hatten, ist das Thema dieses Artikels.

*Die Gleichstellung von Frauen und Männern im Arbeitsleben und die Situation von Flüchtlingen – das sind zentrale Bereiche, in denen Deutschland **Nachholbedarf** hat, kritisieren UN-Experten in einem aktuellen Bericht.*

Nicht zufriedenstellend! Das ist die Kernaussage der Experten des UN-Menschenrechtsausschusses, wenn es um die **Stellung** der Frau im Arbeitsleben in Deutschland geht. Ingrid Hönlinger, Mitglied im Rechtsausschuss und **stellvertretendes** Mitglied im Menschenrechtsausschuss des Deutschen Bundestages, kann sich diesem Urteil nur anschließen: „Nur drei Prozent Frauen sind in den **Vorständen** der 200 Topunternehmen vertreten", sagt die grüne Menschenrechts-Expertin. Frauen hätten mindestens so gute oder sogar bessere Abschlüsse als Männer – trotzdem gelinge es ihnen nicht, in die **Führungsetagen** aufzusteigen. Die UN-Fachleute kritisieren, dass Frauen in Deutschland häufig für die gleiche Arbeit deutlich weniger Gehalt erhalten als ihre männlichen Kollegen. Die Bundesregierung müsse mehr für die Förderung von Frauen in Führungspositionen tun.

Mehr Rechte für Flüchtlinge

Ein zentraler Kritikpunkt ist der **Umgang** mit Flüchtlingen. Deutsche **Behörden** sollten ihnen einen **aufschiebenden** Rechtsschutz gewähren: Solange ein **Asylantrag** laufe – ganz gleich, in welchem Land er gestellt wurde – solle kein Flüchtling aus Deutschland **abgescho-ben** werden. Bis jetzt werden Flüchtlinge, die über einen sicheren Drittstaat – wie etwa Griechenland – einreisen, zurück in dieses sogenannte Ersteinreiseland geschickt. Nach den Empfehlungen des Ausschusses sollten sie jedoch die gleichen Rechte haben wie Flüchtlinge, die direkt nach Deutschland gekommen sind und hier Asyl beantragt haben.

Mehr Transparenz bei der Polizei

Das 18-köpfige UN-Expertengremium äußerte auch seine Besorgnis über Misshandlungen durch die Polizei. Der Bericht führt jedoch nicht aus, welche Menschen davon besonders **betroffen sind**. Auch wie viele solcher Fälle es pro Jahr gibt, kann niemand sagen. Amnesty International Deutschland wünscht sich hier mehr Transparenz. „Es ist ein Kritikpunkt von Amnesty International, dass es in Deutschland keine **verbindlichen Erhebungen** durch die Polizei gibt, wie viele Menschenrechtsverletzungen durch die Polizei begangen werden", unterstreicht Verena Haan, Expertin für Polizei und Menschenrechte in Berlin.

Der UN-Menschenrechtsausschuss empfiehlt, eine allgemeine **Kennzeichnung**spflicht für Polizisten in allen Bundesländern einzuführen: Alle Polizisten sollten mit einer Nummer an der Uniform identifizierbar sein. Auch unabhängige **Beschwerde**stellen sollten eingerichtet werden, bei denen Betroffene von Polizeiübergriffen Anzeige erstatten können, so die UN-Forderung.

Der UN-Menschenrechtsausschuss beklagt außerdem **unhaltbare** Zustände in Pflegeheimen für ältere Menschen. Pflegebedürftige wie Demenzkranke würden häufiger an ihren Betten festgebunden oder in ihren Zimmern eingeschlossen.

Diskriminierung auf dem Wohnungsmarkt

Ein weiterer **Stein des Anstoßes** ist die „Wohnungsmarkt**klausel**" im deutschen Antidiskriminierungsgesetz. Die Klausel schreibt vor, dass Vermieter bei der Vermietung von Wohnraum auf den Erhalt sozial stabiler Bewohnerstrukturen und **ausgewogener Siedlungs**-strukturen achten sollen. Petra Follmar-Otto vom Deutschen Institut für Menschenrechte ist der Meinung, dass Vermieter unter dem **Vorwand** dieser Regelung Migranten und Angehörigen ethnischer Minderheiten als Mieter ablehnen. „Der Wortlaut ist im Moment so formuliert, dass die Klausel missbraucht werden könnte. Deswegen sagt der Ausschuss, dass Deutschland den entsprechenden Paragraphen ändern soll."

Andreas Hieronymus, Geschäftsführer des Instituts für Migrations- und Rassismusforschung in Hamburg, kennt konkrete Beispiele für einen solchen Missbrauch. „Da gibt es einige Fälle, die vor Gericht anhängig sind. Menschen mit Migrationshintergrund wurden von Vermietern abgewiesen, weil in dem betreffenden Wohnblock schon genügend Migranten wohnen."

Die Bundesregierung hat sich zu diesen Empfehlungen noch nicht geäußert. Weder Innen- noch Außen- oder Justizministerium wollten sich auf Anfrage der DW bislang zu der UN-Kritik äußern. Die grüne Menschenrechts-Expertin Ingrid Hönlinger fordert, dass die Bundesregierung den einzelnen Punkten nachgehen muss. „Ich finde, dass die Bundesrepublik die Verpflichtungen berücksichtigen müsste. Denn Deutschland ist Mitglied im Internationalen Pakt über bürgerliche und politische Rechte."

Vier Jahre Zeit

Der UN-Menschenrechtsausschuss **überprüft** alle vier Jahre, ob dieser UN-Zivilpakt aus dem Jahr 1976 durch die Vertragsstaaten tatsächlich **umgesetzt** wird. Grundlage der Überprüfung sind Berichte der Regierungen der Vertragsländer, UN-Dokumente und Informationen von Menschenrechtsorganisationen.

Zur Bewertung der Lage in Deutschland zieht der UN-Ausschuss in der Regel Dokumente des Bundesjustizministeriums sowie von unabhängigen Menschenrechtsorganisationen wie Amnesty heran.

Der Menschenrechtsausschuss überprüft keine Einzelfälle, er kann nur Empfehlungen für eine bessere Umsetzung des UN-Zivilpaktes abgeben. Deutschland hat nun die Aufgabe, bis zur Abgabe des nächsten Berichts in vier Jahren, die ausgesprochenen Empfehlungen umzusetzen.

Quelle: http://www.dw.de/un-r%C3%BCgen-deutschland-bei-menschenrechten/a-16358106

Vokabeln

rügen	to reprimand, to rebuke
rügt, rügte, hat gerügt	
Nachholbedarf *(m)*	backlog, accumulated demand
Stellung *(f)*, **-en**	position, status, situation
stellvertretend	deputy
Vorstand *(m)*, **-stände**	board
Führungsetage *(f)*, **-n**	leadership
Umgang *(m)*	dealing, handling
Behörde *(f)*, **-n**	authority, government agency
aufschieben	to postpone, to suspend, to defer
schiebt auf, schob auf, hat aufgeschoben	
Asylantrag *(m)*, **-träge**	asylum request
abschieben	to deport
schiebt ab, schob ab, hat abgeschoben	
betroffen sein von	to be affected, to be impacted by
verbindlich	binding, mandatory
Erhebung *(f)*, **-en**	survey, inquiry
Kennzeichnung *(f)*, **-en**	identification, labeling
Beschwerde *(f)*, **-n**	complaint, objection
unhaltbar	untenable
Stein *(m)* **des Anstoßes**	bone of contention
Klausel *(f)*, **-n**	stipulation, term
ausgewogen	balanced
Siedlung *(f)*, **-en**	residential estate, settlement

Vorwand *(m)*, **-wände**   pretext
überprüfen   to examine, to verify
   überprüft, überprüfte, hat überprüft
umsetzen   to implement
   setzt um, setzte um, hat umgesetzt

Verständnisfragen zum Text

1. Der UN-Bericht stellt die Verletzung von Menschenrechten auf verschiedenen Ebenen in Deutschland heraus. Erklären Sie näher, welche Defizite bei den folgenden Bevölkerungsgruppen vorliegen:
   a) Frauen
   b) Flüchtlingen
   c) Polizei
   d) älteren Menschen in Pflegeheimen
   e) Wohnungssuchenden
2. Welche Folgen hat dieser Bericht für die deutsche Regierung? Muss Deutschland nun mit negativen Konsequenzen rechnen, weil es gegen Menschenrechte verstoßen hat?

Analyse und Diskussion

1. Vergleichen Sie die deutsche Situation mit derjenigen in Ihrem Land. Wie steht es mit der Gleichstellung von Mann und Frau auf dem Arbeitsmarkt? Bekommen Frauen das gleiche Gehalt wie Männer? Ist es auch in Ihrem Land für Ausländer schwierig, eine Wohnung in guter Lage zu finden? Wie sieht es mit Pflegebedürftigen aus? Recherchieren Sie im Internet und vergleichen Sie. Wer schneidet besser ab?
2. Warum fordert der UN-Bericht keine Veränderungen, sondern macht nur Verbesserungsvorschläge? Wenn konkrete Probleme vorliegen, sollten dann nicht zwangsläufig Konsequenzen folgen? Diskutieren Sie im Unterricht.

Weiterführende Aktivitäten

1. In dem Roman *Selam Berlin* von Yadé Kara begegnen wir dem jungen Türken Hasan Kazan, der ein Zimmer in Berlin sucht. Lesen Sie den Anfang des 13. Kapitels des Romans (Zürich: Diogenes, 2003. 187–191) und un-

tersuchen Sie, wie Hasan seine Erfahrung mit deutschen Vermietern beschreibt. Können Sie Parallelen zu unserem Artikel aufzeigen? Diskutieren Sie im Unterricht.

2. Recherchieren Sie noch einmal im Internet. Gibt es weitere Menschenrechtsverletzungen, die Deutschland vorgeworfen werden und die in unserem Artikel nicht benannt werden? Gibt es u. U. positive Entwicklungen auf diesem Gebiet in Deutschland? Bilden Sie zwei Gruppen und recherchieren Sie entweder Kritik oder Lob an Deutschlands Umgang mit Menschenrechten. Geben Sie konkrete Beispiele.

Krieg statt Frieden

Einführung

Ein weiteres unrühmliches Thema neben Menschenrechtsverstößen ist der weltweite Waffenhandel, der Krieg und Terror fördert. Deutschland gehört zu den größten Waffenexporteuren der Welt und sendet seine Produkte nicht selten in Krisenregionen, wodurch es häufig zu einer Verlängerung der dortigen Konflikte kommt.

Deutschland ist Europameister im Waffenexport. Mit Rüstungslieferungen in großem Stil heizt unsere Industrie weltweit schwelende Krisen und Kriege an. Militärisches Gerät gelangt in Spannungsgebieten in die Hände von zwielichtigen Truppen. Und der Bundestag schaut weg.

Im Süden des Sudan hat Mareike Schomerus den Blick für die Details bekommen. Die 36-jährige Entwicklungsforscherin kann mittlerweile eine Dragunow von einer Duck Gun unterscheiden, ein Gewehr aus dem Osten von einem westlichen Fabrikat. „**Vorherrschende** Waffe ist die russische Kalaschnikow", sagt sie, „aber auch das deutsche G3 von Heckler & Koch sieht man häufig." Im **Auftrag** des „Small Arms Survey", einer unabhängigen Forschungsgruppe aus Genf, analysiert sie, warum die Nachbarstaaten Sudan und Uganda nun schon über viele Jahre so instabil sind.

Auf Märkten und im **Schwarzhandel** kommt dort jeder leicht an ein **Gewehr**. Auch die Zivilbevölkerung ist praktisch **durchgängig** bewaffnet, um sich zwischen verfeindeten Armeen, Milizen und kriminellen Banden zu schützen. Mareike Schomerus spricht nach mehreren Aufenthalten in einer der unruhigsten Regionen Afrikas „in einer fast familiären Atmosphäre" mit den Kämpfern. Nur so bekommt sie delikate Informationen darüber, wer mit welchen Waffen schießt.

Das G3 war lange Jahre das Standardgewehr der Bundeswehr. Bis in die 80er-Jahre vergaben der Hersteller Heckler & Koch (Oberndorf) und die Bundesregierung großzügig Herstellungs**genehmigungen** ins Ausland, auch nach Pakistan und in den Iran. Die G3-Gewehre, mit denen in Afrika geschossen wird, stammen wahrscheinlich aus solchen Lizenzproduktionen. Als im März **bürgerkrieg**sähnliche Unruhen in Kenia **wüteten, kam** diese Waffe **zum Einsatz**. Laut Roman Deckert vom Berliner Informationszentrum für transatlantische Sicherheit (BITS) stammt das deutsche Gewehr aus englischen Fabriken. Der Nachbarstaat Uganda **rüstete** dagegen mit französischen Lizenzprodukten des G3 **auf**, als die Bundesrepublik dessen **Ausfuhr** nach Afrika verbot. Deckert **schildert** auch, wie sich der Sudan aus verschiedenen **Quellen** mit den gleichen Waffen versorgte: „In den 60er- und 70er-Jahren lieferte die Bundesrepublik, in den 80ern Saudi-Arabien, und seit den 90ern Iran und Pakistan aus ihren Lizenzfertigungen." ...

Der Export von Waffen und Rüstungsgütern muss von der Bundesregierung **abgesegnet** werden. Über jede **Patrone**, die das Land verlässt, wird **Buch geführt**. Doch die Zahlen sind **trügerisch**: Die Waffen deutschen **Ursprungs**, die im Ausland hergestellt werden, **tauchen** in deutschen Statistiken nicht **auf**.

Die Bundesrepublik engagiert sich mit anderen Staaten seit Längerem für einen internationalen Vertrag, der die Ausfuhr von „small arms" und „light weapons" erheblich erschwert. Dazu zählen alle Waffen, für deren **Bedienung** oder Marschtransport maximal zwei

Personen nötig sind. Gleichwohl profitieren auch deutsche Firmen von der **Weigerung** der USA, solch einen Vertrag **zuzulassen**.

Seit 1999 legt die Bundesregierung einen jährlichen Rüstungsexportbericht vor. Es ist jedoch schwierig, die Aussagen dieses Dokuments richtig **einzuordnen**. So vermeldet das Wirtschaftsministerium etwa, die Ausfuhr von Kleinwaffen an arme Länder sei von 2005 auf 2006 gesunken. Die „Gemeinsame Konferenz Kirche und Entwicklung" (GKKE) **rückt** diese Aussage jedoch **zurecht**: Zwischen 1996 und 2006 hat sich die deutsche Ausfuhr beinahe verzehnfacht.

„Der Rüstungsexportbericht 2006 kann gar nicht debattiert werden", sagt Paul Schäfer. Der Bundestagsabgeordnete der Linken ist Mitglied im Verteidigungs**ausschuss** sowie im Unterausschuss Abrüstung, Rüstungskontrolle und Nichtverbreitung. Dem Rüstungsexportbericht fehle die nötige **Voraussetzung**, sagt Schäfer, eine wichtige **Formalie**: die Bundestagsdrucksachen-Nummer. Ein Bericht, dem diese Nummer fehlt, kommt nicht auf die Tagesordnung des Parlaments, und sei er noch so wichtig. ...

Die Bundesrepublik ist stolz auf ihre Position als Exportweltmeister. Der Beitrag der Rüstungsindustrie soll jedoch **tunlichst verschwiegen** werden. Dabei führen die Beobachter des Friedensforschungsinstituts SIPRI in Schweden Deutschland bei der Rüstungsausfuhr auf Platz 3 hinter den USA und Russland. Dem Bundeswirtschaftsminister ist das **anscheinend** nicht recht. Im Rüstungsexportbericht 2006 rechnet er die Aktivitäten dieser umstrittenen Branche klein. Er sieht Deutschland allenfalls auf Platz 6, hinter den USA, Großbritannien, Russland, Frankreich und China, gleichauf mit Israel und knapp vor Kanada. Die Friedensforscher in Schweden bedienten sich besonderer Methoden, heißt es, die Zahlen ließen sich nicht vergleichen.

Quelle: www.greenpeacemagazin.de/index.php?id=5321

Vokabeln

Lieferung *(f)*, **-en**	supply, delivery
anheizen	to heat up, to fuel
heizt an, heizte an, hat angeheizt	
schwelend	lingering
zwielichtig	shady
vorherrschend	prevalent, predominant
im Auftrag von	by order of, on behalf of
Schwarzhandel *(m)*	black market, illicit trade
Gewehr *(n)*, **-e**	rifle
durchgängig	universally, generally
Genehmigung *(f)*, **-en**	permission
Bürgerkrieg *(m)*, **-e**	civil war
wüten	to rage
wütet, wütete, hat gewütet	
zum Einsatz kommen	to be deployed, to be used
aufrüsten	to arm
rüstet auf, rüstete auf, hat aufgerüstet	
Ausfuhr *(f)*, **-en**	export
schildern	to describe, to delineate
schildert, schilderte, hat geschildert	
Quelle *(f)*, **-n**	source
absegnen	to approve
segnet ab, segnete ab, hat abgesegnet	
Patrone *(f)*, **-n**	round
Buch führen über *(Akk)*	to keep a record of
führt, führte, hat geführt	
trügerisch	treacherous, deceptive
Ursprung *(m)*, **-sprünge**	origin
auftauchen	to come up, to surface
taucht auf, tauchte auf, ist aufgetaucht	
Bedienung *(f)*, **-en**	operating, handling
Weigerung *(f)*, **-en**	refusal, denial
zulassen	to approve, to allow
lässt zu, ließ zu, hat zugelassen	

einordnen   to place
     ordnet ein, ordnete ein, hat eingeordnet
zurechtrücken   to set straight, to correct
     rückt zurecht, rückte zurecht, hat zurechtgerückt
Ausschuss *(m)*, **-schüsse**   committee
Voraussetzung, *(f)*, **-en**   prerequisite, requirement
Formalie *(f)*, **-n**   formality
tunlichst   at all costs
verschweigen   to conceal, to keep quiet
     verschweigt, verschwieg, hat verschwiegen
anscheinend   apparently, seemingly

Verständnisfragen zum Text

1. Wo befindet sich Mareike Schomerus, und warum ist das für unser Thema wichtig?
2. Wie sieht die Waffensituation im Sudan aus? Wer ist bewaffnet, und woher bekommt die Bevölkerung diese Waffen?
3. Im Artikel wird kurz über die deutsche G3 gesprochen und oberflächlich deren „Geschichte" beschrieben. Was erfahren wir über diese Waffe?
4. Warum gibt der Rüstungsexportbericht der Bundesregierung den Waffenexport nicht wahrheitsgemäß wieder?
5. Wie sieht Deutschland selbst den problematischen Waffenexport? Möchte es ihn auf die Dauer verhindern?

Analyse und Diskussion

Im Text werden die Vereinigten Staaten und Russland als weit mächtigere Waffenexporteure verglichen mit Deutschland genannt. Was wissen Sie über die Waffenexporte dieser Länder? Haben Sie schon einmal über Kritik am Waffenexport in der Zeitung gelesen? Wenn Sie nur wenige Informationen haben, dann recherchieren Sie und tragen Sie Ihre Ergebnisse im Unterricht vor. Ist die Situation in den USA oder Russland vergleichbar mit derjenigen in Deutschland? Wie bewusst ist der amerikanischen oder russischen Bevölkerung der problematische Waffenexport? Ist er ein Thema in der Gesellschaft?

Weiterführende Aktivitäten

1. In unserem Artikel werden verschiedene Organisationen genannt, die allesamt dem deutschen Waffenexport kritisch gegenüberstehen. Versuchen Sie, weitere Informationen über diese Vereinigungen zu finden. Welche Aufgaben hat beispielsweise das Berliner Informationszentrum für transatlantische Sicherheit (http://www.bits.de/)? Welche Untersuchungen führt Small Arms Survey (http://www.smallarmssurvey.org/) durch? Was genau ist die Gemeinsame Konferenz Kirche und Entwicklung (http://www3 .gkke.org/)? Und welche Strategien wenden diese Organisationen an, um den deutschen Waffenexport zu beeinflussen?

2. Sehen Sie sich den kurzen Nachrichtenclip in *Die Welt* an: http://www .welt.de/regionales/berlin/article114896620/Ostermarsch-in-Berlin-gegen -Ruestungsexporte.html. Was wird hier berichtet? Gegen welches Problem demonstrieren die Leute? Wo befinden sie sich? Ist diese Demonstration Ihrer Meinung nach wirkungsvoll? Was sollte man machen, um sich gegen Militäreinsätze und Rüstungsexporte zur Wehr zu setzen? Haben Sie konstruktive Vorschläge?

Erinnern global

Einführung

Der Holocaust stellt ein Ereignis in der deutschen Vergangenheit dar, das die deutsche Geschichte nach 1945 entschieden geprägt hat. Bis vor kurzem noch war es Deutschland allein, das die Schuld an diesem Verbrechen auf sich nahm. Jedoch mehren sich in den letzten Jahren die Stimmen anderer Länder, die immer offener ihre eigene Beteiligung am Mord der Juden zugeben und sich ebenfalls schuldig bekennen. Deutschland erhält Unterstützung in seiner Vergangenheitsbewältigung. Seit der Jahrtausendwende hat sich nun eine globale Erinnerungskultur herausgebildet, die sich durch eine gemeinsame Vergangenheit vereint sieht. Über die Frage, ob dies positiv oder negativ zu bewerten ist, gibt dieser Artikel Aufschluss.

*Der Holocaust ist **Bestandteil** der Agenda der internationalen Politik. Aber welche Rolle spielt er im transnationalen Gedächtnis? Wie wird er erinnert, welche Unterschiede gibt es in den Erinnerungskulturen?*

Globale Erinnerungskultur

„Der Holocaust war eine beispiellose und nicht zu **leugnen**de Tragödie", so formulierte der Generalsekretär der Vereinten Nationen Ban Ki-moon **anlässlich** des „Internationalen Tages des Gedenkens an die Opfer des Holocaust" im Januar 2007. Erst im November 2005 hatte die UN-Vollversammlung den Rahmen für seine Rede geschaffen, indem sie den **Beschluss fasste**, fortan jedes Jahr der Befreiung des Konzentrationslagers Auschwitz-Birkenau am 27. Januar und damit verbunden der Opfer der nationalsozialistischen Vernichtungspolitik zu erinnern.

Diese Entscheidung markiert den vorläufigen Höhepunkt einer mehrere Jahrzehnte andauernden Entwicklung. Während die systematische Ermordung der Juden in der Perspektive von Historikern, Massenmedien und Politikern lange Zeit nur einen **untergeordneten** Gesichtspunkt in der Auseinandersetzung mit „Drittem Reich" und Zweitem Weltkrieg bildete, wird sie heute als „paradigmatisches Menschheitsverbrechen" (Dirk Rupnow) gedeutet: als singuläres Ereignis, dessen Erinnerung **unentbehrliche** Lehren für Gegenwart und Zukunft bereit halte. Dementsprechend kreisen die Debatten über die Existenz eines europäischen oder globalen Gedächtnisses häufig um Konjunktur und Relevanz der Holocaust-Erinnerung.

Warum aber sollte sich ausgerechnet der dunkelste Teil der deutschen Geschichte als **Bezugspunkt** für eine globale Erinnerungskultur eignen? Wie geschlossen stimmt die Staatenwelt tatsächlich darin überein, dass dem „Zivilisationsbruch Auschwitz" (Dan Diner) ein herausragender Platz im Gedächtnis der Völker **gebührt**?

Zumindest auf die erste Frage hält der Soziologe Bernhard Giesen eine Antwort parat. Mit Blick auf das Ende des 20. Jahrhunderts erkennt er in westlich geprägten Demokratien eine Abkehr vom „Triumph" und eine Hinwendung zum „Trauma". Die zunehmende Auseinandersetzung mit der eigenen Korrumpierung und Kollaboration hat laut Giesen positive Folgen für die Herausbildung einer transnationalen – das heißt, einer nicht ausschließlich durch nationale Referenzrahmen und Grenzen determinierten – Gemeinschaft: „Während die Feiern eines triumphalen Sieges einer Nation jenseits der Grenzen, im Lande der Besiegten, Bitterkeit und Ressentiment auslösen, wirkt das gemeinsame Opfergedenken durch die politischen Repräsentanten der Sieger und Besiegten von gestern **versöhnend**."

In besonderer Weise trifft diese Diagnose auf die Erinnerung an die Opfer des Holocaust zu. Wie die Soziologen Daniel Levy und Natan Sznaider in ihrem Buch „Erinnerung im globalen Zeitalter" ausführen, hat eine Reihe von Medienereignissen (das „Tagebuch der Anne Frank", der „Eichmann-Prozess" in Jerusalem, die TV-Serie „Holocaust" und der Hollywood-Blockbuster „Schindlers Liste") wesentlich dazu beigetragen, dass sich Menschen mit unterschiedlichem ethnischen und gesellschaftlichen Hintergrund die Möglichkeit zur Identifikation mit den jüdischen Opfern bietet. Gleichzeitig hat sich das Leiden der Juden als universaler Maßstab für die Erfahrungen anderer Opfergruppen etabliert, was nicht zuletzt zu einer stärkeren „Opferkonkurrenz" und **Indienstnahme** des Holocaust geführt hat. Neben den Massenmedien, die von **Vertreibung** und Völkermord (Stichwort: Kosovo und Ruanda) berichten, nutzen etwa **Abtreibung**sgegner und radikale Tierschützer (PETA) mit dem Holocaust assoziierte Bilder und Metaphern, um eine möglichst große Öffentlichkeit zu erreichen.

„Nie wieder Krieg, nie wieder Auschwitz"

Auch Regierungsmitglieder legitimieren ihr politisches Handeln mit dem Holocaust. Unvergessen ist der **Spagat** des damaligen Außenministers der Rot-Grünen Koalition, Joschka Fischer, der auf einem

Sonderparteitag seiner Partei im Mai 1999 mit folgenden Worten für die **Beteiligung** der Bundesrepublik am Kosovo-Krieg **warb**: „Auschwitz ist unvergleichbar. Aber ich stehe auf zwei Grundsätzen: nie wieder Krieg, nie wieder Auschwitz; nie wieder Völkermord, nie wieder Faschismus." Allerdings stand Fischer mit seiner Position, die eher **unfreiwillig** verdeutlicht, dass Auschwitz keine klare **Richtschnur** für politische Entscheidungen liefert, nicht allein. Dies zeigte sich kurz darauf bei der internationalen „Holocaust-Konferenz" in Stockholm.

Das **Gipfeltreffen**, dessen Ursprünge in der US-Geschichtspolitik der 1990er-Jahre liegen, führte vom 26. bis zum 28. Januar 2000 mehr als zwanzig überwiegend europäische Staats- und Regierungschefs zusammen. In ihren Reden bekräftigten sie die fortdauernde Aktualität des Holocaust und verpflichteten sich außerdem in einer gemeinsamen Deklaration zur Bekämpfung jeglicher Form von Fremdenfeindlichkeit, Rassismus und Antisemitismus. Dass **sich** der Bezug auf Auschwitz immer auch **aus** aktuellen Interessen **speist**, verdeutlicht die Ankündigung des damaligen US-Präsidenten Bill Clinton, eine globale Menschenrechtspolitik notfalls mit Hilfe militärischer Interventionen durchsetzen zu wollen.

Doch obwohl heute Holocaust-Museen und -Zentren in allen Erdteilen existieren, wäre die Annahme eines globalen oder auch nur europäischen Konsenses falsch. Trotz der sichtbaren Bemühungen der UN-Spitze, das Gedenken an die Opfer des Holocaust als internationale Norm zu etablieren, gibt es bereits deutliche Unterschiede in den Erinnerungskulturen der europäischen Staaten. Während das *alte Europa* den Holocaust als negative Referenz seines Gedächtnisses verankert hat, deutet das *neue Europa* die stalinistischen Verbrechen oft als relevantere historische Erfahrung. Dabei wird die eigene Beteiligung und Mitwirkung an der deutlich längeren und zugleich jüngeren kommunistischen Diktatur regelmäßig mit dem Verweis auf die **oktroyierte** sowjetische Fremdherrschaft relativiert. **Folgerichtig** sind die von einer doppelten diktatorischen Vergangenheit betroffenen mittel- und osteuropäischen Staaten von einem „nega-

tiven Gedenken" (Volkhard Knigge), das sich durch „die öffentliche
Erinnerung an begangene, nicht an erlittene Untaten" auszeichnet,
noch recht weit entfernt. ...

Differenzen in der Erinnerung

Offensichtlich bestehen international große Differenzen in der Erinnerung des Holocaust. Das Spektrum reicht von Staaten, in denen
der Holocaust als Grundlage eines offiziellen Gedächtnisses dient
(z. B. USA, Israel und viele vorwiegend westeuropäische Nationen) bis
hin zu Ländern, in denen wichtige politische Akteure – etwa der irani-
sche Präsident Mahmud Ahmadinedschad – die Realität der industriell
betriebenen Massenvernichtung leugnen. Neben diesen **Einwänden**
gibt es weitere Argumente, die Anlass geben, **Reichweite** und **Nachhaltigkeit** einer transnationalen oder globalen Holocaust-Erinnerung
zu hinterfragen. Erstens legen empirische Studien nahe, dass sich Elemente der offiziellen Erinnerungskultur und Inhalte nicht-öffentlicher
Erinnerung deutlich voneinander unterscheiden.

Zweitens ist die politische Instrumentalisierung des Holocaust
mit ebenso großer Skepsis zu sehen wie das verbreitete Argument,
Auschwitz halte universale Lehren bereit. Denn auch in der Bundesrepublik, deren Bildungseinrichtungen und Massenmedien beständig Angebote zur Information über den Holocaust machen, sind
Ausländerfeindlichkeit, Rassismus und Antisemitismus noch immer
an der Tagesordnung. Drittens potenzieren sich im globalen Maßstab die Erinnerungskonflikte zwischen ethnischen Gruppen oder
Nationalstaaten. Damit ist zugleich das Problem verbunden, dass
die **Schlichtung** von geschichtspolitischen Gegensätzen mit autori-
tären, häufig nationalistischen Regimen notwendig wird, die deutlich prekärer ist als die Konfliktregulierung zwischen pluralistischen
Demokratien in der EU. Insofern erscheint fraglich, ob sich tatsächlich eine globale Erinnerung mit dem Holocaust als Referenzpunkt
herausbilden wird.

Quelle: http://www.bpb.de/geschichte/zeitgeschichte/geschichte-und-erinnerung/
39863/erinnern-global?p=0

Vokabeln

Bestandteil *(m)*, **-e**	component
leugnen	to deny
leugnet, leugnete, hat geleugnet	
anlässlich *(Gen)*	on the occasion of
einen Beschluss *(m)* **fassen**	to make a decision
fasst, fasste, hat gefasst	
untergeordnet	subordinate
unentbehrlich	indispensable
Bezugspunkt *(m)*, **-e**	point of reference
jdm. gebühren	to be due to s.o.
gebührt, gebührte, hat gebührt	
sich versöhnen	to reconcile
versöhnt sich, versöhnte sich, hat sich versöhnt	
Indienstnahme *(f)*, **-n**	commissioning, taking into service
Vertreibung *(f)*, **-en**	displacement, expulsion
Abtreibung *(f)*, **-en**	abortion
Spagat *(m)*	splits; *here:* balancing act
Beteiligung *(f)*, **-en**	participation
werben	to campaign, to advertise
wirbt, warb, hat geworben	
unfreiwillig	involuntary
Richtschnur *(f)*, **-schnüre**	guideline
Gipfeltreffen *(n)*, **-**	summit meeting
sich speisen aus	to arise from
speist sich, speiste sich, hat sich gespeist	
oktroyieren	to impose sth. on s.o.
oktroyiert, oktroyierte, hat oktroyiert	
folgerichtig	consequently, therefore
Einwand *(m)*, **-wände**	objection
Reichweite *(f)*, **-n**	range
Nachhaltigkeit *(f)*	sustainability
an der Tagesordnung sein	to be a daily occurrence
Schlichtung *(f)*, **-en**	conciliation

Verständnisfragen zum Text

1. Was wird am 27. Januar erinnert und warum? Erklären Sie, warum es zu diesem Gedenktag gekommen ist.
2. Erklären Sie, was Bernhard Giesen mit einer „Abkehr vom ‚Triumph' und eine[r] Hinwendung zum ‚Trauma'" meint. Welche Folgen hat diese Entwicklung für die „Staatenwelt"?
3. Erklären Sie den Ausspruch des früheren Außenministers Joschka Fischer „Nie wieder Krieg, nie wieder Auschwitz". Was bedeutet er im Zusammenhang mit dem Kosovokrieg?
4. Was wurde auf der internationalen Holocaust Konferenz in Stockholm im Jahre 2000 beschlossen?
5. Auf welche Weise erinnern das alte und das neue Europa den Holocaust unterschiedlich, und was ist mit altem und neuem Europa gemeint?
6. Welche Kritikpunkte führt der Autor hinsichtlich der transnationalen oder globalen Erinnerungskultur des Holocausts an? Nennen Sie einen Kritikpunkt und erklären Sie diesen näher.

Analyse und Diskussion

1. Nehmen Sie eines der Beispiele, die Daniel Levy und Natan Sznaider anführen (*Schindlers Liste*, *Das Tagebuch der Anne Frank* usw.) oder wählen Sie ein anderes, eigenes Beispiel und erklären Sie, wie Ihrer Meinung nach diese „Medienereignisse" eine Möglichkeit zur Identifikation für Menschen mit unterschiedlichen Hintergründen bieten können.
2. Wie ist Ihre persönliche Meinung zu der globalen Erinnerung des Holocausts? Sehen Sie darin einen Vorteil oder stehen Sie diesem eher skeptisch gegenüber? Kann eine gemeinsame Erinnerung die verschiedenen Nationen leichter zusammenbringen, wie es der Artikel vorschlägt? Diskutieren Sie im Unterricht.

Weiterführende Aktivitäten

1. Finden Sie Beispiele in Ihrem eigenen Land, die auf eine Neubewertung des Holocausts und dessen Erinnerung schließen lassen. Hat Ihr Land an der Stockholm Konferenz teilgenommen und sich dem Erinnern verpflich-

tet? Recherchieren Sie im Internet. Welche Rolle hat Ihr Land bei der Judenverfolgung gespielt? Hat Ihr Land Schuld auf sich geladen?

2. Nehmen Sie ein Land, das Sie interessiert, und sammeln Sie Informationen
   darüber, welche Rolle es im Zusammenhang mit dem deutschen Holocaust
   gespielt hat. Hat dieses Land Maßnahmen ergriffen, um seine Teilnahme
   an der Judenverfolgung zu bekunden und zu erinnern? Halten Sie einen
   Vortrag, in dem Sie zeigen, ob es in dem von Ihnen gewählten Land neue
   Monumente, Museen, Feiertage usw. gibt, die nach der Stockholmer Konferenz entstanden sind. Stellen Sie auch die Geschichte des Landes, die mit
   den Nationalsozialisten verbunden ist, kurz dar.

Projekte

1. Bis jetzt haben wir NATO sowie UNO als internationale oder zwischen-
   staatliche Organisationen (IGOs) kennengelernt, jedoch gibt es noch viele
   weitere, die von großer Bedeutung in der Welt sind. Da wären beispielsweise die WHO (World Health Organization) mit Sitz in Genf, OECD
   (Organisation for Economic Co-operation and Development) in Paris oder
   die WTO (World Trade Organization), wiederum in Genf, die von Interesse für Sie sein könnten. Recherchieren Sie im Internet, welche internationalen Organisationen es gibt und welche Sie besonders interessieren
   könnten – z. B. mit Hilfe folgender Webseite: http://www.icc-deutschland
   .de/icc-regeln-und-richtlinien/weiterfuehrende-informationen-anderer
   -organisationen-im-aussenhandel/internationale-organisationen.html.
   Stellen Sie eine Organisation im Unterricht vor. Wie ist die Geschichte
   dieser Organisation? Warum wurde sie gegründet? Was ist ihr Ziel? Welche
   Länder sind Mitglieder? Gibt es Kritik an dieser Organisation?

2. Nachdem wir einen Artikel über die Kritik an Menschenrechten in Deutschland gelesen haben, ist ein weiteres Thema, das eng an Menschenrechte
   gekoppelt ist, das des Menschenhandels. Welche Rolle spielt Deutschland
   im internationalen Menschenhandel? Ist der Menschenhandel ein Thema
   in den deutschen Nachrichten? Gibt es deutsche Organisationen, die sich
   gegen den Menschenhandel stellen? Die Webseite der NRO Reset: http://
   reset.org/knowledge/handelsware-mensch-menschenhandel-im-21-jahr
   hundert, oder die der Organisation Gemeinsam gegen Menschenhandel:

http://www.gemeinsam-gegen-menschenhandel.de/, könnten Ihnen dabei helfen. Schreiben Sie einen Bericht über Ihre Ergebnisse.

3. Wir haben bereits Kenntnisse über die Bundeswehr und ihre militärischen Einsätze seit den 1990er-Jahren erhalten. Ein Militäreinsatz, der für besonders viel Aufmerksamkeit und Kritik in der Presse sorgte, ist der Afghanistan-Einsatz der Deutschen, über den Sie ebenfalls einige Details in diesem Kapitel erfahren haben. Aufgrund dieser lautstarken Kritik war die Bundesregierung sehr daran interessiert, die Teilnahme der Deutschen in Afghanistan so schnell wie möglich zu beenden und die Truppen wieder nach Hause zu holen. Dieser Rückzug war für das Jahr 2014 geplant. Recherchieren Sie genauer, welche konkreten Kritikpunkte es hinsichtlich von Afghanistan gab. Das Stichwort „Kundus-Affäre" ist dabei von Bedeutung. Was genau ist oder war die „Kundus-Affäre"? Warum löste der Fall eine so große Entrüstung im deutschen Bundestag sowie innerhalb der deutschen Bevölkerung aus? Ein guter Ausgangspunkt ist hier das *Spiegel*-Dossier: http://www.spiegel.de/thema/kunduz_affaere/. Schreiben Sie einen kurzen Aufsatz.

4. Weltpolitik ist ein Thema, das sich sehr schnell wandelt, da jeden Tag neue Probleme auftreten, denen sich Deutschland stellen muss. Sehen Sie täglich die deutschen Nachrichten: www.tagesschau.de, oder lesen Sie einige Artikel in großen deutschen Tageszeitungen (*Frankfurter Allgemeine Zeitung, Süddeutsche Zeitung, tageszeitung*). Wählen Sie ein Thema der deutschen Außenpolitik, das Sie besonders interessant finden und das Sie zwei Wochen lang verfolgen. Stellen Sie dann die politischen Entwicklungen im Unterricht vor und konzentrieren Sie sich auf folgende Fragen: Auf welche Weise ist Deutschland in das Problem verwickelt? Wie ist das Problem entstanden? Welche Lösungsmöglichkeiten gibt es? Gibt es unterschiedliche Berichterstattungen in verschiedenen deutschen Medien?

Weiterführende Materialien

Nichtregierungsorganisationen

Brot für die Welt: http://www.brot-fuer-die-welt.de/home.html
Die Malteser: http://www.malteser.de
DRK – Deutsches Rotes Kreuz: http://www.drk.de/

Menschen für Menschen: http://www.menschenfuermenschen.org/
DFG – Deutsche Friedensgesellschaft: https://www.dfg-vk.de/willkommen/

Filme

Praktikanten der Weltpolitik – als Aushilfsdiplomat bei den Vereinten Nationen:
    http://www.youtube.com/watch?v=fu8Kda9Gu1Q
Misereor: *Wirkungen in der Entwicklungszusammenarbeit*:
    http://www.youtube.com/watch?v=5ozTxe33f-k
Okt. 2012: Unterwegs mit Ärzte ohne Grenzen:
    http://www.youtube.com/watch?v=fT3qWxpcQks
Focus-TV Reportage: *Menschenhandel/Kinderhandel in Osteuropa*:
    http://www.youtube.com/watch?v=UwdyCJ8Zvd0

Literatur

Rüdiger Safranski. „Weltfriede?" *Wieviel Globalisierung verträgt der Mensch?*
    Frankfurt a. M.: Fischer, 2006. 47–61.
Le Monde diplomatique. *Atlas der Globalisierung. Das 20. Jahrhundert.* Paris:
    Le Monde diplomatique, 2010.
Le Monde diplomatique. *Atlas der Globalisierung. Die Welt von morgen.* Paris:
    Le Monde diplomatique, 2011.
Daniel Levy und Natan Sznaider. *Erinnerung im globalen Zeitalter: Der Holo-
    caust.* Frankfurt a. M.: Suhrkamp, 2007.
Ulrich Beck (Hg.). *Perspektiven der Weltgesellschaft.* Frankfurt a. M.: Suhr-
    kamp, 1998.

Kapitel Sieben
Globalisierung und Mobilität

Einführung in das Thema

Das letzte Kapitel des Textbuches beschäftigt sich mit einer äußerst beliebten Tätigkeit der Deutschen – mit dem Reisen. Obwohl die Deutschen eine verhältnismäßig kleine Nation sind (ca. 80,5 Millionen Einwohner, Stand Dezember 2012), sind sie doch überall auf der Welt anzutreffen: Ob Osterinsel oder Alaska, Patagonien oder Okinawa – kein Ort scheint zu weit, keine Reise zu mühsam, als dass sie nicht innerhalb der sechs Wochen, die einem Deutschen an Urlaub im Durchschnitt jährlich zur Verfügung stehen, unternommen werden könnte. Daher nimmt es auch nicht Wunder, dass den Deutschen über viele Jahre hinweg der Titel des Reiseweltmeisters zugesprochen wurde – erst 2012 musste Deutschland diesen Titel an China abtreten. Alleine im Jahre 2011 waren es 69,5 Millionen Reisen, zu denen die Deutschen aufbrachen, und ein Ende der Reiselust ist nicht in Sicht.

Fand das Reisen in früheren Zeiten noch mit Postkutsche, Pferd oder zu Fuß statt, sind es heutzutage Flugzeug, Schiff, Bahn oder Auto, die den Reisenden an sein Ziel befördern. Durch die Errungenschaften der Technik und die Vernetzung der Welt ist es oft nur eine Frage von wenigen Stunden, bis wir fremde Länder betreten und unbekannte Kulturen erkunden können. Darüber hinaus ist durch globale Absprachen das Überqueren von Grenzen für Bürger wohlhabender Länder vereinfacht worden und das Beantragen eines Visums oft

© Ralph Loesche | Dreamstime.com

© Hanhanpeggy | Dreamstime.com

nicht mehr notwendig. Reisen ist so beliebt wie noch nie und Deutschland zusehends keine Ausnahmeerscheinung mehr, sondern muss als eine unter vielen Reisenationen gesehen werden. In diesem Zusammenhang stellt sich allerdings die Frage, ob eine vermehrte Reisetätigkeit weltweit wirklich eine wünschenswerte Entwicklung darstellt. Verkehrsmittel, insbesondere Flugzeuge, verschmutzen die Umwelt, einheimische Kulturen werden durch den Strom der Touristen zerstört und globale Konzerne vernichten lokale Wirtschaften, indem sie ihre Produkte zu günstigeren Preisen an die Touristen verkaufen. Ein ungebremstes Reisen, wie es die Deutschen betreiben, sollte nicht als Vorbild betrachtet werden, sondern als ein fragwürdiges Freizeitverhalten, das in der durchgeführten Art und Weise nicht von anderen Nationen übernommen werden sollte.

Auch unser Abschlusskapitel besteht – wie könnte es anders sein – aus zwei Teilen: Der erste Teil befasst sich mit Tourismus ganz allgemein: Beliebte Reiseziele und Verkehrsmittel der Deutschen werden beleuchtet, ihre Beweggründe, andere Länder zu erkunden sowie die Gefahren, die durch den vermehrten Tourismus entstehen können. Beispielsweise ist ein Zuwachs von Tropenkrankheiten in Deutschland zu verzeichnen, deren Erreger versteckt im Gepäck oder im eigenen Körper eingeschleppt werden und sich im ungünstigsten Fall rapide vermehren. Daher ist vor allem auf Fernreisen Vorsicht geboten. Den Abschluss des ersten Teiles bildet ein Artikel über die wachsende Beliebtheit von Deutschland als Urlaubsland. Touristen aus aller Welt bereisen jährlich die deutsche Republik, wobei besonders Berlin von keiner anderen Stadt in Europa an Attraktivität überboten wird.

Teil Zwei setzt seinen Schwerpunkt auf eine etwas andere Art von Mobilität, nämlich auf Migration. Dabei geht es sowohl um das Auswandern der Deutschen aus ihrer angestammten Heimat als auch um Einwanderung nach Deutschland. Den Auftakt bildet der kurze Videoclip von Wladimir Kaminer, dem wir bereits in der Sektion über deutsche Esskultur des zweiten Kapitels begegnet sind. Kaminer berichtet von seiner eigenen Geschichte als Migrant im

Deutschland der 1990er-Jahre und stellt auf humorvoll-ironische Weise seinen damaligen Status als Flüchtling als charakteristischen Zustand einer globalisierten Welt heraus. Weiter geht es mit der Geschichte der Gastarbeiter, deren Nachkommen heute zahlreich in Deutschland vertreten sind. Von den schweren Anfängen in Holzbaracken ist die Rede, von dem Heimweh der Menschen aus südlichen Regionen Europas, von fehlenden Integrationsbemühungen der Bundesrepublik Deutschland und verletzenden Vorurteilen der deutschen Bevölkerung. Auch heute noch sind Vorurteile gegenüber Menschen anderer Kulturen in den Köpfen vieler Deutscher verankert, wie im nächsten Artikel herausgestellt wird. Ausländerfeindlichkeit lässt sich insbesondere im Osten von Deutschland nachweisen, der durch seine in manchen Teilen wirtschaftlich desolate Situation rechtsextremes Gedankengut hervorbringt. Vor allem bei jungen Leuten ohne berufliche Perspektive ist diese stark verbreitet, und zwar speziell im Hinblick auf Anhänger des islamischen oder jüdischen Glaubens. Das Thema der ostdeutschen Xenophobie wird weiterhin in dem Film *Salami Aleikum* des Regisseurs Ali Samadi Ahadi aufgegriffen und in komödienhafter Manier sowohl bestätigt als auch widerlegt. Die Ostdeutsche Ana und der Sohn iranischer Einwanderer Mohsen verlieben sich ineinander und lösen damit eine Reihe von Missverständnissen aber auch letztendlich positive (wenn auch etwas unrealistische) Veränderungen bei ihren Familien aus. Ausländerfeindlichkeit wird hier, neben einer Fülle von weiteren Themen, auf eine weniger aggressive, jedoch sehr effektive Weise beleuchtet und mit den sozioökonomischen Gegebenheiten der ostdeutschen Provinz in Verbindung gebracht. Den Abschluss des Kapitels bilden zwei Texte, die sich der Auswanderung der Deutschen widmen. Zum einen handelt es sich um einen Radiobeitrag, der deutschen Spuren in den Vereinigten Staaten folgt und den deutschen Einfluss in der amerikanischen Kultur herausstellt, wobei es sich bei dem untersuchten Ort um das pennsylvanische Saxonburg handelt. Der zweite Beitrag beschreibt die wöchentlich zweimalig ausgestrahlte Fernsehsendung *Goodbye Deutschland*, die auswanderwillige Deutsche auf ihrem Weg in ein neues Leben begleitet und Fortschritte sowie Misserfolge kommentiert. Auswandern gehört eben längst nicht der Vergangenheit an, sondern ist auch heutzutage noch aktuell, da sich viele Deutsche in der Ferne das Glück versprechen, das sie in ihrem deutschen Zuhause nicht finden können. Mit diesem Artikel endet unser letztes Kapitel und damit auch unser Textbuch über Globalisierung.

Fünfundzwanzig wichtige Vokabeln

Anpassung *(f)*, **-en**	assimilation
Aufenthalt *(m)*, **-e**	stay
Auffanglager *(n)*, **-**	detention camp
ausharren	to endure, to hold out
harrt aus, harrte aus, hat ausgeharrt	
beantragen	to apply
beantragt, beantragte, hat beantragt	
buchen	to book
bucht, buchte, hat gebucht	
Einheimische *(m/f)*, **-n**	local (person)
sich einschleichen	to sneak in, to slip in
schleicht sich ein, schlich sich ein, hat sich eingeschlichen	
sich entspannen	to relax
entspannt sich, entspannte sich, hat sich entspannt	
erhältlich	available
Flugzeug *(n)*, **-e**	airplane
Flüchtling *(m)*, **-e**	refugee
Hängematte *(f)*, **-n**	hammock
Herberge *(f)*, **-n**	hostel
sich mit etw. infizieren	to contract sth.
infiziert sich, infizierte sich, hat sich infiziert	
Kreuzfahrt *(f)*, **-en**	cruise
Reisebranche *(f)*, **-n**	travel industry
Reisebüro *(n)*, **-s**	travel agency
reisen	to travel
reist, reiste, ist gereist	
Reisepass *(m)*, **-pässe**	passport
Staatsangehörigkeit *(f)*, **-en**	citizenship
Unterkunft *(f)*, **-künfte**	accommodation, housing
unterwegs sein	to be on the road
übernachten	to stay overnight
übernachtet, übernachtete, hat übernachtet	
Visum *(n)*, **Visa**	visa

TEIL EINS: TOURISMUS

Reiseverhalten der Deutschen

Einführung

Der Artikel „Reiseverhalten der Deutschen" konfrontiert uns mit vielen Zahlen und Fakten. Er beschäftigt sich mit einer Umfrage, die das Reiseverhalten der Deutschen erforscht. Im Jahre 2012 durchgeführt gibt uns der Text Informationen über die Reiselust der Deutschen, die seit Jahrzehnten ungebrochen groß ist. Deutschland ist ein Land, das sich durch eine rege Reisetätigkeit auszeichnet und nicht selten in der Vergangenheit Reiseweltmeister war. In „Reiseverhalten der Deutschen" erfahren Sie erste Antworten auf folgende Fragen: Welche Bevölkerungsgruppen reisen? Welche Faktoren begünstigen das Reisen? Welche Ziele suchen die Deutschen am liebsten auf? Welche Verkehrsmittel benutzen sie am häufigsten? Da dieser Text recht einfach geschrieben ist, sollte er Ihnen keine großen Schwierigkeiten bereiten.

© Mitch1921 I Dreamstime.com

Auf der Internationalen Tourismus-Börse Berlin (ITB), die diese Woche ihre Tore öffnet, präsentiert die Reisebranche alljährlich Fachpublikum und Verbrauchern die neuesten Reisetrends. Die Reiselust der Deutschen ist nach wie vor **ungebrochen**. Das zeigen die Ergebnisse der jährlich veröffentlichten Allensbacher Markt- und **Werbeträger**analyse (AWA), die sich jeweils auf persönlich-mündliche (face-to-face) Interviews mit mehr als 20.000 Personen ab 14 Jahren stützt.

Dass die Deutschen gerne verreisen, **spiegelt sich** auch in der **ausgeprägt** hohen Ausgabebereitschaft für diesen Lebensbereich **wider**. 44 Prozent der Bürger sind bereit, für Reisen besonders viel Geld auszugeben. Nur für die eigenen vier Wände und gutes Essen

greifen die Bürger noch **tiefer in die Tasche**. Bildungsaffine Personen geben für Reisen besonders gerne Geld aus. Für Personen mit (Fach-)Hochschulreife ist Reisen mit 58 Prozent der Lebensbereich mit der höchsten Ausgabebereitschaft.

In den letzten 12 Monaten vor dem Befragungszeitpunkt haben 56 Prozent aller Bürger eine mindestens 5-tägige Urlaubsreise unternommen. Auch die zunehmend im Fokus der Tourismusbranche stehenden 50- bis 69-jährigen „Best Ager" sind mit 61 Prozent noch ausgesprochen reisefreudig. Erst bei den 70-Jährigen und Älteren **lässt** die Reiseaktivität, nicht zuletzt aufgrund zunehmender gesundheitlicher **Einschränkungen**, deutlich **nach**. In dieser Altersgruppe haben nur 40 Prozent eine Urlaubsreise angetreten. Mehr noch als das Alter beeinflusst das Einkommen das eigene Reiseverhalten. So haben in den unteren Einkommensgruppen mit einem monatlichen Haushalts**nettoeinkommen** von weniger als 1.750 Euro 38 Prozent der Personen eine Urlaubsreise gemacht, in den mittleren Einkommensgruppen waren es hingegen 57 Prozent, in den höheren Einkommensschichten mit mehr als 3.500 Euro monatlichem Haushaltsnettoeinkommen 72 Prozent.

Das beliebteste Urlaubsziel der Deutschen ist dabei das eigene Land. 27 Prozent der Bevölkerung machten Urlaub in Deutschland. Besonders Ost- und Nordsee sowie Bayern **stehen hoch im Kurs**: 8 Prozent der Bürger verbrachte ihren Urlaub an der Ostsee, 7 Prozent in Bayern, 6 Prozent an der Nordsee. Außerhalb Deutschlands sind vor allem Spanien, Italien und Österreich beliebt, wo jeweils 8 bzw. 7 Prozent aller Bürger ihren Urlaub verbrachten. Es folgen die Türkei, Osteuropa, Frankreich, Skandinavien, Griechenland und das ehemalige Jugoslawien. Exotische Länder in Fernost, Mittel- oder Südamerika sowie in Sub-Sahara-Afrika sind nach wie vor eher seltene Ziele der Deutschen – nur ein bis zwei Prozent der Bevölkerung hat es in diese Regionen gezogen. ...

Bei den Verkehrsmitteln, die die Bevölkerung für ihren Urlaub nutzt, liegt das Auto nach wie vor auf Platz eins. 61 Prozent derjenigen, die in den 12 Monaten vor der Befragung eine mindestens

5-tägige Urlaubreise gemacht haben, haben dafür das Auto genutzt. An zweiter Stelle folgt – mit deutlichem Abstand vor allen anderen Verkehrsmitteln – das Flugzeug, das 44 Prozent der Urlauber
nutzten. Die Bahn bestiegen 12 Prozent, einen Reisebus 10 Prozent
der Reisenden.

Für die westdeutsche Bevölkerung lässt sich seit 1980 ein deutli-
cher Bedeutungsgewinn des Flugzeugs **zulasten von** Bahn und Bus
nachzeichnen. 1980 nutzten 22 Prozent der westdeutschen Ur-
laubsreisenden das Flugzeug, genauso viele wie die Bahn. Mit dem
Bus erreichten 14 Prozent ihr Ziel. Seitdem hat sich der Anteil derjenigen, die mit dem Flugzeug in den Urlaub reisen, auf 44 Prozent
verdoppelt, während sich der Anteil der Bahnreisenden auf aktuell
12 Prozent nahezu halbiert hat. Mit dem Bus sind heute 10 Prozent
unterwegs in den Urlaub.

Quelle: http://www.ifd-allensbach.de/uploads/tx_reportsndocs/prd_1202.pdf

Vokabeln

ungebrochen	unbroken
Werbeträger *(m)*, -	advertising media
sich widerspiegeln in *(Dat)*	to be reflected by
spiegelt sich wider, spiegelte sich wider, hat sich widergespiegelt	
ausgeprägt	pronounced, distinct
tief in die Tasche greifen	to dip into one's pocket
greift, griff, hat gegriffen	
nachlassen	to abate, to cease
lässt nach, ließ nach, hat nachgelassen	
Einschränkung *(f)*, **-en**	constraint, restriction
Nettoeinkommen *(n)*, -	net income
hoch im Kurs stehen	to be in great demand
zulasten von	at the cost of

Verständnisfragen zum Text

1. Was passiert auf der Internationalen Tourismus-Börse?
2. Reisen die Deutschen gerne?
3. Wer gibt am meisten Geld für das Reisen aus?
4. Welche Faktoren beeinflussen die Reisetätigkeit der Deutschen?
5. Was ist das beliebteste Reiseziel der Deutschen?
6. Welche Verkehrsmittel bevorzugen die Deutschen?

Analyse und Diskussion

1. Warum reisen die Deutschen so viel und speziell Personen, die einen höheren Bildungsgrad haben? Können Sie dafür Gründe anführen? Diskutieren Sie Ihre Vermutungen im Unterricht.
2. Sprechen Sie über die Urlaubsländer, die in Deutschland als Reiseziele beliebt sind. Warum reisen die Deutschen am liebsten in ihrem eigenen Land? Ist es nicht langweilig, im eigenen Land zu verreisen? Diskutieren Sie.

Weiterführende Aktivitäten

1. Wohin sind Sie bis jetzt gereist? Haben Sie schon einmal einen anderen Kontinent besucht? Was waren die Schwierigkeiten, die Sie erlebt haben? Hatten Sie einen Kulturschock, oder waren Ihre Erlebnisse in erster Linie positiv? Sprechen Sie mit Ihrem Nachbarn über Ihre eigenen Erfahrungen.
2. Gehen Sie zu der Webseite der Internationalen Tourismus-Börse: http://www.itb-berlin.de/, und sehen Sie sich die Webseite genauer an. Welche Informationen erhalten Sie? Was genau ist die ITB, wann findet sie statt, und was kann man als Besucher dort erfahren? Stellen Sie Ihre Ergebnisse im Unterricht vor.
3. Finden Sie Informationen über das Reiseverhalten Ihres Landes heraus. Wie viel Prozent der Bevölkerung reisen regelmäßig? Welche Altersgruppen reisen am meisten? Welche Reiseziele werden bevorzugt? Gibt es Parallelen zu Deutschland oder überwiegen die Unterschiede? Können Sie eine Erklärung dafür finden? Schreiben Sie einen Aufsatz.

Die dunklen Seiten des globalisierten Tourismus: Zu den ökologischen, ökonomischen und sozialen Risiken des internationalen Tourismus

Einführung

Wie wir schon in dem Kapitel „Globalisierung und Umwelt" erfahren haben, hat eine aktive Reisetätigkeit wie die der Deutschen nicht nur positive Seiten, sondern kann durchaus viele negative Auswirkungen auf die Umwelt haben. In „Die dunklen Seiten des globalisierten Tourismus" stellt der Autor Norbert Suchanek die Probleme des internationalen Reisens deutlich heraus. Suchanek, der selber früher für Greenpeace und andere Nichtregierungsorganisationen gearbeitet hat und sich in seinem Buch *Ausgebucht* kritisch mit der Tourismusindustrie auseinandersetzt, zeigt drei große Problembereiche des Tourismus auf: Fernreisen, All-inclusive-Urlaube und Kreuzfahrten.

Der Tourismus ist kein neues Phänomen unserer Zeit. Bereits seit Tausenden von Jahren verreisen Menschen. Dennoch bestehen entscheidende Unterschiede zwischen dem modernen Tourismus und den Reisen von gestern. Zum einen sind immer mehr Menschen immer schneller, immer öfter und immer weiter unterwegs. Zum anderen haben die Reisenden vergangener Jahrhunderte ihren Urlaub nicht bei TUI, Neckermann oder Rewe gebucht.

Der moderne Tourismus ist ein „Big Business", das von wenigen großen Konzernen bestimmt wird. Daten des **Weltwährungsfonds** (IWF) zufolge **löste** der internationale Tourismus mit Einnahmen in Höhe von 504 Milliarden US-Dollar bereits 1998 die Automobilbranche als größte Exportindustrie der Welt **ab**. Nach Meinung der Welttourismusorganisation (WTO) sei das internationale Reisegeschäft aber „nur die Spitze eines Eisbergs". Denn zu den rund 700 Millionen **grenzüberschreitenden** Reisenden jährlich kämen nochmals etwa 2,3 Milliarden Touristen hinzu, die jeweils im eigenen Land Urlaub machen. Die WTO **schätzt** deshalb die globalen Gesamteinnahmen der Tourismusbranche auf 1,7 **Billionen** US-Dollar jährlich.

Obwohl die Tourismusfirmen – allen voran die TUI (Preussag), der inzwischen größte Reisekonzern der Welt – seit den neunziger Jahren auf dem Papier immer „grüner" werden und mit Bezeichnungen wie „Ökotourismus" oder „umweltfreundlicher" und „sanfter Tourismus" werben, geschieht in Wirklichkeit kaum etwas in dieser Richtung. Parallel zur Inflation der **Lippenbekenntnisse** nehmen ungehindert drei für die Umwelt und die soziale wie ökonomische Situation in den Entwicklungsländern gefährliche Tourismustrends zu.

I. Fernreisen

Immer mehr Touristen nutzen die Billigangebote von Neckermann, Lufthansa und TUI, um für ein paar Tage in die Karibik, nach Kenia oder Südostasien zu fliegen. Kohlendioxidausstoß oder der naturzerstörerische Verbrauch von strategischen und energieintensiven **Rohstoffen** wie Aluminium für den Flugzeugbau, der notwendige Bau neuer und der **Ausbau** bestehender Flughäfen spielen praktisch keine Rolle. So wuchs der interkontinentale Ferntourismus zwischen 1985 und 1996 um 73 Prozent, Tendenz weiterhin steigend. Unternahmen 1996 noch 3,5 Prozent der Weltbevölkerung eine Fernreise, werden es bis 2020 mehr als doppelt so viele sein, rechnet das Büro für Technikfolgenabschätzung des Deutschen Bundestags (TAB). Laut der Delphi-Studie „Fernreisen 2005" werden wahrscheinlich ab 2005 allein die Deutschen jährlich rund elf Millionen Mal in ein fernes Urlaubsland fliegen. Eine Grenze dieses Fernflug-Wachstums ist nicht in Sicht. ...

II. All-inclusive

Wachstumsmarkt Nummer zwei ist der *All-inclusive*-Tourismus. Fast alle Reisekonzerne setzen zunehmend auf die abgeschlossenen Urlaubsghettos, in denen die Urlauber so viel essen und trinken können, wie sie wollen, Surfen, Tennisspielen, Golfen – alles im Preis **inbegriffen**. Nur die kurzen Ausflüge mit klimatisierten Reisebussen oder der kurze Besuch eines **Bordells** finden außerhalb der

Feriendörfer statt. Die Einheimischen werden so von den Gewinnen aus dem Tourismus weitgehend ausgeschlossen, da oft selbst die Nahrungsmittel aus den Industriestaaten importiert werden. Die lokale Bevölkerung wird fast nur noch als gelegentliche **Kulisse** und als **Lieferant** für preiswerte Prostituierte benötigt. Der Brite Richard Carrick, der zum Direktorium von Airtours gehört, gibt **freimütig** zu, weshalb Tourismuskonzerne auf All-inclusive setzen: „All-inclusives erzeugen höhere **Gewinnspannen**." Diese Aussage wird durch eine 1989/90 in Jamaica durchgeführte Untersuchung unterstützt: All-inclusive-Hotels bringen 81 Prozent mehr US-Dollar je Zimmer ein als andere Beherbergungs**betriebe**. So leiden alle von Einheimischen geleiteten Tourismusbetriebe unter den All-inclusive-Angeboten. Selbst bei den Taxifahrern und einheimischen Kunsthandwerkern führen All-inclusive-Touristen gegenüber anderen **Pauschal**- oder Individual**urlaub**ern zu Verlusten, da fast alle Aktivitäten der All-inclusive-Gäste auch außerhalb der abgeschlossenen Hotelanlagen unter der Kontrolle des Reiseveranstalters stehen. Selbst lokale Kunsthandwerksmärkte würden von den All-inclusive-Touristen gemieden, sagt Tourismusexpertin Jenny Holland, die 1997 als Beraterin für die jamaikanische Regierung arbeitete. Und die Organisation der Amerikanischen Staaten (OAS) stellte schon 1994 fest: „All-inclusive-Hotels erzielen die größten Gewinne, aber ihr Einfluss auf die Wirtschaft ist je Dollar Gewinn kleiner als bei anderen Unterbringungsmöglichkeiten." Außerdem würden, so die OAS, All-inclusives bezogen auf die erzielten Einnahmen mehr importieren und gleichzeitig weniger Menschen anstellen als andere Hotels. Für die bereisten Länder können All-inclusive-Resorts deshalb sogar ein Verlustgeschäft sein.

III. Kreuzfahrttourismus

Der jüngste Weltwirtschafts**gipfel** vergangenen Juli in Genua, als die G-8-Staatsmänner werbewirksam auf einem Luxusliner **nächtigten**, zeigte es deutlich: Der Kreuzfahrttourismus liegt voll im Wind. Das

schon im All-inclusive-Tourismus praktizierte Prinzip des größtmög-
lichen Gewinnes für das Reiseunternehmen wird bei den Kreuzfahrten auf die Spitze getrieben. Den angesteuerten Küsten und Trauminseln der „Dritten Welt" bleiben in der Regel nur **„Almosen"** und
der ins Meer verklappte Abfall der Traumschiffe.

Transport, Übernachtung und Verpflegung machen den Löwenanteil der Ausgaben eines jeden Touristen aus. Bei Kreuzfahrten
landet dieser Teil der Urlaubskasse faktisch zu 100 Prozent in den
Taschen der internationalen Tourismusbetriebe. Ihre Schiffe laufen
die Kreuzfahrthäfen meist frühmorgens an und legen in der Nacht
wieder ab. Im Gegensatz zu Hotel- oder gar Rucksacktouristen können die Kreuzfahrer so nur einen **Bruchteil** ihres Urlaubsgeldes in
den bereisten Ländern selbst ausgeben. Einheimische Hotels, Pensi-
onen und Restaurants der angesteuerten Reiseziele gehen leer aus.
Die Wirtschaft der Trauminseln und Küstenregionen der Karibik, des
Mittelmeers, der Südsee oder des Indischen Ozeans kann allenfalls
am Geschäft mit Kurzausflügen, Imbiss, Reiseandenken und Prosti-
tution mitverdienen.

Quelle: http://www.bpb.de/apuz/25892/die-dunklen-seiten-des-globalisierten
-tourismus

Vokabeln

Weltwährungsfonds *(m)*	International Monetary Fund
ablösen	to supersede, to take over from
löst ab, löste ab, hat abgelöst	
grenzüberschreitend	crossing national boundaries
schätzen	to estimate
schätzt, schätzte, hat geschätzt	
Billion *(f)*, **-en**	trillion
Lippenbekenntnis *(n)*, **-se**	lip service
Rohstoff *(m)*, **-e**	natural resource
Ausbau *(m)*	development, expansion
inbegriffen	included, inclusive
Bordell *(n)*, **-e**	brothel

Kulisse *(f)*, **-n**	backdrop
Lieferant *(m)*, **-en**	deliveryman
freimütig	frank
Gewinnspanne *(f)*, **-n**	profit margin
Betrieb *(m)*, **-e**	company
Pauschalurlaub *(m)*, **-e**	vacation package
Gipfel *(m)*, **-**	summit
nächtigen	to spend the night
nächtigt, nächtigte, hat genächtigt	
Almosen *(n)*, **-**	alms
Bruchteil *(m)*, **-e**	fraction

Verständnisfragen zum Text

1. Wie unterscheidet sich der heutige Tourismus von früherem Reisen? Welche Punkte werden im Text genannt?

2. Welche wirtschaftliche Stellung nimmt die Tourismusbranche ein? Wie erfolgreich ist sie?

3. Was ist das Problem, das der Autor im Hinblick auf Fernreisen sieht? Was kritisiert er am deutschen Reiseverhalten?

4. Was genau ist unter einem All-inclusive Urlaub zu verstehen, und warum ist diese Urlaubsvariante sowohl bei den Touristen als auch bei den Reiseveranstaltern so beliebt?

5. Nennen Sie einige Nachteile, die für die bereisten Länder durch den All-inclusive Tourismus entstehen.

6. Kreuzfahrten führen zu einer Gewinnmaximierung für die Tourismusindustrie. Erklären Sie, warum das so ist.

Analyse und Diskussion

1. Im Text werden Probleme genannt, die durch unser Reiseverhalten in andere Länder entstehen. Listen Sie diese negativen Auswirkungen auf und überlegen Sie, ob Sie noch weitere Punkte zu Ihrer Liste hinzufügen können. Haben Sie vielleicht in der Vergangenheit einen Artikel gelesen oder eine Dokumentation über dieses Thema gesehen? Diskutieren Sie Ihre Ergebnisse im Unterricht.

2. Der Autor steht dem Reisen sehr kritisch gegenüber. Machen Sie eine Liste,

in der Sie die positiven Seiten des Reisens betonen. Welche guten Gründe lassen sich für das Bereisen fremder Länder aufführen? Teilen Sie sich dann in zwei Gruppen und debattieren Sie im Unterricht für und gegen das Reisen.

Weiterführende Aktivitäten

1. Nehmen Sie einen der im Text genannten Reiseveranstalter: TUI (http://www.tui.com/), Rewe (http://www.rewe-reisen.de/) oder Neckermann (http://www.neckermann-reisen.de/), und recherchieren Sie die Reiseangebote. Nehmen Sie eine Urlaubsreise, die Ihnen besonders gut gefällt, und präsentieren Sie diese im Unterricht. Warum würden Sie gerne diesen Urlaub machen? Was sind die positiven Aspekte? Welche Aspekte könnten vielleicht negativ sein? Wäre Suchanek mit Ihrem Urlaub einverstanden?

2. Sehen Sie sich einige Urlaubswerbungen von den oben genannten Reiseveranstaltern im Internet an (z. B. von TUI: https://www.youtube.com/watch?v=TEIJLyArSwM) und analysieren Sie diese. Was steht bei den Werbungen im Vordergrund? Was macht die Werbungen besonders ansprechend? Was wird nicht erwähnt? Würden Sie aufgrund dieser Werbungen einen bestimmten Urlaub buchen?

3. Bilden Sie zwei Gruppen im Unterricht. Eine Gruppe recherchiert einen Urlaub auf einem Kreuzfahrtschiff (z. B. Disney Cruise Line), die zweite Gruppe sucht einen „ökologisch vertretbaren" Urlaub heraus. Präsentieren Sie dann Ihre jeweiligen Urlaubsmöglichkeiten im Unterricht und diskutieren Sie, ob Sie mit den negativen Argumenten von Suchanek übereinstimmen.

4. Recherchieren Sie, ob Sie Berichte finden (in Zeitungen oder Zeitschriften), die sich kritisch mit der Tourismusindustrie Ihres Landes auseinandersetzen. Was wird in diesen Artikeln besonders kritisiert? Stimmen Sie mit den Kritikpunkten überein?

Helena. Manaus

Einführung

„Helena. Manaus" ist eine Kurzgeschichte aus dem Erzählband *Die Fahrt* von Sibylle Berg. In *Die Fahrt* vereint die Autorin kurze Episoden aus den unterschiedlichsten Regionen der Welt und beschreibt in knappen Worten Ausschnitte aus dem Leben ihrer Protagonisten. In der folgenden Geschichte treffen wir auf Helena, die sich weit weg von ihrem deutschen Zuhause befindet. Helena ist auf Reisen durch ein ihr unbekanntes Land, das sie wenig anspricht und darüber hinaus sogar ängstigt. Auch hier wird Reisen kritisch betrachtet – nur dieses Mal nicht aus einer soziologischen, sondern aus einer literarischen Perspektive. Welche neuen Aspekte wirft dieser Text hinsichtlich des Reisens auf?

Helenas Haltung drückte nur **unzureichend** den Umfang ihres Unwohlseins aus. Sie saß auf einem **schalenförmigen** Plastiksessel in einer **Beton**halle, die vielleicht ein Flughafen war, im Moment deutete nichts darauf hin. Drei Indios lagen in den Ecken, kein Café, kein Duty Free, kein Anzeichen für Flugtätigkeit. Es konnte also sein, dass die Halle einfach eine Halle war und Helena die Jahre bis zu ihrem **Ableben** auf einem Plastikstuhl verbringen musste. Neben ihr am Boden lag mit offenem Mund Serra, den sie in Manaus kennengelernt hatte. Er schien ihr seltsam fremd, was erstaunlich war, bedachte man, dass die beiden sich immerhin schon einige Stunden kannten.

Helena hielt ihre Beine mit den Armen **umklammert** und suchte mit einem **Ansatz** von **Wahn** im Blick den Boden nach **Kakerlaken** ab. Wie konnte Serra schlafen, mit offenem Mund, da jeder wusste, dass Kakerlaken Menschenöffnungen liebten.

Sechs Stunden noch bis zum Abflug, und es war so eine Situation, die leider nicht zum Tod führen würde, sondern irgendetwas Schlimmeres war.

Brasilien ist großartig, hatten ihr Bekannte erzählt und Dutzende brasilianische CDs aufgelegt, und ihr war **übel** geworden, denn das Tempo der Musik **vertrug sich** nicht **mit** ihrem eigenen. Ohne rechte Lust hatte sie dann eine Reise geplant, obwohl sie lieber nach Indien wollte, aber dort war sie schon gewesen, und außerdem hatte sie das **Denguefieber**, mit dem sie sich dort infiziert hatte, in unerfreulicher Erinnerung behalten.

Brasilien war ihr eigentlich nicht Dritte Welt genug, denn sie assoziierte Karneval damit und **Zuckerhut** und Playa. Kein Ort für sanften Tourismus.

Helena hasste den Winter in Berlin. Sie hasste auch den Sommer in Berlin, eigentlich hasste sie ihr Leben in Berlin oder sonst wo und war ständig auf der Suche nach etwas, was ihr sinnvoller erschien als sie selbst. Sie hatte Rückführungskurse gemacht und Tantra, Reiki, das volle Programm – sie redete von umfassender Liebe, und wenn sie mal einen Freund gehabt hatte, dann wollte sie an Problemen arbeiten, loslassen lernen und sich auseinandersetzen, so lange, bis der Freund weg war.

Ein **Umstand**, der meist sehr schnell eintrat. ...

Helena hatte außer Brasilien fast alle Länder bereist, über die ein *Lonely Planet* existierte.

Sie hatte gelächelt, wenn die Einheimischen sie beschimpften, wenn sie sagten, du hässliches Stück weiße Wurst, hatte sie genickt, die Hände vor der Brust gefaltet und sich mit den wenigen Sätzen, die sie vorher aus Reiseführern gelernt hatte, **demütig** bedankt.

Helena hatte den Vorsatz, wenn sie unterwegs war, zu leben wie die **Eingeborenen**, also hatte sie in Hängematten auf afrikanischen Flussschiffen geschlafen, in **Lehm**hütten in der Wüste und in Indien in den billigsten Herbergen. Sie hatte alle erhältlichen Infektionskrankheiten bekommen und sich nicht viele Freunde gemacht, denn wozu sollten Touristen gut sein, die kein Geld ausgaben. Helena hatte fast überall, wo sie gewesen war, eine Liebesgeschichte gehabt, und jedes Mal davon geträumt, mit dem entsprechenden Mann in seinem Land zu bleiben. Das wollten die Männer nie, sie wollten nach Deutschland, und zweimal hatte Helena einem Mann ein Flugticket geschickt. In Folge saß dann ein Taxifahrer aus Kenia in ihrer Wohnung, der sehr schnell das Reden **einstellte** und stattdessen Schnaps trank, das andere Mal traf es einen Mann aus Bangladesch, der für ein Sozialwerk arbeitete und in Berlin sofort depressiv wurde. Zu Hause arbeitete Helena in Kopierstuben, Kneipen, Discos, Reinigungsunternehmen, Gärtnereien, so lange, bis sie wieder das Geld für eine Reise zusammenhatte.

Nun war sie seit einer Woche in Brasilien, und es gefiel ihr überhaupt nicht. Brasilianern ging jede asiatische Sanftheit ab, könnte man sagen. Oder auch – sie hatten keinerlei Probleme zu zeigen, was Touristen für sie waren: Portemonnaies auf zwei Beinen. Helena hatte Angst gehabt, auf die Straße zu gehen, Angst, das billige Guesthouse in Manaus zu verlassen. Und als sie es dann doch tat eines Abends und durch eine Straße **huschte**, in der ungefähr 6.000 Ratten wohnten, war sie Serra **in die Arme gelaufen**, der schlecht Englisch sprach und ihr bedeutete, diese Straße schnell zu verlassen, weil jeder wusste, dass dort 6.000 Ratten wohnten. Er hatte sie in eine Bar gezogen und sie angesehen. Eigentlich hatten sie sich den ganzen Abend nur angesehen, weil sie kaum miteinander reden konnten. Serra hatte den Körper eines Jungen und ein faltenfreies Gesicht mit traurigen, braunen Augen.

Ein Indio, der sein Glück seit Jahren als Goldgräber suchte. Sie hatten sich nur umarmt in dieser ersten Nacht, doch das **langte**, dass Helena sich verliebte, es brauchte wenig, um ihre Sehnsucht zu wecken. Sie **wälzte sich** die ganze Nacht und sah sich mit Serra in einer einfachen Holzhütte wohnen, und ihre Liebe wäre groß genug, um das Leben zu füllen. Als der Morgen kam, war sie so unglücklich, dass sie meinte, aus dem Fenster fallen zu müssen, weil sie glaubte, ihn nie wiederzusehen, und noch drei Wochen in diesem Land, in dem sie sich nicht auf die Straße traute. Sie wollte die Ratten nicht sehen und auch nicht die Kakerlaken, die des Nachts in **Pilgerzügen** die **Taue** entlang in die Boote **tigerten**, die auf dem Amazonas verkehrten. Sie hatte geweint, als sie Serra vor dem Eingang des Hotels sitzen und auf sie warten sah. Er wollte sie mitnehmen zu seiner Goldmine.

Das war genau das Abenteuer, auf das Helena gewartet hatte.

Nun saß sie in einer Betonhalle, von der sie annahm, dass es sich um einen Flughafen handelte. Genaueres wusste man nicht. Serra hatte ihr noch gesagt, wann das Flugzeug gehen würde, und war dann, ohne lange zu zögern, eingeschlafen. Helena blickte die Kakerlaken an, die, wie man es Hühnern mit abgetrennten Köpfen nachsagte, hektisch durch die Halle rannten. Vielleicht hälfe es, dachte Helena, sich vorzustellen, es seien schwarz eingefärbte **Küken**, die da am Boden **tollten**, vielleicht hälfe es, zu denken, sie selbst sei nicht hier, sondern an einem sicheren Ort. Und dann begann sie nachzudenken, was das für einer sein könnte.

Quelle: Sybille Berg. *Die Fahrt*. Köln: Kiepenheuer & Witsch, 2007. 25–29.

Vokabeln

unzureichend	insufficient, inadequate
schalenförmig	bowl-shaped
Beton *(m)*	concrete
Ableben *(n)*	demise, death
umklammern	to embrace, to hug, to clutch
umklammert, umklammerte, hat umklammert	
Ansatz *(m)*, **-sätze**	beginning, first sign
Wahn *(m)*	craze, insanity
Kakerlake *(f)*, **-n**	cockroach
übel werden	to become sick, nauseated
sich vertragen mit	to harmonize with
verträgt sich, vertrug sich, hat sich vertragen	
Denguefieber *(n)*	dengue fever
Zuckerhut *(m)*	Sugarloaf Mountain (in Brazil)
Umstand *(m)*, **-stände**	situation, circumstance
demütig	humble, submissive
Eingeborene *(m/f)*, **-n**	native (person)
Lehm *(m)*	mud
etw. *(Akk)* **einstellen**	to end, to cease
stellt ein, stellte ein, hat eingestellt	
huschen	to scurry, to dart
huscht, huschte, ist gehuscht	
in die Arme laufen	to run into
läuft, lief, ist gelaufen	
langen	to be enough
langt, langte, hat gelangt	
sich wälzen	to toss and turn
wälzt sich, wälzte sich, hat sich gewälzt	

Pilgerzug *(m)*, **-züge**	pilgrimage
Tau *(n)*, **-e**	rope
tigern	to march
tigert, tigerte, ist getigert	
Küken *(n)*, **-**	chick
tollen	to romp, to frolic
tollt, tollte, hat/ist getollt	

Verständnisfragen zum Text

1. An welchem Ort befindet sich Helena und warum?
2. Wie hat Helena Serra kennengelernt?
3. Warum ist Helena nach Brasilien gereist?
4. Wie gefällt ihr Brasilien?
5. Ist Helena eine erfahrene Reisende? Welche Länder hat sie schon bereist?
6. Warum reist Helena?
7. Wie sieht Helenas Leben in Berlin aus?

Analyse und Diskussion

1. Der kurze Text weist viele ironische Passagen auf. Gehen Sie in kleinen Gruppen zusammen. Finden Sie zwei Beschreibungen, die auf Sie ironisch wirken, und diskutieren Sie, welche Funktion Ironie in unserer Kurzgeschichte hat. Präsentieren Sie Ihre Ergebnisse dann im Unterricht.
2. Wie steht die Autorin Sibylle Berg ihrer Protagonistin Helena gegenüber? Findet sie das Reiseverhalten ihrer Protagonistin normal? Nehmen Sie Ihre Ergebnisse von Aufgabe 1 zur Hilfe und charakterisieren Sie Helenas Lebensphilosophie. Was ist problematisch an ihrem Leben? Können Sie sich mit Helena identifizieren? Ist Helena ein gutes Beispiel für eine Reisende unserer Zeit?
3. Diskutieren Sie weiterhin Helenas Wunsch, auf ihren Reisen das Leben der Einheimischen zu imitieren. Welche Konsequenzen hat dies für Helena? Welche Informationen enthält unser Text? Überlegen Sie, wie Sie selber zu dieser Art von Urlaub stehen. Wäre es möglich für Sie, sich den Lebensgewohnheiten einer einheimischen Bevölkerung anzupassen? Warum oder warum nicht?

Weiterführende Aktivitäten

1. Helena benutzt das Sortiment des Reiseführers *Lonely Planet*, um ihre Reiseziele auszuwählen. Was für ein Reiseführer ist der *Lonely Planet*? Haben Sie diesen selber schon einmal benutzt? Was unterscheidet ihn von anderen Reiseführern? Gehen Sie zu der Webseite des *Lonely Planets*: http://www .lonelyplanet.de/, und sammeln Sie weitere Informationen. Sehen Sie sich vor allem die Reiseziele an: Von welchen Ländern gibt es keinen Reiseführer, und welche Gründe könnte es dafür geben? Stellen Sie Ihre Ergebnisse im Unterricht vor und diskutieren Sie die Beliebtheit des *Lonely Planets*. Gibt es negative Auswirkungen, die der *Lonely Planet* auf die von ihm besprochenen Länder haben könnte?

2. In ihrem Buch *Ferien für immer* stellen die Autoren Christian Kracht und Eckhart Nickel die angenehmsten Orte der Welt vor. Allerdings sind die von ihnen gelieferten kurzen Beschreibungen nicht wörtlich zu nehmen, da sich die Autoren einer gehörigen Portion Ironie bedienen, um sich auf humorvolle Weise mit dem modernen Tourismus auseinanderzusetzen. Insbesondere kritisieren sie sowohl den Reiseführer *Lonely Planet* als auch dessen Leser, wie in Kracht und Nickels letztem Kapitel „Unbedingt vermeiden" nachzulesen ist. Lesen Sie eine Reisebeschreibung des Buches, z. B. „Khao San Road, Bangkok, Thailand" und überlegen Sie, was die Autoren am zeitgenössischen Tourismus ablehnen. Können Sie die Kritik mit dem *Lonely Planet* in Verbindung bringen? Gibt es darüber hinaus Parallelen zu „Helena. Manaus"?

Tropenkrankheiten

Einführung

Die Journalistin Sine Maier-Bode beschreibt in „Tropenkrankheiten" die Gefahren, die einem Urlauber in tropischen Ländern drohen, wenn er sich nicht sorgfältig genug auf seine Reise vorbereitet. Wie Maier-Bode betont, wissen nur wenige Urlauber über die Krankheiten Bescheid, mit denen sie sich im Ausland infizieren können. Folglich ist es kein Wunder, dass durch den Tourismus gefährliche Krankheitserreger nach Deutschland eingeschleppt werden, die der Tourist im eigenen Körper oder Gepäck unbemerkt mit sich führt. Mit welchen Krankheitserregern sich die Touristen infizieren können, und warum diese Erreger in den letzten Jahren vermehrt in Deutschland vorzufinden sind, versucht dieser Artikel von 2012 zu klären.

Safari in Afrika, Sightseeing in Bangkok – die Lust der Deutschen auf Urlaub in fernen Ländern ist **ungestillt**. Viele Reisende aber wissen wenig über die Krankheiten, die in tropischen und subtropischen Regionen **drohen**. Und nicht alle diese Krankheiten bleiben in den Tropen. Im Gepäck der Touristen, Geschäftsleute oder Flüchtlinge schleicht sich manch ungeliebter Gast mit ein. Infizierte Reisende können ebenso zu einer **ansteckenden** Gefahr werden wie Mückenlarven, die **sich** auf Containerschiffen oder in den Reifen der Flugzeuge **verbergen**.

Unter Tropenkrankheiten versteht man Infektionskrankheiten, die **vorwiegend** in tropischen und subtropischen Regionen auftreten. Viele dieser Krankheiten sind ansteckend. Viren, Bakterien und Parasiten – die **Erreger** der verschiedenen Krankheiten haben sich die Tropen ausgesucht, weil sie dort ein kleines Paradies vorfinden. Nicht nur das auch von Touristen geschätzte Klima bekommt ihnen gut, es ist vor allem die Armut, die dazu führt, dass viele Infektionskrankheiten nicht **auszurotten** sind. Es fehlt an Geld, an Medikamenten, und vor allem fehlt es an sauberem Wasser.

Beispiel Tuberkulose

1882 entdeckte Robert Koch die Tuberkel**bazillen**, seit Mitte des 20. Jahrhunderts ist die Krankheit **heilbar**. Dass die Tuberkulose in den reichen Ländern dank eines wachsenden Wohlstandes und moderner Medikamente zurückgedrängt werden konnte, hat dazu geführt, dass sie lange Zeit **vernachlässigt** wurde. Weltweit trägt heute jeder dritte Mensch den Tuberkulose-Erreger in sich, 90 Prozent davon leben in Entwicklungsländern.

Nicht immer bricht die Krankheit aus. Vor allem alte, kranke und geschwächte Menschen sind gefährdet, weil ihr Immunsystem den „Tubercula" nicht **standhalten** kann. Alleine in Afrika erkranken jedes Jahr fast zwei Millionen Menschen neu an Tuberkulose. In den Armenvierteln der USA, in Russland und in vielen Ländern Osteuropas sind neue Erreger aufgetaucht, die gegen die **gängigen** Antibiotika resistent sind.

Neue Viren

Mitte des 20. Jahrhunderts begann eine Zeit der medizinischen Entdeckungen. Antibiotika und neu entwickelte **Impfstoffe vertrieben Seuchen**, die seit Jahrhunderten die Menschheit geplagt hatten. Lange Zeit waren sich Mediziner sicher, die Zeit der großen Seuchen sei vorbei – bis Anfang der 1980er Jahre das HI-Virus auftauchte, das bis heute weltweit zu den meisten Todesfällen führt (HI = human immunodeficiency, menschliche Immunschwäche). Auch wenn es inzwischen einige Medikamente gibt, die helfen können, die durch das HI-Virus hervorgerufene Immunschwächekrankheit AIDS **hinauszuzögern**, so gibt es doch noch kein **Heilmittel** dagegen.

Das HI-Virus ist nicht das einzige Virus, das den Weg zum Menschen gefunden hat. BSE, Ebola, das Dengue-Fieber – es gibt zahlreiche Viruserkrankungen, die teilweise aus dem Nichts aufgetaucht sind. Ihre Erreger, die Viren, waren aber vermutlich schon lange irgendwo vorhanden, gut versteckt im Urwald oder an einem anderen, den Menschen schwer zugänglichen Ort.

Viren sind keine **Lebewesen**, sondern DNA- beziehungsweise RNA-Informationen, also Stücke genetischen Materials. Damit sie existieren können, brauchen sie einen **Wirt**, ein Lebewesen. Und wenn sie lange existieren wollen, sollten sie diesem Lebewesen keinen **Schaden zufügen**. So werden viele Viren erst dann gefährlich, wenn sie ihren ursprünglichen Wirt verlassen – wenn sie vom Tier auf den Menschen übergehen. Dass dies immer wieder geschieht, ist auch eine Folge des veränderten Umgangs des Menschen mit der Natur.

Schlafende Geister

Immer weiter **dringen** die Menschen in bislang unerforschte Gebiete **vor**. Fast scheint es, als **weckten** sie **schlafende Geister**. Sie **roden** die Wälder und locken die Tiere aus den Verstecken hervor. Mit den Tieren kommen die neuen Viren in Kontakt mit den Menschen. Eigentlich sitzen sie in Mäusen wie beim Hanta-Virus, in Meerkatzen wie beim Marburg-Virus, in Mücken wie beim Dengue-Virus oder in Fledermäusen wie vermutlich beim Ebola-Virus.

Als das Ebola-Virus in den 1970er Jahren das erste Mal in Zentralafrika ausgebrochen war, stand man erschreckt vor einer vollkommen neuen Krankheit und hatte nicht die geringste Ahnung, wie sie auf den Menschen übertragen worden war. Heute weiß man, dass in den Regionen, die von der Erkrankung betroffen sind, Fledermäuse leben, denen das Virus nichts anhaben kann. Vermutlich ist es von dort auf Affen und dann auf die Menschen übertragen worden.

Wer an Ebola erkrankt, stirbt einen **qualvollen** Tod. Die wenigsten Menschen überleben die Infektion. Seit dem ersten Ausbruch ist die Krankheit noch mindestens sechs Mal an verschiedenen Orten in Afrika aufgetreten. Und noch kann man von Glück sprechen: Vermutlich weil die Krankheit so schnell und meistens tödlich verläuft, hat sich das Virus bislang nicht weiter verbreitet. Aber viele Viren sind Künstler der Anpassung. Sie können ihren genetischen Aufbau verändern und erschweren es damit den Medizinern, ein Medikament gegen sie zu entwickeln.

Quelle: http://www.planet-wissen.de/alltag_gesundheit/krankheiten/tropenkrank heiten/index.jsp

Vokabeln

ungestillt	unquenched, unsatisfied
drohen	to threaten
droht, drohte, hat gedroht	
ansteckend	contagious
sich verbergen	to hide away
verbirgt sich, verbarg sich, hat sich verborgen	
vorwiegend	primarily, predominantly

Erreger *(m)*, -	pathogen, agent
ausrotten	to exterminate
rottet aus, rottete aus, hat ausgerottet	
Bazillus *(m)*, **-zillen**	germ
heilbar	curable
vernachlässigen	to neglect, to disregard
vernachlässigt, vernachlässigte, hat vernachlässigt	
standhalten	to withstand, to resist
hält stand, hielt stand, hat standgehalten	
gängig	usual, current
Impfstoff *(m)*, **-e**	vaccine
vertreiben	to drive out, to expel
vertreibt, vertrieb, hat vertrieben	
Seuche *(f)*, **-n**	plague, epidemic
hinauszögern	to prolong, to delay
zögert hinaus, zögerte hinaus, hat hinausgezögert	
Heilmittel *(n)*, -	remedy, cure
Lebewesen *(n)*, -	creature, living being
Wirt *(m)*, **-e**	host
jdm. Schaden zufügen	to inflict damage on
fügt zu, fügte zu, hat zugefügt	
vordringen	to advance, to penetrate
dringt vor, drang vor, ist vorgedrungen	
Schlafende Geister soll man nicht wecken.	Let sleeping dogs lie.
roden	to clear
rodet, rodete, hat gerodet	
qualvoll	agonizing, excruciating

Verständnisfragen zum Text

1. Welche Gefahr droht Touristen auf Fernreisen?
2. Wie kommen diese Krankheiten nach Deutschland?
3. Wieso ist die Bekämpfung dieser Krankheiten in tropischen Ländern so kompliziert?
4. Welche Informationen erhalten wir über Tuberkulose? Schreiben Sie zwei Punkte auf, die Sie besonders interessant finden.

5. Welche neuen Viren gibt es?
6. Was ist ein Virus?
7. Warum trägt der letzte Abschnitt die Überschrift „schlafende Geister"? Wovon handelt dieser Abschnitt?

Analyse und Diskussion

1. Waren Sie schon einmal in einem Land, in dem es andere Krankheiten als in Ihrem eigenen gab? Welche Vorbereitungen mussten Sie treffen? Mussten Sie Impfungen erhalten oder Tabletten nehmen? Welche Vorsichtsmaßnahmen haben Sie in dem Reiseland getroffen? Berichten Sie von Ihrer Erfahrung.
2. Kennen Sie noch weitere Probleme, die durch vermehrtes Reisen auftreten können? Ein Artikel, der Ihnen dabei weiterhelfen könnte, ist „Bettwanzen-Alarm in deutschen Betten": http://www.hr-online.de/website/rubriken/ ratgeber/index.jsp?rubrik=55897&key=standard_document_39500371. Lesen Sie den Artikel und sprechen Sie über seinen Inhalt. Haben Sie von dem Problem der Bettwanzen schon einmal gehört? Vielleicht in Ihrem Land? Können Sie Parallelen zu den Tropenkrankheiten ziehen? Wie sicher ist Reisen heutzutage noch? Machen Ihnen diese Artikel Angst oder ist alles nur eine Frage der guten Vorbereitung und der Vorsicht im Urlaub?

Weiterführende Aktivitäten

1. Wählen Sie ein tropisches Land aus, in das Sie gerne reisen möchten. Gehen Sie dann zu der Webseite des Tropeninstituts: http://tropeninstitut .de/, und finden Sie heraus, welche Krankheiten es in diesem Land gibt. Welche Vorsichtsmaßnahmen müssen Sie treffen, welche Impfungen erhalten? Wie groß ist die Gefahr, sich mit einer Krankheit zu infizieren? Stellen Sie Ihre Ergebnisse im Unterricht vor und erklären Sie, ob Sie immer noch gerne in dieses Land reisen möchten.
2. Versuchen Sie herauszufinden, wie viele Deutsche sich jedes Jahr mit Tropenkrankheiten wie Malaria, Gelbfieber, Cholera, Dengue-Fieber infizieren. Ist die Zahl gestiegen oder gesunken? Trägt die Globalisierung zu einer Erhöhung von tropischen Erkrankungen in Deutschland bei? Können Sie Zahlen oder Statistiken nennen?

3. Vergleichen Sie nun die Ergebnisse von Aufgabe 2 mit denjenigen Ihres eigenen Landes. Wie sieht die Situation bei Ihnen aus? Welche Krankheiten finden sich in Ihrem Land, die aus dem Ausland eingeschleppt wurden? Suchen Sie ebenfalls nach Zahlen und Statistiken und vergleichen Sie diese mit Deutschland, indem Sie einen kurzen Aufsatz über Ihre Resultate schreiben.

Touristen lieben Deutschland

Einführung

Nachdem wir eine Reihe von Texten gelesen haben, die sich kritisch mit dem Erkunden anderer Länder auseinandersetzen, schließt unser erster Kapitelteil mit dem Artikel „Touristen lieben Deutschland", der Reisen in einem positiven Licht darstellt. Jedes Jahr steigt die Zahl der Menschen, die in Deutschland Urlaub machen – Berlin ist sogar die Nummer 1 in Europa. Hätten Sie das vermutet? Lesen Sie, welche Nationen besonders gerne nach Deutschland reisen, um wie viel Prozent der Tourismus zugenommen hat, und aus welchen Gründen Deutschland so beliebt ist.

Wie schon in den beiden Vorjahren erreichte auch 2012 die Zahl der Übernachtungen in Deutschland ein neues Rekordniveau. Wer sind die Urlauber? Und was schätzen ausländische Gäste an Deutschland?

Wer **sich** in Berlin am Brandenburger Tor **ins Gewimmel stürzt**, dem wird schnell klar: Deutschland, allem voran die Hauptstadt, ist beliebt bei Touristen. Immer wieder posieren Gruppen für ein Erinnerungsfoto vor der weltbekannten Sehenswürdigkeit, die zugleich Symbol für die Teilung und Wiedervereinigung Deutschlands ist. Die junge US-Amerikanerin Chloé Miller aus Los Angeles etwa lässt sich für ein Kunstprojekt inspirieren. Für Helen Sayo von den Philippinen gehört das Brandenburger Tor zum Kulturprogramm auf ihrer Deutschlandreise. Auch der Norweger Dag Cato Skårvik zeigt seinen Töchtern Johanne und Emilie das berühmte Tor gleich am ersten Urlaubstag. Er verbindet mit dem Ort nicht nur Geschichte, sondern ein Gefühl: „Mit dem Lied ‚You and me at the Brandenburger Tor' startete Norwegen 1990 beim European Song Contest. Ich liebe die Stadt, ich komme wieder."

Insgesamt zählte das Statistische Bundesamt im vergangenen Jahr 407,4 Millionen Übernachtungen in Deutschland. Das sind mehr als je zuvor. Zu verdanken ist dieser Rekord vor allem den ausländischen Gästen: Erstmals **gingen** 68,8 Millionen Übernachtungen **auf das Konto** internationaler Besucher, die besonders gern Städtereisen machten.

Berlin, Berlin, wir fahren nach Berlin

Laut aktuellem Qualitätsmonitor Deutschland-Tourismus, der regelmäßig Übernachtungsgäste befragt, kommen 41 Prozent der ausländischen Besucher wegen der Sehenswürdigkeiten. Die gibt es verteilt in ganz Deutschland, und besonders **geballt** in Berlin. Die Stadt bietet gleich drei der beliebtesten Touristenattraktionen Deutschlands: das Brandenburger Tor, die Museumsinsel mit ihren **Kunstschätzen** aus vier Jahrtausenden und die königlichen Schlösser und Parks von Berlin und Potsdam. So ist Berlin unter ausländischen Reisenden deutschlandweit die meistbesuchte Stadt.

Als zweitstärkstes Reisemotiv nannten die ausländischen Gäste Natur und Landschaft – was **sich** etwa **in** Reisen nach Bayern **niederschlug**. Prof. Dr. Hasso Spode, Leiter des Historischen Archivs zum Tourismus an der Technischen Universität Berlin, sieht jedoch noch einen anderen Grund, weshalb es viele Touristen nach Bayern zieht: „Diese Region bestimmt für viele Ausländer, je weiter weg sie von Deutschland sind, immer noch das Deutschlandbild, mit **Blasmusik** und Oktoberfest. Das ist die ganz traditionelle **Schiene** aus dem 19. Jahrhundert." Auch Heidelberg, Rotenburg ob der Tauber oder Schloss Neuschwanstein würden zu dieser Art Reiseziel zählen. „Die neue Schiene ist Berlin, Hamburg, München – Großstädte! Gerade Berlin ist sehr attraktiv für junge Menschen als ein Ort kultureller **Lebendigkeit**. Ich denke, Berlin ist im Moment weltweit führend **in dieser Hinsicht**."

Nord- und Ostsee locken ebenfalls Feriengäste an. Doch hier sind es vor allem die Deutschen selber, die die Zahlen bestimmen:

Mit 338,6 Millionen ging mehr als 80 Prozent aller Übernachtungen 2012 auf das Konto der inländischen Urlauber.

Das neue Luxusbedürfnis der Chinesen

Ein weiterer Trend, der **sich** im Deutschlandtourismus **abzeichnet**, sind Shoppingreisen. Laut aktuellem Qualitätsmonitorbericht ist für elf Prozent der ausländischen Gäste das Einkaufsangebot wichtig für eine Reise. Oft seien es Touristen aus China; einem Land, wo Reisen nach Europa als Statussymbol gelten. Im Durchschnitt 628 Euro gaben Chinesen 2012 auf ihrer Deutschlandreise allein für Tax-Free-Produkte wie Sonnenbrillen, Handtaschen oder Parfum aus – mehr als die anderen ausländischen Gäste.

Noch kommen die meisten Deutschlandbesucher aus den Niederlanden und den USA. Doch auch hier holen die Chinesen auf, die seit 2012 neuer Reiseweltmeister sind. Aus den anderen BRIC-Staaten Brasilien, Russland und Indien, sowie aus Ost- und Südeuropa reisen ebenfalls immer mehr Menschen nach Deutschland. Ein Jahr nach der Katastrophe von Fukushima waren auch die Japaner wieder da, worüber sich Petra Hedorfer, Vorstandsvorsitzende der Deutschen Zentrale für Tourismus, freut: „Allein in den ersten fünf Monaten des Jahres 2012 haben wir über 476.000 Übernachtungen aus Japan registriert. Das ist ein Zuwachs von 19 Prozent im Vergleich zum Vorjahr."

Der **Antrieb** zu reisen

Entgegen aller **ausgerufenen** Trends und Marketingkampagnen habe sich der Tourismus des 21. Jahrhunderts nicht grundlegend verändert, davon ist Historiker Spode überzeugt: „Sieht man davon ab, dass das Ganze riesige Dimensionen angenommen hat, die man sich um 1900 nicht hätte träumen lassen, war das Meiste schon vor 100 Jahren ausgebildet: am Strand liegen, freiwillig in die Berge klettern, einen Kanon von Sehenswürdigkeiten **abarbeiten**." So verbindet die Suche nach besonderen Orten die Reisenden heute global – auch am Brandenburger Tor in Berlin.

Quelle: http://www.dw.de/touristen-lieben-deutschland/a-16653796

Vokabeln

sich ins Gewimmel stürzen	to throw oneself into the fray
stürzt sich, stürzte sich, hat sich gestürzt	
auf das Konto gehen von	to be caused by sth.
geballt	concentrated, cumulative
Kunstschatz *(m),* **-schätze**	art treasure
sich niederschlagen in *(Dat)*	to be reflected in sth.
schlägt sich nieder, schlug sich nieder, hat sich niedergeschlagen	
Blasmusik *(f)*	brass music
Schiene *(f),* **-n**	track; *here:* approach
Lebendigkeit *(f)*	liveliness, vitality
in dieser Hinsicht	in this regard, in this respect
sich abzeichnen	to become apparent
zeichnet sich ab, zeichnete sich ab, hat sich abgezeichnet	
Antrieb *(m),* **-e**	incentive, motivation
ausgerufen	proclaimed
abarbeiten	to work sth. off
arbeitet ab, arbeitete ab, hat abgearbeitet	

Verständnisfragen zum Text

1. Welche Sehenswürdigkeit lieben die Touristen besonders in Berlin? Welche Gründe geben die Touristen dafür an?
2. Warum ist Berlin bei den Touristen so populär?
3. Welche Regionen außer Berlin werden bevorzugt bereist?
4. Welche Stereotypen verbinden viele ausländische Reisende immer noch mit Deutschland?
5. Aus welchen Gründen reisen die Chinesen in den letzten Jahren verstärkt nach Deutschland?
6. Welche Einschätzung gibt der Historiker Spode über den heutigen Tourismus ab? Unterscheidet sich dieser sehr von früheren Reisen? Erklären Sie.

Analyse und Diskussion

1. Im Text wird suggeriert, dass Deutschland von seiner Beliebtheit bei den Touristen profitiert; jedoch gibt es im Text keine konkreten Beispiele.

Gehen Sie in Gruppen zusammen und erstellen Sie eine Liste. In welcher Weise wirkt sich der Tourismus positiv auf Deutschland aus? Können Sie aus den Bereichen Kultur, Wirtschaft, Politik usw. einige Punkte nennen? Tragen Sie dann Ihre Ergebnisse im Unterricht zusammen und diskutieren Sie.

2. Vergleichen Sie Ihre Liste mit den negativen Auswirkungen, die Suchanek in seinem Text „Die dunklen Seiten des globalisierten Tourismus" beschreibt. Treffen die Beispiele von Suchanek auch auf Deutschland zu? Oder gibt es gravierende Unterschiede zwischen Deutschland und den Ländern, die Suchanek aufführt? Welche negativen Auswirkungen können Sie sich für Deutschland vorstellen? Diskutieren Sie.

Weiterführende Aktivitäten

1. Suchen Sie im Internet nach neuesten Statistiken, welche die Länder aufführen, die Deutschland am liebsten besuchen. Stimmen diese Statistiken mit unserem Text überein oder gibt es Unterschiede? Können Sie weiterhin Gründe finden, warum bestimmte Länder so gerne nach Deutschland reisen? Recherchieren Sie und tragen Sie Ihre Ergebnisse in einem kurzen Aufsatz zusammen.

2. Gehen Sie zu der Webseite der Frauenzeitschrift *Brigitte* und machen Sie in der Gruppe das Quiz „Reiseland Deutschland": http://www.brigitte .de/reise/tests/quiz-reiseland-deutschland-1007698/. Wie ist Ihr Ergebnis? Konnten Sie viele Fragen richtig beantworten? Haben Sie etwas erfahren, was Sie noch nicht wussten?

TEIL ZWEI: MIGRATION

Ich möchte immer Flüchtling sein

Einführung

In unserem zweiten Kapitelteil geht es nun nicht mehr um Tourismus, also um ein genussvolles Reisen, das Erholung oder Abenteuer verspricht, sondern wir

beschäftigen uns mit dem Thema der Migration – mit Aus- und Einwanderung, die viele Gründe haben kann. Den Anfang macht ein Beitrag von Wladimir Kaminer, der uns schon in Kapitel Zwei mit seiner Kurzgeschichte „Geschäftstarnungen" begegnet ist. Wie Sie sich vielleicht noch erinnern, ist Kaminer ein zeit-

© Tyler Olson I Dreamstime.com

genössischer Schriftsteller, der nach der Wende aus der damaligen Sowjetunion in die Bundesrepublik einreiste und sich in Berlin niederließ. Der folgende Text stammt von einem kurzen Videoclip, den Kaminer selber produziert hat. Er spricht dort über seine Zeit als Flüchtling, als er in Berlin staatenlos war und weder die russische noch die deutsche Staatsbürgerschaft besaß. Lesen Sie zunächst den Text sorgfältig, bevor Sie dann den Videoclip ansehen: http://www.myvideo.de/watch/5345581/Ich_moechte_immer_Fluechtling_sein.

> Am 20. Juni wird der internationale Flüchtlingstag gefeiert. Das heißt, die UNO ruft alle auf, an die Flüchtlinge zu denken an diesem Tag. Seit 1951 gibt es Flüchtling als politischen Status. Ich war selbst 15 Jahre lang Flüchtling, von 1990 bis 2006, weil ich **mich geweigert** habe, 16 Jahre lang, die deutsche Staatsangehörigkeit anzunehmen. Das war sehr kompliziert. Ich erzähle das kurz. Um die deutsche Staatsangehörigkeit anzunehmen, musste ich **auf** meine russische **verzichten**, die ich nicht hatte, weil ich aus der Sowjetunion noch ausgereist war. Ich musste also die russische zuerst be-

antragen, um dann auf sie zu verzichten und auf diese Weise dann die deutsche zu bekommen. Und das war alles sehr kompliziert. Weil die russische konnte ich gar nicht bekommen, weil ich keine **Anmeldung** hatte in Moskau. In Russland spielt Anmeldung nach wie vor eine sehr wichtige Rolle. Das ist nicht so eine **larifari** Anmeldung wie hier, sondern ohne Anmeldung bist du ein halber Mensch. Ja, nicht mal ein halber, bist du gar kein Mensch. Jeder Mensch braucht eine Anmeldung. Also habe ich mich geweigert, **mich** dieser ganzen Prozedur zu **unterziehen**. Und habe 15 Jahre lang mit einem Flüchtlingspass – Alienpass hieß es, weil Alien, von Fremdenpass, auf Englisch – gelebt, problemlos. Nicht nur ich allein, ich weiß, dass tausend andere Menschen auch solche Pässe hatten. Wir haben **uns** da**mit gebrüstet** – Alienpass, wir kommen nicht von diesem Planeten. Dann aber hat die deutsche Ausländerbehörde sich geweigert, weiterhin meinen Alienpass mir zu **verlängern** und dann habe ich eben, da ich ja einen Flüchtlingsstatus habe, weil ich als humanitärer Flüchtling aus einem ehemals sozialistischen Land hier anerkannt wurde, habe ich dann **ausnahmsweise** die deutsche Staatsangehörigkeit bekommen, ohne meine angebliche andere Staatsangehörigkeit klären zu müssen, weil als Flüchtling ... Flüchtling ist jemand, der immer weg ist. Flüchtling ist immer auf der Flucht, immer unterwegs. Und das passt, glaube ich, zum zeitgenössischen Weltbild sehr gut. Ich möchte bis zu meinem Lebensende Flüchtling sein.

Quelle: http://www.myvideo.de/watch/5345581/Ich_moechte_immer_Fluechtling _sein

Vokabeln

sich weigern   to refuse
      weigert sich, weigerte sich, hat sich geweigert
verzichten auf *(Akk)*   to forgo, to give up
      verzichtet, verzichtete, hat verzichtet
Anmeldung *(f)*, **-en**   registration
larifari   slipshod
sich etw. *(Dat)* **unterziehen**   to undergo sth.
      unterzieht sich, unterzog sich, hat sich unterzogen

sich brüsten mit   to brag about sth.
   brüstet sich, brüstete sich, hat sich gebrüstet
verlängern   to renew
   verlängert, verlängerte, hat verlängert
ausnahmsweise   by way of exception

Verständnisfragen zum Videoclip

1. Wie lange war Kaminer ein Flüchtling in Deutschland?
2. Hat er unter seinem Flüchtlingsstatus gelitten?
3. Gab es andere Personen, die ebenfalls einen „Alienpass" hatten?
4. Warum war es für Kaminer so schwierig, die deutsche Staatsbürgerschaft zu bekommen? Können Sie das kurz erklären?
5. Wie hat Kaminer am Ende doch noch einen deutschen Pass erhalten?

Analyse und Diskussion

1. In seinem Video benutzt Kaminer zahlreiche Male das Wort „Flüchtling", ohne es jedoch genauer zu definieren. Was verstehen Sie persönlich unter einem Flüchtling? Sammeln Sie Vorschläge im Unterricht und schreiben Sie Eigenschaften auf, die einen Flüchtling Ihrer Meinung nach charakterisieren. Recherchieren Sie dann als Hausaufgabe detaillierter, ob die von Ihnen gemachte Liste auch wirklich einer offiziellen Definition entspricht. Gibt es verschiedene Kategorien von Flüchtlingen? Wer kann sich „Flüchtling" nennen? Gibt es noch andere Bezeichnungen für Menschen, die in ein fremdes Land migrieren?
2. Beschreiben Sie die Art und Weise, in der Kaminer seine Erfahrung als Flüchtling präsentiert. Hat er unter dem Flüchtlingsstatus gelitten? Denken Sie, dass Kaminer ein gutes Beispiel für einen Flüchtling darstellt? Warum oder warum nicht? Nehmen Sie Ihre Kriterien von Aufgabe 1 zur Hand und diskutieren Sie. Nimmt Kaminer das Thema „Flüchtling" auf die leichte Schulter? Und wie ist das Ende des Textes: „Ich möchte bis zu meinem Lebensende Flüchtling sein" zu verstehen?

Weiterführende Aktivitäten

1. Haben Sie schon einmal von dem Flüchtlingstag der UNO gehört? Wenn nicht, dann kann Ihnen die Webseite der UN Refugee Agency erste Infor-

mationen vermitteln: http://www.unhcr.de/unhcr/events/weltfluechtling
stag.html. Warum wurde der Tag ins Leben gerufen, und worauf macht
er aufmerksam? Hier ist eine weitere Webseite – allerdings auf Englisch –
die Ihnen bei Ihrer Recherche helfen kann: http://www.timeanddate.com/
holidays/un/world-refugee-day. Schreiben Sie einen kurzen Aufsatz über
Ihre Ergebnisse.

2. Recherchieren Sie, wie viele Flüchtlinge es jährlich in Deutschland gibt.
   Aus welchen Ländern kommen diese Personen? Warum verlassen sie ihre
   Länder? Was passiert mit diesen Menschen in Deutschland – dürfen sie
   in Deutschland bleiben oder müssen sie wieder in ihre eigenen Länder
   zurückkehren? Schreiben Sie auch hier einen kurzen Aufsatz.

Geschichte der Gastarbeiter

Einführung

Die „Geschichte der Gastarbeiter" gibt uns einen Einblick in die Zeit, als
Deutschland Arbeitskräfte aus dem Ausland anwarb. Durch den Zweiten
Weltkrieg vieler Männer beraubt, beschloss Deutschland, ausländische Arbeiter zu rekrutieren, die in Zeiten des Wirtschaftswunders den Deutschen diejenigen Tätigkeiten abnehmen sollten, die diesen selbst zu schwer oder dreckig
waren. Allerdings hatte Deutschland nicht vor, diese Personen in die deutsche
Gesellschaft zu integrieren. Gerade um Integrationsprobleme zu vermeiden,
sollten die Arbeiter nur eine befristete Zeit in Deutschland verbringen und
dann wieder in ihre Heimat zurückkehren. Ein permanenter Aufenthalt, zu
dem es jedoch letztendlich kam, war niemals vorgesehen.

Die Geschichte der „Gastarbeiter" in der Bundesrepublik ist fast so
alt wie der Staat selbst. Bereits in den 1950er Jahren führt der Arbeitskräfte**mangel** zur **Anwerbung** ausländischer Arbeitnehmer und
Arbeitnehmerinnen. Die meisten der Arbeiter wollen eigentlich nur
ein paar Jahre bleiben und dann in ihre Heimat zurückkehren. Was
damals niemand **ahnt** oder ahnen will: Deutschland wird ein Ein-
wanderungsland und sich damit grundlegend verändern. Denn für
viele Arbeiter wird aus dem **vorübergehenden** ein dauerhafter Aufenthalt. Viele Familien kommen nach und bleiben in Deutschland.

Notwendigkeit der Integration

In den 1950er Jahren dachte noch niemand daran, dass die an-
geworbenen Arbeitskräfte dauerhaft bleiben würden – weder die
Deutschen noch die Ausländer selbst. Und auch noch heute **wehren
sich** konservative Politiker **gegen** die Tatsache, dass die Bundesrepublik ein Staat mit Bürgern unterschiedlicher Herkunft ist. Tatsächlich
ist lange nicht erkannt worden, dass eine wirksame Integrationspo-
litik **Not tut**, und dass es um die Stabilität der von vielen Kulturen
beeinflussten deutschen Gesellschaft willen **erforderlich** ist, **Chan-
cengleichheit** herzustellen.

Die Anfänge

Mit dem Wirtschaftswunder der Bundesrepublik wurden immer
mehr Arbeitnehmer gesucht, die auf dem inländischen Markt nicht
mehr zu finden waren. Und so schloss die Bundesrepublik am 20.
Dezember 1955 mit Italien das erste Anwerbe**abkommen** ab. Es
folgten Abkommen mit Griechenland und Spanien (1960), der Türkei (1961), Marokko (1963), Portugal (1964), Tunesien (1965) und
dem ehemaligen Jugoslawien (1968).

Als mit dem Mauerbau der **Zustrom** von ostdeutschen Arbeitskräften endete, war die Anwerbung außerhalb Deutschlands noch
dringlicher geworden. 1964 wurde der millionste Gastarbeiter –
Armando Rodrigues aus Portugal – feierlich vom damaligen Bun-
desinnenminister begrüßt. Sowohl die Bundesrepublik Deutschland
als auch die „Gastarbeiter" gingen dabei von einem befristeten
Aufenthalt aus. Die meisten machten sich mit wenig Informationen über das Land im Norden auf den Weg nach Deutschland. Von
den **Behörden** den Unternehmen zugewiesen, erlebten die Gastarbeiter einen ersten Schock: Einfache Holz**baracken** in der Nähe
ihrer Arbeitsstellen waren von den Unternehmen für die fast durchweg männlichen Arbeiter bereitgestellt worden. Sprachprobleme,
die fremde Umgebung, die zum Teil ungewohnte Arbeit sowie
die aufeinander treffenden unterschiedlichen Mentalitäten galt es

zu meistern. Mit Lehrfilmen versuchte man, den Gastarbeitern die deutschen **Lebensgewohnheiten** nahe zu bringen – **gutgemeinte**, aber **unbeholfene** Versuche. Das **Heimweh** blieb. Der Gang zum Bahnhof – die Verbindung zur Heimat – war für viele von ihnen wie der Gang zur Kirche.

Die 60er und 70er Jahre

Die Lebens- und Arbeitsbedingungen der Zuwanderer blieben lange sehr **bescheiden**. Die meisten kamen zunächst allein und ohne Familienangehörige, lebten in Wohnheimen und Baracken ohne Komfort. Ihr Ziel war es, einen großen Teil des Einkommens nach Hause zu schicken oder zu sparen, um im Heimatland später eine bessere Existenz aufbauen zu können. Daher akzeptierten sie eher als die Deutschen „schmutzige" und körperlich schwere Arbeiten.

Doch schon die ersten **Anzeichen** der Rezession 1966/67 lösten Debatten aus, die Ausländerbeschäftigung wieder zu **verringern**. Und 1973 führte die **sich abzeichnende** Wirtschafts- und Energiekrise zum Anwerbestopp. Das „Gastarbeiterproblem" war damit aber keinesfalls gelöst: Zwar sank die Zahl ausländischer Arbeitnehmer, aber die Zahl der in Deutschland lebenden Ausländer stieg an.

Der Anwerbestopp wurde zum eigentlichen Beginn des Daueraufenthaltes der Gastarbeiter. Viele holten jetzt ihre Familien nach und begannen, **sich auf** eine längere Zeit in der Fremde **einzurichten**. Die Verbindungen zur Heimat reduzierten sich nach und nach, vor allem bei den Kindern, der zweiten Generation.

Die Gegenwart

Ein großer Teil der Gastarbeiter ist mit Familien und **Nachkommen** in Deutschland geblieben. Viele sind inzwischen deutsche Staatsbürger geworden. Es gibt bemerkenswerte Karrieren in allen Bereichen der Kultur, Wirtschaft und Politik – Namen wie Cem Özdemir, Feridun Zaimoglu und Kaya Yanar sind allgemein bekannt. Die ausländerfeindlichen Gewalttaten von Mölln, Solingen oder Hoyerswerda stehen dagegen für deutsche Fremdenfeindlichkeit. So war und ist die Geschichte der Gastarbeiter in Deutschland leider zum Teil auch eine Geschichte des gegenseitigen Unverständnisses und der **Ablehnung**.

Der Ausländeranteil in der Bundesrepublik lag 2009 mit knapp neun Prozent knapp über dem Durchschnitt in Europa. In der Schweiz dagegen betrug er 21 Prozent, in Luxemburg gar 43 Prozent. Staaten wie Bulgarien, Polen oder Rumänien haben hingegen einen Ausländeranteil von unter einem Prozent.[1]

Die größte Gruppe unter den Ausländern machen hierzulande die Türken aus, von denen etwas mehr als 1,6 Millionen in Deutschland leben. Von der ehemals größten Gruppe, den Italienern, lebten 2009 noch gut 500.000 in Deutschland.[2] Von den 14 Millionen Gastarbeitern, die bis zum Anwerbestopp 1973 nach Deutschland kamen, gingen elf Millionen zurück in ihre Heimatländer. Manche Experten schätzen, dass wir heute einen **Zuzug** von zirka 500.000 Menschen pro Jahr bräuchten, um die wirtschaftliche Stabilität des Landes zu sichern, unter anderem für das **Renten**system.[3]

Quelle: http://www.planet-wissen.de/alltag_gesundheit/gastarbeiter_und_migration/geschichte_der_gastarbeiter/index.jsp

1. Ende 2013 hatte Deutschland mit 9,4 Prozent den höchsten Ausländeranteil, der jemals verzeichnet wurde, und lag deutlich über dem EU-Durchschnitt von 6,8 Prozent. Der Ausländeranteil in der Schweiz betrug 22,8 Prozent, der in Luxemburg 43,8 Prozent.
2. Ende 2012 lebten 530.000 Italiener in Deutschland.
3. Mittlerweile ist die Zahl auf 800.000 angestiegen [Stand 2014].

Vokabeln

Mangel *(m),* **Mängel**	lack, deficiency
Anwerbung *(f),* **-en**	recruitment
ahnen	to guess, to foresee
ahnt, ahnte, hat geahnt	
vorübergehend	temporary
sich wehren gegen	to fight, to react against
wehrt sich, wehrte sich, hat sich gewehrt	

nottun	to be essential
tut not, tat not, hat notgetan	
erforderlich	necessary
Chancengleichheit *(f)*, **-en**	equal opportunities
Abkommen *(n)*, **-**	agreement
Zustrom *(m)*, **-ströme**	influx
dringlich	urgent
Behörde *(f)*, **-n**	authority, agency
Baracke *(f)*, **-n**	shack
Lebensgewohnheit *(f)*, **-en**	lifestyle habits
gutgemeint	well-intended
unbeholfen	clumsy, awkward
Heimweh *(n)*	homesickness
bescheiden	humble
Anzeichen *(n)*, **-**	sign, evidence
verringern	to reduce, to decrease
verringert, verringerte, hat verringert	
sich abzeichnen	to loom, to show
zeichnet sich ab, zeichnete sich ab, hat sich abgezeichnet	
sich einrichten auf *(Akk)*	to prepare (oneself) for sth.
richtet sich ein, richtete sich ein,	
hat sich eingerichtet	
Nachkomme *(m)*, **-n**	offspring, descendant
Ablehnung *(f)*, **-en**	rejection, denial
Zuzug *(m)*, **-züge**	influx, immigration
Rente *(f)*, **-n**	retirement, pension

Verständnisfragen zum Text

1. Warum warb Deutschland in den 1950er-Jahren Arbeitskräfte aus dem Ausland an? Was war der Plan der Deutschen?
2. Was trafen die Gastarbeiter in Deutschland für Lebensverhältnisse an? Konnten sie sich leicht in die deutsche Gesellschaft integrieren?
3. Was war das Ziel der Gastarbeiter? Warum kamen sie nach Deutschland?
4. Kehrten viele Gastarbeiter wieder in ihre Heimat zurück? Was passierte nach dem Anwerbestopp? Welche Informationen liefert der Text?

5. Erklären Sie die Aussage, dass die Geschichte der Gastarbeiter in Deutschland u. a. „eine Geschichte des gegenseitigen Unverständnisses und der Ablehnung" ist. Was ist mit diesem Satz gemeint?

6. Gegen welche Tatsache wehren sich konservative Politiker?

7. Ist es notwendig für Deutschland, ausländische Arbeitnehmer ins Land zu holen? Welche Informationen enthält der Text?

Analyse und Diskussion

1. Wie im Text klar herausgestellt wird, gab es in Deutschland keine Integrationsprogramme für ausländische Arbeitskräfte, da diese nicht längerfristig in Deutschland bleiben, sondern bald wieder in ihre Herkunftsländer zurückkehren sollten. Überlegen Sie im Unterricht, was eine gelungene Integration ausmacht. Was sollte der Staat bereitstellen, welche Hilfe sollte er den ausländischen Gästen bieten? Wie sollte die deutsche Bevölkerung sich verhalten, und was kann von den ausländischen Arbeitern gefordert werden? Stellen Sie verschiedene Listen zusammen und diskutieren Sie die erforderlichen Maßnahmen im Detail.

2. Im Text wird von der Notwendigkeit eines „Zuzug[s] von zirka 500.000 Menschen pro Jahr" gesprochen, damit die deutsche Wirtschaft stabil bleiben kann. Was genau bedeutet diese Aussage? Wie sollen die Menschen, die nach Deutschland einwandern, das Land unterstützen? Hält Deutschland nach weiteren Gastarbeitern Ausschau, oder welche Tätigkeiten sollen die Neuankömmlinge versehen? Wenn Sie nicht gut genug über Deutschland Bescheid wissen, so liegt vielleicht u. U. eine ähnliche Situation in Ihrem eigenen Land vor? Wirbt Ihr Land Arbeitskräfte an? Wenn ja, in welchen Bereichen? Sammeln Sie Informationen im Unterricht und recherchieren Sie als Hausaufgabe gegebenenfalls im Internet.

Weiterführende Aktivitäten

1. Sehen Sie sich den Videoclip *Sieben Tage – Wir tauschen unser Leben* auf der Webseite *Planet Schule* an: http://www.planet-schule.de/sf/filme-online .php?film=8272. In dieser Dokumentation tauscht eine deutsche Familie für eine Woche ihr Leben mit einer türkischen Familie. Wie sind die Reaktionen der zwei Familien? Wie viel Wissen hat die deutsche Familie von

der türkischen Kultur? Wie integriert ist die türkische Familie? Diskutieren Sie, welche Informationen der Film über die Integration von anderen Kulturen in Deutschland präsentiert. Ist die Integration der Familie Altiok gut gelungen?

2. Recherchieren Sie, wie es mit der Integration in der heutigen Zeit in Deutschland aussieht. Wie integriert sind Ausländer in Deutschland? Gibt es Gesetze, die sich positiv für Ausländer geändert haben? Wie reagiert die deutsche Regierung auf eine immer globaler werdende Gesellschaft?

Studie der Friedrich-Ebert-Stiftung: Rechtsextremismus in Ostdeutschland nimmt zu

Einführung

Anknüpfend an die Geschichte der Gastarbeiter setzt sich der Artikel „Rechtsextremismus in Ostdeutschland nimmt zu" mit einer sinkenden Akzeptanz von Ausländern auseinander – nämlich mit der beunruhigenden Fremdenfeindlichkeit in Ostdeutschland. Dort lässt sich die Verbreitung von rechtsextremem Gedankengut vor allem bei jungen Leuten nachweisen, die weitaus größer als diejenige im Westen ist. Allerdings hänge, so der Text, die rechtsextreme Haltung weniger mit der Region als vielmehr mit den wirtschaftlichen Gegebenheiten zusammen, die speziell in Ostdeutschland sehr schlecht seien und jungen Leuten das Gefühl gäben, nicht gebraucht zu werden.

Rechtsextremes Gedankengut **findet** in Deutschland immer mehr **Verbreitung**: Einer Studie der SPD-nahen Friedrich-Ebert-**Stiftung zufolge** haben inzwischen neun Prozent der Bevölkerung ein geschlossenes rechtsextremes Weltbild. In Ostdeutschland **kommen** die **kruden** Thesen besonders **gut an**.

In den ostdeutschen Bundesländern breitet sich rechtsextremes Gedankengut einer aktuellen Studie zufolge massiv aus. Seit 2006 hat sich die Gruppe mit rechtsextremem Weltbild von 6,6 auf 15,8 Prozent mehr als verdoppelt, wie aus der am Montag in Berlin vorgestellten Untersuchung „Die Mitte im Umbruch. Rechtsextreme Einstellungen in Deutschland 2012" der Friedrich-Ebert-Stiftung (FES) hervorgeht. In Westdeutschland sei diese Gruppe von 9,1 auf 7,6 Prozent dagegen geschrumpft.

Bezogen auf ganz Deutschland ist in den vergangenen beiden Jahren ein Anstieg rechtsextremen Denkens von 8,2 auf 9 Prozent zu **verzeichnen**. Zugleich bleibt die Zufriedenheit mit der Demokratie im Vergleich zu anderen Staatsformen mit 94,9 Prozent (West: 95,5 Prozent; Ost: 92,1 Prozent) hoch.

Verharmlosung des Nationalsozialismus

Als besonders dramatisch bezeichneten die Autoren, dass in Ostdeutschland inzwischen eine neue Generation von Rechtsextremisten entstanden ist. Anders als bei früheren Befragungen wiesen 14- bis 30-Jährige hinsichtlich ihrer Zustimmung zu einer rechtsautoritären Diktatur, zu Sozialdarwinismus oder zur **Verharmlosung** des Nationalsozialismus höhere Werte auf als über 60-Jährige.

„Bestand in der Vergangenheit ein enger Zusammenhang zwischen zunehmendem Alter und rechtsextremer Einstellung, so findet sich dieser nun nicht wieder", warnt die Studie. „Die **Brisanz** dieser Situation darf keinesfalls **unterschätzt** werden." Es handle sich offensichtlich um eine Folge der Strukturprobleme in Ostdeutschland sowie des Gefühls einer Generation, nicht gebraucht zu werden.

Probleme für die Demokratie

Der **Verweis auf** die soziale und wirtschaftliche **Abkopplung** zeige auch, dass es sich im Kern nicht um ein ostdeutsches Problem handle, betonten die Autoren. Entscheidend seien wirtschaftliche Strukturmerkmale. Im Osten gebe es nur besonders viele „**abwärtsdriftende** Regionen".

Angesichts einer enormen Jugendarbeitslosigkeit und unsicherer Perspektiven mache das auch **mit Blick auf** andere Regionen

Deutschlands und Europas pessimistisch. „Diese zurückgelassenen Regionen bringen für die Demokratie langfristig viel schwerwiegendere Probleme mit sich als ‚nur' hohe Arbeitslosenzahlen oder **Verschuldungsraten**", erklärte die FES.

Der **Erhebung** zufolge sind in Deutschland in hohem Maße auch antisemitische und antiislamische Einstellungen vorhanden. Antisemitische Einstellungen seien bei mindestens knapp einem Drittel (28 Prozent) in der einen oder anderen Form festzustellen. Daneben gebe es ein „enormes Potential" an antiislamischen Haltungen. So seien 36,2 Prozent islamfeindlich, 60,8 Prozent islamkritisch.

Als Grundlage für die Studie wurden im Sommer 2415 deutsche Staatsangehörige sowie 95 Personen ohne deutsche Staatsbürgerschaft vom Berliner Meinungsforschungsinstitut Usuma befragt.

Quelle: Spiegel Online: http://www.spiegel.de/politik/deutschland/rechtsextremismus-in-ostdeutschland-nimmt-zu-a-866712.html

Vokabeln

rechtsextrem	extreme right-wing
Verbreitung finden	to gain currency
Stiftung *(f)*, **-en**	foundation
zufolge *(Gen)*	according to
gut ankommen	to be well received
kommt an, kam an, ist angekommen	
krud	crude
verzeichnen	to register
verzeichnet, verzeichnete, hat verzeichnet	
Verharmlosung *(f)*, **-en**	downplaying
Brisanz *(f)*	explosiveness, urgency
unterschätzen	to underestimate
unterschätzt, unterschätzte, hat unterschätzt	

Verweis auf *(Akk)*   reference to
Abkopplung *(f)*, **-en**   decoupling
abwärts   downwards
driften   to drift
    driftet, driftete, ist gedriftet
mit Blick auf *(Akk)*   with regard to
Verschuldungsrate *(f)*, **-n**   rate of indebtedness
Erhebung *(f)*, **-en**   survey

Verständnisfragen zum Text

1. Wie sieht Rechtsextremismus in West- und Ostdeutschland aus?
2. Welche Altersgruppe ist in Ostdeutschland besonders rechtradikal, und warum stellt dies eine neue Entwicklung dar?
3. Handelt es sich um ein spezifisch ostdeutsches Problem?
4. Warum sind die Ostdeutschen rechtsextremer als die Westdeutschen? Nennen Sie einige Gründe, die der Text auflistet.
5. Welche weiteren problematischen Tendenzen lassen sich in der gesamten Bundesrepublik feststellen?

Analyse und Diskussion

1. „Rechtsextremismus" ist ein Wort, das viele Male in unserem Text vorgekommen ist, aber niemals richtig definiert wurde. Diskutieren Sie im Unterricht, was einen rechtsextremen Menschen auszeichnet. Was sind seine Anschauungen, welche Vorbilder hat er? Gibt es bestimmte deutsche Organisationen oder politische Parteien, denen er beitreten kann? Wenn Sie nur wenig über Rechtsextremismus wissen, recherchieren Sie und präsentieren Sie Ihre Ergebnisse im Unterricht.
2. Wie sieht es mit rechtsextremen Tendenzen in Ihrem Land aus? Gibt es vergleichbare Einstellungen, wie wir sie gerade in unserem Text gelesen haben? Was sind die Unterschiede zu Deutschland? Diskutieren Sie, wie rechtsextreme Tendenzen in Ihrem Land entstanden sind und wie groß die Gruppe derjenigen ist, die sich für rechtsextremes Gedankengut interessieren. Gibt es Artikel in der Presse, die darauf aufmerksam machen? Dokumentationen im Fernsehen oder Rundfunk? Haben Sie über Rechtsex-

tremismus in der Schule gelernt? Oder ist dies ein unbedeutendes Thema in Ihrem Land?

Weiterführende Aktivitäten

1. In der letzten Zeit ist Deutschland durch einen Fall aufgeschreckt worden, der durch alle Medien gegangen und auch jetzt noch in aller Munde ist: die über Jahre verübten Morde der Organisation Nationalsozialistischer Untergrund (NSU) an ausländischen Mitbürgern. Haben Sie von diesem Fall gehört? Wenn nicht, so gibt es eine Fülle von Informationen, die Ihnen einen Überblick über die Vorgänge der Vergangenheit verschaffen können. Wichtige erste Webseiten sind:
   - http://www.spiegel.de/panorama/justiz/multimedialer-ueberblick-die -geschichte-des-nsu-a-892682.html
   - http://www.sueddeutsche.de/politik/ein-jahr-nach-entdeckung-der -nsu-geschichte-eines-entsetzlichen-staatsversagens-1.1512967
   - http://www.nsu-watch.info/

   Teilen Sie sich im Unterricht in Gruppen auf und recherchieren Sie diesen Fall eingehend. Versuchen Sie, Informationen zu der Organisation NSU herauszufinden, zu den Hauptmitgliedern Uwe Mundlos, Uwe Böhnhardt und Beate Zschäpe, ihren Opfern, den verübten Verbrechen sowie zum gerichtlichen Mordprozess. Tragen Sie Ihre Ergebnisse in Form von kurzen Präsentationen zusammen und diskutieren Sie den Fall.

2. In unserem Text wird auch von antisemitischen Tendenzen der Deutschen gesprochen. Lesen Sie hierzu den Artikel „Der ganz alltägliche Antisemitismus" von der Deutschen Welle: http://dw.de/p/17Tv5, und diskutieren Sie den Inhalt im Unterricht. Überrascht Sie der Artikel? Was sind Ihrer Meinung nach die Gründe für Antisemitismus? Wie wird sich diese Einstellung der Deutschen gegenüber Juden in der Zukunft entwickeln?

Salami Aleikum

Einführung

Nachdem der vergangene Text Ostdeutschland als besonders ausländerfeindlich dargestellt hat, soll das Bild des Ostens revidiert werden. Der Film

© Hoanzl

Salami Aleikum beschäftigt sich mit den Abenteuern des Mohsen Taheri, eines jungen Mannes iranischer Herkunft, der auf seiner Reise nach Polen in einem Dorf in Ostdeutschland strandet und dort die Automechanikerin Ana kennenlernt, in die er sich unsterblich verliebt. Diese Liebe ist bei Weitem nicht unkompliziert, da zwei unterschiedliche Kulturen aufeinanderprallen, die zahlreiche Vorurteile gegeneinander hegen. Jedoch gelingt es Regisseur Ali Samadi Ahadi mit Hilfe von Humor und Ironie, die bisweilen dramatische Realität in ein positives Licht zu rücken, sodass am Ende nicht nur Ana und Mohsen das glücklichste Paar der Welt sind, sondern auch alle Familienmitglieder harmonisch und zufrieden miteinander leben.

Verständnisfragen zum Film

1. Wie wird die Familie Taheri im Film dargestellt? Aus welchem Land kommt sie und warum ist sie nach Deutschland eingewandert? Geben Sie einige Details zum Hintergrund der Familie.
2. Welche Stereotypen werden im Film gezeigt? Gibt es Klischees, die Sie von einer muslimischen Familie erwartet hätten? Listen Sie einige auf.
3. Was ist das große Problem von Mohsen hinsichtlich der Metzgerei seines Vaters? Warum hasst er die Arbeit dort?
4. Zu welchem Zweck fährt Mohsen nach Polen?
5. Wen lernt Mohsen auf seiner Fahrt gen Osten kennen und warum?
6. Beschreiben Sie Ana näher. Entspricht sie unseren stereotypischen Vorstellungen einer Frau?
7. Welche Stereotypen präsentiert der Film über Ostdeutschland? Listen Sie drei auf und erklären Sie diese ausführlicher.
8. Was erhoffen sich die Einwohner des ostdeutschen Dorfes von Mohsen und seiner Familie? Wie sollen sie ihnen helfen?

9. Wie erfahren die Dorfbewohner am Ende die Wahrheit über Mohsens Familie?
10. Wie endet der Film? Warum ist letztendlich doch noch alles gut und alle sind zufrieden?

Analyse und Diskussion

1. Diskutieren Sie den Gebrauch von Stereotypen gegenüber Ausländern im Film. Wie geht der Film damit um? Nehmen Sie fünf Stereotypen und analysieren sie diese. Stellt der Film diese Stereotypen als wahr dar oder revidiert er sie im Laufe der Handlung? Welchen Eindruck erhält der Zuschauer letztendlich von der Taheri Familie?
2. Nicht nur die Familie von Mohsen, sondern auch die Deutschen werden stereotypisch aus der Sicht der Taheri Familie beschrieben, was oft lustig erscheint. Nehmen Sie zwei Szenen, in denen sich die Taheri Familie über die Deutschen beklagt, und analysieren Sie diese. Warum sind diese Szenen lustig? Wie kommt der Humor zustande? Sind Ihnen die genannten Stereotypen bekannt? Werden sie im Laufe des Filmes neu bewertet, verworfen oder vielmehr bestätigt?
3. Sprechen Sie über das Liebesverhältnis zwischen Ana und Mohsen, das in schönster Hollywood-Manier märchenhaft endet. Warum ist es ein sehr untypisches Verhältnis? Welche Rolle spielt Kitsch? Versinnbildlicht das Verhältnis eine wahre Zusammenkunft zweier Kulturen?

Weiterführende Aktivitäten

1. Welche Reaktionen hat der Film beim Publikum hervorgerufen? Lesen Sie zwei Filmrezensionen und finden Sie heraus, ob der Film in der deutschen Presse positiv besprochen wurde. Ein guter Start ist die Webseite des Filmes: http://www.salami-aleikum.de/, auf der unter der Rubrik „Kritiken" zahlreiche Pressestimmen versammelt sind. Fassen Sie Ihre Ergebnisse zusammen und präsentieren Sie diese im Unterricht.
2. Schreiben Sie eine eigene Filmkritik. Was hat Ihnen besonders gut an dem Film gefallen, was weniger gut? Trägt der Film Ihrer Meinung nach zur Verständigung zwischen Deutschen und Ausländern bei? Erfüllt er diese Mission oder was ist die Mission des Filmes?
3. Kennen Sie ähnliche Filme, die das Thema der Integration besprechen? Ein sehr bekannter deutsch-türkischer Regisseur ist Fatih Akın, der in seinen

Filmen oft eine Brücke zwischen verschiedenen Kulturen schlägt. Sehen Sie sich einen seiner Filme an, z. B. *Gegen die Wand, Auf der anderen Seite* oder *Soul Kitchen,* und vergleichen Sie diesen mit *Salami Aleikum.* Welche Parallelen oder Unterschiede gibt es?

Deutsche Kultur in den USA: Eine Spurensuche

Einführung

Teil Zwei unseres Reisekapitels hat sich bislang primär mit der Einwanderung nach Deutschland beschäftigt – nun soll am Ende der Einheit auch die andere Seite beleuchtet werden: die Auswanderung der Deutschen in ihnen fremde Länder. Vor allem die USA erfreuten sich über lange Jahrzehnte großer Beliebtheit bei den Deutschen, sodass auch heute noch zahlreiche Spuren deutscher Kultur und Geschichte in Amerika zu finden sind. Der folgende Text entstammt einem Radiobeitrag, der den Ort Saxonburg in Pennsylvania näher beschreibt. Dort lässt sich der deutsche Ursprung in heutiger Zeit noch problemlos erkennen, worauf die Saxonburger sehr stolz sind. Lesen Sie zunächst den Text (er ist allerdings nur ein Auszug des Beitrags) und hören Sie sich danach den gesamten Radiobericht an, indem Sie sich jedoch besonders auf den abgedruckten Ausschnitt konzentrieren: http://www.br.de/radio/bayern2/wissen/radiowissen/deutsche-kultur-usa-100.html.

ROLF BÜLLMANN: Wie gesagt, man muss nur etwas genauer um sich schauen in den USA, um zu verstehen, wie sehr Deutschland, die Vereinigten Staaten und ihre Kulturen **miteinander verwoben sind**. Historisch kann das nicht überraschen: Schon 1683 wurde die erste deutsche **Siedlung** auf dem Boden der heutigen USA **gegründet**. Und vor allem in der Zeit zwischen 1848 und dem Ersten Weltkrieg kamen viele Deutsche nach Amerika – mehr als 6 Millionen. Sie brachten ihre Kultur mit. UND – ihre Städtenamen: es gibt Hamburg im Staat New York, Augsburg in Arkansas UND Augsburg in Illinois, es gibt New Ulm, Minnesota, und Bremen, Georgia, es gibt Amberg, Wisconsin und

Coburg, Oregon. Und es gibt Saxonburg, Pennsylvania – ein Ort, der von sich selber sagt, er sei ziemlich deutsch ...

(*Atmo Library Saxonburg*)

ROLF BÜLLMANN: Das ist die 76-jährige Margeret Bachman, die die Ortschronik in der Stadtbibliothek schließlich auch noch findet. Saxonburg mit seinen beiden **langgezogenen** Straßen und rund 750 weißen Holzhäusern samt Gärten beheimatet 1.200 Menschen. Die meisten von ihnen haben deutsche **Vorfahren** – auch Margaret Bachman. ...

ROLF BÜLLMANN: Nicht aus der Münchener Ecke, sondern aus dem thüringischen Mühlhausen kam der **Urgroßvater** von Carol Storch. Sie **blättert** durch das Saxonburg-Buch und zeigt auf die Kopie jener Schiffspapiere, die die Amerika-Überfahrt der Brüder Johann und Karl Röbling **nachweisen**. Ihr Vorfahre, sagt Carol Storch, sei 1831 auf demselben Schiff wie Johann Röbling gewesen, der später die ersten **stählernen Hängebrücken** bauen sollte, darunter die berühmte Brooklyn Bridge in New York.

CAROL STORCH: Ich glaube, mein Urgroßvater war ein Metzger. Sie kamen aus der gleichen Stadt wie Röbling. Und seit er und seine Frau sich in Saxonburg niedergelassen hatten, ist die Familie hier.

ROLF BÜLLMANN: Johann Röbling war damals mit dem Plan angereist, in der hügeligen, grünen **Gegend** von West-Pennsylvania Land zu kaufen und eine deutsche Kolonie zu gründen. Anfangs **lockte** er vor allem gebildete Kaufleute und Handwerker aus Thüringen und Sachsen hierher – daher auch der Ortsname. Auch die Familie Knoch **folgte dem Ruf** – eine ihrer **Nachfahren** heißt Maria McCullough, und sie kümmert sich **ehrenamtlich** um das Heimatmuseum in Saxonburg. Die 43-Jährige organisiert zudem das jährliche Kunst- und Kulturfest mit – jawohl, auch mit „Bratwurst und Sauerkraut". Nach einer kleinen **Durststrecke** in den 90er Jahren hätten sich die Saxonburger nun wieder gefangen und sich ihrer **Wurzeln** erinnert, sagt sie.

Man sieht es: Entlang der Main Street sind Dutzende der ersten
Holzhäuser mit frischer weißer Farbe **herausgeputzt**. Die großen
grünen Schilder neben den Eingangstüren weisen aus, welche
Familien das Haus wann gebaut haben. Damit wirkt die Kleinstadt wie ein Freiluftmuseum. Doch das Deutsche sei durchaus
noch lebendig, sagt Maria. Sie kann es einschätzen; sie hat als
Frau eines Soldaten einige Jahre in Deutschland verbracht.

MARIA MCCULLOUGH: „Da ist definitiv die Arbeitsmoral: wir sind
ein hart arbeitender **Menschenschlag** hier in der Gegend. Mit
den deutschen Wurzeln hat wohl auch zu tun, dass die Leute
hier ihre Häuser, Gärten und überhaupt die Stadt sehr ordentlich
halten. Es gibt außerdem kleine Geschäfte direkt an der Straße
mit hübschen **Auslagen**. Das findet man nicht mehr oft in
Amerika. Und wir versuchen seit einigen Jahren, diese Geschäftsatmosphäre zurückzubekommen.

ROLF BÜLLMANN: Ansonsten seien die Saxonburger stolz darauf,
sich ihrer Geschichte zu erinnern. Das sei schon 10 Meilen
weiter in Nachbarorten anders.

MARIA MCCULLOUGH: Dort gibt es keinen Sinn für die Geschichte; kein Museum, nicht den Stolz der Saxonburger auf
einmal Gebautes. Wir Amerikaner **reißen** unsere Häuser lieber kurzerhand wieder **ab**, bauen neue, reißen sie ab – eine
Wegwerfgesellschaft.

ROLF BÜLLMANN: Aber gibt es in Saxonburg dann so etwas wie
deutsche **Vereinsmeierei**? Maria lacht: Nicht mit all den Geset-
zen und Gerichtsverfahren, wie sie wohl in Deutschland üblich
seien. Aber dem Sinn nach: ja.

Da, wo Saxonburg eine echte deutsche Kultur in sich trägt –
wie viele andere Orte in den USA auch, gibt es natürlich auch
Vieles, was nicht so authentisch ist. Die Oktoberfeste zum
Beispiel, die – so scheint es – an jeder Ecke **aus dem Boden
sprießen**. Die *Washington Post* zählte dieses Jahr alleine für
die Hauptstadtregion 17 Stück auf. Das größte Oktoberfest
außerhalb Münchens wird in dessen Partnerstadt Cincinnati

ausgerichtet. Ein anderes großes Oktoberfest findet aber am anderen Ende der Vereinigten Staaten statt, in Leavenworth an der Westküste. Leavenworth ist ein Ort, der so aussieht, wie sich ein Amerikaner, der noch nie in Bayern war, Bayern vorstellt. Ein Ort, dessen Bewohner Anfang der 60er-Jahre beschlossen haben, sich und ihre Stadt als Bayern zu verkleiden, um mehr Touristen anzulocken – und das durchaus erfolgreich. Für Deutsche wirkt das Ganze **unbeholfen** und kitschig, aber: auch so etwas gibt es in den USA – und auch so etwas hat ja im weitesten Sinne ebenfalls mit deutscher Kultur zu tun. Doch so unecht Leavenworth ist, so echt ist das Interesse von Leuten wie ihm.

KARL SELZER: Karl Selzer. Ich bin 25 Jahre alt und ein Redakteur für eine Zeitung hier in Washington DC.

ROLF BÜLLMANN: Karl ist der erste in seiner Familie, der in den USA geboren ist. Seine Eltern haben deutsch-österreichische Wurzeln, und Karl **bemüht sich**, diese Wurzeln seiner Familie nicht vertrocknen zu lassen. Zu Hause mit seinem Vater spricht er nur Deutsch, sein 6-Monate-alter Sohn heißt Johann – nicht Dscho-hänn! – , und Weihnachtsgeschenke gibt es bei den Selzers an Heiligabend, nicht wie sonst in den USA am 25. Dezember ...

KARL SELZER: Bei uns, in meiner Familie ist es wichtig für uns, die Kultur, diese Kleinigkeiten von meinem Vater und seiner Familie hier in die Vereinigten Staaten zu bringen und zu feiern und zu leben, kann man sagen.

ROLF BÜLLMANN: Und so ist das eben mit der deutschen Kultur im amerikanischen Alltag: Wer ein bisschen aufmerksam ist, der findet sie. In der Sprache, im Stadtbild, in der **bildenden Kunst**, in der Literatur – oder manchmal auch einfach beim traditionellen Sonntagnachmittags-Kaffeetrinken wie bei den Selzers in Washington. Natürlich sind die USA ein **Schmelztiegel** – ein Schmelztiegel auch der verschiedenen Kulturen der Welt. Und so sprechen Deutsch-Amerikaner heute eben mit Akzent, und

> so ist das Deutschlandbild heute manchmal ein bisschen **schief**
> und **verklärt**, eben oft geprägt von nur indirektem Kontakt mit
> der deutschen Kultur. Aber liebenswert ist es allemal – wie die
> Band Paloma aus Chicago ...
> (*Musik Paloma Jodler*)
>
> **Quelle:** http://www.br.de/radio/bayern2/wissen/radiowissen/deutsche-kultur-usa
> -100.html

Vokabeln

verwoben sein mit	to be entangled, interwoven with
Siedlung *(f)*, **-en**	settlement
gründen	to found
gründet, gründete, hat gegründet	
langgezogen	protracted
Vorfahre *(m)*, **-n**	ancestor
Urgroßvater *(m)*, **-väter**	great-grandfather
blättern	to browse, to skim (a book)
blättert, blätterte, hat geblättert	
nachweisen	to prove, to verify
weist nach, wies nach, hat nachgewiesen	
stählern	of steel
Hängebrücke *(f)*, **-n**	suspension bridge
Gegend *(f)*, **-en**	area, region
locken	to lure, to entice
lockt, lockte, hat gelockt	
dem Ruf folgen	to answer the call
folgt, folgte, ist gefolgt	
Nachfahre *(m)*, **-n**	descendant
ehrenamtlich	voluntary, as a volunteer
Durststrecke *(f)*, **-n**	hard times
Wurzel *(f)*, **-n**	root
herausputzen	to spruce sth. up
putzt heraus, putzte heraus, hat herausgeputzt	
Menschenschlag *(m)*	stock (common cultural background)

Auslage *(f)*, **-n**	display, shop window
abreißen	to tear down
reißt ab, riss ab, hat abgerissen	
Vereinsmeierei *(f)*	cliquishness, club mania
aus dem Boden sprießen	to spring up
sprießt, spross, ist gesprossen	
unbeholfen	clumsy, awkward
sich bemühen	to make an effort, to attempt
bemüht sich, bemühte sich, hat sich bemüht	
bildende Kunst *(f)*,	fine arts
bildenden Künste	
Schmelztiegel *(m)*, **-**	melting pot
schief	crooked, awry, lopsided
verklärt	romanticized

Verständnisfragen zum Text

1. Wann wurde die erste deutsche Siedlung in den USA gegründet, und wohin wanderten die Deutschen aus? Geben Sie drei Beispiele.
2. Woher kamen die Vorfahren von Carol Storch, und welche weiteren Details über die Auswanderung erfahren wir in unserem Text?
3. Wer war Johann Röbling?
4. Woher kommt der Name Saxonburg?
5. Was ist das typisch Deutsche an Saxonburg?
6. Obwohl Saxonburg authentisch Deutsches aufweist, gibt es viele andere amerikanische Städte, die Deutsches einfach nachahmen. Welche Beispiele werden im Radiobericht genannt?
7. Was macht Karl Selzer, um seine deutschen Wurzeln lebendig zu halten? Wie unterscheidet er sich von anderen Amerikanern?

Analyse und Diskussion

1. Gibt es in Ihrer Umgebung Merkmale von deutscher Einwanderung? Gibt es Straßennamen, die sich deutsch anhören; Namen von Freunden oder Bekannten, die auf deutschen Ursprung hindeuten; deutsche Gerichte, die man in Restaurants essen kann? Oder kennen Sie eine Stadt, in der es

konkrete Hinweise auf deutsche Einwanderung gibt? Diskutieren Sie im Unterricht.

2. Wie wichtig ist es Ihnen persönlich, über die Herkunft Ihrer Vorfahren Bescheid zu wissen? Wissen Sie, woher Ihre Vorfahren kamen? Haben Sie oder Ihre Eltern vielleicht einmal Ahnenforschung betrieben? Gibt es in Ihrer Familie Gegenstände, die aus dem Land Ihrer Vorfahren stammen? Wörter, die Ihre Eltern benutzen, die aus einer anderen Sprache kommen? Traditionen, die anders als die vieler Ihrer Landsleute sind? Wenn Sie über dieses Thema nicht Bescheid wissen, fragen Sie bei Ihren Eltern oder Großeltern nach und versuchen Sie, Details über Ihre Herkunft zu sammeln. Präsentieren Sie Ihre Ergebnisse im Unterricht.

Weiterführende Aktivitäten

1. Gehen Sie auf die Webseite von Saxonburg: http://www.historicsaxon burg.com/, und beschreiben Sie diese. Welche Informationen erhält der Besucher über die deutschen Ursprünge dieser Stadt? Können Sie sich aufgrund der Webseite ein Bild von der deutschen Einwanderung machen? Wie deutsch ist Saxonburg heute? Bewerten Sie die Webseite und erklären Sie, welche Informationen u. U. fehlen. Wie könnte die Webseite besser gestaltet werden?

2. Wie im Radiobeitrag bereits beschrieben wurde, gibt es eine Reihe weiterer Orte, die auf ihren deutschen Ursprung stolz sind – oder diesen Ursprung künstlich ins Leben gerufen haben. Recherchieren Sie im Internet und finden Sie eine weitere Webseite, die sich mit der deutschen Vergangenheit eines Ortes auseinandersetzt, z. B. German Village in Columbus, Ohio: http://germanvillage.com/. Wie unterscheidet sich diese deutsche Siedlung von Saxonburg? Wie gefällt Ihnen diese Webseite? Ist sie informativer? Wie sieht es mit Leavenworth im Staate Washington aus: http://www.leaven worth.com/? Was ist typisch Deutsch diesen Webseiten zufolge, und wie wird mit Stereotypen gespielt? Schreiben Sie einen Aufsatz über eine Webseite, indem Sie auf die Informationen, die die Webseite dem Besucher zur Verfügung stellt, eingehen und diese bewerten.

3. Recherchieren Sie, welche berühmten deutschen Personen nach Amerika ausgewandert sind. Vor allem im Zweiten Weltkrieg verließen viele Künstler, Schriftsteller und Wissenschaftler das Dritte Reich, um vor den Nazis

in den USA Schutz zu suchen, u. a. Thomas Mann, Arnold Schönberg und Albert Einstein. Nehmen Sie eine Person, die Sie besonders interessiert – sie kann aus der heutigen Zeit stammen oder bereits verstorben sein – und recherchieren Sie die Gründe, die diese Person zur Emigration veranlasst haben.

Goodbye Deutschland: Über Fernsehen und fern sehen – Auswandern aus nächster Nähe

Einführung

Der letzte Artikel unseres Kapitels beschäftigt sich noch einmal mit dem Thema des Auswanderns – jedoch von einer etwas kuriosen Seite. Der Autor Andreas Kilian hat sich mit der in Deutschland sehr beliebten Fernsehsendung *Goodbye Deutschland* auseinandergesetzt und eine kurze Bewertung der Show verfasst. In dieser Sendung entscheiden sich Deutsche, ihrer Heimat für immer Lebewohl zu sagen und ihr Glück in anderen Regionen der Welt – oft auf der anderen Seite des Globus – zu suchen. Mit wenig Gepäck und oftmals noch weniger Kenntnissen über Land und Leute treten diese Personen ihre Reise an, um bald herauszufinden, dass das im Urlaub so paradiesisch erschienene Land leider im Alltag nicht ganz den hohen Erwartungen entspricht. Obwohl es sich hierbei um eine typische Reality Show handelt, gewährt die Sendung doch Einblicke in die Motive der Auswanderer sowie in die große Sensationslust der Fernsehzuschauer, die zwar selber ein Auswandern niemals in Erwägung ziehen würden, sich aber heimlich nach fremden Ländern und Kulturen zu sehnen scheinen.

Jedes Jahr beschließen tausende Deutsche, ihre Heimat zu verlassen, um in mehr oder weniger weiter Ferne ihr Glück aufs Neue zu suchen. Dies **klappt** mal besser, mal schlechter. Ist das der **Stoff**, woraus Träume und gute Sendungen **gesponnen** werden können? Das glaubt zumindest der **Sender** Vox und hat seit nunmehr vier

Jahren die Doku-Soap *Goodbye Deutschland* im Programm, welche dienstags in der Primetime ausgestrahlt wird.

Für alle, die zu dieser Zeit etwas Besseres zu tun haben, wiederholt der Sender die aktuelle Folge noch einmal am Sonntagnachmittag. Eine Auswandererfamilie hat in Deutschland eine besonders große Bekanntheit erreicht: die Reimanns, welche vom nordisch kühlen Hamburg ins heiße Texas gezogen sind. Durch die regelmäßige Anwesenheit im Fernsehen haben sie es geschafft, in Amerika Fuß zu fassen und können **sich**, auch wenn es mit den Jobs in der neuen Welt mal weniger **gut läuft**, mit Werbeverträgen und zahlenden Feriengästen **über Wasser halten**. Der Zuschauer hat jede Woche aufs Neue die Möglichkeit zu erfahren, was aus manchen „alten Bekannten" wie den Reimanns geworden ist und welche neuen, **wagemutigen** Menschen sich in eine ungewisse Zukunft stürzen.

Worin liegt nun also das Geheimnis des Erfolgs, und warum bekommt das Format eine nicht **unerheblich** große Sendezeit **spendiert**? Hierfür gibt es mehrere Gründe. Wie bereits angedeutet, ist das Konzept darauf ausgelegt, besonders interessante Auswanderer über Jahre hinweg zu begleiten, was eine gewisse Zuschauerbindung bewirkt. Außerdem sind viele vor dem Fernseher von fremden Ländern, Menschen und Kulturen fasziniert, würden **sich** jedoch selbst kein Abenteuer in Form einer Auswanderung **zutrauen**. Die Sendung bietet auf einfache Weise Einblicke und Erfahrungen aus erster Hand, welche die oftmals wahre Realität zeigen – trotz paradiesischer Umgebung sieht man **vorrangig** provisorische Unterkünfte, Schmutz und Geld**knappheit**. Auch wenn dies bei den meisten Betrachtern dazu führen wird, eventuell vorhandenes Fernweh schnellstmöglich zu vergessen, **bergen** die wenigen sichtbaren Traumbilder doch einen gewissen **Reiz**. Zudem ist auch ein gewisser Voyeurismus im Spiel. Die Protagonisten werden nicht selten zur Schau gestellt, und es wird einiges aus ihrem Privatleben **preisgegeben**. Allerdings geschieht hier niemandem Unrecht, schließlich haben sich die Teilnehmer der Sendung selbst zu diesem Schritt entschlossen. Je nachdem wie gut die Vorbereitung für die Auswanderung war, kann das mal mehr oder weniger **peinlich** werden – oder wer glaubt ernsthaft, dass man erfolgreich mit 380 Euro in der Tasche nach Gran Canaria auswandern kann?

Quelle: http://tvkulturundkritik.blogspot.com/2010/09/goodbye-deutschland
-uber-fernsehen-und.html

Vokabeln

klappen	to work out, to go smoothly
klappt, klappte, hat geklappt	
Stoff *(m)*, -e	substance, material
spinnen	to spin, to fabricate
spinnt, spann, hat gesponnen	
Sender *(m)*, -	channel
sich über Wasser halten	to keep afloat
hält sich, hielt sich, hat sich gehalten	
gut laufen	to work well
läuft, lief, ist gelaufen	
wagemutig	daring, venturous
unerheblich	insignificant, negligible
spendieren	to treat to, to spring for sth.
spendiert, spendierte, hat spendiert	
sich zutrauen	to dare
traut sich zu, traute sich zu, hat sich zugetraut	
vorrangig	primarily, mainly
Knappheit *(f)*	scarcity, shortage
bergen	to contain, to harbor
birgt, barg, hat geborgen	
Reiz *(m)*, -e	allure, charm, excitement
preisgeben	to disclose, to reveal
gibt preis, gab preis, hat preisgegeben	
peinlich	embarrassing

Verständnisfragen zum Text

1. Was ist das Thema der Fernsehsendung *Goodbye Deutschland*?
2. Wer sind die Reimanns und warum sind sie Teil der Sendung?
3. Warum ist die Sendung bei den Deutschen beliebt? Welche Gründe werden im Text angeführt?
4. Was wird im Text im Hinblick auf den Erfolg der Auswanderer suggeriert: Finden viele ihr Glück im Ausland?

Analyse und Diskussion

1. Was denken Sie persönlich über das Auswandern in ein anderes Land? Könnten Sie sich vorstellen, in einem anderen Land zu leben und zu arbeiten? In welches Land möchten Sie, wenn überhaupt, permanent umziehen? Listen Sie Gründe für und gegen Auswanderung auf und diskutieren Sie das Thema im Unterricht.
2. Sie haben sich für das Auswandern entschieden. In welches Land möchten Sie gerne gehen? Welche Vorbereitungen sind zu treffen? Welche Dinge möchten Sie mitnehmen? Welche Informationen müssen Sie unbedingt über das neue Land zur Verfügung haben? Wo werden Sie dort leben, und wie werden Sie einen Job finden? Setzen Sie sich in Gruppen zusammen und erstellen Sie eine Präsentation. Geben Sie Ihren Klassenkameraden Schritt für Schritt einen Einblick in Ihre Planung und wie Sie bei Ihrer Auswanderung vorgehen. Wie lange dauern die Vorbereitungen? Ist es realistisch, dass Sie in dem neuen Land genauso erfolgreich wie zu Hause sein werden? Oder stellen Sie am Ende fest, dass Ihre Pläne unrealistisch sind und Sie lieber in Ihrem Heimatland bleiben wollen?

Weiterführende Aktivitäten

1. Gehen Sie auf die Webseite von *Goodbye Deutschland*: http://www.vox.de/cms/sendungen/goodbye-deutschland.html. Hier erfahren Sie Details über die momentanen Auswanderer und über das Konzept der Sendung. Sehen Sie sich einen Filmclip an und beschreiben Sie, wer die Auswanderer sind und was Sie über die Motive der Auswanderung erfahren. Was für einen Beruf haben die Personen? Wohin sind sie ausgewandert? Wie ist ihre Situation in dem neuen Land? Präsentieren Sie Ihre Ergebnisse im Unterricht

sowie Ihre persönliche Meinung zu den Auswanderern, die Sie auf der Webseite kennengelernt haben.

2. Recherchieren Sie: Wie viele Deutsche wandern wirklich jedes Jahr aus? Können Sie Statistiken und Zahlen darüber finden? Aus welchen Beweggründen? Und wohin? Überraschen Sie Ihre Ergebnisse? Schreiben Sie einen kurzen Aufsatz.

Projekte

1. Jedes Land hat viele Autoren, die in ihren Büchern über andere Länder und deren Kulturen berichten. Wählen Sie einen deutschsprachigen, zeitgenössischen Schriftsteller aus, der Ihnen besonders zusagt – z. B. Sibylle Berg, Christian Kracht, Christoph Ransmayr oder Judith Hermann (recherchieren Sie diese Schriftsteller zuvor im Internet oder finden Sie einen Autor, den Sie lieber mögen), wählen Sie eine Kurzgeschichte aus und stellen Sie diese im Unterricht vor. Lässt sich diese Geschichte mit den Texten in Verbindung bringen, die wir bisher im Unterricht gelesen haben? Welche neuen Informationen enthält sie? Diskutieren Sie.

2. Neben Reiseberichten existieren eine Reihe von Fernsehsendungen und Filmen, die das individuelle, oftmals gefahrvolle Reisen „off the beaten track" in den Vordergrund stellen (*Into the Wild, Man vs. Wild, Extreme Survival, Survivorman*). Nehmen Sie eine Sendung, analysieren Sie diese und bringen Sie sie mit unserer Einheit in Verbindung. Welches Publikum spricht die Sendung an? Was ist ihr Ziel? Wie wird „Reisen" dargestellt? Sprechen Sie 10 Minuten vor der Klasse.

3. Wir haben einen knappen Überblick über die deutsche Geschichte der Gastarbeiter erhalten sowie einen Einblick in die Probleme, die diese Personen mit der Integration in die deutsche Gesellschaft hatten. Recherchieren Sie dieses Thema nun aus der Sicht Ihres Landes. Gibt es auch dort eine vergleichbare „Gastarbeitergeschichte" zu erzählen? Aus welchen Ländern kommen die Menschen, die bei Ihnen die Arbeit verrichten, die kein anderer machen möchte? Wie ist die Haltung der Gesellschaft diesen Menschen gegenüber? Gibt es staatliche Hilfen für diese Menschen, sodass sie es leichter haben, in Ihrer Gesellschaft zu leben? Schreiben Sie einen Aufsatz über Ihre Ergebnisse. Vergleichen Sie die Situation in Ihrem Land mit derjenigen in Deutschland und kommentieren Sie diese.

Weiterführende Materialien

Theoretische Texte

Bauman, Zygmunt. *Globalization. The Human Consequences.* New York: Columbia University Press, 1998.

Chambers, Iain. *Migrancy, Culture, Identity.* London: Routledge, 1994.

Enzensberger, Hans-Magnus. „Eine Theorie des Tourismus". *Einzelheiten I. Bewusstseins-Industrie.* Frankfurt a. M.: Suhrkamp, 1979. 179–206.

Friedman, Susan Stanford. *Mappings. Feminism and the Cultural Geographies of Encounter.* Princeton: Princeton University Press, 1998.

Fussell, Paul. „Post-Tourism". *The Norton Book of Travel.* Hg. Paul Fussell. New York: Norton, 1987.

Ritzer, George. *The McDonaldization of Society.* Los Angeles: Pine Forge Press, 2007.

Rojek, Chris. „Indexing, Dragging and the Social Construction of Tourist Sights". *Touring Cultures. Transformations of Travel and Theory.* Hgg. Chris Rojek und John Urry. London: Routledge, 1997. 52–74.

——— und John Urry. „Transformations of Travel and Theory". *Touring Cultures. Transformations of Travel and Theory.* Hgg. Chris Rojek und John Urry. London: Routledge, 1997. 1–21.

Urry, John. *The Tourist Gaze. Leisure and Travel in Contemporary Society.* London: Sage, 1990.

Literatur

Hermann, Judith. *Nichts als Gespenster.* Frankfurt a. M.: Fischer, 2003.

Kracht, Christian. *Der gelbe Bleistift.* Köln: Kiepenheuer & Witsch, 2000.

——— und Eckhart Nickel. *Ferien für immer.* München: dtv, 2001.

Ransmayr, Christoph. *Atlas eines ängstlichen Mannes.* Frankfurt a. M.: Fischer, 2012.

Artikel

Seipp, Bettina. „China löst Deutschland als Reiseweltmeister ab". *Die Welt* 30. März 2011. http://www.welt.de/reise/Fern/article13013343/China-loest-Deutschland-als-Reiseweltmeister-ab.html.

BIBLIOGRAFIE

Kapitel Eins: Was bedeutet Globalisierung?

Beck, Ulrich. *Was ist Globalisierung? Irrtümer des Globalismus – Antworten auf Globalisierung.* Frankfurt a. M.: Suhrkamp, 2007. 33–35.

von Borstel, Stefan. „Wo der Osten den Westen längst abgehängt hat". *Die Welt,* 3. Oktober 2012. http://www.welt.de/politik/deutschland/ article109594599/Wo-der-Osten-den-Westen-laengst-abgehaengt-hat .html (abgerufen am 31. März 2015).

Forsa. „Die Deutschen und die Globalisierung". *Prozesstechnik Online,* 16. Januar 2013. http://www.prozesstechnik-online.de/home/-/article/ 31534493/37888838/Die-Deutschen-und-die-Globalisierung/art_co _INSTANCE_0000/maximized/ (abgerufen am 31. März 2015).

Friedman, Thomas. *Die Welt ist flach.* Frankfurt a. M.: Suhrkamp, 2008. 20–23.

Fuchs, Manuel. „Globalisierung – was ist das eigentlich?" http://www .globalisierung-fakten.de/globalisierung/was-ist-globalisierung/ (abgerufen am 31. März 2015).

Greving, Johannes. *Globalisierung.* Berlin: Cornelsen Scriptor, 2003. 13–20.

Hensel, Jana. *Zonenkinder.* Reinbek: Rowohlt, 2002. 21–26.

Schulze, Ingo. *Simple Storys.* Berlin: Berlin Verlag, 1999. 24–29.

Wettlauf um die Welt. Spiegel TV, 2007.

Yella. Dir. Christian Petzold. Piffl Medien, 2007.

Kapitel Zwei: Die Internationalisierung unserer Kultur

„Hälfte aller Sprachen vom Verschwinden bedroht". *Focus Online,* 5. Februar 2012. http://www.focus.de/wissen/mensch/sprache/globalisierung-die

-haelfte-aller-sprachen-ist-vom-verschwinden-bedroht_aid_714379.html
(abgerufen am 31. März 2015).

Kaffsack, Hanns-Jochen. „Slow statt Fast Food – eine Erfolgsgeschichte". *Die Welt,* 10. Dezember 2009. http://www.welt.de/lifestyle/article5487056/
Slow-statt-Fast-Food-eine-Erfolgsgeschichte.html (abgerufen am 31.
März 2015).

Kaminer, Wladimir. *Russendisko.* München: Goldmann Manhattan, 2002.
97–99.

Keating, Dave. „Fernsehserien: Was hat Amerika, das wir nicht haben?"
cafébabel.com, 28. April 2010. http://www.cafebabel.de/article/33399/
europa-tv-fernsehen-serien-amerikanische-dominanz.html (abgerufen
am 31. März 2015).

Leffers, Jochen. „Denglisch in der Werbung: Komm rein und finde wieder
raus". *Spiegel Online,* 28. Juli 2004. http://www.spiegel.de/unispiegel/
wunderbar/denglisch-in-der-werbung-komm-rein-und-finde-wieder
-raus-a-310548.html (abgerufen am 31. März 2015).

Milanovic, Branko. „Die Welt im Spiel. Globalisierung im Fußball". *The
Epoch Times Deutschland,* 7. Juli 2010. http://www.epochtimes.de/
globalisierung-im-fussball-595642.html (abgerufen am 31. März
2015).

Schäfer, Rainer. „Esskultur-Forscher: Warum ekeln sich die Deutschen vor
Innereien?" *Spiegel Online,* 18. Oktober 2012. http://www.spiegel.de/
kultur/gesellschaft/ethnologe-marin-trenk-ueber-globale-trends-in-der
-esskultur-a-860728.html (abgerufen am 31. März 2015).

Sick, Bastian. „Weltsprache Deutsch". *Spiegel Online,* 1. Juni 2005. http://
www.spiegel.de/kultur/zwiebelfisch/zwiebelfisch-weltsprache-deutsch
-a-356502.html (abgerufen am 31. März 2015).

Wise Guys. „Denglisch". *Radio.* Pavement Records, 2006.

Wydra, Kristina. „Der 58. Eurovision Song Contest fand am 18. Mai 2013
in Malmö statt". *Alumniportal Deutschland.* https://www.alumniportal
-deutschland.org/deutschland/kultur/artikel/eurovision-song-contest
.html (abgerufen am 31. März 2015).

Wyputta, Andreas. „Schönheitschirurg über Medizintourismus: ‚Immer das,
was man nicht hat'". *taz – die tageszeitung,* 25. Juni 2012. http://www
.taz.de/!95992/ (abgerufen am 31. März 2015).

Kapitel Drei: Globalisierung und die deutsche Wirtschaft

Bialek, Catrin, Florian Willershausen, Alexander Busch, Stefan Mauer und
Finn Mayer-Kuckuk. „Markenimage – Deutsch ist geil". *Handelsblatt,*
26. Oktober 2011. http://www.handelsblatt.com/unternehmen/
it-medien/made-in-germany-markenimage-deutsch-ist-geil/5746232
.html (abgerufen am 31. März 2015).

Bund, Kerstin, Claas Tatje und Pierre-Christian Fink. „Fluglärm: Krach um
die Globalisierung". *Die Zeit,* 27. Januar 2012. http://www.zeit.de/
2012/05/Fluglaerm (abgerufen am 31. März 2015).

Die wundersame Welt der Waschkraft. Dir. Hans-Christian Schmid. Piffl
Medien, 2009.

Freund, Maike. „Wie Deutschland an den Armen verdient". *Handelsblatt,*
22. November 2012. http://www.handelsblatt.com/politik/deutschland/
entwicklungspolitik-wie-deutschland-an-den-armen-verdient/7423522
.html (abgerufen am 31. März 2015).

Frickel, Claudia. „Fünf Jahre iPhone in Deutschland". Siehe aktualisierte
Fassung: „Sechs Jahre iPhone in Deutschland". *Focus Online,* 10. September 2013. http://www.focus.de/digital/handy/iphone/tid-24604/
apples-handy-revolution-sechs-jahre-iphone-in-deutschland_aid_698775
.html (abgerufen am 31. März 2015).

Fuchs, Manuel. „Auswirkungen der Globalisierung auf die deutsche Wirtschaft". http://www.globalisierung-fakten.de/globalisierung/auswirkun
gen-wirtschaft-deutschland/ (abgerufen am 31. März 2015).

Hochhuth, Rolf. *McKinsey kommt. Molières Tartuffe. Zwei Theaterstücke.*
München: Deutscher Taschenbuch Verlag, 2003. 35–39.

Koch, Hannes. „Ausbeutung in der Textilindustrie: Kircheninstitut kritisiert
Adidas". *taz – die tageszeitung,* 13. November 2012. http://www.taz
.de/!105367/ (abgerufen am 31. März 2015).

Liebrich, Silvia. „TÜV schlägt Alarm: Jedes zweite mangelhafte Produkt aus
China". *Süddeutsche Zeitung,* 19. Mai 2010. http://www.sueddeutsche
.de/wirtschaft/tuev-schlaegt-alarm-jedes-zweite-mangelhafte-produkt-aus
-china-1.881705 (abgerufen am 31. März 2015).

Pitzke, Marc. „Trader Joe's: Edel-Aldi für Bio-Amerikaner". *Spiegel Online,*
13. Oktober 2010. http://www.spiegel.de/wirtschaft/unternehmen/

trader-joe-s-edel-aldi-fuer-bio-amerikaner-a-722652.html (abgerufen
   am 31. März 2015).

Kapitel Vier: Deutschland und Europa

Blindow, Andreas. „Der ‚Bologna-Prozess' in Europa und Deutschland".
   Diploma, Januar 2010. http://diploma.de/node/5519 (abgerufen am 31.
   März 2015).
„Das System Europa". *Das ist Kindersache.* http://www.kindersache.de/
   bereiche/schon-gewusst/aus-aller-welt/buch/das-system-europa (abgerufen am 31. März 2015).
„Der Euro – einfach erklärt". *Bundesministerium der Finanzen,* 24. Mai
   2011. http://www.youtube.com/watch?v=2deiB_7L1oM (abgerufen am
   31. März 2015).
Haase, Nina. „Deutschlands Image als Buhmann der Eurozone". *Deutsche
   Welle,* 26. März 2013. http://www.dw.de/deutschlands-image-als
   -buhmann-der-eurozone/a-16699862 (abgerufen am 31. März
   2015).
Hesse, Stéphanie. „Generation Erasmus in Deutschland und Frankreich".
   connexion-emploi. http://www.connexion-emploi.com/de/a/generation
   -erasmus-in-frankreich-und-deutschland (abgerufen am 31. März
   2015).
Ingenrieth, Anja. „Fünf Thesen zur Zukunft Europas". *Rheinische Post,* 1.
   Januar 2013. http://www.rp-online.de/politik/eu/fuenf-thesen-zur
   -zukunft-europas-1.3102308 (abgerufen am 31. März 2015).
Lichter. Dir. Hans-Christian Schmid. Prokino, 2003.
Lottkus, Sebastian. „Was ist die Euro-Krise?" *Europa erklärt.* http://europa
   erklaert.drupalgardens.com/content/begriff-euro-krise (abgerufen am
   31. März 2015).
———. „Ursachen der Krise". *Europa erklärt.* http://europaerklaert.drupal
   gardens.com/content/ursachen-der-krise (abgerufen am 31. März
   2015).
Strassmair, Michaela. „Das müssen Autofahrer im Urlaub mitführen". *Focus
   Online,* 6. Juni 2014. http://www.focus.de/reisen/service/tid-25311/eu
   -urlaubslaender-was-autofahrer-mitnehmen-muessen_aid_725560.html
   (abgerufen am 31. März 2015).

Stratenschulte, Eckart D. „Warum Europa?" *Bundeszentrale für politische Bildung,* 1. April 2014. http://www.bpb.de/internationales/europa/euro paeische-union/42835/warum-europa?p=all (abgerufen am 31. März 2015).

Kapitel Fünf: Globalisierung und die Umwelt

„Ausstieg aus der Atomenergie". *Tatsachen über Deutschland.* http://www .tatsachen-ueber-deutschland.de/de/umwelt-klima-energie/startseite -klima/ausstieg-aus-der-atomenergie.html (abgerufen am 31. März 2015).

Bickel, Johannes. „Die Bedrohung der Umwelt durch die Globalisierung". *Globalisierung-Online,* Dezember 2004. http://www.globalisierung -online.de/info/text6.php (abgerufen am 31. März 2015).

„Bio-Branche in Deutschland wächst weiter". *Mitteldeutsche Zeitung,* 13. Februar 2013. http://www.mz-web.de/wirtschaft/lebensmittel-bio -branche-in-deutschland-waechst-weiter,20642182,21818998.html (abgerufen am 31. März 2015).

Die Ärzte. „Grotesksong". *13.* Hot Action Records, 1998.

Die Rechnung. Dir. Peter Wedel. Ecofilm, 2009.

Essen im Eimer: Die große Lebensmittelverschwendung. Dir. Valentin Thurn. *Planet Schule.* http://www.planet-schule.de/sf/php/02_sen01.php? sendung=8459 (abgerufen am 31. März 2015).

Mösken, Anne Lena. „Grüner Bauen". *Berliner Zeitung,* 15. Februar 2013. http://www.berliner-zeitung.de/architektur/ausstellung--gruene-haeuser --tropische-gaerten--gruener-bauen,10809202,21820268.html (abgerufen am 31. März 2015).

Plastic Planet. Dir. Werner Boote. Farbfilm Verleih, 2009.

„Reisefieber erwärmt Klima". *WWF,* 7. Juli 2008. http://www.wwf.de/reise fieber-erwaermt-klima/ (abgerufen am 31. März 2015).

„Trotz Förderkürzungen: Solaranlagen in Deutschland boomen". *Spiegel Online,* 2. August 2012. http://www.spiegel.de/wirtschaft/soziales/ bau-von-solaranlagen-in-deutschland-boomt-a-847956.html (abgerufen am 31. März 2015).

„Zukunftsweisend, effizient: Erneuerbare Energien". *Tatsachen über Deutsch- land.* http://www.tatsachen-ueber-deutschland.de/de/umwelt-klima

-energie/startseite-klima/erneuerbare-energien.html (abgerufen am 31.
    März 2015).

Kapitel Sechs: Deutschland und die Weltpolitik

„Geschichte der SOS-Kinderdörfer". *SOS-Kinderdörfer weltweit.* http://www
    .sos-kinderdoerfer.de/informationen/organisation/geschichte (abgerufen
    am 31. März 2015).

Koschut, Simon. „Die Bedeutung der NATO für Deutschland im 21. Jahr-
    hundert". *Internationales Magazin für Sicherheit* 5 (2008). http://www
    .ims-magazin.de/?id=1255406400,1,gastautor (abgerufen am 31. März
    2015).

Kroh, Jens. „Erinnern global". *Bundeszentrale für politische Bildung,* 26.
    August 2008. http://www.bpb.de/geschichte/zeitgeschichte/geschichte
    -und-erinnerung/39863/erinnern-global?p=0 (abgerufen am 31. März
    2015).

Meyer, Jens. „Krieg statt Frieden". *greenpeace magazin* 4 (2008). http://www
    .greenpeacemagazin.de/index.php?id=5321 (abgerufen am 31. März
    2015).

„Misereor: Mut zu Taten". *Misereor. Ihr Hilfswerk.* http://www.misereor.de/
    fileadmin/redaktion/Mut_zu_Taten.pdf (abgerufen am 31. März
    2015).

Neumayer, Ingo. „Die Geschichte der Bundeswehr – Teil 3: 1990–2010".
    Planet Wissen, 10. Juli 2014. http://www.planet-wissen.de/politik
    _geschichte/militaer/geschichte_der_bundeswehr/bundeswehr_teil3.jsp
    (abgerufen am 31. März 2015).

„NGOs – Nichtregierungsorganisationen". *Wirtschaft und Schule.* http://
    www.wirtschaftundschule.de/lehrerservice/wirtschaftslexikon/n/
    ngos-nichtregierungsorganisationen/ (abgerufen am 31. März
    2015).

Rachman, Gideon. „Wenn Deutschland führen will, muss es Werte stärker
    vertreten". *IP-Die Zeitschrift,* 1. Mai 2012. https://zeitschrift-ip.dgap
    .org/de/ip-die-zeitschrift/archiv/jahrgang-2012/mai-juni/anwalt-der
    -globalisierung (abgerufen am 31. März 2015).

Seewald, Berthold. „Deutschland, Feindstaat der Vereinten Nationen". *Die
    Welt,* 25. September 2012. http://www.welt.de/kultur/history/

article109374718/Deutschland-Feindstaat-der-Vereinten-Nationen.html (abgerufen am 31. März 2015).

Segueda, Eric. „UN rügen Deutschland bei Menschenrechten". *Deutsche Welle,* 6. November 2012. http://www.dw.de/un-r%C3%BCgen -deutschland-bei-menschenrechten/a-16358106 (abgerufen am 31. März 2015).

„Wer wir sind und was wir wollen. Attac – eine Bewegung im Aufbruch". *Attac.* http://www.attac.de/fileadmin/user_upload/bundesebene/attac -strukturen/Attac-Einfuehrung.pdf (abgerufen am 31. März 2015).

Kapitel Sieben: Globalisierung und Mobilität

Berg, Sybille. *Die Fahrt.* Köln: Kiepenheuer & Witsch, 2007. 25–29.

Büllmann, Rolf. „Deutsche Kultur in den USA: Eine Spurensuche". *Bayrischer Rundfunk,* 1. November 2012. http://www.br.de/radio/bayern2/ wissen/radiowissen/deutsche-kultur-usa-100.html (abgerufen am 31. März 2015).

Kaminer, Wladimir. „Ich möchte immer Flüchtling sein". http://www.myvi deo.de/watch/5345581/Ich_moechte_immer_Fluechtling_sein (abgerufen am 31. März 2015).

Kilian, Andreas. „Goodbye Deutschland: Über Fernsehen und fern sehen – Auswandern aus nächster Nähe". *TV Kultur und Kritik,* 1. September 2010. http://tvkulturundkritik.blogspot.com/2010/09/goodbye -deutschland-uber-fernsehen-und.html (abgerufen am 31. März 2015).

Maier-Bode, Sine. „Tropenkrankheiten". *Planet Wissen,* 27. November 2013. http://www.planet-wissen.de/alltag_gesundheit/krankheiten/tropen krankheiten/index.jsp (abgerufen am 31. März 2015).

Müller, Frederike. „Touristen lieben Deutschland". *Deutsche Welle,* 12. April 2013. http://www.dw.de/touristen-lieben-deutschland/a-16653796 (abgerufen am 31. März 2015).

„Reiseverhalten der Deutschen". *Allensbacher Berichte,* 5. März 2012. http:// www.ifd-allensbach.de/uploads/tx_reportsndocs/prd_1202.pdf (abgerufen am 31. März 2015).

Salami Aleikum. Dir. Ali Samadi Ahadi. Hoanzl, 2009.

„Studie der Friedrich-Ebert-Stiftung: Rechtsextremismus in Ostdeutschland nimmt zu". *Spiegel Online,* 12. November 2012. http://www.spiegel.de/

politik/deutschland/rechtsextremismus-in-ostdeutschland-nimmt-zu
-a-866712.html (abgerufen am 31. März 2015).

Suchanek, Norbert. „Die dunklen Seiten des globalisierten Tourismus: Zu
den ökologischen, ökonomischen und sozialen Risiken des internationalen Tourismus". *Bundeszentrale für politische Bildung,* 26. Mai 2002.
http://www.bpb.de/apuz/25892/die-dunklen-seiten-des-globalisierten
-tourismus (abgerufen am 31. März 2015).

Trost, Gabriele und Malte Linde. „Geschichte der Gastarbeiter". *Planet
Wissen,* 7. Juli 2014. http://www.planet-wissen.de/alltag_gesundheit/
gastarbeiter_und_migration/geschichte_der_gastarbeiter/index.jsp
(abgerufen am 31. März 2015).

TEXT CREDITS

The following texts have been reprinted with permission:

Kapitel Eins

„Globalisierung – was ist das eigentlich?" Manuel Fuchs. http://www
.globalisierung-fakten.de

„Während ich schlief" (Auszug), aus: Thomas L. Friedman, *Die Welt ist flach.
Eine kurze Geschichte des 21. Jahrhunderts.* Aus dem Amerikanischen von
Michael Bayer, Hans Freundl, Thomas Pfeiffer und Eberhard Knörer.
© 2005, 2006, 2007 by Thomas L. Friedman. © der deutschen Ausgabe
Suhrkamp Verlag Frankfurt am Main 2006

„Versuch einer Definition: Globalisierung als Schicksal". Johannes Greving.
Globalisierung, 2003

„Der Globalisierungsschock: Eine verspätete Diskussion". Textauszug aus:
Ulrich Beck, *Was ist Globalisierung? Irrtümer des Globalismus – Ant-
worten auf Globalisierung.* © Suhrkamp Verlag Frankfurt am Main 1997.
Alle Rechte bei und vorbehalten durch Suhrkamp Verlag Berlin

„Die Deutschen und die Globalisierung". Verband der Chemischen Industrie e.V. (VCI)/German Chemical Industry Association (VCI). https://
www.vci.de/Presse/Factbooks/Seiten/VCI-Factbook-06--Globalisierung
.aspx#

„Neues Geld". Mit freundlicher Genehmigung des Berlin Verlages in der
Piper Verlag GmbH; Ingo Schulze, *Simple Storys*: Kapitel 2 – Neues
Geld. © Berlin Verlag in der Piper Verlag GmbH, Berlin 1998

„Das schöne warme Wir-Gefühl". Jana Hensel, *Zonenkinder.* Copyright
© 2002 Rowohlt Verlag GmbH, Reinbek bei Hamburg

„Wo der Osten den Westen längst abgehängt hat" Stefan von Borstel. *Die*

Welt, 3. Oktober 2012. http://www.welt.de/politik/deutschland/article
109594599/Wo-der-Osten-den-Westen-laengst-abgehaengt-hat.html

Kapitel Zwei

„Der 58. Eurovision Song Contest fand am 18. Mai 2013 in Malmö statt".
Kristina Wydra. http://www.alumniportal-deutschland.org/deutschland/
kultur/artikel/eurovision-song-contest.html

„Fernsehserien: Was hat Amerika, das wir nicht haben?" Dave Keating.
(Übersetzer: Barbara Canton). http://www.cafebabel.de/article/33399/
europa-tv-fernsehen-serien-amerikanische-dominanz.html

„Die Welt im Spiel: Globalisierung im Fußball". Branko Milanovic. Copyright Project Syndicate 2013. www.project-syndicate.org

„Schönheitschirurg über Medizintourismus: ‚Immer das, was man nicht
hat'". Andreas Wyputta. *taz – die tageszeitung*, 25. Juni 2012. http://
www.taz.de/!95992/

„Denglisch". Text/Musik Daniel „Dän" Dickopf. © Wise Guys Verlag,
http://www.wiseguys.de

„Denglisch in der Werbung: Komm rein und finde wieder raus". Jochen
Leffers. *Spiegel Online*, 28. Juli 2004. http://www.spiegel.de/unispiegel/
wunderbar/denglisch-in-der-werbung-komm-rein-und-finde-wieder
-raus-a-310548.html

„Weltsprache Deutsch" aus: „DER DATIV IST DEM GENITIV SEIN
TOD. Ein Wegweiser durch den Irrgarten der deutschen Sprache. Die
Zwiebelfisch-Kolumnen Folge 1–3" by Bastian Sick © 2011, Verlag
Kiepenheuer & Witsch GmbH & Co. KG, Köln, Germany

„Hälfte aller Sprachen vom Verschwinden bedroht". One-time publication right for copyrighted dpa article „Internationaler Tag der Muttersprache", 20. Februar 2012 © dpa

„Esskultur-Forscher: Warum ekeln sich die Deutschen vor Innereien?" Rainer
Schäfer. Mit freundlicher Genehmigung von Marin Trenk. *Spiegel Online*,
18. Oktober 2012. http://www.spiegel.de/kultur/gesellschaft/ethnologe
-marin-trenk-ueber-globale-trends-in-der-esskultur-a-860728.html

„Slow statt Fast Food – eine Erfolgsgeschichte". One-time publication
right for copyrighted dpa article „Slow Food feiert 20. Geburtstag", 3.
Dezember 2009, © dpa

„Geschäftstarnungen". Wladimir Kaminer, *Russendisko.* © 2000 Manhattan Verlag, München, in der Verlagsgruppe Random House GmbH

Kapitel Drei

„Auswirkungen der Globalisierung auf die deutsche Wirtschaft". Manuel Fuchs. http://www.globalisierung-fakten.de

„,Global Player' beim ,Medientraining'". Rolf Hochhuth: *McKinsey kommt.* © 2003 Deutscher Taschenbuch Verlag, München

„TÜV schlägt Alarm: Jedes zweite mangelhafte Produkt aus China". Silvia Liebrich. *Süddeutsche Zeitung,* 19. Mai 2010. http://www.sueddeutsche .de/wirtschaft/tuev-schlaegt-alarm-jedes-zweite-mangelhafte-produkt -aus-china-1.881705

„Apples Handy-Revolution: Fünf Jahre iPhone in Deutschland". Claudia Frickel. *FOCUS Online,* 9. November 2012. http://www.focus.de/digi tal/handy/iphone/tid-24604/apples-handy-revolution-fuenf-jahre -iphone_aid_698775.html

„Fluglärm: Krach um die Globalisierung". Kerstin Bund, Claas Tatje, Pierre-Christian Fink. *Die Zeit* Nr. 5, 26. Januar 2012

„Markenimage – Deutsch ist geil". Catrin Bialek, Florian Willershausen, Alexander Busch, Stefan Mauer und Finn Mayer-Kuckuk. *Handelsblatt,* 26. Oktober 2011. © Handelsblatt GmbH. All rights reserved.

„Trader Joe's: Edel-Aldi für Bio-Amerikaner". Marc Pitzke. *Spiegel Online,* 13. Oktober 2010. http://www.spiegel.de/wirtschaft/unternehmen/ trader-joe-s-edel-aldi-fuer-bio-amerikaner-a-722652.html

„Ausbeutung in der Textilindustrie: Kircheninstitut kritisiert Adidas". Hannes Koch. *taz – die tageszeitung,* 13. November 2012. http://www .taz.de/!105367/

„Wie Deutschland an den Armen verdient". Maike Freund. *Handelsblatt,* 22. November 2011. © Handelsblatt GmbH. All rights reserved.

Kapitel Vier

„Warum Europa?" Eckart D. Stratenschulte. Bundeszentrale für politische Bildung. http://www.bpb.de/internationales/europa/europaeische -union/42835/warum-europa

„Das System Europa". Deutsches Kinderhilfswerk, www.kindersache.de

„Was ist die Euro-Krise?" Sebastian Lottkus. www.europa-erklärt.de/

„Ursachen der Krise". Sebastian Lottkus. www. europa-erklärt.de/

„Fünf Thesen zur Zukunft Europas". Anja Ingenrieth. *RP Online*, 1.
    Januar 2013. http://www.rp-online.de/politik/eu/fuenf-thesen-zur
    -zukunft-europas-1.3102308

„Deutschlands Image als Buhmann der Eurozone". Nina Haase. *Deutsche
    Welle*, 26. März 2013. http://www.dw.de/deutschlands-image-als
    -buhmann-der-eurozone/a-16699862 **DW Deutsche Welle**

„Generation Erasmus in Deutschland und Frankreich". Stéphanie Hesse.
    http://www.connexion-emploi.com/

„Der ‚Bologna-Prozess' in Europa und Deutschland". Andreas Blindow.
    DIPLOMA. Private staatlich anerkannte Hochschule. http://diploma
    .de/node/5519

„Das müssen Autofahrer im Urlaub mitführen". ©Michaela Strassmair

Kapitel Fünf

„Grotesksong". Text: FARIN URLAUB Verlag: PMS Musikverlag GmbH

„Die Bedrohung der Umwelt durch die Globalisierung". Johannes Bickel.
    http://www.globalisierung-online.de/info/text6.php

Die Rechnung. © Germanwatch e.V.

„Reisefieber erwärmt Klima". © WWF, 7. Juli 2008, http://www.wwf.de/
    reisefieber-erwaermt-klima/

„Ausstieg aus der Atomenergie". © *Tatsachen über Deutschland*, www.tatsachen
    -ueber-deutschland.de

„Zukunftsweisend, effizient: Erneuerbare Energien". © *Tatsachen über
    Deutschland*, www.tatsachen-ueber-deutschland.de

„Trotz Förderkürzungen: Solaranlagen in Deutschland boomen". *Spiegel
    Online*, 2. August 2012. http://www.spiegel.de/wirtschaft/soziales/bau
    -von-solaranlagen-in-deutschland-boomt-a-847956.html

„Grüner Bauen". Berliner Zeitung/Anne Lena Mösken, 15. Februar 2013

„Bio-Branche in Deutschland wächst weiter". One-time publication right for
    copyrighted dpa article „Deutscher Bio-Markt knackt Umsatzmarke von
    sieben Milliarden Euro" by Elke Richter, 12. Februar 2013, © dpa

Kapitel Sechs

„Wenn Deutschland führen will, muss es Werte stärker vertreten". © *Internationale Politik,* www.internationalepolitik.de

„Deutschland, Feindstaat der Vereinten Nationen". Berthold Seewald. *Die Welt,* 25. September 2012. http://www.welt.de/kultur/history/article109374718/Deutschland-Feindstaat-der-Vereinten-Nationen.html

„Die Bedeutung der NATO für Deutschland im 21. Jahrhundert". *Internationales Magazin für Sicherheit.* http://www.ims-magazin.de/?id=1255406400,1,gastautor

„Die Geschichte der Bundeswehr – Teil 3: 1990–2010". © Ingo Neumayer. http://www.planet-wissen.de/politik_geschichte/militaer/geschichte_der_bundeswehr/bundeswehr_teil3.jsp

„NGOs – Nichtregierungsorganisationen". Wirtschaft und Schule – Das Lehrerportal der INSM

„Misereor: Mut zu Taten". MISEREOR, http://www.misereor.de/ueber-uns/mut-zu-taten.html, 3. Mai 2013

„Geschichte der SOS-Kinderdörfer". SOS-Kinderdörfer weltweit (www.sos-kinderdoerfer.de)

„Wer wir sind und was wir wollen: Attac – eine Bewegung im Aufbruch". © ATTAC. http://www.attac.de/was-ist-attac/selbstverstaendnis/

„UN rügen Deutschland bei Menschenrechten". Eric Segueda. *Deutsche Welle,* 6. November 2012. http://www.dw.de/un-r%C3%BCgen-deutschland-bei-menschenrechten/a-16358106 Deutsche Welle

„Krieg statt Frieden". *greenpeace magazin* 4.08, www.greenpeacemagazin.de/index.php?id=5321

„Erinnern global". Jens Kroh. Bundeszentrale für politische Bildung. http://www.bpb.de/geschichte/zeitgeschichte/geschichte-und-erinnerung/39863/erinnern-global?p=all

Kapitel Sieben

„Reiseverhalten der Deutschen". Institut für Demoskopie Allensbach, Allensbacher Bericht 2012/2

„Die dunklen Seiten des globalisierten Tourismus: Zu den ökologischen, ökonomischen und sozialen Risiken des internationalen Tourismus".